KB162274

충북 영동 지역의 언어와 생활

충북 영동 지역의 언어와 생활

초판 인쇄 2019년 7월 10일
초판 발행 2019년 7월 17일

지 은 이 박경래

펴 낸 이 이대현
펴 낸 곳 도서출판 역락

주   소 서울시 서초구 동광로46길 6-6(반포4동 577-25) 문창빌딩 2층
등   록 1999년 4월 19일 제303-2002-000014호
전   화 02-3409-2058, 2060
팩   스 02-3409-2059
홈페이지 www.youkrackbooks.com
이 메 일 youkrack@hanmail.net

ISBN 979-11-6244-405-4 94710
     979-11-5686-694-7 (세트)

이 도서의 국립중앙도서관 출판예정도서목록(CIP)은 서지정보유통지원시스템 홈페이지(http://seoji.nl.go.kr)와 국가자료공동목록시스템(http://www.nl.go.kr/kolisnet)에서 이용하실 수 있습니다.(CIP제어번호: CIP2019026573)

충북 영동 지역의 언어와 생활

박 경 래

역락

이 책은 '지역 이름'에 '언어와 생활'이라는 이름을 붙여 충북 지역어 총서로 내는 여섯 번째 책이다. "충북 제천 지역의 언어와 생활"이라는 이름으로 첫 번째 책이 나온 이래 차례로 '청원, 충주, 옥천, 보은 지역'에 이어 여섯 번째로 "충북 영동 지역의 언어와 생활"이라는 이름으로 나오게 된 것이다. 여섯 책 모두 지역어 조사 자료를 바탕으로 깁고 다듬어 세상에 나오게 되었다.

구술 자료 총서를 낼 때마다 늘 감회가 새롭다. 필자가 처음으로 방언 조사를 한 때가 1977년 여름이니까 방언 조사와 처음 인연을 맺은 지가 올해로 어느덧 마흔세 해째가 된다. 방언 조사를 수없이 많이 해 왔지만 필자가 방언 조사를 할 때마다 느꼈던 것은 묵묵히 고향을 지키며 살아오신 어르신들의 훈훈하고 따뜻한 정과 마음씨에서 우러나는 우리말의 정겨움이었다. '이분들의 너그럽고 넉넉한 마음이 없었다면, 그리고 정겨운 방언이 없었다면 지금도 이 일을 하고 있을까? 고유한 우리말이 가진 감칠맛과 방언 속에 담겨 있는 우리 고유의 문화와 전통이 없었어도 이 일을 하고 있을까?' 스스로에 대한 이 두 가지 질문에 선뜻 '그렇다'고 대답하지 못할 것이다. 아마도 조사에 응해 주시면서 늘 살갑게 대해주신 어르신들의 끈기와 배려가 있었기 때문에 이 일을 할 수 있었다. 이 분들이 없었다면 이 책은 세상에 나오지 못했을 것이다. 여기에 상황과 문맥에 꼭 들어맞는 우리말의 감칠맛과 현지 조사를 할 때마다 느끼게 되는 우리말의 맛깔스러움이 이 일을 계속하게 하였다.

이 책은 충청북도 영동군 용산면 구촌리에 거주하는 김동술 할아버지

(2011년 조사 당시 80세, 원숭이띠, 1932년 11월 1일생)의 구술발화를 녹취하여 전사하고 표준어로 대역한 다음 주석을 단 것이다. 이 책에 반영된 구술 내용은 조사 마을의 생활환경과 협동 조직 및 민속놀이 등 조사 마을에 관련된 이야기를 비롯하여 제보자의 성장 과정, 전통 결혼식, 결혼 생활 등 일생의례에 대한 내용과 논농사, 밭농사, 과수농사와 같은 생업활동과 집짓기 등 거주생활과 관련된 내용들이 담겨 있다. 이 구술 자료는 언어뿐만 아니라 이분들의 생활상까지 들여다 볼 수 있다는 점에서 매우 값진 자료가 될 것이다.

이 책에 수록된 구술 발화의 원자료는 국립국어원에서 2005년부터 2014년까지 실시한 지역어 조사 사업의 2011년도 조사 결과물이다. 국립국어원의 지역어 조사 사업은 급격한 사회변화로 소멸 위기에 있는 지역어를 어휘, 음운, 문법의 고유 어형뿐만 아니라 문장과 담화 차원까지 온전히 보전하기 위해 수행한 것이다. 이 책에 담긴 내용은 2011년도에 조사하여 채록한 구술자료 가운데 약 4시간 48분 분량이다. 구술 발화 자료는 조사자의 질문에 제보자가 자연스럽게 구술하는 내용을 전사한 것이다. 전사된 구술 자료를 통하여 조사 지역의 어휘는 물론이고 음운과 문법적인 특징을 이해할 수 있을 뿐만 아니라 담화 연구나 생활사, 경제사 등의 연구에도 요긴하게 이용될 수 있을 것이다.

충북 영동 지역의 조사 자료 가운데 구술 자료는 지역어의 특성을 그대로 담고 있어 일반인들이 이해하기가 쉽지 않았다. 이 때문에 지역어의 구술 자료가 가지는 특유의 용법과 의미, 세상에 처음 소개되는 어휘나 형태소 등에 대한 설명이 필요하였다. 이런 저런 이유로 2011년에 조사하여 전사한 충북 영동 지역어 가운데 구술 발화 자료만을 따로 떼어 단행본으로 펴내게 되었다. 단행본으로 엮으면서 전사와 표준어 대역이 잘못된 부분을 바로잡고 독자들의 이해를 돕기 위해 주석과 색인을 추가하였다. 또한 지역어 총서로 내면서 내용상 공통되는 부분들끼리 한자리에 모이도록 편집을 다시 하였다. 이것은 가급적이면 내용상 같은 주제를 한 곳에 모아 같은 목차 아래 놓이게 하려는 조처였다. 그러나 하나의 이야기 단락을 이루지 못할 만큼 내용이 적은 경우에는 이야기의 흐름을 깨지 않기 위해 그대로 두기도 하였다.

이 책은 충북 영동 지역에 거주하는 토박이 제보자가 구술한 내용을 고스란히 담고 있어 조사 지역 주민들의 언어와 생활은 물론이고 이들의 생활사도 엿볼 수 있다. 조사 지역 주민들의 생활배경과 생업활동 등 기본적인 삶과 관련된 내용이 포함되어 있고, 제보자의 개인사와 관련된 출생과 성장, 약혼과 결혼, 결혼 생활, 살림살이 등 일생의례에 관한 내용과 전통 결혼식, 민속놀이 등 전통 민속과 관련된 내용들도 포함되어 있다. 따라서 이들 내용과 관련된 수많은 토박이 언어 자료들이 생생하게 드러나 있다. 이 책에서는 이들 언어 자료에 대한 표준어 대역과 주석 그리고 색인을 통하여 토박이 언어 자료에 대한 정보를 상세하게 제공하고자 하였다.

이 책은 충북 영동 지역에서 사용되는 어휘를 비롯하여 음운과 문법에 대한 이해뿐만 아니라 이 지역 토박이 화자들의 말하기 방식을 파악하는 데도 유용할 것이다. 말하기의 방식은 군 단위마다 현격한 차이를 보이는 것이 아니므로 충북의 다른 지역 구술 자료와 함께 충청북도 방언 전체의 말하기 방식을 이해하는 데에도 유용할 것이다.

이 책은 무엇보다 국립국어원의 의지와 노력에 의해 발간될 수 있었다. 이미 보고서로 발간된 내용을 다시 점검하여 잘못된 부분을 바로잡고, 여기에 주석과 색인 등을 덧붙이는 작업은 애초에 예상했던 것 이상으로 엄청난 시간과 노력을 들여야 했다. 이런 고되고 험난한 작업을 수행할 수 있도록 독려하고 지원을 아끼지 않은 송철희 원장님을 비롯한 국립국어원 담당자들의 노력이 없었다면 이 책은 세상에 나오지 못했을 것이다. 무엇보다 지역어 조사에 함께 참여했던 지역어 조사위원들 간의 연대감이 이 단행본을 내는 데 큰 힘이 되었다. 그러나 누구보다도 이 단행본을 간행하는 데 이바지한 분은 제보자인 김동술 할아버님이시다. 2011년 조사를 끝내고 나서 보충조사를 위해 2012년 다시 찾아뵈었을 때도 조사 당시와 마찬가지로 여전히 반겨주셨다. 궁금했던 내용이나 미진한 내용을 여쭐 때마다 늘 친절하게 답해 주신 할아버지의 아량과 가르침이 없었더라면 이 책은 지금보다 훨씬 어설펐을 것이다. 여태까지 그랬던 것처럼 앞으로도 댁내에 행운이 함께 하시기를 기원한다.

■ 조사 지역의 개관

충청북도는 우리나라에서 유일하게 바다와 접해 있지 않은 내륙에 위치해 있는 도다. 충청북도의 지역어 조사는 이러한 지리적인 특성을 고려하고 인구의 분포를 고려하여 진행하였다. 2005년부터 시작한 충청북도 지역어 조사는 2011년까지 총 여섯 지점에서 이루어졌다. 2005년에는 충청북도 북부 지역에 위치한 제천시에서 조사가 이루어졌고, 2006년에는 충청북도 중부 지역에 해당하는 청원군(현재는 청주시)에서 조사가 이루어졌다. 2007년에는 충청북도 북부 지역과 중부 지역의 중간 지역인 충주시에서 조사가 이루어졌고 2008년에는 충청남도와 인접한 충청북도 남부 지역인 옥천군에서 조사가 이루어졌다. 2009년에는 경상북도와 인접한 충청북도의 동남부 지역인 보은군에서 조사가 이루어졌고 2011년에는 경상북도, 전라북도, 충청남도와 인접해 있는 충청북도 최남단의 영동군에서 조사가 이루어졌다.

영동군은 삼한(三韓) 시대에는 마한(馬韓)에 속했으나 삼국시대에는 신라의 세력이 북상하면서 백제와의 국경 분쟁지역이었다. 영동은 '길동(吉洞), 계주(稽州), 영산(永山), 계산(稽山)' 등으로 부르기도 했으나 통일신라 경덕왕 당시에 영동으로 개칭하였다. 고려 성종(成宗) 14년(995)에 계주자사(稽州刺史)를 두었고 현종(顯宗) 9년(1018)에는 경상도 상주(尙州)로 소속시켰다.

명종(明宗) 2년(1172)에 감무(監務)를 두었고 1176년에는 현령(縣令)을 두었다가 후에 폐지하였다. 조선 태종(太宗) 13년(1413)에는 보은과 함께 경상도에서 다시 충청도로 이속시키고 현감(縣監)을 두고 영동현이 되었다. 이때 용화(龍化)가 경상도에서 이속되었다. 고종(高宗) 32년(1895)에 영동군(永同郡)이라 칭하고 군내(郡內), 군동(郡東), 남일(南一), 남이(南二), 서일(西一), 서이(西二), 북일(北一), 북이(北二), 양내(陽內), 양남일소(陽南一所), 양남이소(陽南二所), 용화(龍化)의 12개 면을 관할하다가 일제 강점기인 1914년 부·군·면(府·郡·面) 폐합에 따라 황간군(黃澗郡), 옥천군(沃川郡)과 경상도 상주군(尙州郡) 일부를 합병하여 영동(永同), 용산(龍山), 심천(深川), 양강(楊江), 양산(陽山), 용화(龍化), 학산(鶴山), 황간(黃澗), 매곡(梅谷), 상촌(上村), 황금(黃金)의 11개 면으로 개편하였다. 1940년 영동면(永同面)이 영동읍(永同邑)으로 승격되어 1읍 10면으로 오늘에 이르고 있다. 황금면은 1991년 추풍령면으로 명칭이 변경되었다.

영동군의 면적은 충청북도 전체 면적 7,431.50㎢ 중 11.4%에 해당하는 845.01㎢이다. 영동군 면적의 약 78%(658.29㎢)가 산지로 이루어져 있고 농경지와 기타가 각각 약 14%(119.2㎢)와 8%(68.70㎢)로 되어 있다.

전통과 자연이 어우러진 예향의 고장 영동군은 소백산맥과 노령산맥이 갈라지는 곳에 위치하고 있다. 동쪽에는 눌의산(訥誼山 743m)과 황악산(黃岳山 1,111m)이 있고 서쪽에는 마니산(摩尼山 640m)과 천태산(天台山 715m) 그리고 성주산(聖主山 624m)이 자리하고 있다. 남쪽으로는 천혜의 자연림으로 알려진 민주지산(眠周之山 1,242m)과 석기봉(石寄峰 1,200m), 각호산(角虎山 1,176m), 삼도봉(三道峰 1,176m), 천마령(天摩嶺 926m), 막기황산(1,000m) 등 높은 산들이 모여 있고 북쪽으로는 백화산맥의 포성봉(捕城峰 933m)이 있다. 아름다운 산들로 둘러싸여 있는 영동은 예전부터 경상도로 이어지는 교통로였던 추풍령(秋風嶺)과 괘방령(掛榜嶺)이 지금은 각각 고속도로와 지방도가 지나고 경부선 철도가 지나는 교통의 요충지다. 또한 영동군을

끼고 금강(錦江)과 초강천(草江川)의 2대 하천이 흐르고 있어 수원이 좋으며 양산팔경(陽山八景), 한천팔경(寒泉八景), 물한계곡(勿閑溪谷) 등 맑은 물과 아름다운 경치로 관광자원이 풍부한 곳이기도 하다.

영동은 내륙 산지에 위치하여 한서의 차이가 심한 대륙성 기후의 특징을 보이지만 충청북도에서 가장 따뜻하고 일조량이 많은 전국 제일의 고품질 농특산물 생산지라 할 수 있다. 특히 전국 제일의 표고버섯 집산지이고, 영동군에서 생산되는 포도·감·호두·사과·배 등의 과일은 전국 생산량의 약 6~11%를 차지한다. 감·포도·호두·표고는 전국적으로도 유명하다.

영동군에 거주하는 세대수는 2009년 8월 31일 현재 21,271세대이며 총 인구는 50,971명으로 세대당 인구는 2.4명이다. 이 가운데 65세 이상 고령이 12,200명이고 외국인은 492명이 등록되어 있으며 이중 남자가 212명, 여자가 280명이다. 2011년 지역어 조사지였던 영동군 용산면은 1895년에는 북일면의 산저리(山底里), 풍천리, 송림리와 북이면의 대동리, 와촌리(瓦村里), 어천리의 2개면 6개리로 편성하여 영동군 관할이 되었다. 1914년 총독부령에 의해 행정구역이 통폐합됨에 따라 북일면과 북이면을 통합하고 황간군(黃澗郡)의 서면(西面)과 청화리(靑化里)의 일부, 서일면(西一面)의 광탄동(廣灘洞)을 병합하여 용산면이라 하고 18개의 법정리로 개편하였다.

영동군은 충청북도 최남단에 위치하여 동쪽으로는 경상북도 김천시와 상주시, 서쪽으로는 충청남도 금산군, 남쪽으로는 전라북도 무주군, 북쪽으로는 충청북도 옥천군과 접해 있다. 이러한 지리적인 특성으로 말미암아 인접한 경상도, 전라도 방언의 영향을 받은 충청북도의 남부 방언권에 속하는 지역으로 알려져 있는 곳이다. 조사지점인 용산면 구촌리(九村里)는 면 소재지로 1990년 구촌 1리(구촌리: 골말)와 구촌 2리(구촌리)로 분리하였다. 구촌리는 본래 영동현 북일면 풍천리 지역으로 구석에 있으므로 구촌(九村)이라 하였다고 하나 지역어 조사 제보자인 김동술(金東述) 어른의 말씀에 의하면 크고 작은 아홉 개의 자연마을로 이루어졌다고 해서 붙여진 이름이라고 한다. 구촌리는 1909년에는 영동군 북일면(北一面)에 속하였다가 1914년 행정구역 통폐합에 따라 계땅, 골마, 대문안을 병합하여 평지마 장터 등과 함께 구촌리라 하고 영동군 용산면에 편입하였다. 계땅은 구촌 동북쪽에 위치한 마을이고, 골마는 구촌 산골짜기에 발달한 마을이다. 대문안은 면소재의 중심지로 영산 김씨 다섯 형제가 마을을 이룰 때 마을 입구에 큰 대문을 세웠기 때문에 붙여진 이름이라고 한다. 구촌리는 면 소재지로서 용산에서 가장 큰 마을이며 382가구 1,187명이 거주하고 있다. 농업인 가구와 회사원, 상업인 가구 등이 혼재하는 농촌형 특성을 가진 마을이다. 구촌리는 경부고속도로 영동 인터체인지를 나와 좌회전하여 약 1km쯤 거리에 위치해 있다. 동쪽으로는 백화산으로 가로막힌 경상북도 상주시 모동면 모서면과 경계를 이루고 있고 북쪽으로는 충청북도 옥천군 청성면과 청산면에 인접해 있다. 용산면 구촌리는 영산 김씨 집성촌이다.

■ 조사 과정

2011년도 충청북도 지역어조사 지역은 충청북도의 최남단에 위치한 영동군이었다. 이는 기존의 조사지역(제천시, 충주시, 청원군(청주시), 옥천군, 보은군)과 언어적 특성을 고려한 것이다. 즉 영동군이 경상북도, 전라북도,

충청남도와 접경을 이루는 곳이어서 접촉 방언의 성격을 잘 보여줄 것이라는 점도 고려하였다.

조사지역을 확정하고 나서 조사 지점을 선정하기 위해 2011년 6월 17일 영동군청을 방문하였다. 군청 문화체육과에서 용산면 출신인 전 영동문화원장 김윤호 어르신(조사당시 79세 계유생)을 소개 받았다. 김윤호 어르신으로부터 영동군 전반에 대하여 이야기를 들었다. 영동군 용화면은 전라도 설천면과 인접하여 있어 전라도 말의 영향을 받았고 상촌면과 황간면, 매곡면은 경상도 말투가 강한데 특히 황간은 경상북도 김천과 생활권을 이루고 있어 경상도 방언의 영향이 크다고 한다. 한편 양산면과, 학산면은 본래 옥천군이었다가 영동군에 편입된 지역이라는 정보를 주셨다.

김윤호 어르신께서는 영동읍 심원리 김씨, 봉현리 박씨와 최씨, 용산면 산저리(밀골)를 소개해 주셨다. 용산면 산저리는 원래 밀골이라고 하는데 금강을 경계로 영동읍과 용산면으로 갈라지는 곳이다. 밀양 손씨 집성촌이며 말투도 특이한 곳이라고 하여 손광보(조사당시 82세 경오생), 손광호(조사당시 79세 계유생) 어르신을 소개받고 찾아보았다. 대체로 건강이 좋지 않으시거나 외지 생활을 했거나 젊었을 때 공적인 일을 수행하신 경험이 있거나 하여 적절한 제보자가 아니라고 판단하였다. 다시 마을 앞 구멍가게 주인에게 손용규(조사당시 85세, 토끼띠) 어른을 소개받고 찾아뵈었으나 약주를 즐기시고 금강에서 물고기를 잡아 파는 분이어서 역시 제보자로 적합하지 않았다.

김윤호 어르신으로부터 영동읍 예전리와 심원리도 소개를 받았으나 포도 농사로 일손이 가장 바쁜 철이어서 사람을 만나기가 어려웠다. 소개 받은 지역과 소개 받은 어르신들을 찾아 방문해 본 결과 적절한 제보자를 찾기가 어려웠다. 대부분 건강 상태가 좋지 않거나 적절한 제보자 조건을 갖추지 못한 것으로 판단되었다.

그 외에도 매곡면 수원리 안병찬 어른, 양산 봉곡리 여운택 어른, 용산면 부산리 민병제 어른, 수두리 비단강 숯마을 등을 소개받았으나 지역이나 경력이 지역어 조사 제보자로 적절하지 않다고 판단되어 제외하였다. 날이 저물어 영동교육지원청에 들러 영동군 장학사에게 지역어 조사에 적당한 마을이나 제보자를 섭외해 달라고 부탁하고 하루 일정을 마무리 하였다.

6월 27일 경부고속도로 인터체인지에서 멀지 않은 영동군 용산면 면사무소 총무과장을 찾아 구촌1리 노인회장이신 김기성(조사당시 노인회장 79세) 어르신을 비롯하여 이상근(70대), 김기원(70대) 어르신을 소개받고 노인회를 방문하였다. 김기성 회장님을 비롯하여 이성우(88세), 진각헌(73세) 어르신을 뵈었으나 협조를 받지 못하고 구촌2리 노인회로 가볼 것을 권유 받고 오후에 영동군 용산면 구촌2리 노인회를 찾았다. 노인정에서는 박래식(86세, 전직 공무원이고 영동 향교 전교 역임), 김동선(86세, 산곡리), 배정세(85세, 구촌리) 어른을 뵈었으나 역시 제보자로는 적합하지 않아보였다. 박래식 어르신이 적극적이고 협조적이었으나 전직 공무원 등의 경력이 있는데다가 귀가 어두워 주변적인 정보를 더 듣는 것으로 이날의 일정을 마무리하였다.

6월 28일 영동 출신의 박선주 선생님께 협조를 구했다. 며칠 후 박선주 선생님의 부친이신 박추성 어른의 연락처를 알려주면서 만나보라는 연락을 받았다. 박추성 어른께 연락하여 제보자 조건을 알려주고 적당한 분을 물색해 달라고 부탁하였다.

6월 30일 박선주 선생님으로부터 부친이신 박추성 어르신과 연락을 취해보라는 연락을 받았다.

7월 1일 박추성 어른과 통화하여 제보자를 물색해 놓았다는 연락을 받고 다음날 찾아뵙기로 하였다.

7월 2일 아침부터 비가 추적추적 내렸다. 오전에 영동군 용산면에 도착하여 박추성 어른께 전화를 드리고 노인정에서 만났다. 노인정에는 서너 분의 어르신들이 화투놀이를 하고 계셨다. 박추성 어른으로부터 지금은 아무 일도 하지 않고 주로 노인정에서 마을 어르신들과 소일하시는 김동술 할아버지를 소개받았다. 김동술 할아버지는 용산면 토박이이고 농사만 짓다가 심장병 수술을 하시고는 일손을 놓으셔서 조사를 위해 시간을 내주시기가 쉬웠고 협조적이어서 제보자로 적합하였다. 박추성 어른과 김동술 할아버지 그리고 노인회 어르신 몇 분과 점심 식사를 하고 오후에 노인정으로 가서 어르신들에게 마을의 특징과 유래에 대하여 이야기를 듣는 것으로 노인정 방문을 마무리하였다. 김동술 할아버지를 댁으로 모시고 가서 본격적인 조사를 위해 사전 점검과 예비 조사를 실시하였다. 우선 김동술 할아버지께 조사의 목적과 조사 방법 등에 대하여 설명을 드렸다. 할아버지께서 지역어 조사를 위해 제보자가 되어 주실 것을 흔쾌히 승낙하셨다. 녹음을 위해 조사 장소는 시끄럽지 않고 소음이 적은 할아버지 댁으로 정하였다. 할아버지는 할머니와 단 두 분이 살고 계셔서 조사 장소로도 매우 적절하였다. 할아버지에 대한 제보자로서의 적합성을 확인한 다음 저녁 무렵이 되어 다음날 아침에 다시 올 것을 약속하고 돌아왔다.

<영동군 용산면 구촌리 전경>

<제보자 김동술 어르신>

<제보자 김동술 어르신과의 조사 장면>

현지 조사는 크게 두 차례에 걸쳐 이루어졌다. 제1차 조사는 2011년 7월 3일부터 7월 6일까지 이루어졌고 제2차 조사는 8월 12일부터 19일까지 이루어졌다. 본격적인 조사를 위한 제보자 선정과 예비조사가 6월 17

일과 6월 27일, 28일, 30일, 7월 1일과 2일까지 있었다. 7월 2일 제보자를 최종적으로 확정하고 다음날인 7월 3일부터 본격적인 조사를 실시하였다.

7월 3일 아침부터 비가 부슬부슬 내렸다. 질문지, 그림책, 녹음기, 카메라, 건전지 등을 챙겨서 아침 일찍 조사지로 향했다. 오전 9시 무렵에 제보자 댁에 도착하였다. 제보자인 김동술 할아버지와 부인 김순임 할머니께 인사를 드리고 제보자와 관련된 인적 사항과 그동안의 경력을 조사하여 제보자로서의 적합성을 다시 한 번 점검하였다. 지금까지의 충청북도 지역어 조사 제보자 가운데 연세가 가장 적은(80세) 분이었다. 나중에 보조 제보자로 적극적인 도움을 주신 김순임 할머니는 77세였고 이웃 면인 옥천군 청성면에서 열일곱 살에 시집 오셔서 지금까지 이 집에서 살고 계신다고 하셨다. 김순임 할머니는 허리 디스크 증세로 몸이 불편하셔서 움직이는 데 아주 힘들어하셨다. 그래서인지 할머니께는 나중에라도 조사하지 말아달라고 미리 선을 그었다.

오전에는 제보자가 거주하는 용산면 구촌리의 자연지리적인 환경과 마을 성립 배경을 시작으로 형제자매와 관련된 이야기, 결혼 과정과 전통 혼례식, 결혼 생활 등 일생 의례에 대하여 조사하였다. 결혼 생활에 대하여 이야기 하는 중간 중간에 옆에 계시던 김순임 할머니께서 결혼 후 어렵게 사셨던 이야기와 삼 재배와 길쌈에 관한 이야기를 해 주시고 교회에 가셨다.

점심때가 조금 지나 교회에서 돌아오신 할머니께서 불편하신 몸으로 점심 식사를 준비해 주셨다. 두 분을 인근 식당으로 모셔 점심을 대접하겠다는 것을 부득부득 말리시면서 정이 듬뿍 담긴 점심상을 차려 주셨다. 바닥에 앉는 것이 불편하신 할머니께서 서서 점심을 드시는 모습이 안쓰러웠다. 점심 식사를 마치고 한참을 쉬었다가 오후 조사를 시작하였다. 오후에 삼 재배와 길쌈에 관한 이야기를 제보자와 보조제보자로부터 더 듣고 환갑잔치와 장례 절차 등 일생 의례에 관한 이야기를 듣는 것으로 하루 조사를 마무리 하였다.

7월 4일에도 아침 아홉 시에 제보자를 찾아뵈었다. 전날 마무리하지 못한 일생 의례 가운데 제사에 관한 이야기를 듣는 것으로 하루 조사를 시작하였다. 이어서 생업활동에 대하여 조사하였다. 논농사와 밭농사 그리고 가을걷이와 겨우살이에 대하여 차례로 조사한 다음 마을 공동체 생활을 위한 일손 등 농사를 짓는 순서에 따라 자연스럽게 이야기할 수 있도록 하였다. 오전에 조사하는 동안에 부여에 사는 딸 내외가 손자 손녀를 데리고 친정에 다니러 와서 잠시 조사를 쉬었다가 인근 식당에 가서 점심 식사를 하고 돌아왔다. 딸 내외가 돌아갈 때까지 제보자 내외와 함께 조사의 취지와 목적 등에 대하여 이야기를 나누었다. 딸 내외가 돌아가고 나서 거주생활과 관련된 조사를 하였다. 먼저 결혼 후 6·25로 인해 폐허가 된 집을 다시 지었던 과정에 대하여 설명해 주셨고 이어 가신과 조상 숭배 신앙과 금기 생활에 대한 이야기를 해 주셨다. 오후 다섯 시가 넘어 이날 조사 일정을 마무리하였다. 다음날(7월 5일)은 제보자 할아버지께서 정기 검진을 받으러 대전에 있는 병원에 가시는 날이어서 조사를 쉬고 7월 6일에 찾아뵙기로 하고 돌아왔다.

7월 6일 아침 일찍 제보자를 찾아뵈었다. 전날 검진 결과를 여쭈었는데 특별한 문제는 없고 평소에 복용하시는 약을 받아와야 했기 때문에 다녀오셨다고 하셨다. 이날 조사는 각종 질병과 질병을 치료하는 민간요법에 대한 이야기와 약초 캐는 과정과 주변 이야기에 대하여 조사하였다. 가까이에는 높은 산이 없어서 약초는 많이 캐지 않았다고 한다. 이어 연중 세시풍속과 그에 관련된 전통 놀이에 대하여 조사를 하였다.

점심을 먹고 나서 할아버지와 함께 자동차로 주변 백화산을 돌아 상주시 모동면과 모서면을 거쳐 황간면의 월유봉을 돌아왔다. 약 두 시간 가량이 소요되었다. 집으로 돌아와서는 오후에 전통놀이에 대한 이야기를 마저 들은 다음 조사 마을과 관련된 '성찰당'과 '돌고개'에 대한 전설과 설화에 대하여 이야기를 들었다. 이어서 물고기 종류와 물고기 잡기, 사냥에 대하여 조사하고 약초에 대하여 보충조사를 하였다. 구술발화 조사를 마치고 농경 부분 어휘 조사를 하던 저녁나절에 평소 노인정에서 자주 어울리시던 할아버지로부터 좋은 안주가 있으니 약주 한 잔 하시자는 전화가 왔다. 농경 어휘 조사를 마치고 제보자 할아버지를 모시고 가서 노인정 할아버지들께 약주를 대접해 드렸다. 2011년도 국외 지역어 조사 일정과 조사자의 개인 사정 등으로 8월에 다시 찾아뵙기로 하고 하루 일정을 마무리하였다.

7월 13일부터 7월 29일까지 국외 지역어 조사를 위해 중국 길림성 도문시 양수진에 다녀왔다.

8월 9일 오후에 음료수와 과일을 사들고 예고 없이 제보자 댁을 방문하여 안부를 여쭈었더니 그동안 할머니께서 허리 디스크 수술을 하시고 병원에 계시다가 퇴원한 지 이틀이 되었다고 하셨다. 다행인 점은 수술이 잘 되어 회복중이라고 하셨다. 8월 11일에는 통원치료차 병원에 다녀오셔야 한다고 하셔서 12일에 찾아뵙기로 하고 돌아왔다.

8월 12일 아침 제보자 댁으로 가서 조사를 시작하였다. 조사 내용이 어휘편 음식에 관한 것이어서 제보자와 보조제보자가 함께 하였다. 할머니는 허리에 보조기를 하고 계셔서 주로 서 있거나 의자에 앉아계셨다. 조사 내용은 음식의 주식과 부식, 반찬과 별식, 부엌과 그릇에 대한 어휘와 가옥의 방과 가구, 건물, 마당, 마을과 가게에 대한 어휘, 의복의 복식과 장식, 바느질과 세탁에 대한 어휘, 민속의 세시 풍속과 농경용품, 생활용품에 대한 어휘 그리고 인체의 얼굴과 머리 그리고 상체에 대한 어휘를 조사하고 하루 조사 일정을 마무리하였다.

8월 13일 아침 제보자 집으로 가서 인체의 하체, 질병과 생리에 대한 어휘를 조사하고 이어 육아와 친족에 대한 어휘를 조사한 다음 점심식사를 하였다. 제보자 할아버지께서 오후에 아들 내외 가족이 온다고 하면서 뒷동산 정자에서 조사하자고 제안하셨다. 시원할 것 같기도 하고 조용할 것 같아 흔쾌히 동의하고 정자로 올라갔다. 정자에는 무더운 열기가 휘감았고, 주변에서 들려오는 풀벌레 소리, 새소리 때문에 양질의 녹음 결과를 기대하기 어렵다고 생각하니 평소와 달리 귀에 거슬렸다. 그래도 집에서 조사에 방해를 받는 것보다 낫다고 생각하여 정자에서 오후 조사를 시작하였다. 오후에는 물에 사는 동물, 곤충과 벌레, 가축, 들짐승과 날짐승 등 동물에 관한 어휘와 꽃과 풀, 나무, 과일과 열매 등 식물 그리고 산과 들, 강과 바다, 시후, 날씨와 방향 등 자연에 관한 어휘를 조사하여 어휘편 조사를 마쳤다. 어휘편 조사를 마치고 가지고 간 음료수와 간식을 먹으며 잠시 휴식을 취한 다음 음운편 조사를 시작하였다. 단모음, 이중모음 그리고 장모음과 성조에 대한 조사를 마치고 해질 무렵이 되어 이날 조사를 마무리하였다. 14일은 휴일이어서 쉬고 15일에 다시 찾아뵙기로 하고 돌아왔다.

8월 15일에 제보자 댁에 도착하니 할아버지께서는 벌써 깔고 앉을 자리와 간식거리를 준비하시고 정자에 올라갈 준비를 하고 계셨다. 할머니께서 눕거나 편하게 쉬실 수 있도록 하기 위한 할아버지의 자상한 배려로 생각되었다. 아침나절 시원한 시간에 음운 과정에 대하여 조사를 시작하였다. 오전에 용언의 활용 부분 조사를 마치고 곡용 일부를 조사한 다음 인근 식당으로 할아버지를 모시고 가서 점심 식사를 하였다. 점심식사 후 잠시 쉬었다가 오후 조사를 시작하였다. 오후 조사에서는 곡용에 대한 음운과정 조사를 마무리하는 것으로 음운 편 조사를 마쳤다. 음운 편 조사를 마치고 잠시 쉬는 사이에 조사지인 용산면 구촌리 일대의 지명에 대한 이야기를 들었다. 이어 문법 편 대명사에 대한 조사를 마치고 이날 조사를 마무리 하였다. 다음날은 할머니의 병원 진료가 있어 쉬기로 하고 19일에 다시 찾아뵙기로 하였다. 돌아오는 길에 정육점에 들러 쇠고기를 사서 할머니께 드리고 돌아왔다.

8월 19일 아침 일찍 제보자 댁으로 찾아뵈었다. 할머니께서 타 주신 커

피를 한 잔 마시고 이날 조사를 시작하였다. 조사 내용은 문법 편의 조사(助詞)와 종결어미, 연결어미, 주체존대, 시제, 부정, 사동과 피동, 보조용언이었다. 오전에 문법 편 조사를 마치고 오후에는 보조제보자인 김순임 할머니를 함께 모시고 옷 짓는 과정에 대한 이야기와 가을걷이와 갈무리 등 농사일과 관련된 이야기를 듣는 것으로 구술발화를 조사하였다.

8월 20일은 용산 장날이었다. 아침에 장터에 들러 수박과 복숭아 한 상자를 사 가지고 제보자 댁으로 갔다. 제보자 부부의 따뜻한 마음씨에 조금이라도 보답하기 위해서였으나 제보자 부부는 그럴 때마다 손사래를 치셨지만 조사를 끝까지 잘 마무리해 달라는 압력이라는 농담으로 웃어넘겼다.

이날 조사할 내용은 옷 만들기와 염색 등 의생활 관련 내용과 채소 재배와 요리, 나물 채취와 요리, 밑반찬의 조리 등 식생활 관련 구술발화였다. 할아버지와 할머니가 서로 보완하면서 이야기를 해 주셨다. 여기에 결혼 생활과 시집살이에 대한 경험담, 기타 자녀들에게 바라는 점 등을 이야기하는 것으로 질문지에 대한 조사를 마쳤다.

조사를 마치고 제보자를 섭외해 주신 박추성 어른과 노인정 어르신들을 모시고 점심식사를 대접해 드렸다. 미리 공지를 해서인지 처음 뵙는 어른들도 몇 분 계셨다. 이날의 주 화제는 긴 장마 탓에 고추 값이 금값이어서 지난해에 비해 값이 세 배나 비싼 근당(600g) 이만 사천 원이나 되는데 어떻게 해야 고추에 병이 생기지 않는지에 대한 이야기였다.

점심 식사를 마치고 제보자 댁으로 돌아와 제보자 부부와 제보자의 집 사진, 마을 사진 등을 찍었다. 12월에 보고서가 완성되면 보고서를 들고 다시 찾아뵐 것을 약속드리고 전체 조사 일정을 마무리하였다.

■ 전사

제보자의 구술 자료는 Marantz사의 PMD660 디지털 녹음기를 이용하였고 마이크는 SHURE SM11을 이용하였다. 녹음한 자료는 그날 조사한 분량은 그날 저녁에 바로 컴퓨터에 음성파일(wav 파일)로 저장하였다. 이 책을 위한 자료는 음성 파일 전사 프로그램인 Transcriber 1.4를 이용하여 전사하였다. 전사는 기본적으로 문장 단위로 하나의 문장을 소리 나는 대로 한글로 전사하는 것을 원칙으로 하였으나 한 억양으로 소리 나는 경우 억양단위로 전사하기도 하였다. 음성 전사는 기본적으로 한글 맞춤법 규정에 따라 단어별로 띄어 쓰는 것을 원칙으로 했지만 음성의 특성상 동화 현상이 반영된 것은 띄어 쓸 수 없는 경우도 많았다. 가령 '대이찌요(되어 있지요), 청사니라카는대(청산이라고 하는데)' '도라가시씅깨(돌아가셨으니까)' 등과 같이 음운현상 등으로 형태소 분석이 쉽지 않은 경우는 띄어쓰기를 하지 않기도 하였다. 다만 띄어 써야 할 곳이라는 것을 알려주기 위해 음성 전사 결과에 대한 표준어 대역에서는 띄어 써서 독자들의 이해를 돕고자 하였다. 현대 한글로 적기 어려운 음성은 특수한 문자를 이용하여 표기하기도 하였다. 필요한 경우는 국제음성기호를 이용하여 괄호 속에 발음을 명시하기도 하였다.

영동 지역어의 구술 발화는 4시간 48분의 분량을 전사하였다. 구술 발화는 조사자의 말과 제보자의 말을 모두 전사하되 발음을 그대로 전사하였다. 구술발화는 발화 문장 단위로 분절(segmentation)하여 전사하는 것을 원칙으로 하되 내용에 따라 하나의 이야기 단위로 분절하여 전사하기도 하였다. 따라서 각 분절 단위의 끝은 반드시 문장 종결 부호(마침표, 물음표, 느낌표 등)으로 마무리하였다. 제보자의 이야기 중에 조사자의 말이 들어가 겹치는 경우에는 제보자의 말과 조사자의 말을 각각의 문장으로 나누어 전사하였다. 구술 내용이 전환될 경우에도 조사자의 말과 제보자의 말을 모두 전사하였다. 이야기가 중간에 끊겨 내용이 전환되면 문장이 완전히 끝나지 않았더라도 문장부호를 사용하여 문장을 마무리하였다. 의미 내용상 분절이 어려운 경우에는 같은 분절 내에서 문장이 끝날 때까지 전사하고 문장 종결 부호를 넣어 마무리하였다. 전사한 내용에 대응하는 표준어 문장을 직역하여 넣고 문장 종결 부호를 넣었다. 하나의 문장 안에서 단어의 일부가 생략되었지만 추정이 가능한 경우에는 ( ) 안에 생략된 부분을 넣어 의미 파악이 용이하게 하였다.

표준어에 대응되는 어휘나 표현이 없거나 어감이 달라서 설명을 필요로 하는 경우에는 지역어를 그대로 사용하였다. 전사한 각 분절 단위마다 조사자의 발화인지 제보자의 발화인지를 구별하였다. 제보자가 다른 사람의 말을 간접 인용하여 말한 경우에는 해당 인용 부분을 따옴표(' ')로 표시하였다. 영동 지역어 조사의 제보자는 세 명이었으나 각각 따로 조사하였기 때문에 구술 참여자가 조사 상황에서 동시에 여럿이 나타나는 경우는 없었다. 음성 전사의 경우 잘 들리지 않는 부분이 있을 때, 또는 들리더라도 무슨 소리인지 모를 경우에는 음절 수 또는 모라(mora) 수만큼 * 부호를 넣었고, 잘 들리지 않는 부분이 있더라도 추측 가능하거나 생략되었더라도 추측이 가능한 경우에는 추측할 수 있는 말이나 생략된 말을 ( ) 안에 표기하였다. 표준어 대역에서도 같은 방법으로 표시하였다. 음절이나 형태소 경계에서 제보자가 휴지를 두어 발음한 경우에는 음절 사이에 "-"를 넣어 표시하였다. 구술 발화 질문지와 전혀 무관한 내용은 발화된 내용에 따라 별도의 항목 번호를 부여하고 문장 단위로 전사하였다.

영동 지역어에서는 어두 음절 위치에서 단모음 /ㅔ/와 /ㅐ/ 그리고 /ㅟ/와 /ㅚ/가 구별되기 때문에 이 위치에서는 이들 모음을 구별하여 전사하였다. 단모음과 평행하게 이중모음 /ㅖ/와 /ㅒ/ 및 /ㅞ/와 /ㅙ/도 어두음절 위치에서는 구별하여 전사하는 것을 원칙으로 하였다. 그러나 둘째 음절 위치에서는 /ㅔ/와 /ㅐ/를 주로 /ㅐ/로 표기하였고 분명히 구별하여 발음하는 경우는 구별하여 적었다. 이중모음은 소리 나는 대로 표기하였다. 하나의 형태소가 두 가지 이상의 음성형으로 실현될 때는 각각을 반영하고 주석을 달아 설명하기도 하였다. 가령 표준어에서 '-이다'의 어간, 받침 없는 용언의 어간, 'ㄹ' 받침인 용언의 어간 뒤에 붙는 어미 '-면서'에 대응하는 이 지역 방언형 '-면서', '-면서', '-문서'와 '-민서', '-민성' 등이 음성적으로 구별되면 최대한 구별하여 표기하려 하였다. 따라서 하나의 문장 내에서도 두 가지 표기가 나타나는 경우도 있다. 모음 '이'에 선행하는 음절말 자음이 탈락하면서 비모음으로 발음되는 경우는 '～'기호를 이용하여 표시하였다. 제보자의 웃음이나 기침 등 비언어적인 행위는 인상적으로 표기하였다. 자동적으로 경음화가 실현되는 환경에서 장음이나 휴지 때문에 평음으로 실현되는 경우에는 '떡::-살'과 같이 음절 사이에 하이픈(-)으로 표시하였다. 이러한 표기는 가능한 한 음성을 그대로 반영하기 위한 조처였다.

본문의 전사에 사용된 부호는 다음과 같다.

고딕체	조사자
명조체(-)	제보자
=	보조제보자
:	장음 표시이며, 길이가 상당히 길 경우 ::처럼 장음 표시를 겹쳐 사용하였다.
*	청취가 불가능한 부분 또는 표준어로의 번역이 불가능한 경우
+	색인에서 방언과 대응 표준어에 의미 차이가 있는 경우
++	색인에서 방언에 대응하는 표준어가 없는 경우
/	쌍형어임을 표시하는 경우
～	비모음으로 발음되는 경우
-	휴지나 장음으로 인해 평음으로 발음되는 음절 경계의 경우

#	색인에서 방언형 뒤에 휴지 표시
( )	대화에서 생략된 내용

■ 주석

주석은 각 장마다 미주(尾註)를 달았다. 이 자료를 이용할 독자들에게는 각주(脚註)가 편리하겠지만 책의 편집상 불가피하게 미주로 처리해야 했다. 주석은 가능한 한 친절하게 제공하려 하였다. 새로운 어휘나 이해하기 어려운 어휘와 표현 등에 대하여는 설명과 풀이를 하였고, 형태에 대한 음운론적 해석과 설명을 부가함으로써 해당 방언형에 대한 독자의 이해를 돕도록 하였다. 문법 형태의 경우 그 기능에 대한 설명을 간략하게 부기하기도 하였고, 경우에 따라 같은 지역 또는 충북의 다른 지역에서 사용되는 이형태를 제시하기도 하였다. 어휘에 따라서는 미세한 의미 차이나 문법적인 기능 차이를 설명하기도 하고, 이웃하는 옥천 지역이나 충북의 다른 지역에서 방언형의 이형태가 사용될 경우에도 이를 밝혀 놓았다. 독자의 편의를 위해서 동일한 내용이나 비슷한 내용의 주석을 멀리 떨어진 다른 페이지에 반복하여 달아 놓은 경우도 있다.

■ 표준어 대역

전사한 방언 자료에 대하여는 모두 표준어로 대역하여 제시하였다. 원칙적으로 문장 단위로 표준어 대역을 붙였으나 문장보다 큰 의미 단락을 기준으로 대역을 붙인 경우도 있다. 표준어 대역을 별도의 쪽에 배치하여 독자들이 방언 자료를 읽고 쉽게 이해할 수 있도록 하였다.

전사한 방언 자료에 대한 표준어 대역은 직역하는 것을 원칙으로 하였다. 문장 중간 중간에 들어간 '어', '저', '그', '저저저', '저기' 등과 같은 군말이나 담화표지 등도 대역 부분에 그대로 반영하였다. 대응 표준어가 없는 어휘의 경우는 방언형을 그대로 표준어 대역에 사용하였다. 전사가 불가능한 발음이나 전사한 방언 표현의 의미가 불확실한 경우에는 전사 부분과 표준어 대역 부분에 음절수만큼 *** 기호를 사용하였다.

■ 색인

이 책의 내용이 지역어 자료임을 고려하여 말미에 표준어에 대응하는 방언형의 색인을 첨부하였다. 색인은 표준어형을 제시하고 그에 대응하는 방언형들을 나열하였다. 체언은 방언형을 형태음소적으로 표기하였고, 용언은 예문에 사용된 활용형을 그대로 제시하였다. 이때 표기와 발음을 구별할 필요가 있는 경우는 대괄호 속에 음성형을 따로 제시하였다. 표준어를 제시할 수 없는 지역어 특유의 어형에 대하여는 간략한 뜻풀이를 부기하였다.

차례

01 조사 마을

협동 조직 30

1.1. 협동 조직

- 그 인재 이:: 경사-아::애 인재 모이능 게1) 거틍 걸 하면.
- 어:: 가치 와서 해주죠.
- 그라고 또 이우쌀람더리 그, 그렁 행사가 이따먼 다 와서 해줌미다, 옌:나랜.
- 다: 가치 해써요.
- 나도 가서 해주고 너도 와서 해주는 시그루 다 그래 가치 해찌요. 예:.
- 또 그라고 트:키나 글쌔 그 혼사께나2) 이렁 걸 해따 이라먼.
- 그 사람드리 주로 와서 하지요 머.
- 주로 와서 마::이 모이 가주고 하개 하개 되지요.

혼사깨 가틍 거 하면 거기 머 어떵 걸 가따가 이르캐 주나요?

- 그 혼사깨 그틍 거 하면 글쌔 반:지 끄틍 거 주로 하 해:주고 이랍띠다, 요기는.

반지요?

이런 반, 손?

- 응, 반:지.

소내 끼는 반지?

- 예.

옌나래도 그래써요?

- 옌나래::는 옌나래도 인재 그라는 사라미 이찌요.
- 또 그런대 옌나랜 그걸 반지깨3) 거틍 걸 혼사깨 자라남니다.
- 그냥 가서 바: 주고 이라고.
- 지그문 그렁 걸 마이 해도.

- 그 이제 이 경사에 이제 모이는 계 같은 걸 하면.

- 에 같이 와서 해주지요.

- 그리고 또 이웃사람들이 그, 그런 행사가 있다면 다 와서 해줍니다, 옛날에는.

- 다 같이 했어요.

- 나도 가서 해 주고 너도 와서 해주는 식으로 다 그래 같이 했지요. 에:.

- 또 그리고 특히나 글쎄 그 혼사계나 이런 걸 했다 이러면.

- 그 사람들이 주로 와서 하지요 뭐.

- 주로 와서 많이 모여 가지고 하게 하게 되지요.

혼인계 같은 거 하면 거기 뭐 어떤 걸 갖다가 이렇게 주나요?

- 그 혼인계 같은 거 하면 글쎄 반지 같은 거 주로 해주고 이럽디다, 여기는.

반지요?

이런 반지, 손에?

- 응, 반지.

손에 끼는 반지?

- 예.

옛날에도 그랬어요?

- 옛날에는 옛날에도 이제 그러는 사람이 있지요.

- 또 그런데 옛날엔 그걸 반지계 같은 걸 혼인계 잘 안 합니다.

- 그냥 가서 봐 주고 이러고.

- 지금은 그런 걸 많이 해도.

- 예나랜 그거 마이 아내씁니다.

그저내 보니까 머 막껄리 두 통 이렁 거…

- 그르치요, 막껄리.
- 막껄리 그틍 거 주구 그라지요.

예:.

그 인재 동내 아줌마드리 와 가주구.

또 저: 불 피워 가주 거기서 아까 적.

- 예, 그 적 꾸치요~::.
- 어, 적 꾸코⁴⁾ 머 이렁 거 음시걸 가치 협쪼*** 하지요.

그거 저기 꿀 때는 저 솥, 그 뚜껑.

그거 뒤지버 가주구 거기서 마:니 해찌요?

- 그기 소두방인대⁵⁾ 처리라 그라지요, 철.

예.

- 이건 적 꾼는 처리라 그래요, 그걸.

보통 때는 소두방으로 쓰능 거자나요?

- 예, 소두방은 그개 인재 그걸 꾸면 처리라 그라능 기여.

예.

- 철.
- 소두방이라고 아나고.

그르닝까 소두방으로 쓰다가:…

- 네.

그런 니리 이쓰먼 그걸 가따가 뒤지버 노코 그 때는 처리라고 한다고.

- 예, 처리라고 고란다고요.

예::.

참 우리 으르신드리 옌날 조상드리 이름두 잘 부처써요:?

쓸 때마다 이르물 다르개.

- 옛날엔 그거 많이 안 했습니다.

그전에 보니까 뭐 막걸리 두 통 이런 거...

- 그렇지요, 막걸리.

- 막걸리 같은 것 주고 그러지요.

예.

그 이제 동네 아주머니들이 와 가지고.

또 저 불 피워 가지고 거기서 아까 저.

- 예, 그 적 굽지요.

- 어, 적 굽고 뭐 이런 거 음식을 같이 협조*** 하지요.

그거 저기 구울 때는 저 솥, 그 뚜껑.

그거 뒤집어 가지고 거기서 많이 했지요?

- 그게 솥뚜껑인데 철이라 그러지요, 철.

예.

- 이건 적 굽는 철이라고 해요, 그걸.

보통 때는 솥뚜껑으로 쓰는 거잖아요?

- 예, 솥뚜껑은 그게 이제 그걸 구우면 철이라고 그러는 거야.

예.

- 철.

- 소두방이라고 안 하고.

그러니까 소두방으로 쓰다가...

- 네.

그런 일이 있으면 그걸 갖다가 뒤집어 놓고 그때는 철이라고 한다고.

- 예, 철이라고 그런다고요.

예.

참 우리 어르신들이 옛날 조상들이 이름도 잘 붙였어요?

쓸 때마다 이름을 다르게.

- 예:.

- 예, 그르치요.

- 예, 인재 거.

그 소두방두 그르캐 쇠루 됭 거 무쇠루 됭 거자나요, 주로?

- 그르치요, 무쇠요.

근대 인재 그렁 거뚜 이꾸 나무루두 맨들대요?

소죽 까틍 거 끄릴 때.

- 예, 그러치요 어 어.

그거는 머라 그래요?

그거뚜 이르미 또까트나요?

- 그건 인재 소두방:.

- 아 그기 소뚜껑이라구 그냥 머래, 긍 그래 그래 해주 그라지유, 아마
아매.

예:.

- 어, 세죽 쏘뚜껑 머.

- 밥쏟 뚜껑이라기도 하고 이라지요.

근대 옌나래는 그러캐 해 가주구 인재 잔치를 하자나요?

- 예.

― 예:.

― 예, 그렇지요.

― 예, 이제 그거.

그 솥뚜껑도 그렇게 쇠로 된 거 무쇠로 된 거잖아요, 주로.

― 그렇지요, 무쇠요.

그런데 이제 그런 것도 있고 나무로도 만들데요?

소죽 같은 것 끄릴 때.

― 네, 그렇지요, 어 어.

그거는 뭐라 그래요?

그것도 이름이 똑같나요?

― 그건 이제 소두방:.

― 아 그게 솥뚜껑이라고 그냥 뭐래, 그건 그래, 그래 해도 그러지요, 아
마, 아마.

예.

― 아, 소죽솥뚜껑 뭐.

― 밥솥뚜껑이라고도 하고 이러지요.

근데 옛날에는 그렇게 해 가지고 이제 잔치를 하잖아요?

― 예.

■ 주석

1) '게'는 '계(契)'의 음성형이다. '계(契)'는 주로 경제적인 도움을 주고받거나 친목을 도 모하기 위하여 만든 전래의 협동 조직으로 낙찰계, 혼인계, 상포계, 친목계 따위가 있 다. 여기에서는 친목계나 상포계를 이르는 말로 쓰였다.

2) '혼사께'는 중앙어 '혼인계'의 충청도 방언형 '혼사계'의 음성형이다. '혼사계'는 결혼 비용을 조달할 목적으로 모은 계를 말한다.

3) '반지깨'는 '반지계'의 음성형이다. '반지계'는 혼인이나 돌 등 큰일이 있을 때 반지 를 해주기 위해 모은 계를 이르는 말이다.

4) '꾸코'는 중앙어 '굽다'에 대응하는 충청도 방언형 '꿇다'의 활용형이다. 충청도 방언 형 '꿇다'는 '꿇고[꾸코], 꿇지[꾸치], 꿀, 꿇는[꾼는], 꾸, 꾸서'와 같이 활용한다.

5) '소두방'은 중앙어 '솥뚜껑'에 대응하는 충청도 방언형이다. 지역에 따라 '소댕'이라 고도 한다. 그런데 이 소두방으로 적(부침개)을 구울(부칠) 때는 '철'이라고 한다. 소 두방으로 적을 굽는 것을 '철질 한다'고 한다.

02 일생 의례

2.1. 제보자

– 그게 에: 가스미, 가스미 갱:장이 이 빠개저 나가능 거그치 아품니다.

– 심장이 발, 발짜글 하고.

그개 저 심:근경새기라구 하능 거연나부내요.

– 그르치요.

– 싱:근영새기지요.[1]

– 응경새긴데.[2]

– 그 인재 츠매: 발짜걸 해따가 낭중앤 자꾸 더해 가주고 세 번챈 대수술를 해야 된다 고라더라고요.

– 그래가주구 이 가스물 요래 뚝 빠개짜너요.

– 포가 나지요?

아:아.

예예.

– 포가 나지요?

예.

– 여 요까지 다 이 아주 여러 노코 핸 항 거요.

– 그러면 이 피쭈럴 여길 뺌미다[3] 요거.

예:.

– 이댄 피쭈럴 헐가널 빼 가주고, 요기 빼구 요 요기서 여기 이 다 빼구, 요까지 요거 다: 뺌미다.

– 다: 빼요.

– 가따 이서[4] 농 거지요.

음:.

– 허허.

- 그게 에: 가슴이, 가슴이 굉:장히 이 빠개져 나가는 것같이 아픕니다.
- 심장이 발작을 하고.

그게 저 심:근경색이라고 하는 거였나 보네요.

- 그렇지요.
- 심근경색이지요.
- 심근경색인데.
- 그 이제 처음에 발작을 했다가 나중에 자꾸 더 해 가지고 세 번째는 대수술을 해야 된다 그러더라고요.
- 그래가지고 이 가슴을 이렇게 쭉 빠겠잖아요.
- 표가 나지요?

아: .

예예.

- 표가 나지요?

예.

- 여 요기까지 다 이 아주 여러 놓고 한 거예요.
- 그러면 이 핏줄을 여기를 뺍니다 요거.

예.

- 이 댄 핏줄을 혈관을 빼 가지고, 여기 빼고 요 요기서 여기 이 다 빼고, 요기까지 요거 다 뺍니다.
- 다 빼요.
- 갖다 이어 놓은 거지요.

음.

- 허허.

아:.

- 그래 살:고 이찌요 지금.

- 허허.

그래두 의수리 조아서.

- 예에: 그래요, 의수리 조아서.

- 다: 줃는다 그래쬬 뭐, 그때는.

그개 저 혈과니 이르캐 오 쪼라드러 가주구 그렁 거자나요.

피가 안 통해서.

- 그르쵸,[5] 안 통하조.

- 안 통해 가주구 인재, 그 수술할라구[6] 들먼 그 이 저: 심:장, 심:장이 이 피쭈머니 아니유?

- 팍 팍 팍 하는대 그 피 팍 팍 팍 가능 기 지그면 다: 나타남니다.

- 아주 저기, 현대시그로 대 이써 가주구 아주 수수라능 기 다 보이두룩 그르캐 대 이찌요.[7]

예.

아.

　- 그래 살고 있지요.

　- 허허.

그래도 의술이 좋아서.

　- 예, 그래요, 의술이 좋아서.

　- 다 죽는다고 그랬지요 뭐, 그때는.

그게 저 혈관이 이렇게 좁아들어 가지고 그런 거잖아요.

피가 안 통해서.

　- 그렇지요, 안 통하지요.

　- 안 통해 가지고 이제, 그 수술하려고 들면 그 이 저 심장, 심장이 핏주머니 아니요?

　- 팍 팍 팍 하는데 그 피가 팍 팍 팍 가는 게 지금은 다 나타납니다.

　- 아주 저기, 현대식으로 되어 있어 가지고 아주 수술하는 게 다 보이도록 그렇게 되어 있지요.

예.

2.2. 출생과 성장

　그:: 하라부지 태어나셔서부터 지금까지 사라오신 내려개 대애서 한 번 얘기 줌 해주세요.

　머 하이튼 앤날 앤나래 놀:등 거, 머 칭구들 머 머하구 이렁 거.

　− 예예.

　− 그렁.

　하이튼 머 하실 말씀 인능 거 다 한 번 얘기해 줘 보새요.

　− 예, 그렁 건 머 얘기할 쑤 있지요.

　예:.

　− 나는 인재 이: 지배서 태어난 사라밈니다, 이: 지배서.

　아:.

　− 에:, 이 지배서 태어나꾸.

　− 이 아주 초간찌비써써요,8) 지비 옌:나래.

　예.

　− 아:주 초가찌비고.

　− 어, 이 집 이 뜨러기9) 한 질 댐니다, 한 질.

　− 그런 초가찌배 사라서, 살:민성10) 태어난 사라미요 내가.

　− 그런대 어:, 아번님께서 일찌기 도라가시찌요.

　− 그라구 이재 어먼님하구 인재 눈님덜 둘:, 인재 동생 한 사람.

　− 그래 나아고 고래 사:남매가 여기서 사라찌요.

　− 그런 쪽:: 머 여기두 옌나래 아주 초님미다.

　− 아주 초니니까 머.

　− 어: 그냥 농사진는 초니니까, 일 나무도 지개로 저다가 사내 가서 저다가 불 때 가밍서11) 밥패먹꼬 살:고, 어: 그래 살:다보니까 결구건 어디

그 할아버지 태어나서부터 지금까지 살아오신 내력에 대해서 한번 얘기 좀
해 주세요.

뭐 하여튼 옛날 옛날에 놀던 거, 친구들 뭐 뭐하고 이런 거.

  — 예.

  — 그런.

하여튼 뭐 하실 말씀 있는 거 다 한 번 얘기해 줘 보세요.

  — 예, 그런 건 뭐 얘기할 수 있지요.

예.

  — 나는 이제 이 집에서 태어난 사람입니다, 이 집에서.

아.

  — 에, 이 집에서 태어났고.

  — 이 아주 초가집이었어요, 집이 옛날에.

예.

  — 아주 초가집이고.

  — 어, 이 집 이 뜰이 한 길 됩니다, 한 길.

  — 그런 초가집에 살아서, 살면서 태어난 사람이에요, 내가.

  — 그런데 에 아버님께서 일찍이 돌아가셨지요.

  — 그리고 이제 어머님하고 이제 누님들 둘, 동생 한 사람.

  — 그 나하고 그렇게 사남매가 여기서 살았지요.

  — 그런 죽 뭐 여기도 옛날엔 아주 촌이었습니다.

  — 아주 촌이니까 뭐.

  — 어 그냥 농사짓는 촌이니까, 이 나무도 지게로 져다가 산에 가서 져
다가 불을 때 가면서 밥 해 먹고 살고, 어: 그래 살다 보니까 결국은 어디

나가본 대두 우꼬:, 그 일찌기 도러가셔쬬:.

- 아번니미 나 스물한 살 때 도라가시쓰니까.

- 머 내가 다: 인재 에: 집 채기멀 맏따시피 하고 사라끼 때미내, 여기 내려근 대주 대충 다: 암니다.

그러면 하라번니미 장나미싱가요?

- 내가 장: 장:나민대 눈님덜12) 두:리꼬.

네.

- 동생은 어: 대정 가 살:다 삼년 저내 주거써요.

음.

- 나보다 먼저 주거찌요.

그러면 누님드른뇨?

- 누:님드런 인재 지금 사라 개심미다, 두 분 다.

- 한 부넌 어: 그르닝깨13) 팔씹 여서시지요.

- 둘:째 누니먼 팔씹 센.

- 그 나는 팔씹.

음.

- 내: 동생은 세: 살 터우리조.

- 그르닝깨 내: 동상언 칠씨빌곱, 지금 사라 이쓰먼.

음.

그럼 누님뿐드른 어디 사세요?

- 한 부넌: 어:, 츠:매넌 인재 요 백짜릴리라고 요 가까운 대로 시집벌 간는대:

- 에: 지그먼 인재 사:능 거넌 저:: 청주 가 살:구 이써요, 청주.

- 청주애 내가 따리 한, 따리 딱 하난대.

- 따라나 아 하구, 고고 아:더리 또 두:째 아더리 고 가 살:고 이끼 때매,14) 거기서 살:구 이찌요, 지금.

나가본 데도 없고, 그 일찍이 돌아가셨지요.

— 아버님이 내가 스물한 살 때 돌아가셨으니까.

— 내가 다 이제 에 집 책임을 맡다시피 하고 살았기 때문에, 여기 내력은 대충 대충 다 압니다.

그러면 할아버님은 장남이신가요?

— 내가 장 장남인데 누님들 둘 있고.

네.

— 동생은 대전에 가서 살다가 삼년 전에 죽었어요.

음.

— 나보다 먼저 죽었지요.

그러면 누님들은요?

— 누님들은 이제 지금 살아 계십니다, 두 분 다.

— 한 분은 에 그러니까 여든여섯이지요.

— 둘째 누님은 여든셋.

— 나는 여든.

음.

— 내 동생은 세 살 터울이지요.

— 그러니까 내 동생은 일흔일곱, 지금 살아 있으면.

음.

그럼 누님 분들은 어디 사세요?

— 한 분은 에, 처음에는 이제 요기 백자리라고 요기 가까운 데로 시집을 갔는데.

— 에 지금은 이제 사는 건 저기 청주에 가서 살고 있어요, 청주.

— 청주에 내가 딸이 한, 딸이 딱 하난데.

— 딸 하나 하고 그, 그 아들이 또 둘째 아들이 거기에 가서 살고 있기 때문에, 거기서 살고 있지요, 지금.

- 그라구 인재 자근 누니먼 요 청사니라카는대[15] 살:고 이꼬요, 지금.

청산.

다 정정하시구요?

- 근대: 지금 다 정정하지 안치요, 기도 어두꼬.

- 또 모미 다: 조털 아나조, 그르캐.

- 또 자근 누니먼 허리가 이 꼬보::랑합니다.

- 머 좀 환:자 테기지요 머.

가끔 이르캐 만나시거나.

- 예, 만내지요.

- 일:려내 한 번쓰건 만내고, 두: 번두 만내기두 하고 만내지요.

절물 절물 때 가치 클 때보다 더: 요새 만나면 더: 새록새로 카지시요?

- 그르치오::.

- 근 머 참 늘거갈쑤록 어 자꾸 만내쓰먼 하는대, 자주 몸 만내지요 더, 옌날보담.

예.

- 인재 나이 머꾸 이라닝깨 점점 더 몸:만내요.

- 일려내 멥::뻔씩 만내써, 만내서 하는대.

- 지그먼 인재 활똥려기 즈거저 가주구 와따가따 자주 모타지요.

그러면 스무 살, 스무란 살 이때 선친께서 도라가시고:.

하라부::지는 여기서 나:서, 여 이지배서 나셔서 이지배서 쭉 사셔꼬.

- 예.

그개 그르니까 팔씸 년 여기서 사션내요?

- 그르쵸:.

- 헤.

지금 연새애.

- 왱기지[16] 아낟씀니다.

‒ 그리고 이제 작은 누님은 여기 청산이라고 하는데 살고 있고요, 지금. 청산.

다 정정하시고요?

‒ 그런데 지금 다 정정하지 않지요, 귀도 어둡고.

‒ 또 몸이 다 좋지 안 하지요, 그렇게.

‒ 또 작은 누님은 허리가 꼬부랑 합니다.

‒ 뭐 좀 환자 턱이지요.

가끔 이렇게 만나시거나.

‒ 예, 만나지요.

‒ 일 년에 한 번씩은 만나고, 두 번도 만나기도 하고 만나지요.

젊을 때 같이 클 때보다 더 요새 만나면 더 새록새록 하시지요?

‒ 그렇지요.

‒ 그건 뭐 참 늙어갈수록 어 자꾸 만났으면 하는데, 자주 못 만나지요 더, 옛날보다.

예.

‒ 이제 나이 먹고 이러니까 점점 더 못 만나고.

‒ 일 년에 몇: 번씩 만났어, 만나고 하는데.

‒ 지금은 이제 활동력이 작아가지고 왔다 갔다 자주 못 하지요.

그러면 스무 살, 스물한 살 때 선친께서 돌아가시고.

할아버지는 여기서 낳아서, 이 집에서 낳으셔서 이 집에서 쭉 사셨고.

‒ 예.

그게 그러니까 팔십 년 여기서 사셨네요?

‒ 그렇죠.

‒ 헤.

지금 연세에.

‒ 옮기지 않았습니다.

아, 연새가 여드니라고 하시니까.

그: 잔나비 띠:라고 그러셔쬤?

― 예.

그러고 인재 크싱 거뚜 여기서 크셔꾸 그지요?

― 그러쵸:.

학꾜는::?

― 학꾜는 지금 여 구령초동학꾜가 인넌대 저 용산초동학꼴 댕기써요.

― 그기 젤: 먼저 설리비 대떤 학꾜요, 여기넌.

그때는 이르미 머여써요?

― 그때: 그때도 동수리지요, 사문.

아니, 학꾜 이름.

― 학꾜 이름?

예.

― 용산궁민학꾜요.

― 그때 용상궁민학꾜라캐요.

예:.

― 일쩡 때[17] 진 학꾜니까.

네.

그러면 그때 면 년 간 다니셔써요?

― 융 년뇨.[18]

융 년?

― 융 녀니지요.

음.

그:러면 일째::때 그말기::나요, 일째?

― 일째 말기죠.

예.

아, 연세가 여든이라고 하시니까.

그러니까 잔나비 띠라고 그러셨죠?

― 예.

그리고 이제 크신 것도 여기서 크셨고 그렇지요?

― 그렇죠.

학교는?

― 학교는 지금 여기 구룡초등학교가 있는데 저 용산초등학교를 다녔어요

― 그게 제일 먼저 설립된 학교요, 여기는.

그때는 이름이 뭐였어요?

― 그때도 ○술이지요, 사뭇.

아니, 학교 이름.

― 학교 이름?

예.

― 용산국민학교요.

― 그때 용산국민학교라고 해요.

예: .

― 일정 때 지은 학교니까.

네.

그러면 그때 몇 년 간 다니셨어요?

― 육 년이요.

육 년?

― 육 년이지요.

음.

그러면 일제 때 그 말기였나요?, 일제?

― 일제 말기죠.

예.

- 예, 일쩨 말기.

- 오, 오항년까징 거기서 다니고, 인재 참 저 일 일쩡 교유걸 바꼬, 어: 일항, 이래 일항년만, 거 유캉년 때만 아: 항글 배우고, 조러불 해찌요.

음:.

그때::는 그러면 나이가 어느 정도 대쓸 때 다녀써요?

그때는 연새 드신분들도 다니고 막 그래따 그래대요?

- 그러쵸.

- 장:개 간 사람도 다니써요.

- 장:개 간 사람도 가치 다녀써요.

음:.

하라번니문 그때 연새가 어어?

- 그링깨19) 드러갈 째 아옵쌀 때 드러간나요?

- 아홉 쌀 때.

- 엔나랜 지금가치 머 일곱 쌀, 여서 쌀로 아나죠.

- 더 느깨 가지요, 초동학꾜.

그리구 나서 그럼 학꾜 마치구서는?

- 학꾜 마치고부터먼 농사일 해쬬:.

농사.

- 농사일.

- 농사일 하다가 하하 유기오 사벼니 나: 가주 인재, 구넌 가따 오고, 전:쟁언 아내씀니다.

아, 유기오 때는 그럼: 어트개 지내셔써요?

- 유기오 때 그 유기오::가 이...

- 용사니 여기 전장텀니다.

- 진짜 여 아주 빽쩌::늘 한 대요.

- 요거 아주 유:명한 댐니다.

- 예, 일제 말기.

- 오 오학년까지는 거기서 다니고, 이제 참 저 일 일정 교육을 받고, 에 일학(년), 일학년만, 그 육학년 때만 아 한글 배우고, 졸업을 했지요.

음.

그때는 그러면 나이가 어느 정도 됐을 때 다녔어요?

그때는 연세 드신 분들도 다니고 막 그랬다 그러대요?

- 그렇죠.

- 장가 간 사람도 다녔어요.

- 장가 간 사람도 같이 다녔어요.

음.

할아버님은 그때 연세가?

- 그러니까 들어 갈 적에 아홉 살 때 들어갔나요?

- 아홉 살 때.

- 옛날엔 지금같이 뭐 일곱 살, 여섯 살로 안 하지요.

- 더 늦게 가지요. 초등학교.

그러고 나서 학교 마치고서는?

- 학교 마치고부터는 농사일 했지요.

농사.

- 농사일.

- 농사일 하다가 하하 육이오 사변이 나가지고 이제, 군인 갔다 오고, 전쟁은 안 했습니다.

아, 육이오 때는 그럼 어떻게 지내셨어요?

- 육이오 때 그 육이오가 이...

- 용산이 여기가 전쟁터입니다.

- 진짜 여기 아주 백전을 한 데요.

- 요기가 아주 유명한 데입니다.

– 엔:날부터 이 전장-이 부터따 하먼, 전장하문서 치르는 니 동내라고 그라는데 여 사:람 마:이[20] 주거써요, 임민군도 마이 죽꼬.

– 여 미군두 와서 여기 주두내 가주고 전장한[21] 대요.

– 미군 여 유기오 때 츰:.[22]

– 저 대전하고, 대전서 전장하고 나면 여기 에: 진찌 구:추캐 가주구, 여기 와서 전장한 대요.

– 그래서 전장-이 이러나니까 머 피라늘 앙 갈 쑤가 업쬬.

– 그 피라널 알:루 니리간다능[23] 기 가다 가다가 저 어 성조:[24] 그러닝깨 낙똥강.

– 지금 저 왜, 왜간 거 다리 끄녀전 그 다리, 그걸 모:껀내 가고 우린 대로 올라와쬬.

– 저녕: 거 내리가다 봉깨[25] 그 머, 차다니 대 가주구 모: 까개 하니 머 할쑤 읍쬬.

– 그래 다시 올라와 가주, 그른대 지내다가, 해복 참 저 어:: 구닌더리 인재 우리 국꾼더리 이 올라와 가주 그냥 그대::로 살다가 이재 정시그로 가는 군대로 가쬬.

– 제:주도 가서 훌려는 바꼬.

음:.

그 그 유기오 때 얘기 줌 해줘 보세요.

그때 상황이 어땐는지.

– 상항언 여기 아::주 시:만 전투럴 한 대라나서, 이 부리 싹:: 이 동내가 싹:: 타써씀니다, 아 싹: 타고.

– 어:: 그: 가따 오는 온 그 결과를 쪼꿈 얘기해 보먼, 지금 저 심무내 노근니라고 마:이 나오지요, 노근니 사꺼니라고?

예예예.

– 음, 이재 우리가 피:란 갈 때는 저짜그로 이래 도라서 철: 철 천:: 천

- 옛날부터 이 전쟁이 붙었다 하면 전쟁하면서 치르는 이 동네라고 그러는데, 여기 사람이 많이 죽었어요, 인민군도 많이 죽고.

- 여기 미군도 와서 여기에 주둔해 가지고 전쟁한 데요.

- 미군 여기 육이오 때 처음.

- 저 대전하고, 대전에서 전쟁하고 나면 여기 에: 진지 구축해 가지고, 여기 와서 전쟁한 데요.

- 그래서 전쟁이 일어나니까 뭐 피란을 안 갈 수가 없지요.

- 그 피란을 아래로 내려간다는 게 가다가, 가다가 저 성주 그러니까 낙동강.

- 지금 저 왜 왜관 거기 다리 끊어진 그 다리, 그걸 못 건너가고 우린 도로 올라왔지요.

- 저녁 거 내려가다 보니까 그 뭐, 차단이 돼 가지고 못 가게 하니 뭐 할 수 없지요.

- 그래 다시 올라와 가지고, 그런데 지내다가, 회복 참 저 에 군인들이 이제 우리 국군들이 이 올라와 가지고, 그냥 그대로 살다가 이제 정식으로 가는 군대로 갔죠.

- 제주도 가서 훈련은 받고.

음.

그, 그 육이오 때 얘기 좀 해줘 보세요.

그때 상황이 어땠는지.

- 상황은 여기 아주 심한 전투를 한 데라놔서, 이 불이 싹 이 동네가 싹 탔었습니다, 싹 타고.

- 에 그 갔다 오는 온 그 결과를 조금 얘기해 보면, 지금 저 신문에 노근리라고 많이 나오지요, 노근리 사건이라고?

예.

- 음, 이제 우리가 피란 갈 때는 저쪽으로 돌아서 첫, 첫날 피란은 여

날 피라넌 여 덕찐동이라는 대 가서 피라늘 하고 하루 찌녁 자고.

- 발쌔 막: 아: 자꾸 인재 후태해 내리오고 이라는대 그거럴 참: 기가 매킨 꼴두 보지요, 우리.

- 이재 이. 덕찐 가서 막 피란 하루 찌녁카는대 임:민구니 막 선발 때 와써요:.

- 그 덕찐동이라는 대 와써요, 와써.

- 그래 막 지내가고 이써요, 아패.

- 피란미니랑 가치 지내가능 거 우리가 모껴글 하고 봐:써요, 우리.

- 그래도 어트감니까? 자꾸 피라늘 갈 쑤배끼, 전장은26) 여기서 안 안즉 아나는대.

- 이재 그라고 어: 차차차차 찬차이 니리가능 거지요, 우리넌 거러서.

- 소도 함 마리 몰:고 가지 아:들 등애 어꼬 지고.

- 어 인재 그때마내두 뭐 어:: 인재 초동하꾜 재우 조러파고 구넌 갈 나이는 대쓰니까.

- 머 질머지구 댕기고27) 아:들도 가치 막 질머지고 이래 내리가찌요.

- 그래 인재 우리 니리갈28) 때 막 점부 여기 에 전:장 준비함니다.

- 아:, 그링깨 여기넌 전:장터니까 아 야:포넌 바 저: 요 너매 당지 그튼대 저 항간 그튼대 가따 아: 포:진찌 차려 노코.

- 우리가 인재 전:쟁하능 걸 보구 내리가능 거여 막.

- 여기 전:장하넝 걸, 이 우리 아: 우리 아:구니 구꾸니 포 쏘능 기 보임니다.

- 보이고 가서 떠러지넝 거뚜 보이고, 폭파라넝 거또.

- 그리구 우리가 인재 자꾸 피라늘 가야 살 쌍부르닝깨29) 자꾸 내빼지요 머.

- 그 여기서 사밀:: 가닝가, 오 오:일 간 해따카등가.

- 사밀 간 해떤지 기어개 아삼푸리하내요.

기 덕진동이라는 데 가서 피란을 하고 하루 저녁을 자고.

- 벌써 막 에 자꾸 이제 후퇴해 내려오고 이러는데 그거를 참 기가 막힌 꼴도 보지요, 우리가.

- 이 덕진 가서 막 피란을 하루 저녁을 하는데 인민군이 막 선발대가 왔어요.

- 그 덕진동이라는 데 왔어요, 왔어.

- 그래 막 지나가고 있어요, 앞에.

- 피란민이랑 같이 지나가는 것을 우리가 목격을 하고 봤어요, 우리가.

- 그래도 어떻게 합니까? 자꾸 피란을 갈 수밖에, 전쟁은 여기서는 안 아직 안 하는데.

- 그리고 어 차차차차 천천히 내려가는 거지요, 우리는 걸어서.

- 소도 한 마리 몰고 가지 아들 등에 업고 지고.

- 에 이제 그때만 해도 뭐 어 이제 초등학교 겨우 졸업하고 군인 갈 나이는 됐으니까.

- 뭐 짊어지고 다니고 아이들도 같이 막 짊어지고 이렇게 내려갔지요.

- 그래 이제 우리 내려갈 때 막 전부 여기 에 전쟁 준비합니다.

- 아, 그러니까 여기는 전쟁터니까 아 야포는 저 요 넘어 당지 같은데 저 황간 같은 데 가져다 포진지를 차려 놓고.

- 우리가 이제 전쟁하는 걸 보고 내려가는 거요 막.

- 여기 전쟁하는 걸, 우리 아(군) 우리 아군이 국군이 포 쏘는 게 보입니다.

- 보이고 가서 떨어지는 것도 보이고, 폭발하는 것도.

- 그리고 우리가 이제 자꾸 피란을 가야 살 것 같으니까 자꾸 내빼지요 뭐.

- 그 여기에서 삼일 간인가 오, 오 일 간 했다고 하던가.

- 삼일 간 했던지 기억이 아슴푸레하네요.

- 그래 전:장얼 여기서 하고 인년대 자꾸 니리가지요.

- 니리가서 니리가다가 인재.

- 자꾸 그 인밍군드리랑 가치 니리가능 거요, 우리가 선발때랑.

- 전:장언 인재 여기서 하고 이꾸 그래 우린 자꾸 니리가문 그 총 미구 가능 기 바매년 마리요, 그 완전 그 인밍군 푸른 복짱하구두 니리가요.

- 가덜.30) 그래두 그 몰 몰 모:짜바요.

- 가치 거러난 자덜하곤31) 전장얼 아내요.

- 가문서 자꾸 내리가기만 하지.

- 그 인재 낭:중애32) 인재 며칠 한 사밀 가닝가 자꾸 니리가다 봉께 저 성주라는 대까지 가써요.

- 우리가 성주.

- 인재 피란끼를 자꾸 따라 니리가능 거지요.

- 그래 벌써 인재 여긴 전장이 끈나고 어: 그 인재 낙똥강 전투가 버러 전다능 시요.

- 그링깨 막: 꽁수벌 하년대 피란미니 갈 쑤 인나요.

- 그 철거 막 끄너부렫 끄너 제끼고, 근대 다시 올라오는 수배끼 어트기요.

- 니리가덜 모다고33) 다시 올라와쪼.

- 다시 올라올 때애는 인재 기름낄로34) 와쪼~:, 기름낄로.

- 이 피:라널 가따 올라오넌대 한 사흘 네리가느라고 잠 모짜고 올라 오느라구 하루 쩌녁 잠 모짜고 이틀 쩌녁 잠 자멀 안 자닝께 거러오는대 도 자미 와요.

- 그럼 논뚜렁애 이래 지채가다가 푹 빠지기도 하고.

- 그런대 가족찌리 가따가 난 지비 하도 궁구매서 찬차이 올라오라카고 미리 미리 미리 올라오는대 그런 꼬럴 보고.

- 그 노근니35) 진짜 구:래 사:람 주긍 걸 집쩍36) 모껴캐찌요.

- 그래 전쟁을 여기서 하고 있는데 자꾸 내려가지요.

- 내려가서 내려가다가 이제.

- 자꾸 그 인민군들이랑 같이 내려가는 거요, 우리가 선발대랑.

- 전쟁은 이제 여기서 하고 있고 그렇게 우리는 자꾸 내려가면 그 총 메고 가는 게 밤에는 말이요, 뭐 완전히 그 인민군 푸른 복장하고도 내려가요.

- 걔들이, 그래도 그 못, 못, 못 잡아요.

- 같이 걸어가는 자들 하고는 전쟁을 안 해요.

- 가면서 자꾸 내려가기만 하지.

- 그 이제 나중에 이제 며칠 한 삼일간인가, 자꾸 내려가다 보니까 저 성주라는 데까지 갔어요.

- 우리가 성주.

- 이제 피란길을 자꾸 따라 내려가는 거지요.

- 그래 벌써 이제 여긴 전쟁이 끝나고 어 그 이제 낙동강 전투가 벌어진다는 거요.

- 그러니까 막 공습을 하는데 피란민이 갈 수 있나요.

- 그 철길을 막 끊어버렸고, 끊어 젖히고, 근데 다시 올라오는 수밖에 (없지) 어떻게요.

- 내려가지를 못하고 다시 올라왔지요.

- 다시 올라올 때는 이제 지름길로 왔지요, 지름길로.

- 이 피란을 갔다 올라오는데 한 사흘 내려가느라고 잠 못 자고 올라오느라고 하루 저녁 잠 못 자고 이틀 저녁 잠, 잠을 안 자니까 걸어오는데도 잠이 와요.

- 그럼 논두렁에 이래 지나가다가 푹 빠지기도 하고.

- 그런데 가족끼리 갔다가 난 집이 하도 궁금해서 천천히 올라오라고 하고, 미리 올라오는데 그런 꼴을 보고.

- 그 노근리 진짜 굴에 사람 죽은 걸 직접 목격했지요.

- 참 마:이 주거쓰니다, 거기서.

- 그 양짝 구래 빡빠카개 주거 가주 이꼬 산날망 삐탈까지 공수까지 해따카는대요, 공수 비행기가.

- 이 사경만 하먼 이짜개 그 굴:하고 으: 이짜개 보만 사:라미 중넌대.

- 산나무애서 주거쓰니까 그 치우지 아낭 그대로죠.

- 그대로 내가 모껴칸 사라미요.

- 그라고 지배까지 와 보고, 지배 오니깨 머 임민 정치 하지요.

- 그때 막 여기 저 좌:익한 사람더리 마니 이짜나요.

- 그 사람더리 인재 다 머 이:장도 배치가 대 이꼬 막, 정치럴 빨::리 하드라고요.

- 거 공산당덜 창 기가 매키개 짜구 항 기요, 거 유기오 전쟁얼.

- 그런 경허멀 지킬쪼, 유기오 사:벼늘.

음.

그러면 동내:는 언재 부리 타써요?

- 그 일차, 일차 전:장할 때.

내려갈 때?

- 그리잉깨 임밍군덜 전:장할 때.

애.

- 이 동내럴 싹 태웅 거요::, 고만.

- 여긴 전:차가 두: 대 파개가 대쓰니다, 임밍군 전차가.

- 가:드리 직쩝 끌고 옹 거.

예::.

- 그래 다: 거러가찌만.

- 여 아주 전:장, 옌:날부팀 전:장 해::따 하문 여 전:장얼 한담니다 여 기넌.

음.

‒ 참 많이 죽었습니다, 거기서.

‒ 그 양쪽 굴에 빡빡하게 죽어 가지고 있고 산등성이 비탈까지, 공습까지 했다 하는데요, 공습 비행기가.

‒ 이 사격만 하면 이쪽에 그 굴:하고 에 이쪽에 보면 사람이 죽는데.

‒ 산나무에서 죽었으니까 그 치우지 않은 그대로지요.

‒ 그대로 내가 목격한 사람이요.

‒ 그리고 집에까지 와 보고, 집에 오니까 뭐 인민군 정치하지요.

‒ 그때 막 여기 저 좌익한 사람들이 많이 있잖아요.

‒ 그 사람들이 이제 다 뭐 이장도 배치가 되어 있고 막, 정치를 빨리 하더라고요.

‒ 공산당들 참 기가 막히게 짜고 한 거예요, 그 육이오 전쟁을.

‒ 그런 경험을 **지요, 육이오 사변을.

음.

그러면 동네는 언제 불이 탔어요?

‒ 그 일차, 일차 전쟁할 때.

내려갈 때?

‒ 그러니까 인민군들 전쟁할 때.

예.

‒ 이 동네를 싹 태운 거요, 그만.

‒ 여기 전차가 두 대 파괴가 됐습니다, 인민군 전차가.

‒ 걔들이 직접 끌고 온 거.

예.

‒ 그래서 다 걸어갔지만.

‒ 여기 아주 전쟁 옛날부터 전쟁 했다하면 여기서 전쟁을 한답니다, 여기는.

음.

- 이 상각찌대라 그러탐니다.

- 여가 상각찌대.

아, 저기 저 절라도하고.

- 절라도, 경상도하고 여 상각찌대 아주 이 중심지람니다.

- 절략쌍으로 그래 대이땀니다.

- 그 나두 드른 바지요.

그: :러면 그무려배는 그럼 선친깨서는?

- 사라 게시쬬.

사라 게셔꼬.

- 예:.

음.

- 그라구 삼년- 후애 도라가시써요.

그럼 전쟁 끈나자마자?

- 예애.

- 끈난 다매 삼년 후애.

- 그 이 초가찌비 아주 옌:날 초가찌비썬는대, 인재 전장하고 와 가주 구 터럴 인재 따꼬 어 다시 인재 나추고 이래 가주 으: 흑짱얼37) 내가 바 가 가주 집쩍 내가 싸 가주구 지벌 지어 지타가 살:다가 인재.

- 이 이 집 찐진 그르닝깨 에 팔썹팔런도 오나요, 저 고속또로 나는 나 든 해.

음.

- 그래 지쓰요.

고속 경부고속또로가 낭 거는 칠씨비년도 아닝가요?

시 시자캉개?

- 아, 그를끼오~.

- 그른대 애: 그리잉깨 인재 경부고속또로 아: 이건 거시기38) 그 그해

- 여기가 삼각지대라 그렇다고 합니다.
- 여기가 삼각지대.

아, 저기 전라도하고.

- 전라도, 경상도하고 여기 삼각지대 아주 이 중심지랍니다.
- 전략상으로 그래 돼 있답니다.
- 그 나도 들은 바지요.

그러면 그 무렵에는 그럼 선친께서는?

- 살아 계셨지요.

살아 계셨고.

- 예:.

음.

- 그리고 삼 년 후에 돌아가셨어요.

그럼 전쟁 끝나자마나?

- 예.
- 끝난 다음에 삼 년 후에.
- 그 이 초가집이 아주 옛날 초가집이었는데 이제 전쟁하고 와 가지고 터를 이제 닦고 어 다시 이제 낮추고 이렇게 해 가지고 흙벽돌을 내가 박아 가지고 직접 내가 쌓아 가지고 집을 지어 짓다가 살다가 이제.
- 이 이 집 지은 지는 그러니까 팔십팔 년도인가요, 저 고속도로 나는, 나던 해.

음.

- 그렇게 지었어요.

경부고속도로가 난 것은 칠십이 년도 아닌가요?

시 시작한 게?

- 아, 그럴 거요.
- 그런데 에 그러니까 이제 경부고속도로 아 이건 거시기 그해가 아니

가 아니구나.

새마을운동하고 한:참 뒤애.

- 으:.

하신?

- 그 인재 그 어: 그쌔 벽똘찌부로 상 거는 인재.

- 애: 하이간 유기오 전쟁얼 치르고 어 삼년 이따 아:주 초가찌번 그래 싹 타뻐린는대 싹 타뻐리닝깨 이 저 딴: 저 메찝 이써써요, 요.

- 요 아:느로 메찜 인재 인는 지배 가서 살:다가 아: 지벌 새루 지어 지 코39) 살:다가 인재, 이 지번 어: 이 지번 한 시보:년 십 십칠련 댄나 십칠 련 저내 진 진 지비요.

예.

- 새로.

예::.

- 그때: 머 피란 가고 이러면서.

곡씩까틍 거 단지애 너 가주 땅애 무꼬 머 그래때면서요?

- 무:더찌요~:.

- 그람뇨.

- 그른대 이 무든 무더도 이 화: 부리나먼 몸몸몸, 몸: 먹씀니다.

- 무등 거뚜 몸 머거요.

왜그러쵸?

- 화:근내가40) 나고 그래서 몸: 머거요.

아::.

- 그래 지비 안 타고 이씨야 그개 유지가 대이꼬. 다른 사라미 암 파머 그먼, 파머거도 대도

- 이 부리 나서 화:재가 나먼 고만 다: 몸 먹씀니다, 다:.

- 상::41) 모씀니다, 아무 거뚜.

구나.

새마을 운동 하고 한참 뒤에.

— 으:.

하신?

— 그 이제 그 에 글쎄 벽돌집으로 산 것은 이제.

— 에, 하여간 육이오 전쟁을 치르고 어 삼 년 있다가 아주 초가집은 그래 싹 타버렸는데, 싹 타버리니까 저 저 다른 저 몇 집이 있었어요, 요기.

— 요기 안으로 몇 집 이제 있는 집에 가서 살다가 에 집을 새로 지어 짓고 살다가 이제 이 집은 에 한 십오 년 십칠 년 됐나, 십칠 년 전에 지은, 지은 집이요.

예.

— 새로.

예.

— 그때 뭐 피란 가고 이러면서.

곡식 같은 거 단지에 넣어 가지고 땅에 묻고 뭐 그랬다면서요?

— 묻었지요.

— 그럼요.

— 그런데 이 묻은 묻어도 이 화(재) 불이 나면 못 못 못, 못 먹습니다.

— 묻은 것도 못 먹어요.

왜 그렇지요?

— 화독내가 나고 그래서 못 먹어요.

아아.

— 그래 집이 안타고 있어야 그래도 그게 유지가 돼 있고, 다른 사람이 안 파먹었으면, 파먹어도 돼도.

— 이 불이 나서 화재가 나면 그만 다 못 먹습니다, 다.

— 모조리 못 씁니다. 아무 것도.

- 하나도 건질 깨 업써요, 아주.

- 머글 꺼.

땅 쏘개 인는대두요?

- 예?

땅 쏘개 무던는대.

- 땅 쏘개 무터 인는 거뚜 헌니리요.

- 몸: 머거요.

아, 그러캐돼요?

- 예, 몸: 머거요.

그래두 또 무더 농 거뚜 저: 아까 말쓰마신거처럼 머 좌이카는 분들, 이런 분들.

- 다 파머거요.

다 팜 걷.

- 다 파머거찌요~:.

- 피란 나간 사람꺼넌 다 파머거요.

- 미리 막 드러온 사람덜 이런 사람더리 머글 끼 읍쓰니까요, 머.

- 농사도 그때 한:동안 모:찌찌 머.

- 그르잉깨 파먹어.

지배 키우던 짐승두 머 자버머꼬 그래때면서요?

그때는?

- 짐승두 자바먹찌요.

- 지붕, 짐승두 그 나마잉넝 거넌 나마인넌 사람더리 자바 먹씀니다, 나마잉넝 거 알:기만 알:먼.

- 근대 인재 요:기넌 전:장얼 한 아주 소개럴 한 지여기니까 머.

- 더군다나 그런 짐성이[42] 이쓰면 아무나 자바머거도 상과니 우:꼬.

- 막 자바머거꼬요.

- 하나도 건질 게 없어요, 아주.

- 먹을 거.

땅 속에 있는 데도요?

- 예?

땅 속에 묻었는데.

- 땅 속에 묻혀 있는 것도 헛일이요.

- 못 먹어요.

아, 그렇게 돼요?

- 예, 못 먹어요.

그래도 또 묻어 논 것도 저 아까 말씀하신 것처럼 뭐 좌익 하는 분들, 이런 분들.

- 다 파먹어요.

다 파서.

- 다 파먹었지요.

- 피란 나간 사람 거는 다 파먹어요.

- 미리 막 들어온 사람들 이런 사람들이 먹을 게 없으니까요, 뭐.

- 농사도 그때 한동안 못 지었지 뭐.

- 그러니까 파먹어.

집에 키우던 짐승도 뭐 잡아먹고 그랬다면서요?

그때는?

- 짐승도 잡아먹지요.

- 짐승, 짐승도 그 남아있는 건 남아있는 사람들이 잡아먹습니다, 남아있는 걸 알기만 알면.

- 그런데 이제 요기는 전쟁을 아주 소개를 한 지역이니까 뭐.

- 더군다나 그런 짐승이 있으면 아무나 잡아먹어도 상관이 없고.

- 막 잡아먹었고요.

- 그래두 인재 이 초:내넌 일방 피란 해따가 여패 피란 해따가 온 사람
더리 이쓰니까 그 그르캐 망 모: 짜바머거찌요, 머.

- 그래서 이 피란 가구 움는 지불, 꺼넌 자바먹찌요.

그러면:: 구닌:: 가싱 거는: 유기오가 끈나고 가션나요?

- 예, 끈나고 가쬬.

어:.

- 인재 유기오 사변 그: 당시애 간 사람도 마이 이쬬.

- 피랑 가서 간 사람도 마니 이꼬.

- 그런대 나넌 유기오 사, 사:변 다: 치리고 어: 정식 인재 영짱 바다
가주 제:주도 가서 육 깨월 간 훌런 바꼬 전방 배치 대 가주 구닌생활 하
고 나와쬬.

제주도애는 그 저기 모슬포인넌대 거기:서?

- 예, 그래고.

교육빠다.

- 모슬포가 그 훌:런숨니다.

예.

저이 저이 아버지두 거기서 훌런 하셔따 그래요.

그리고 저이 아버지는 유기오 전투에 참석, 참전 하셔꺼든뇨.

- 아, 참전하시쩌도 매 어: 제일훌런소 거기 바든 사람더리 마니
이쬬.

예.

- 저 이 제이훌런소 쪼금 낭중애[43] 생깅검니다, 저거.

그름, 군 저:기 군대는 어디애서 금무하셔써요?

- 군대는 전방애 애:: 이십 싸단 애 육쩜 연대 가서 에 한 한 일런 근무하다가
또: 유꾼본부 가서 한 일런 좀더 근무하고 이래 재대해쬬.

음.

- 그래도 이제 이 촌에는 일방 피란했다가 옆에 피란했다가 온 사람들이 있으니까 그 그렇게 막 못 잡아먹었지요, 뭐.

- 그래서 이 피란 가고 없는 집을, 거는 잡아먹지요.

그러면 군인 가신 거는 육이오가 끝나고 가셨나요?

- 예, 끝나고 갔지요.

어.

- 이제 육이오 사변 그 당시에 간 사람도 많이 있지요.

- 피난 가서 간 사람도 많이 있고.

- 그런데 나는 육이오 사, 사변 다 치르고 에 정식 이제 영장 받아 가지고 제주도에 가서 육 개월 간 훈련 받고 전방에 배치가 되어 가지고 군인생활 하고 나왔지요.

제주도에는 그 저기 모슬포 있는데 거기서?

- 예, 그러고.

교육을 받아(서).

- 모슬포가 그 훈련솝니다.

예.

저희 아버지도 거기서 훈련하셨다고 그래요.

그리고 제 아버지는 육이오 전투에 참전하셨거든요.

- 아, 참전하셨어도 뭐 제일훈련소 거기서 (훈련)받은 사람들이 많이 있지요.

예.

- 제이훈련소 조금 나중에 생긴 겁니다, 저거.

그럼, 군 저기 군대는 어디에서 근무하셨어요?

- 군대는 전방에 에 이십 사단 육십 연대에 가서 에 한 일 년 근무하다가 또 육군본부 가서 한 일 년 좀 더 근무하고 이제 제대했지요.

음.

그 이십 싸다니면 어디에 인능 거죠?

- 지그먼 어디 인능가 잘 모르 건내요.

- 그때:넌 이십 싸다니 애: 저:기 사창니 이써써요, 사창니.

음.

- 그래따가 이리저리 왱기 왱기 댕기기두 하구 그래찌요.

그리고:: 인재 재대하고 지배 오셔쓰꺼 아니애요?

- 그르쵸.

- 와찌요~:.

할머니::는 이르미 어트개 되요?

= 김○니미요, 김○님.

○-임?

= 예:.

이른 일곱싸리고.

그러면 무슨 띠지요?

- 돼:지띠.

돼지띠.

학꾜는 어트개 다니셔써요?

= 저넌 학꾜도 안 댕기써요.

학꾜 안 다니시고.

= 예.

= 학꾜::럴 나럴 댕기개꿈 대:, 해:도 되넌대 우리 어머이가 엔:나리라 그라넝가, 여자가 머 그르캐 그렁 거 해서 머 하냐고 안 학, 해꾜를 암 보내 주드라구요.

네:.

= 그래서 전 머 안 댕기써요, 학꾜럴.

- 엔:나랜 그럴 때여.

그 이십 사단이면 어디에 있는 거지요?

‒ 지금은 어디에 있는지 잘 모르겠네요.

‒ 그때는 이십 사단이 에 저기 사창리에 있었어요, 사창리.

음.

‒ 그랬다가 이리저리 옮겨, 옮겨 다니기도 하고 그랬지요.

그리고 이제 제대하고 집에 오셨을 거 아니에요?

‒ 그렇지요.

‒ 왔지요.

할머니는 이름이 어떻게 돼요?

= 김○임이요, 김○임.

○임?

= 예.

일흔일곱 살이고.

그러면 무슨 띠지요?

‒ 돼지띠.

돼지띠.

학교는 어떻게 다니셨어요?

= 저는 학교도 안 다녔어요.

학교 안 다니시고.

= 예.

= 학교를 나를 다니게끔 해도 되는데 우리 어머니가 옛날이라 그랬는
지 여자가 뭐 그렇게 그런 것을 해서 뭐하냐고 안 학(교), 학교를 안 보내
주더라고요.

네.

= 그래서 전 뭐 안 다녔어요, 학교를.

‒ 옛날엔 그럴 때야.

= 예, 댕기년 사라먼 댕기찌마넌 예, 저넌 학꾜애도 안 댕기써요.
저 하꾜갈 때두 여자애드른 잘 암 보낸는대요, 머.

= 으: 그기 잘 안보내주드라고.

− 그저낸 여자더런 어짜다 댕기요.

− 돈: 쥼 인는 사람드른 보내고.

예: .

− 그 등녹끔두 내고.

예.

− 그래야 되니까.

예.

− 수엄뇨 내야 되고.

예: .

− 그래 가주 여가내 암 보내써.

= 해해해.

= 예, 다니는 사람은 다녔지만 예, 저는 학교에도 안 다녔어요.

저 학교 갈 때도 여자애들은 잘 안 보냈는데요, 뭐.

= 응 그게 잘 안 보내 주더라고.

- 그전에는 여자들은 어쩌다 다녀요.

- 돈 좀 있는 사람들은 보내고.

예.

- 그 등록금도 내고.

예.

- 그래야 되니까.

예.

- 수업료 내야 되고.

예.

- 그래가지고 여간해 안 보냈어.

= 해해해.

2.3. 결혼 과정

그러면 겨로넌 언재 하셔써요?

― 겨로넌 군대 가기 저내 해씀니다.

― 군대 가기 저내.

가기 저내?

― 네.

― 스물한 사래 해써요.

― 스무살, 한 사래.

음:.

그럼 할머니 어트개 만나션느대요?

― 그르잉깨 중매겨론 해찌요.

― 인재 누니미 중매럴 한 테기죠.

아, 누니미 먼저.

― 예, 누니미 청산[44] 인는대.

― 인재 이 우리 내자가[45] 여 청산 싸라미요.

예.

― 청산, 저 청 청사니 아니고, 청성.

― 청성면 장수리.[46]

청성, 예.

예.

― 장수리라는 대 사라써요.

그럼 거기서 사시다가 이리 오시구 인재.

계속 또 여기서 사시능 거내요?

― 그르치요.

그러면 결혼은 언제 하셨어요?

— 결혼은 군대 가기 전에 했습니다.

— 군대 가기 전에.

가기 전에?

— 네.

— 스물한 살에 했어요.

— 스무 살, 한 살에.

음:.

그럼 할머니 어떻게 만나셨어요?

— 그러니까 중매결혼을 했지요.

— 이제 누님이 중매를 한 턱이지요.

아, 누님이 먼저.

— 예, 누님이 청산 있는데.

— 이제 이, 우리 내자가 여기 청산 사람이요.

예.

— 청산, 저 청, 청산이 아니고, 청성.

— 청성면 장수리.

청성, 예.

예.

— 장수리라는 데 살았어요.

그럼 거기서 사시다가 이리 오시고 이제.

계속 또 여기서 사시는 거네요?

— 그렇지요.

그러먼 저: 할머니는 며쌀 때 이리 오셔써요?

- 열려서 쌀.

열려.

- 열려덜 쌀.

- 세: 살 차이지요.

- 그래서.

열려덜 쌀?

- 응.

음::.

- 조온 함니다, 옌나랜.

예.

- 옌나랜 조호니지요, 다.

또 할머니:는 그: 그쪽 청성애서 거기두 농사 지션나요?

- 그르쵸~:.

- 네.

- 거기도 머: 농초니니까 농사찌고 머.

음:.

중매는 어트개 해써요?

그거 과정은 아셔요?

어트개 누가?

- 그쌔 중매넌 인재 애: 자근누니미[47] 그 청성며내 살고 이끼 때미내 그 쪼그로 또 영겨리 자꾸 이래 가까우니까 건.

- 동내가 가까우니까 아: 와따 가따 하는 사라미 내지서[48] 가주 중매가 댕 거죠.

그 그 중매하면 그때부터 어떤 시그로 해써요?

그냥 얘기가 인재 처매?

그러면 저 할머니는 몇 살 때 이리 오셨어요?

― 열여섯 살.

열여.

― 열여덟 살.

― 세 살 차이지요.

― 그래서.

열여덟 살?

― 응.

음.

― 조혼 합니다, 옛날엔.

예.

― 옛날엔 조혼이지요, 다.

또 할머니는 그 그쪽 청성에서 거기도 농사지으셨나요?

― 그렇지요:.

― 네.

― 거기도 뭐 농촌이니까 농사짓고 뭐.

음.

중매는 어떻게 했어요?

그거 과정은 아세요?

어떻게 누가?

― 글쎄 중매는 이제 작은 누님이 그 청성면에 살고 있기 때문에 그쪽
으로 또 연결이 자꾸 이래 가까우니까 그건.

― 동네가 가까우니까 왔다 갔다 하는 사람이 내지서 가지고 중매가 된
거지요.

그, 그 중매하면 그때부터 어떤 식으로 했어요?

그냥 얘기가 이제 처음에?

- 중매.

- 애, 중매하면 옌:나랜 그때 사지니 겨우 젤: 사진도 여가내 모: 찌거요.

- 어짜다 찡는 사진 머 쪼매난[49] 증명사진 니.

- 증명::은 유기오 사벼 나고 증명이 바루 발그비 대쓰니까 증명사진 찍끼 위한 거 증명사진 거틍 거 고렁 거배끼 움써요.

- 초:내선 큰 사진 안 찍습니다.

- 큰 사지넌 어:꼬 고렁 걸로 그냥 이래 보고서 과정이 나오죠.

사진, 사진 보고?

- 예, 사진 요고.

예:.

- 사:주나[50] 비키주고.[51]

예:.

- 에, 그라고 인재 에: 사:주 하지요, 사:주.

- 약, 그래 가주 야콘시기 대능 거죠, 그거 사:주 하먼.

- 사주 하능 기 지금 야콘시걸 하는대, 지금 그기 에: 사주 써 보내고 이라먼 그기 야콘시기죠.

고건 어트개 해요?

사주 보낼 때?

- 사주 보내닝 건 옌:나래 하:이니 이씁니다.

- 아:, 증 마라자먼 우리 일가먼 일가애 산지기라고 이써요:.

- 그 아시개쪼?

예:.

- 산지기 그 사라물 시켜서 보냅니다, 사줄 써 가주고.

- 써 가주 보따리애다 이래 싸 가주구 거기다 보내먼 아: 인재 신부 찌배 보내먼 신부 찌배서 태기럴[52] 거기서 해 옵니다.

- 중매.

- 에, 중매하면 옛날에는 그때 사진이 겨우 제일 사진도 여간해서 못 찍어요.

- 어쩌다 찍는 사진 뭐 조그만 증명사진이.

- 증명은 육이오 사변이 나고 증명이 바로 발급이 되었으니까 증명사진 찍기 위한 그 증명사진 같은 거 그런 거밖에 없어요.

- 촌에서는 큰 사진 안 찍습니다.

- 큰 사진은 없고 그런 걸로 그냥 이렇게 보고서 과정이 나오죠.

사진, 사진을 보고?

- 예, 사진 요거.

예.

- 사주나 보여주고.

예.

- 에, 그리고 이제 에 사주 하지요, 사주.

- 그래 가지고 약혼식이 되는 거지요, 그거 사주하면.

- 사주 하는 게 지금 약혼식을 하는데 지금은 그게 에 사주 써 보내고 이러면 그게 약혼식이지요.

그건 어떻게 해요?

사주 보낼 때?

- 사주 보내는 건 옛날에 하인이 있습니다.

- 에, 즉 말하자면 우리 일가면 일가에 산지기라고 있어요.

- 그 아시겠지요?

예.

- 산지기 그 사람을 시켜서 보냅니다, 사주를 써 가지고.

- 써 가지고 보따리에다가 이렇게 싸 가지고 거기에다 보내면 아 이제 신부 집에 보내면 신부 집에서 택일을 거기서 해 옵니다.

— 인재 얼, 언:재 결 겨로널 할라고 겨론 날짤 자바 가주고 어 인재 에 겨론 할라고 겨론시걸 하자고 그 통지가 옵니다.

— 그라면 인재 그: 날짜가 정해지넝 거지요, 겨론식 날짜가.

그 사:주 보낼 때 그 사주, 사줃딴, 단자라 그러자나요?

— 네.

그건 어트개 해요?

고거뚜 머.

— 그거.

저:기 종이:.

— 예, 그거 인재 창호지애다가[53] 생녀워릴 딱 쓰고 어 인재 이 실랑 생녀워릴 쓰고 그 인재 이: 어: 쑤수때공[54] 맨: 우애 인녕 거 쪼개 가주 이래 딱: 이래 봉해서 이래 색씰로 이래 감:씁니다.

— 아래 우로 기마서 이래 에: 거기 봉토지애다[55] 느:[56] 가주고 어 그라고 인재 이 저 보재기럴 사:주뽀재기라구[57] 이써요.

— 거길 싸 가주고 짬:매서[58] 인재 그 어: 하:이널 씨켜서 보내능 거지요 전 그거는 저는 말:만 드러보고 실째로는 암 바꺼든뇨.

그러:구.

— 실째로 암 보시써요?

예:.

— 하, 그래요.

말:만 드러바써요.

— 네.

그래 가주고 그:: 창호지애다가 써서 저버 가주구 그:: 수수 그걸루 어트개 한다 그러는대 고고.

— 예, 이게 쑤수 글째 맨: 우애 올라간 그 수수.

— 이 저: 여:는 고 대공이[59] 이 가늘민성 이래 쪽빠로 그 짐:니다.

- 이제 얼 언제 결혼을 하려고 결혼 날짜를 잡아 가지고 에 이제 에 결혼 하려고 결혼식을 하자고 그 통지가 옵니다.

- 그러면 이제 그 날짜가 정해지는 거지요, 결혼식 날짜가.

그 사주 보낼 때 그 사주 사주단자라고 그러잖아요?

- 네.

그건 어떻게 해요?

그것도 뭐.

- 그거.

저 종이.

- 네, 그거 이제 창호지에다가 생년월일 딱 쓰고 어 이제 이 신랑 생년월일 쓰고 그 이제 이 에 수숫대 맨 위에 있는 것 쪼개 가지고 이렇게 딱 이렇게 봉해서 이렇게 색실로 이렇게 감습니다.

- 아래위로 감아서 이렇게 에 거시기 봉투에다가 넣어 가지고 어 그리고 이제 이 저 보자기를 사주보자기라고 있어요.

- 거기에 싸 가지고 동여매서 이제 그 하인을 시켜서 보내는 거지요.

전 그것은 말만 들어 보고 실제로는 안 봤거든요.

그리고.

- 실제로 안 보셨어요?

예.

- 하, 그래요.

말만 들어봤어요.

- 네.

그래 가지고 그 창호지에다가 써서 접어 가지고 그 수수 그것으로 어떻게 한다고 그러는데 그거.

- 예, 이게 수수 글쎄 맨 위에 올라 간 수수.

- 이 저 열리는 그 대궁이 이 가늘면서 이렇게 똑바르고 깁니다.

예.

 ─ 그리잉깨 인재 고 사:주 써서 인재 사주 머 이 요만:칭[60] 요러캐 맹글지요.[61]

 ─ 이거 요러캐, 요만치.

예예.

 ─ 에 요만칭 맹그넌대.

 ─ 그래 가주 양짜개 인재 딱 이걸 쑤수때공얼 딱 까운텔 잘르면 머 인재 고래 합치 가지고 요고 요골 그냥 봉토지 그냥 노코 요래 합치 가지고 양짜갤 이래 아래 우앨 짜:맴니다.

 ─ 하하.

그러면 이 요 요 요:로캐.

 ─ 예:, 그르쵸.

이르캐 길:개 해 가주 여기두 쫌매고 요기두 쫌매고.

 ─ 예.

사주 씅 거 이르캐 저붕 거애다가 가운대를 이르캐 짝 저 쪼개지니까.

 ─ 예예.

가운대다가 끼어 가주구.

 ─ 예예.

양짜개를 이르캐 쫌매고.

 ─ 예예.

그러면 이재 여기 고정되니까.

 ─ 예, 예.

아.

 ─ 그르캐 하지요.

그르캐 해 가주구 그거.

 ─ 그르캐 해 가주 이재 보재기애다 싸지요, 또 보재기애다.

예.

― 그러니까 이제 사주 써서 이제 사주 뭐 이 요만큼 이렇게 만들지요.

― 이거 요렇게, 요만큼.

예.

― 요만큼 만드는데.

― 그래 가지고 양쪽에 이제 딱 이걸 수숫대를 딱 가운데를 자르면 뭐 이제 그렇게 합쳐 가지고 요고 요걸 그냥 봉투에다가 그냥 놓고 이렇게 합쳐 가지고 양쪽을 이렇게 아래 위에를 동여맵니다.

― 하하.

그러면 이 요 요 요렇게.

― 예, 그렇지요.

이렇게 길게 해 가지고 여기도 동여매고 여기도 동여매고.

― 예.

사주 쓴 거 이렇게 접은 거에다가 가운데를 이렇게 쫙 쪼개지니까.

― 예.

가운데다가 끼워 가지고.

― 예.

양쪽을 이렇게 동여매고.

― 예.

그러면 이제 여기가 고정되니까.

― 예, 예.

아.

― 그렇게 하지요.

그렇게 해 가지고 그거.

― 그렇게 해 가지고 보자기에다 싸지요, 또 보자기에다.

- 예.

보재기 머 색깔가틍 거뚜 거 구벼래요?

- 색 꼬, 색까른: 아펀 홍 하, 뒤앤 청 머 이렁 걸로 주로 하지요:.

- 고로캐 인재 여 겨부로 대 인능 거 고론 시그로 하지요.

그기 무슨 의미가 인나요?

- 그기 글쌔 남녀럴 갈리넌 인저 그 머 에: 생가카넌 그런 의미가 인넝 거지요.

음.

그럼 이재 사:주 보내면 태길 해 오고.

그: 궁합까틍 건 안 바써요?

- 궁하번 미리 보고서 결쩡할 때 에 인재 그 사:주 보내기 저내 그 중매자가 아: 이 아무 무순 띠하고 무순 띠 하군 이: 궁하비 마따.

- 머 이런 얘긴 하고서 하시요, 미리.

아.

- 미리.

- 사:저내 미리.

궁합뽈 때는 머 멀: 가주구 궁하불 바요?

- 궁하번 띠 가주 보지요, 띠.

띠.

- 어:, 띠 가주.

- 생녀눠릴 이렁 건 인재 세미라개 보는 사라면 그렁 거까지 다: 따지고 보고.

- 양짝 생녀눠릴까지 다: 따지 보고 그 인재 띠, 날 가주 주로 궁하불 결쩡얼 하지요.

그럼 그건 저 색씨 찌배서 주로 하나요?

양쪽 찌배.

― 예.

보자기 뭐 색깔 같은 것도 구별해요?

― 색 고, 색깔은 앞은 홍, 뒤엔 청 뭐 이런 걸로 주로 하지요.

― 그렇게 이제 겹으로 돼 있는 거, 그런 식으로 하지요.

그게 무슨 의미가 있나요?

― 그게 글쎄 남녀를 가르는 이제 그 뭐 에 생각하는 그런 의미가 있는 거지요.

음.

그럼 이제 사주 보내면 택일 해 오고.

그 궁합 같은 건 안 봤어요?

― 궁합은 미리 보고서, 결정할 때 에 이제 그 사주 보내기 전에 그 중매자가 에 이 아무 무슨 띠하고 무슨 띠하고는 이 궁합이 맞다.

― 뭐 이런 얘기는 하고서 하지요, 미리.

아.

― 미리.

― 사전에 미리.

궁합 볼 때는 뭐 뭘 가지고 궁합을 봐요?

― 궁합은 띠 가지고 보지요, 띠.

띠.

― 네, 띠 가지고.

― 생년월일 이런 거 이제 세밀하게 보는 사람 그런 것까지 다 따지고 보고.

― 양쪽 생년월일까지 다 따져 보고 그 이제 띠, 날 가지고 궁합을 결정하지요.

그러면 그건 저 색시 집에서 주로 하나요?

양쪽 집에.

― 그때 양짝 찌배서 다: 보닝 거지요.

― 따지고 보면 다: 본다고 봐야지요.

음.

그러고 나서 인재 태길하면 인재: 겨론 준:비하자나요?

― 예?

준비해야 되자나요?

― 예, 해야지요.

머: 어떻 걸 준비하나요?

― 그른대 인재 준비:하넝 거는 머 그기 날짜가 결쩡이 대먼 잔치 준비가 중요하지요 머, 잔치 준비.

― 그라고 인재 엔:나랜 가:매[62] 타고 댕기야지요,[63] 가:매.

― 가:매 타면 하:이널 구해야 대고 그라고 인재 상가 머 여자 찌:배 오는 사라면 요가기라[64] 고라지요.

예?

― 여자 츠개서 오넌 사라면 요:각.

요:각?

― 어, 대:표.

예, 요가기라 그래요?

그걸?

― 그라면 인재 부모가 아부지가 오든지 주로 아:부지가 옶쓰먼 머 크노빠가 온다든지 머, 오빠가 이쓰면 그르캐 하고.

― 요각, 요가근 여자: 츠개서 오능 걸 요가기라 하고, 남자 츠개서 가능 건 상:가기라 그라죠, 상:각.[65]

― 그 인재 상:가근 남자 츠개서 인재 아부지가 옶쓰면 머 마텽이 가던지 아니면 그 지바내 에: 중요한 대:표 인무리 댈마난 사:라미 가고, 가능 거죠.

- 그때 양쪽 집에서 다 보는 거지요.

- 따지고 보면 다 본다고 봐야지요.

음.

그러고 나서 이제 택일하면 이제 결혼 준비하잖아요?

- 예?

준비해야 되잖아요?

- 예, 해야지요.

뭐 어떤 걸 준비하나요?

- 그런데 이제 준비하는 거는 뭐 그게 날짜가 결정이 되면 잔치 준비가 중요하지요 뭐, 잔치 준비.

- 그리고 이제 옛날엔 가마 타고 다녀야지요, 가마.

- 가마타면 하인을 구해야 되고 그리고 이제 뭐 여자 집에서 오는 사람은 요객이라 그러지요.

예?

- 여자 측에서 오는 사람은 요객.

요객?

- 예, 대표.

예, 요객이라고 해요?

그걸?

- 그러면 이제 부모가 아버지가 오든지 주로, 아버지가 없으면 큰오빠가 온다든지 뭐, 오빠가 있으면 그렇게 하고.

- 요객, 요객은 여자 측에서 오는 걸 요객이라고 하고 남자 측에서 가는 건 상객이라 그러지요, 상객.

- 그 이제 상객은 남자 측에서 아버지가 없으면 뭐 맏형이 가든지 아니면 그 집안에 에 중요한 대표 인물이 될 만한 사람이 가고, 가는 거죠.

- 아부지:가 업쓰면 그때 그른 준비럴 하고 인재, 에: 그 가:매럴 미고66) 머 어:: 이래 가야 대고 남자 츠갠.

- 또 여자 츠갠 이 농이나 머 어 이 이불 머 오까지 이렁 걸 해 가주 가주와야 대닝깨 사라미 마이 피료하지요, 엔:나랜.

- 아주 복짜파지요 머, 엔:날(에는).

아: 그러면 감:: 가:매를 남자 츠개서 가저가서.

신부를 거기 모셔오능 건가요?

- 그른대 인재 어 그기 으: 양짝 따 피료항 기요.

- 장:개가는 나런 남자 츠개서 피료항 기고 올 때넌 여자 츠개서 피료항 검니다.

- 여자 츠개서 그렁 걸 인재 다: 이 하:인더럴 시키 가주(구 하구).

- 사람, 하이니 읍쓰면 사:람이라두 어트개 사서라도 그 질머지고 올 싸람 가매 맬 싸람 이런 사라미 선정이 대야 대니까.

- 그라면 인재 여자 츠개서 부다멀, 남자 츠개서 어: 부다멀 할 쑤도 인넌대 어 이: 충청도: 시건 여잔 여자대로, 남잔 남자대로 그래서 그리 항 걸로 알고 이써요.

- 근대 경상도 가면 그기 다르다 그래요.

- 남자 츠개서 다: 부담한담니다.

- 남자가 부:자고 이라면 남자가 다: 채김지고 해따고 그런 얘긴 드러쪼.

- 그런 과정이 에: 준비 과정이지요.

- 그라면 잔치.

- 그 다매 인재 잔치 준비하넝 건 머 손님 대저팔라고 하능 거니깨 자기 성지애67) 따라서 어: 인재 더 자라고 수우면 자라고 그런 방버부로 하고 또 인재 이 음시걸 주고바쩌요~::.

- 어 인재 상 그, 그쌔 상얼 해 가주 남자가 인재 여자 츠개 보내고 여자 츠갠 또 남자 츠그로 보내고 그래 가주 인재 장가 인재 참 저 잔친 치

- 아버지가 없으면 그때 그런 준비를 하고 이제, 에 그 가마를 메고 에 이렇게 가야 되고 남자 측에서는.

- 또 여자 측에서는 이 농이나 뭐 어 이 이불 뭐 옷가지 이런 걸 해 가지고 가져와야 되니까 사람이 많이 필요하지요, 옛날에는.

- 아주 복잡하지요 뭐, 옛날(에는).

아 그러면 가마를 남자 측에서 가져가서.

신부를 거기 모셔 오는 건가요?

- 그런데 이제 그게 양쪽 다 필요한 거요.

- 장가가는 날은 남자 측에서 필요한 거고 올 때는 여자 측에서 필요한 겁니다.

- 여자 측에서 그런 걸 이제 다 이 하인들을 시켜 가지고(하고).

- 사람, 하인이 없으면 사람이라도 어떻게 사서라도 그 짊어지고 올 사람 가마 멜 사람 이런 사람이 선정이 돼야 되니까.

- 그러면 이제 여자 측에서 부담을, 남사 측에서 에 부담을 할 수도 있는데 이 충청도 식은 여자는 여자대로, 남자는 남자대로 그래서 그렇게 한 걸로 알고 있어요.

- 그런데 경상도 가면 그게 다르다고 해요.

- 남자 측에서 다 부담한답니다.

- 남자가 부자고 이러면 남자가 다 책임지고 했다고 그런 얘기는 들었지요

- 그런 과정이 준비 과정이지요.

- 그러면 잔치.

- 그 다음에 이제 잔치 준비 하는 건 뭐 손님 대접하려고 하는 거니까 자기 형편에 따라서 이제 더 잘하고 싶으면 잘 하고 그런 방법으로 하고 또 이제 이 음식을 주고받지요.

- 어 이제 상 그, 글쎄 상을 해 가지고 남자가 이제 여자 측에 보내고 여자 측에서는 또 남자 측으로 보내고 그래 가지고 이제 장가 이제 참 저

른 다매 인재 그걸 가주 노나[68] 먹찌요.

　　- 또 동:내 돌리주기두 하고.

그러면 인재 여자:가: 준비하능 거 하고 남자가 준비하능 거는 보면.

남자는 주로 가:마:나 이런 잔치 쪼개 더 준비가 마늘 꺼 가꼬.

여자는 인재 혼수도 마려내야 대자나요?

　　- 그르쵸~::, 엔나랜 인재 함 번 하면...

그개 인재 더 마늘 꺼 가튼대 여자 츠개서 준비할 깨.

　　- 여자 츠개서 준비하능 기 마늘:: 쑤배끼 엄능 기 전:부 옥까지 해 가

주 와이지.

　　- 그라고 인재 에: 이 시지보는 사라미 좀 인는 사라미고 움년 사라미

면 성사대루[69] 하녕 깅깨 어 마이 아내와도 대지만 이: 가족뜰꺼까지 부:

자넌 다: 해다 주자나요.

　　- 하다모태 양, 참 저 버선 항 커리라도 지어서 가저와야 데고 머 민치

요:, 여자드리 하능 건.

　　- 옥까지 머 어: 이, 이불 머 자기 일:평생 부:자는 저 익꾸 머글 껄 가

저 온다능 건대요 머.

　　- 씨지볼 때.

　　- 엔나래 그래캐 아, 하녕 걸로 알고 이써써요, 우린.

이불두 여러 가지가 이짜나요?

뭐 솜: 능: 거.

　　- 그르치요, 인재 에.

종뉴두 이르캐.

　　- 에, 그람뇨

　　- 머 이 인재 그기 글쌔 부:자, 움는 사람하곤 구부니 다릉 기고 성새

대로[70] 하녕 거니까 아:주 머 복짜파지요.

음:.

잔치 치른 다음에 이제 그걸 가지고 나누어 먹지요.

　－ 또 동네에 돌리기도 하고.

그러면 이제 여자가 준비하는 거 하고 남자가 준비하는 거는 보면.

남자는 주로 가마나 이런 잔치 쪽에 더 준비가 많을 거고.

여자는 이제 혼수도 마련해야 되잖아요?

　－ 그렇지요, 옛날에 이제 한 번 하면...

그게 이제 더 많은 거 같은데 여자 측에서 준비할 게.

　－ 여자 측에서 준비하는 게 많을 수밖에 없는 게 전부 옷가지 해 가지고 와야지.

　－ 그리고 이제 이 시집오는 사람이 좀 있는 사람이고 없는 사람이면 형세대로 하는 거니까 많이 안 해와도 되지만 가족들 것까지 부자는 다 해 주잖아요.

　－ 하다못해 양(말), 참 저 버선 한 켤레라도 지어서 가져와야 되고 뭐 많지요 여자들이 하는 건.

　－ 옷가지 뭐 에 이 이불 뭐 자기 일평생 부자는 저 입고 먹을 거 가져온다는 건데요 뭐.

　－ 시집 올 때.

　－ 옛날에 그렇게 알, 하는 것으로 알고 있었어요, 우리는.

이불도 여러 가지가 있잖아요?

뭐 솜 넣은 거.

　－ 그렇지요, 이제 에.

뭐 종류도 이렇게.

　－ 예, 그럼요.

　－ 뭐 이 이제 그게 글쎄 부자, 없는 사람하고는 구분이 다른 거고 형세대로 하는 거니까 아주 뭐 복잡하지요.

음.

이부래.

저:기 껍때기, 혿 혿?

— 호청.

예, 호청이라구두 또끼틍거요 호청하구?

— 호청이라 하고 껍떠기래구.

— 그렁 거까지도 하고.

예.

그리구 그: 그개 두꺽깨 항 거뚜 이꾸.

그 얄:깨 항 거뚜 이꾸 그르치요?

— 그르치요~::.

— 인재 이 이 그 인재 이부를 글쌔 인재 에: 엔:나래 부:자넌 이불두 한 채만 하능 기 아니지요 여:러 채 하고.

— 이 씨 씨어머이 씨아부지 이불까지도 해 가주 오구 머 그긴 자기 성 새대로 하능 거닝깨 머.

— 어: 그 부:자더런 아:주 복짜파개 해 가주 오지요.

그 호, 혼니불두 이꼬, 혼(니불)?

— 혼니불 인재 여러매 덤능 거 이렁 거뚜 해 가주 오고 머.

혼니불하고 호청하고는 다릉 거자나요?

— 요 온 호청언 게 이부를 싸:넝 거지요.

예.

— 이부럴.

— 거껍떠기.71)

— 그라먼 인재 빨래하기 조으라고.

예.

— 자:주 아내두 거껍떠기만 빨먼 쉽짜너요?

— 그랑깨72) 인재 그걸 이부럴 싸 가주 오능 게 호청이지요.

이불에.

저기 껍데기, 홑?

— 홑청

예, 홑청이라고도 똑같은 거요 홑청하고?

— 홑청이라 하고 껍데기라고 하고.

— 그런 것까지도 하고.

예.

그리고 그 그게 두껍게 한 것도 있고.

그 얇게 한 것도 있고 그렇지요?

— 그렇지요.

— 이제 이 이 그 이제 이불을 글쎄 이제 에 옛날에 부자는 이불도 한 채만 하는 게 아니지요, 여러 채 하고.

— 이 시 시어머니, 시아버지 이불까지도 해 가지고 오고 뭐, 그건 자기 형세대로 하는 거니까 뭐.

— 에 그 부자들은 아주 복잡하게 해 가지고 오지요.

그 호 홑이불도 있고, 홑(이불)?

— 홑이불 이제 여름에 덥는 거 이런 것도 해 가지고 오고 뭐.

홑이불이라고 홑청하고 다른 거잖아요?

— 요 홑청은 그게 이불을 싸는 거지요.

예.

— 이불을.

— 겉껍데기.

— 그러면 이제 빨래하기 좋으라고.

예.

— 자주 안 해도 겉껍데기만 빨면 쉽잖아요?

— 그러니까 이제 그걸 이불을 싸 가지고 오는 게 홑청이지요.

그름 혼니부른 머 어떠캐 만드러요?

- 혼니부른 인재 여르매.

예.

- 솜니부럴 여러매 터풀 쑤가.

- 혼니부리라고 인재 또 그 여르매 덤넌 이불로 난 그르캐 알고 이써요

네: .

- 으

그러면 혼니부른: 그: : 항 겨부루 항 건가요?

- 혼니불도 겨부로 하긴 하는대.

예.

- 소:물 안느쵸, 솜:.

아, 소:물 안 느코.

- 소:물 안 해요.

- 소:물 안 능 거에요.

솜: 능 거는 솜:니부리구.

- 예.

그거 두: : 겹 두: 겨부루 하능 거뚜 이짜나요?

- 인재 두: 겨분 두: 겨비지요 장.73)

예.

점니부리라능 거또 이써요 그럼?

혼니불, 점니불 이르캐?

- 점니불 쏘린 별루 안 드러 반는대 인재 혼니부라고 이부른 글쌔 어: .

솜:니불.

- 어: 그링깨74) 호청-이라고 인재 이불 싸능 거하고 어 그르캐 구분하

문 대지요.

누: 뉘비이불두 이써요?

그러면 홑이불은 뭐 어떻게 만들어요?

― 홑이불은 이제 여름에.

예.

― 솜이불을 여름에 덥을 수가(없잖아요).

― 홑이불이라고 이제 또 그 여름에 덥는 이불로 난 그렇게 알고 있어요.

네.

― 으

그럼 홑이불은 그 한 겹으로 한 건가요?

― 홑이불도 겹으로 하기는 하는데.

예.

― 솜을 안 넣지요, 솜.

아, 솜을 안 넣고.

― 솜을 안 넣어요.

― 솜을 안 넣은 거예요.

솜 넣은 것은 솜이불이고.

― 예.

그거 두 겹 두 겹으로 하는 것도 있잖아요?

― 이제 두 겹은 두 겹이지요 항상.

예.

겹이불이라는 것도 있어요 그러면?

홑이불 겹이불 이렇게?

― 겹이불 소린 별로 안 들어 봤는데 이제 홑이불이라고 이불은 글쎄 에.

솜이불.

― 그러니까 홑청이라고 이제 이불 싸는 거하고 그렇게 구분하면 되지요.

누 누비이불도 있어요?

- 누비이부런 누비런 이래 이래 줄, 줄로 이래 항 깅깨75) 누비이부림
니다.

- 줄, 줄루 이래 바긍 거.

예.

- 이재 그랭깨 옌:나래 지그먼 어: 이 재봉으로 박찌만 옌:나래 소느로
바가서 맹긍 걸 누비이부리라 그라능 기여.

예.

- 네.

보::료라능 거뚜 이써요?

보:료?

- 예?

보:료.

이르캐 깔고 앙꼬 이르케 등에(기대는 거)?

- 아: 아 그거 이찌요~.

- 그기 인재 지금 자부동 시그로 해 가주 와요 다:, 옌나래도.

음.

- 그 하지요.

그거 누가 만드러요?

- 그건 인재 하이간 저 실, 새닥 츠개서 맹그라76) 가주 오능 기요.

- 여자 츠개서.

예, 옌나래는.

- 이, 츠 틀까요 쫌?

저는 갠차나요.

- 갠차나요?

예, 하라번님 더웅가요?

- 아이 쪼꿈 더웅 거 가트내요.

－ 누비이불은 누비는 이렇게, 이렇게 줄, 줄로 이렇게 한 거니까 누비 이불입니다.

－ 줄, 줄로 이렇게 박은 거.

예.

－ 이제 그러니까 옛날에 지금은 재봉으로 박지만 옛날에 손으로 박아서 만든 걸 누비이불이라 그러는 거야.

예.

－ 네.

보료라는 것도 있어요?

보료?

－ 예?

보료.

이렇게 깔고 앉고 이렇게 등에(기대는 거)?

－ 아 아 그거 있지요.

－ 그게 이제 지금 방석 식으로 해 가지고 와요 다, 옛날에도.

음.

－ 그거 하지요.

그거 누가 만들어요?

－ 그건 이제 하여간 저 신(랑), 새댁 측에서 만들어 가지고 오는 거요.

－ 여자 측에서.

예, 옛날에는.

－ 이거 틀, 틀까요 조금?

저는 괜찮아요.

－ 괜찮아요?

예, 할아버님 더운가요?

－ 아니 조금 더운 것 같네요.

아이, 제가 저거 마:니 도라가면 소리가 나서 그래서 살짝 쪼코마캐 트러놀
깨요.

– 아:, 쪼꿈.

제갇.

옌나래는 다: 솜:너짜나요?

– 솜 느치오~::.

– 그 이 글쎄 부:자는 솜:두 두꾸깨 늘 쑤 이꾸.

– 근대 가나나문 그 머 모카럴 마이 안 너서 한 저 마이 몰 몰 쭉 고하
거나 이라면 소물 약:깨[77] 하지요.

– 그래 이재 이 부:자는 두꾹깨[78] 해 가주.

– 두꾸깨 해야 뜨시자나요.

– 그런 시그로 그래 해서 하고 이찌요.

아니, 제가 저게 많이 돌아가면 소리가 나서 그래서 살짝 조그맣게 틀어놓을게요.

— 아, 조금.

제가.

옛날에는 다 솜 넣잖아요?

— 솜 넣지요.

— 그 이 글쎄 부자는 솜도 두껍게 넣을 수 있고.

— 그런데 가난하면 그 뭐 목화를 많이 안 넣어서 한 저 많이 못 구하거나 이러면 솜을 얇게 하지요.

— 그래 이제 이 부자는 두껍게 해 가지고.

— 두껍게 해야 따뜻하잖아요.

— 그런 식으로 그래 해서 하고 있지요.

2.4. 전통 혼례

그러면 예:저내 인재 에 겨론시카자나요? 홀레식?

- 홀래식.

그럼 인재 요새하고 다르개 옌날 전, 전통 홀래식할 때는 또 그 절차도 이꾸, 머 차리능 거뚜 이꼬 그 여러 가지가 이때요?

- 그개 행래쌍이라구[79] 해 가주구 어: 차리능 기 이찌.

- 이기 그 참 옌나랜 정하카개 하구 이찌, 그거 차리닝 걸.

멀: 어뜨캐 줌:비해써요, 그거 차릴라먼?

- 차리닝 거 인재 장:개가먼 에: 여자 여자 지배 지배서 먼저 차리지요, 그게.

- 먼저 차려요 여자 지배서.

- 여자 지배서 인재 차리능 건대 근 에: 지:쌍이라고[80] 이찌요, 지:쌍? 예.

- 이래 노푼 지:쌍.

예.

- 지:쌍애다가 어: 잔치 지낼라고 장마난 그 음시글 대충 거기 다 차려 노치.

- 차리 노코 다글, 암딱.[81]

- 암딱 이래 자버다 노면 양짜개다 가따 노코 보재기애다 싸 가주.

암따기요?

- 어: 암딱 장따개 가주.

아: 암딱 장딱?

- 어: 그래 싸서 노코 인재 초뿌럴 키 노코 상차리멀.

- 그라고 인재 에: 실랑 츠개도 어: 술쌍을 가따 노코 다 인재 여자 츠

그러면 예전에 이제 에 결혼식 하잖아요, 혼례식?

― 혼례식.

그럼 이제 요새하고 다르게 옛날 전 전통 혼례식 할 때는 또 그 절차도 있고 뭐 차리는 것도 있고 그 여러 가지가 있대요?

― 그게 행례상이라 해 가지고 어: 차리는 게 있지.

― 이게 그 참 옛날엔 참 정확하게 하고 있지 그거 차리는 걸.

뭐 어떻게 준비했어요, 그거 차리려면?

― 차리는 거 이제 장가가면 에 여자, 여자 집에 집에서 먼저 차리지요, 그게.

― 먼저 차려요 여자 집에서.

― 여자 집에서 이제 차리는 건데 그건 에 제상이라고 있지요, 제상?

예.

― 이렇게 높은 제상.

예.

― 제상에다가 에 잔치 지내려고 장만한 그 음식을 대충 거기 다 차려 놓지.

― 차려 놓고 닭은 암탉.

― 암탉 이렇게 잡아 놓으면 양쪽에다 갖다 놓고 보자기에다 싸 가지고.

암탉이요?

― 응 암탉 장닭 해 가지고.

아, 암탉 장닭?

― 어 그래 가지고 싸서 놓고 이제 촛불을 켜 놓고 상차림을.

― 그리고 이제 에 신랑 측에도 에 술상을 갖다 놓고 다 이제 여자 측에

개도 술쌍얼 가따 노코 그 인재 이 마빠라보고 서서 어 행니를82) 치르닝 거지 행닐.

  - 그라면 인재 남자:가 함 번 하면 여잔 두: 번 하고 저른 그르카개 그르캐 하능 기고.

  - 그라고 인재 절 시키넌 사라미 이써요.

  - 그라면 인재 지금 저 어: 사:해 보드시 하나가 인재 이꼬 어 여패 서서 이꼬.

  - 어: 절차는 인재 그개 수럴 실랑은 츠:매 부캉재배럴83) 함 번 함 분 부캉재배럴 하지, 부칸, 부캉재배.

  - 그거 먼지 하고 시자걸 하넝 거여.

  - 그 인재 에: 수럴 인재: 이짜개서 따러 주면 저짜개서두 따라서 인재 어 멍넌 방시그로 해.

  - 함 번치린 그 행 그 행살 히고 그라면 인재 그 이 행내는 끈나넌 거지.

  - 행내는 끈나능 기고 그라면 인재 에: 그 신방 차려 논 대로 가기 마려닝 거지.

  거기:.

  - 따루 이따가, 따루 이따가 인재.

  거기 상애: 그:: 그르니까 월래는 인재 아까 지쌍이라 그래짜나요?

  - 어 지쌍애다 차리놔.

  그거 그거 가따가 인재 거기다가 차리자나요?

  - 그르치요.

  그 위애 어떵 거 어떵 거 올려요?

  - 그 우애넌 글쎄 인재 이 잔치할라고 음:시걸 장마나자나?

  예.

  - 옌날 잔치넌 지배서 하거던 지배서.

  예예.

도 술상을 갖다 놓고 그 이제 마주바라보고 서서 행례를 치르는 거지 행
례를.

 - 그러면 이제 남자가 한 번 하면 여자는 두 번 하고 절은 그렇게 하게
그렇게 하는 것이고.

 - 그리고 이제 절 시키는 사람이 있어요.

 - 그러면 이제 지금 저 에 사회 보듯이 하나가 이제 있고 에 옆에 서서
있고.

 - 에 절차는 이제 그게 술을 신랑은 처음에 북향재배를 한 번 한 번 북
향재배를 하지, 북향, 북향재배.

 - 그거 먼저 하고 시작을 하는 거야.

 - 그 이제 술을 이제 이쪽에서 따라주면 저쪽에서도 따라서 이제 에
먹는 방식으로 해.

 - 한 번 치르고 그 행(사) 그 행사를 하고 그러면 이제 그 행례는 끝나는 거지.

 - 행례는 끝나는 거고 그러면 이제 에 그 신방 차려 놓은 대로 가세 마
련인 거지.

거기.

 - 따로 있다가, 따로 있다가 이제.

거기 상에 그 그러니까 원래는 이제 아까 큰상이라고 그랬잖아요?

 - 어 큰상에다 차려놔.

그걸, 그걸 갖다가 이제 거기다가 차리잖아요?

 - 그렇지요.

그 위에 어떤 거 어떤 거 올려요?

 - 그 위에는 글쎄 이제 이 잔치하려고 음식을 장만하잖아?

예.

 - 옛날 잔치는 집에서 하거든 집에서.

예.

- 지배서 하닝깨 손님덜 줄라고 장마난 거 적끄텅 거[84] 하고 머 인재
어물류라도 이쓰먼 어물류 과:일두 줌 차려 노코 그 우애다 차려 노코 양
짜그로 차려 노코 어 인재 울 그라고 인재 행살 치르능 거요.

- 행살 치러요.

그 우애 떡뚜 해 노치요, 떡?

- 떡또 개 노치.[85]

- 떠뚜 개 노는(데) 왜 그리냐 하문 떠걸 인재 에:: 상이라고 보내.

- 상이라고 상얼 보낸다 이거여.

- 잔치한 음식 이 일쩔하고 어 이거럴 잔치 항거럴 저짝 찌배 보내지
하:인드럴 시키 가주구.

- 지금 마라자먼 인재 절 어: 새닥 찌배서 먼저 오넝 거지 그 상이.

- 그기 새다글 디리와야[86] 자 저 실랑언 낭중애 잔치럴 하넝 거닝깨.
예.

- 그리차나요?
예.

- 그리닝깨 인재 새다걸 딜구[87] 오먼 이짜개서 인재 또 어 잔치한 그
애대로 고거럴 싸서 어: 모가치럴[88] 항 함 모가치 보내닝 거여::.

- 그르캐 하능 기 그 상이라카능 거지 상.

- 상 보내고 반능거라 카능 거지.

그러먼 그 상이 에:: 음시글 얘기하능 거예요, 음식?

- 음:시걸 얘기하능 거지 음:식, 음시걸.

- 노나 머글 음시걸 어 저짝 펴내다 보내주넝 거여.

- 그라먼 그걸 바드먼 동내애다가 또 골::고로 접씨나 이런대 다머 가
지고 어 집찝마다 노나 조따고요, 여기는.

- 여기 한 시근 그르캐 해따고.

아 그럼 마:니 보내야 되갠내요, 여러찌반태?

－ 집에서 하니까 손님들 주려고 장만한 것 적 같은 거 하고 뭐 이제 어물류라도 있으면 어물류 과일도 좀 차려 놓고 그 위에다 차려 놓고 양쪽으로 차려 놓고 어 이제 그리고 이제 행사를 치르는 거요.

　－ 행사를 치러요.

　그 위에 떡도 해 놓지요, 떡?

　－ 떡도 괴어 놓지.

　－ 떡도 괴어 놓는(데) 왜 그러냐 하면 떡을 이제 에 상이라고 보내.

　－ 상이라고 상을 보낸다 이거야.

　－ 잔치한 음식 이 일체하고 어 이것을 잔치한 것을 저쪽 집에 보내지 하인들을 시켜 가지고.

　－ 지금 말하자면 이제 저 에 새댁 집에서 먼저 오는 거지 그 상이.

　－ 그게 새댁을 데려와야 저 신랑은 나중에 잔치를 하는 거니까.

　예.

　－ 그렇잖아요?

　예.

　－ 그러니까 이제 새댁을 데리고 오면 이쪽에서 이제 또 어 잔치한 그 예대로 그것을 싸서 에 몫을 한 몫 보내는 거야.

　－ 그렇게 하는 게 그 상이라고 하는 거지 상.

　－ 상 보내고 받는 거라고 하는 거지.

　그러면 그 상이 에 음식을 얘기하는 거예요, 음식?

　－ 음식을 얘기하는 거지 음식, 음식을.

　－ 나누어 먹을 음식을 에 저쪽 편에다 보내 주는 거야.

　－ 그러면 그걸 받으면 동네에다가 또 골고루 접시나 이런 데 담아 가지고 어 집집마다 나누어 주었다고요 여기는.

　－ 여기 한 식은 그렇게 했다고.

　아 그럼 많이 보내야 되겠네요, 여러 집한테?

- 그릉깨 옌나래 목, 목 모코리라고[89] 이래 컹 기 이찌.

- 그거 두: 개씩 보내지.

- 인재 항 거 하난 떡, 떵뉴 보내고 하나넌 어 그 저 과:일하고 저 적머 이 대:지고기 다리만 다리 하나, 셰: 개까지도 보내고 머 이라닝 거여.

아: .

- 모코리, 모코리라고 이따고, 모코리.

멀루 만드러요?

- 어?

- 모코리라구 저 버드나무로 맹그넝 거여 그, 버드나무.

- 드 저 또랑애.

예.

- 쪼마:한 버드나무 이래 쪽쪽 올라오능 거 고거 베껴 가주 맹그넝 거요.

- 그거 모코리라카능 기여, 모코리.

네. 그거 머 요새 구경도 하기 어려운대요.

- 모코리::넌 어디 저 방물과나나 이런대 가먼 더러 볼 쑤 이꼬.

네. 네.

- 기냥 기냥은 그개 암 맹근다고 잘.

옌나랜 다: : 지배 이떵 거자나요, 그거?

- 그리요.

거기: :애 그 올려논 중애 용떠기라능 거 이써요?

- 아, 용떡.

- 용떠걸 인재 헤 그기 인재 에:: 이 떠꾸걸 떡꾹 짠치 하는 집뚜 이짜나, 떡꾹?

- 근대 이 에: 그기 지영마다 쪼끔썩 틀리능 기 이 상:가기나 요:각[90] 이렁 거 우쏘널 대저팔 때는 떡꾸그로 하는 디도 이꼬, 인재 바부로 하는 대도 이꼬: 그 지영마다 다르더라고요.

－ 그러니까 옛날에 모코리라고 이렇게 큰 게 있지.

－ 그거 두 개씩 보내지.

－ 이제 한 거 하나는 떡, 떡류 보내고 하나는 에 그 저 과일하고 저 적 뭐 이 돼지고기 다리만 다리 하나, 세 개까지도 보내고 뭐 이러는 거야.

아.

－ 모코리, 모코리라고 있다고, 모코리.

뭘로 만들어요?

－ 머?

－ 모코리라고 저 버드나무로 만드는 거야 그거, 버드나무.

－ 들 저 도랑에.

예.

－ 가는 버드나무 이래 쭉쭉 올라오는 거 그거 벗겨 가지고 만드는 거요

－ 그거 모코리라고 하는 거야, 모코리.

네. 그거 뭐 요새는 구경도 하기 어려운데요.

－ 모코리는 어디 저 박물관이나 이런 데 가면 더러 볼 수 있고.

네. 네.

－ 그냥 그냥은 그게 안 만든다고 잘.

옛날에 다 집에 있던 거잖아요, 그거?

－ 그래요.

거기에 그 올려놓는 것 중에 용떡이라는 것이 있어요?

－ 아, 용떡.

－ 용떡을 이제 그게 이제 에 이 떡국을 떡국 잔치 하는 집도 있잖아, 떡국?

－ 그런데 이 에 그게 지역마다 조금씩 다른 게 이 상객이나 요객 이런 거 웃손님을 대접할 때는 떡국으로 하는 데도 있고 이제 밥으로 하는 데도 있고 그게 지역마다 다르더라고요.

- 그라먼 인재 그기 그 용떡-이 가래떡 아니여.

- 가래떠그로 맹그능 기 이기 용떠기라카능 기여.

- 근대 그걸 흐니 흐 재 머여 그 행녜쌍 우애다 올려노치.

- 그리여 그건.

그건 어트개 만드능 거애요?

- 거 쌀, 쌀두 쌀두 한 한 시끼 다마 노코 머, 여러 가지 그래 다마 논능 기요.

그 머 의미가 이 인능 건 가요?

- 으무가 인능 인능 기 약까는 이따고 봐야 대능 기여.

- 그래닝깨 인재 에: 이 다걸 암딱 쑤딱 올리노는 시그로 이 실, 실랑 펴내도 하나 해 노코, 또까치 두 개씩 하거덩.

- 거기 올리논능 건 또꺼치, 그저 겨론시걸 하닝깨 남녀가 합처저능 깅깨91) 두 개씨카능 거여, 두 개씩 두 개씩.

- 그 구부는 그 그르캐 보먼 대능 기요.

용떠근 왜 용떠기라 그래요?

어트개 만드러요?

- 그기 요트림그치 이래 맹그라 가주 고기다 대출 하나 꼽뜬지 이래 꼬바 노치.

- 그래 용그치 이래 에: 시그로 맹그라 논능 기구.

- 용이 하늘로 올라가는 시그로 해 가주 빠빠타개 새와 노코든, 용트림.

아 떠글 그러캐 맨드러요?

- 허허허허.

- 그르캐 하지.

그러먼 인재 여자 치개서 이르캐 와서 겨론시글 할라면 머: 오뚜 이버야 대고 머: 머리애도 화장도 하고 이렁 거 하자나요?

- 하지.

－ 그러면 이제 그 용떡이 가래떡 아니야.

　－ 가래떡으로 만드는 게 이게 용떡이라고 하는 거야.

　－ 그런데 그걸 흔히 흐 제(床) 뭐야 행례상 위에다 올려놓지.

　－ 그래 그건.

그건 어떻게 만드는 거예요?

　－ 그 쌀도, 쌀도, 쌀도 한 식기 담아 놓코 뭐 여러 가지 그래 담아 놓는 거요.

그 뭐 의미가 있 있는 건가요?

　－ 의미가 있는, 있는 게 약간은 있다고 봐야 되는 거야.

　－ 그러니까 이제 이 닭을 암탉 수탉 올려놓는 식으로 이 신랑 편에도 하나 해 놓고 똑같이 두 개씩 하거든.

　－ 거기 올려놓는 건 똑같이 그저 결혼식을 하니까 남녀가 합쳐지는 거니까 두 개씩 하는 거야 두 개씩 두 개씩.

　－ 그 구분은 그렇게 보면 되는 거요.

용떡은 왜 용떡이라 그래요?

어떻게 만들어요?

　－ 그게 용트림같이 이렇게 만들어 가지고 거기다 대추를 하나 꽂든지 이래 꽂아 놓지.

　－ 그래 용같이 이렇게 식으로 만들어 놓는 것이고.

　－ 용이 하늘로 올라가는 식으로 해 가지고 빳빳하게 세워 놓거든, 용트림.

아 떡을 그렇게 만들어요?

　－ 허허허허.

　－ 그렇게 하지.

그러면 이제 여자 측에서 이렇게 와서 결혼식을 하려면 뭐 옷도 입어야 되고 뭐 머리에도 화장도 이런 거 하잖아요?

　－ 하지.

그렁 건 머 머가 이써요?

- 그른대 그렁 건 여자가 하는 기라나서 난 지금두 별 간시멀 안 두구
서 잘 모르는대 그저내 머 보면 부녀 바른다카고 연지 곤지 찡는단 마리지.

- 빨강 거 빨강 거 치라고.

어디가 연지고 어디가 곤지애요?

- 연지 곤지 머 이래 양짜글 마라능 기고.

여기하고.

- 요요요요 요기하고 요기하고 이래 세 군대 하지 세 군대.

예.

- 이 연지 곤지라 하닝깨 머 이 여가 먼저닝깨 여기 하개찌.

- 연 연 연지라카능가, 여긴 곤지라카고?

모르개써요 저는.

- 허허허허, 나도 그 고ㄱ런 화씨랑 건 모르거써 잘.

예.

- 고리개.

거기 찍꼬.

오슨?

- 오슨 인재 에: 아이고 그기 머여, 어: 아 이르미 뱅뱅 도넌대.

- 오선 그 오설, 아이고 머라카나?

소:개 임능 거는 머요 저?

치, 치마?

- 치마.

저고리.

- 저고리, 아 인재.

치마저고리 이꼬 그 우애다가 원삼?

- 원삼, 원사미라캐.

그런 건 무엇 무엇이 있어요?

― 그런데 그런 건 여자가 하는 것이라서 난 지금도 별 관심을 안 두고서 잘 모르는데 그전에 뭐 보면 분은 바른다고 하고 연지 곤지 찍는단 말이지.

― 빨간 거 빨간 것을 칠하고.

어디가 연지고 어디가 곤지예요?

― 연지 곤지 뭐 이렇게 양쪽을 말하는 거고.

여기하고.

― 요요요요 요기하고, 요기하고 이렇게 세 군데 하지 세 군데.

예.

― 이 연지곤지라 하니까 뭐 이 여기가 먼저니까 여기 하겠지.

― 연 연 연지라고 하는가, 여긴 곤지라고 하고?

모르겠어요, 저는.

― 허허허허, 나도 그 그것을 확실한 것을 모르겠어, 잘.

예.

― 그렇게

그거 찍고.

옷은?

― 옷은 이제 아이고 그게 뭐야 에 아 이름이 뱅뱅 도는데.

― 옷은 그 옷을 아이고 뭐라고 하나?

속에 입는 건 뭐요 저?

치마?

― 치마.

저고리.

― 저고리, 아 이제.

치마저고리 입고 그 위에다가 원삼?

― 원삼, 원삼이라고 해.

- 창 그 원삼, 원삼.

네.

- 원삼-무로 인재 거도선 하넝 거지.

네.

- 원사무로.

치마저고리는 새까리 어떵 거 이버요?

- 새까런, 새까:(런), 새까런 아이고: 청홍으로 입떵가?

- 그르치 아능 거 가티요.

어디가 청이애요?

치마가 청이애요?

- 치마가, 치마가 치 치마가 청이 아니자나, 치마가 홍일걸?

치마가 홍이고 위애 저고리가 청이고?

- 에.

- 그러캐 보능 건대.

예: .

머리애두 쓰자나요, 또?

- 그 쪽뚜리.

쪽또리.

- 글 쪽또리라그라지.

남자두 머 머리애?

- 남자는 그 어 거시기⁹²⁾ 에:, 무승 과니라카나.

사 사 사, 사:모.

- 샤:모, 사모관대라카능 기, 샤:모

예.

- 어 이근 관대넌 이 허리띠는 관대.

예.

ㅡ 참 그 원삼, 원삼.

네.

ㅡ 원삼으로 이제 겉옷은 하는 거지.

네.

ㅡ 원삼으로

치마저고리는 색깔이 어떤 거 입어요?

ㅡ 색깔은, 색깔(은), 색깔은 아이고 청홍으로 입던가?

ㅡ 그렇지 않은 거 같아요.

어디가 청이에요?

치마가 청이에요?

ㅡ 치마가, 치마가 치, 치마가 청이 아니잖아, 치마가 홍일 걸?

치마가 홍이고 위에 저고리가 청이고?

ㅡ 예.

ㅡ 그렇게 보는 건데.

예: .

머리에도 쓰잖아요, 또?

ㅡ 그 족두리.

족두리.

ㅡ 그걸 족두리라 그러지.

남자도 뭐 머리에?

ㅡ 남자는 그 어 거시기 에, 무슨 관이라고 하나.

사 사 사, 사모.

ㅡ 사모, 사모관대라 하는 게, 사모.

예.

ㅡ 어 이건 관대는 이 허리띠는 관대.

예.

- 사:모관대, 사:모관대라 그래요.

시, 바래 신능 거뚜 다르자나요?

- 바래 신능 거뚜 다르지.

그건 머라 그래요?

- 그건 아이고::.

좀 장화가치 생겨뜬대.

- 예, 장화가치 생 생겨써요.

- 그 향교애서 배완는대도 또 이저버려따고, 이저버려써.

- 장화거치 생기찌 그기?

예: 저는 이 이르문 함 번두 모: 뜨러바써요, 아직까지.

- 거 모콰라구 아나나?

목콰?

그러구 또 실:두 가따 노차니요, 기기 실?

- 시른 청홍 실.

- 청홍 시른 가따 나.

- 청홍 시른 그 따라 댕기넝 거닝깨 머.

- 그거 뭉능 거뚜 청홍 실로 무끄던.

멀?

- 저:기 저 사:주 쓸 때.

예:.

- 그래 청홍 시른 따라 댕기여 아주 그건, 옌:나래도.

이유가 인나:, 인나요?

- 그링깨 에 청홍, 그래 인재 에 남녀:럴 구분하능 거.

네:.

- 노꼬니지요, 그기.

그리고 나서 인재 그거 끈나면::

- 사모관대, 사모관대라 그래요.

신, 발에 신는 것도 다르잖아요?

- 발에 신는 것도 다르지.

그건 뭐라 그래요?

- 그건 아이고.

좀 장화같이 생겼던데.

- 예, 장화같이 생 생겼어요.

- 그 향교에서 배웠는데도 또 잊어버렸다고, 잊어버렸어.

- 장화같이 생겼지 그게?

예, 저는 이 이름은 한 번도 못 들어봤어요, 아직까지.

- 거 목화라고 안 하나?

목화?

그리고 또 실도 갖다 놓잖아요, 거기 실?

- 실은 청홍 실.

- 청홍 실은 가져다 놔.

- 청홍 실은 그 따라 다니는 거니까 뭐.

- 그거 묶는 것도 청홍 실로 묶거든.

뭐?

- 사주 쓸 때.

예.

- 그래 청홍 실은 따라다니는 거야 아주 그건 옛날에도.

이유가 있나:, 있나요?

- 그러니까 에 청홍 그래 이제 남녀를 구분하는 거.

네.

- 노끈이지요, 그게.

그러고 나서 이제 그거 끝나면.

시댁 어른드란태 또 인사하고 저라고 이르지요?

― 아, 인재 그기 당이른 아나지.

아, 당일라른 아내요?

― 인재 성:구리라고[93] 바드먼 햐:.

예?

― 성:구리라고 그라지, 승:구리, 선:구리.

성:?

― 선:구래, 선:구래라구 해서 그걸 바드먼 어 부모드란태 하능 기여, 인재.

― 왜 그리냐 하먼 새:다기 이 실랑한태 와쓸 때.

예.

― 어 실랑이 잔치할 때 그 인재 씬부가 하능 기여, 씬부가.

― 성:구래년 어머이 아부지한태 에 저럴 하닝 거 그기 인재 참 저 어:
겨론시게 인재 여자가 하는 행동이요.

― 처태, 처째.

― 그 성:구래라 구라지, 성구래.

― 그 씨어머이 씨아부지한태 하닝 거여, 성구래.

그러면 이 이거는 여자가 예시기 끈난 다으매 그지요?

― 인재 이건 성구래년 어: 그째 여자가 여자가 인재 이 씨지벌 와쓸 때
하능 거시여.

― 시지벌 와쓸 때 거 선:구래, 잔친날.

아 잔친날.

― 천 진사여,[94] 그기 처 진사.

예:.

― 엔나랜 그기 처 진사여, 씨어머이 씨아부지한태는.

페:배카고는 어트개 달라요?

― 페배건 어 그기 인재 페배건 행녜지낼 때 하능 기지, 행래지낼 때.

시댁 어른들한테 또 인사하고 절하고 이러지요?

— 아, 이제 그게 당일은 안 하지.

아, 당일 날은 안 해요?

— 이제 선구례라고 받으면 해.

예?

— 선구례라고 그러지 선구례, 선구례.

선?

— 선구례, 선구례라고 해서, 그걸 받으면 에 부모들한테 하는 거야, 이제.

— 왜 그러냐하면 새댁이 이 신랑한테 왔을 때.

예.

— 어 신랑이 잔치할 때 그 이제 신부가 하는 거야, 신부가.

— 선구례는 어머니 아버지한테 에 절을 하는 거 그게 이제 참 저 에 결혼식에 이제 여자가 하는 행동이요.

— 첫째, 첫째.

— 그 선구례라 그러지, 선구례.

— 그 시어머니 시아버지한테 하는 거야, 선구례.

그러면 이거는 여자가 예식이 끝난 다음에 그지요?

— 이제 이건 선구례는 에 글쎄 여자가, 여자가 이제 이 시집을 왔을 때 하는 거야.

— 시집을 왔을 때 그것 선구례, 잔칫날.

아, 잔칫날.

— 첫 인사여, 그게 첫 인사.

예.

— 옛날엔 그게 첫 인사야, 시어머니 시아버지한테는.

폐백하고는 어떻게 달라요?

— 폐백은 어 그게 이제 폐백은 행례지낼 때 하는 거지, 행례지낼 때.

- 그래 인재 다: 끈난 다:매 에 예이가 다: 끈, 예시기 다 끈난 다:매 에
페배걸 어: 그 머 어 밤:하고 머 대:추하고 이렁 걸 던진다고 그라고 머.

- 그걸 인재 에:: 새다기 바다 가주 가둥가 그르캐 하고 그라고 또 인재
오:리럴 전다럴 하고, 오:리넌 어:: 장:모한태 전다럴 하덩가 이라지 아매.

- 그라도록 대 이따고.

음: 오리요?

- 오:리, 오:릴 싸 가주 가개 대고 오:리.

그, 그럼 어떤 오리애요?

저 사라인는 그 산 오리애요?

- 아니요, 나무로 맹긍 거.

- 나무로 맹긍 거.

나무로 맨등 거?

- 어.

- 흐흐.

그거 월래 저기 저 저 예:시칼 때두 그 상위애두 그거 올려노치 안나요?

- 아, 올려놔따가 글쎄 올려놔따가 예식 다: 끈난 다매 그 저 장:모가
바다 가주가지 아매 그건.

- 흐흐.

예: .

그거뚜?

- 페 페배건 어: 인재 각 각까지 과:일 이렁 거하고 각까지 마신능 걸
고기다 다마, 다카고 이렁 걸 다마 가주구 어: 인재 페:배건 하먼 고 그기
인재 증 마라자먼 어, 아: 페:백뚜 여자가 해가주 오내.

- 여작뚜, 여자가 해가주 와가주구 시 이 시지불 오 와서 그걸 페:배걸
가주구 그: 대저벌 하능 기여 술하고 가주 와 가가주.

- 고건 페배카고 그기 페배기 안주 테기여, 안주.

- 그래 이제 다 끝난 다음에 예의가 다 끝나, 예식이 다 끝난 다음에 폐백을 에 그 뭐 밤하고 대추하고 이런 걸 던진다고 그러고 뭐.

- 그걸 이제 에 새댁이 받아 가지고 가든가 그렇게 하고 그리고 또 이제 오리를 전달을 하고, 오리는 에 장모한테 전달을 하든가 이러지 아마.

- 그렇게 하도록 돼 있다고.

음 오리요?

- 오리, 오리를 싸 가지고 가게 되고 오리.

그 그럼 어떤 오리예요?

저 살아있는 그 산 오리예요?

- 아니에요, 나무로 만든 거.

- 나무로 만든 거.

나무로 만든 거?

- 예.

- <u>흐흐</u>.

그거 원래 저기 저 저 예식할 때도 그 상위에도 그거 올려놓지 않나요?

- 아, 올려놨다가 글쎄 올려놨다가 예식 다 끝난 다음에 그 저 장모가 받아 가지고 가지 아마, 그건.

- <u>흐흐</u>.

예.

그것도?

- 폐 폐백은 에 이제 갖가지 과일 이런 거하고 갖가지 맛있는 걸 거기에 담아, 닭하고 이런 걸 담아 가지고 에 이제 폐백은 하면 그 그게 이제 즉 말하자면 에 아 폐백도 여자가 해가지고 오네.

- 여자도 여자가 해가지고 와가지고 시 이 시집을 오 와서 그걸 폐백을 가지고 그 대접을 하는 거야 술하고 가지고 와 가지고.

- 그건 폐백하고 그게 폐백이 안주 턱이야, 안주.

- 응?

- 어 시지븐 씨아부지 씨어무이 이 술 대저파고, 안주::가 페배기여.

예::.

- 으 그리고 인재 근 머: 간따니 머꼬서 다른 사라미 다: 노나 먹찌.

그때.

- 그 고들창 고로캐 대 인능 거지.

그때 절 하자나요?

- 아, 절하지 인재, 에 절하고.

그러구 시아버지 시어머님만 한태 하능 개 아니고.

- 인재 가족 가족더럴 안치 노코 순서대로 인재 잴:: 먼저 성구리는 저른 그래 바꼬 나머지는 인재 할 싸람만 메싸람 어: 정애 가주 하고.

- 그저낸 에: 씨어머이 씨아부지만 한태만 하능 거라능 기여 저 이 사실런.

예:.

- 씨어머이 씨아부지한태만.

- 에 지끄면 고만 인사하기 겨매가주 겨론시글 해도 그거 하민서 대꾸 인사럴 다 시켜 뻐리지, 지그면.

음.

- 씬시기요 근.

- 옌나랜 딱 씨어머이 씨아부지만 한태만 하두룩 대 이따, 대 인능 기라능 기요.

아: 그래요?

그개 선:구래::라능 거애요?

- 어, 성구리.

예:.

아 저는 또 그거 첨: 드러써요, 그 말도.

- 응?

- 에 시집은 시아버지 시어머니 이 술대접하고, 안주가 폐백이야.

예.

- 으 그리고 이제 그건 뭐 간단히 먹고서 다른 사람이 다 나누어 먹지.

그때.

- 그 원래부터 그렇게 돼 있는 거지.

그때 절하잖아요?

- 아, 절하지 이제, 에 절하고.

그리고 시아버지 시어머니만 한테 하는 게 아니고.

- 이제 가족들을 앉혀 놓고 순서대로 이제 제일 먼저 선구례는 절은 그렇게 받고 나머지는 이제 할 사람만 몇 사람 에 정해 가지고 하고.

- 그전에는 에 시어머니 시아버지한테만 하는 거라는 거야 저 이 사실은.

예.

- 시어머니 시아버지한테만.

- 에 지금은 그만 인사하기 겸 해 가지고 결혼식을 해도 그거 하면서 대구 인사를 다 시켜 버리지, 지금은.

음.

- 신식이요 그건.

- 옛날엔 딱 시어머니 시아버지한테만 하도록 돼 있다, 돼 있는 것이라는 거요.

아 그래요?

그게 선구례라는 거예요?

- 예, 선구례.

예.

저는 또 그거 처음 들었어요, 그 말도.

- 아 옌나랜 꼭 그걸 하넝 기요.

예, 근대 페:배글 하면: 시 시댁 씩구드란태 다: 이르캐 하는 줄 아라꺼등뇨.

- 아: 아녀.

그개 아니에요?

- 옌:나랜 꼭 씨아무이[95] 씨아부지만 한태 하만 하두룩 대 인능 건대 지그먼 인재 현:대 시그로 해 가주 다: 그만 항 꺼 한 자리애서 그냥 인사 차 그래.

- 이 사라만태도 하고 저 사라만태도 하 기냥 저럴 한다능 기여.

네:.

- 어 술 한 잔썩 가치 노나 머꼬 이런 시기지.

- 옌:나랜 그르키 아나능 기여.

그러면 인재 나재는 그러캐 음싱 머꼬 손님드리 와서 놀다 가고 머 이르캐 인재 하자나요?

그럼 인재 저녁 때 대면 또 저녁 때 인재 머 천날 천날빰 보낸다고 머 이러 능 거 이짜나요?.

- 그르치요.

그거 가지고 머 장난도 치고 옌나래 그르지 아나써요?

- 그거 천날::빰 보내능 거 인재 대충 내가 알기는 그 신방얼 차리[96] 주능 거지요~:...

네.

- 인재 음시카고 술하고 머 이렁 걸 조곰 가따 차리 노코 천날빠미니깨 이재 거:: 실랑 신부가 행동하두룩 그 맹그라[97] 놘: 방얼 차리 주지요.

- 그라면 인재 그 뭐: 어트카능가:: 하고 요로캐 문꾸녕을[98] 뚜꼬[99] 디 다봄미다.[100]

- 허허허 *: 어띠키 하능가.

- 그렁 거 그기 장나니지요 머.

- 아 옛날엔 꼭 그럴 하는 거요.

예, 그런데 폐백을 하면 시 시댁식구들한테 다 이렇게 하는 줄 알았거든요.

- 아, 아니야.

그게 아니에요?

- 옛날엔 꼭 시어머니 시아버지한테만 하도록 돼 있는 건데 지금은 이제 현대식으로 해 가지고 다 그만 한 꺼(번에) 한 자리에서 그냥 인사차 그래.

- 이 사람한테도 하고 저 사람한테도 그냥 절을 한다는 거야.

네.

- 에 술 한 잔씩 같이 나누어 먹고 이런 식이지.

- 옛날엔 그렇게 안 하는 거야.

그러면 이제 낮에는 그렇게 음식 먹고 손님들이 와서 놀다 가고 머 이렇게 이제 하잖아요?

그럼 이제 저녁 때 되면 또 저녁 때 이제 뭐 첫날 첫날밤 보낸다고 뭐 이러는 거 있잖아요?

- 그렇지요.

그거 가지고 뭐 장난도 치고 옛날에 그러지 않았어요?

- 그거 첫날밤 보내는 거 이제 대충 내가 알기는 그 신방을 차려 주는 거지요.

네.

- 이제 음식하고 술하고 뭐 이런 걸 조금 갖다 차려 놓고 첫날밤이니까 이제 그 신랑 신부가 행동하도록 그 만들어 놓은 방을 차려 주지요.

- 그럼 이제 그 뭐 어떻게 하는가 하고 이렇게 문구멍을 뚫고 들여다 봅니다.

- 하하하 * 어떻게 하는가.

- 그런 게 그게 장난이지요 뭐.

예: .

- 난 그리키 하능 걸루 알고 이써요.

예: .

- 그 그 아내 내용언 머 서로 잘: 정아캉 건 머 다: 해본 사람드링 걸로 알고 이꼬.

- 지그문 그르캐 아나지만 옌:날 사람더런 그라면 인재 에:: 좀 비내[101] 그틍 걸 뽀바 주고 온꼬롬 거틍 거 풀러 주고 머 이런 시그로 아내서 ****.

- 그거 어트캐 하능가 뭉꾸녀걸 장난치는 사람더런 고기애 뭉꾸녀걸 뜨꾸 디다봄니다.

- 그기 장나니지요 머.

옌나랜 다 창호지루 해끼 때매 침 발라 가꼬 다.

- 예예, 그리잉깨 그쌔 이 이 뭉꾸녀글 뚜꾸 디다본다고.

그러:: 그렁 거:: 때무내 이써떤 재미인능, 머 이르캐 동내애서 머 싸우미 나따등가 머. 아니면 또 머 재미이써떵가 머 이런 얘기?

- 이재 그렁 거로넌 머 별로 여기 이써떤 동내도 아니고: 그런 얘긴 머 별로 웁써써요, 이동내는.

- 음 딴 얘길 드러보면 혹씨 머 어: 참 별별리리 다 이따면, 이런 얘기도 하는 사람더리 이떠구만 그건 머 자새항 건 우리가.

- 하하.

- 모껴칸 사람드리 아니고 또 머 여긴 머 그런 니리 이써떤 대가 아니기 때매 그건 잘 모르개꼬.

드른 얘:기는 이써요, 그렁 거 머?

- 그 그 장, 딴 장나니 이써다, 머 이런 얘기는 어 실랑이 도망가따, 머 새다기 도망가따 이런 얘긴 더러 디끼답, 디끼덩구만.

예: .

- 그런 얘긴 더러 디끼더라고.

예.

- 난 그렇게 하는 걸로 알고 있어요.

예.

- 그 그 안에 내용은 뭐 서로 잘 정확한 건 뭐 다 해본 사람들인 걸로 알고 있고.

- 지금은 그렇게 안 하지만 옛날 사람들은 그러면 이제 에 좀 비녀 같은 걸 뽑아 주고 옷고름 같은 거 풀어 주고 뭐 이런 식으로 안에서 ****.

- 그거 어떻게 하는가 문구멍을 (뚫고) 장난치는 사람들은 고기에 문구멍을 뚫고 들여다봅니다.

- 그게 장난이지요 뭐.

옛날에는 다 창호지로 했기 때문에 침 발라 가지고 다.

- 예, 그러니까 글쎄 아 이 문구멍을 뚫고 들여다본다고.

그런 거 때문에 있었던 재미있는, 뭐 이렇게 동네에서 싸움이 났다던가 뭐. 아니면 또 뭐 재미있었던가 뭐 이런 얘기?

- 이제 그런 것은 뭐 별로 여긴 있었던 동네도 아니고 그런 얘긴 뭐 별로 없었어요 이 동네는.

- 어 다른 얘길 들어 보면 혹시 뭐 참 별별 일이 다 있다면 뭐 이런 얘기도 하는 사람들이 있더구만 그건 뭐 자세한 건 우리가.

- 하하.

- 목격한 사람들이 아니고 또 뭐 여긴 뭐 그런 일이 있었던 데가 아니기 때문에 그건 잘 모르겠고.

들은 얘기는 있어요, 그런 거 뭐?

- 그, 그 장(난), 다른 장난이 있었다, 뭐 이런 얘기는 어 신랑이 도망갔다, 뭐 새댁이 도망갔다 이런 얘긴 더러 들리더(구먼), 들리더구먼.

예.

- 그런 얘긴 더러 들리더라고.

그리::고 보면 그:: 그래따가 나중애 그 신부:, 신부 때개 갈 때 그러덩가요? 그 저 실랑 꺼꾸루 매다라 가주구 머?

― 어:, 그 실랑 다라[102] 멍는다 거 이찌요:.

― 그 엔나랜 그기 이 홀래 때는 그기 왜 인느냐 하면 이재 에: 실랑이 인재 새닥 찌배 츰: 가능 거지요~:.

― 츰: 가문 인재 그 새닥 찌배서 실랑을 딜고,[103] 딜로옴니다.

― 처나미 이따든지 이라면, 아: 딜러 오면 가지요.

― 가면 인재 천날 저녀개 실랑얼 다라 멍넌다고 고라지요, 다라 머거.

― 다라 멍넌다 구라지요.

― 고러문 인재 그: 신부 찌배서 인재 준빌 다: 하구 이찌:.

― 다하고 이따가 아: 인재 내 오는대 그 동아내 아:주 참 고:야칸 장난 널 치는 동내가 이찌요.

― 매다라 노코 인재 발빠다글 뚜디리[104] 패니께, 그기뚜 인재 이 골고루 여러 가지죠.

― 몽딩이로[105] 하는 사람 그런 대도 이꾸 목치무루 하는 대도 이꾸.

― 그라고 되::개 아푸개 하는 대도 이꼬 기냥 이래 살살 잘: 순:조로깨 기냥 하는 대도 이꼬 인재 그래서 말:로만 하는 대도 이꼬 이르치요~ 뭐.

― 그래도 인재 그라면 인재: 실랑한태 술 요:청얼 하거나 해넝 거지요, 인재.

― 그라고 미리 해 능 거 인재 가따 술 머꼬 그래, 칭구 인재 살기보능 거지:, 씰랑이닝깨, 그동내.

― 그런 시기지요, 실랑 다루능 거.

― 난 그르캐 알고.

예.

― 나도 다 재껴본[106] 사라미니깨.

술:: 가틍 거 으더머꼬 머 이러면선 놀:구 이르캐 장난치능 거지요, 그기?

그러고 보면 그 그랬다가 나중에 또 신부 댁에 갈 때 그러던가요?

그 저 신랑 거꾸로 매달아 가지고 뭐?

— 아, 그 신랑 달구쳐서 먹는다는 거 있지요.

— 그 옛날에는 그게 이 혼례 때는 그게 왜 있느냐 하면 이제 에 신랑이 이제 새댁 집에 처음 가는 거지요.

— 처음 가면 이제 그 새댁 집에서 신랑을 데리고, 데리러 옵니다.

— 처남이 있다든지 이러면 아, 데리러 오면 가지요.

— 가면 이제 첫날 저녁에 신랑을 달아 먹는다고 그러지요, 달아 먹어.

— 달아 먹는다고 그러지요.

— 그러면 이제 그게 신부 집에서 이제 준비를 다 하고 있지.

— 다 하고 있다가 아: 이제 내 오는데 그 동안에 아주 참 고약한 장난을 치는 동네가 있지요.

— 매달아 놓고 이제 발바닥을 두드려 패니까, 그것도 이제 이 골고루 여러 가지지요.

— 몽둥이로 하는 사람, 그런 데도 있고 목침으로 하는 데도 있고

— 그리고 되게 아프게 하는 데도 있고 그냥 이렇게 살살 잘 순조롭게 그냥 이렇게 하는데도 있고 이제 그래서 말로만 하는 데도 있고 이렇지요 뭐.

— 그래도 이제 그러면 이제 신랑한테 술 요청을 하거나 하는 거지요, 이제.

— 그리고 미리 해 넣은 것 이제 갖다 술 먹고 그래, 친구 이제 사정 보는 거지 신랑이니까 그 동네.

— 그런 식이지요, 그건 신랑 다루는 거.

— 난 그렇게 알고.

예.

— 나도 다 겪어본 사람이니까.

술 같은 거 얻어먹고 뭐 이러면서 놀고 이렇게 장난치는 거지요, 그게?

- 그리치 인재 그거지 머.

하라번니문 어트개 하셔써요?

- 아 나도 가닝께 실랑을 다룬다구 구라대.

- 그 니들 다라바라.

- 동내가 그르키 앙 큰 동내여써써.

- 머 호쑤도 만틀라고,[107] 청년들도 한 여나문빼깨 안 대드라고 고 동내는.

- 이런 동내는 옌나래 사:라미 마:늘 때니까 삼십 명도 더 대, 여기는 어 또래 청년만 해도.

- 그런디 건 동내가 쪼마내 가주 한 열 명 안쪼기드라고.

- 그 아이 신사저그로 하자구 그 머.

- 어 다라매고 머 패대고, 그 말:로만 하구 그래.

- 수리나 한 잔 믹짜고라고 난 그래, 그리고 끈나써찌요.

네: .

- 허허.

- 그래 쪼미따 술 가주 오지 머.

- 그리고 연:정[108] 연:방 대번 수럴 가따 가치 노나 머꼬 그래 그리고 마라찌요.

- 아이 패대는 댄 아::주 막 어 사:래미 그 다음날 거러가두 모타개 패대는 동내도 이써따능 기여.

- 여기 이 동내는 그러카든 아내써.

그렁 거 보셔써요?

혹씨 그르캐 시:마개 하능 거?

- 시:마개 하능 거 우리두 바찌유, 바따고.

어트개 해요, 그러면요?

- 글쌔 그: 지개꼬랭이나[109] 이렁 걸 가따 이 발모글 다라매 가주 으

- 그렇지 이제 그거지 뭐.

할아버님은 어떻게 하셨어요?

- 아 나도 가니까 신랑을 달구친다고 그러대.

- 그 너희들 달아 봐라.

- 동네가 그렇게 안 큰 동네였어.

- 뭐 호수도 많질 않고 청년들도 한 여남은밖에 안 되더라고 그 동네는.

- 이런 동네는 옛날에 사람이 많을 때니까 삼십 명도 더 돼, 여기는 어 또래 청년만 해도.

- 그런데 거긴 동네가 조그만해 가지고 한 열 명 안쪽이더라고.

- 그 아이 신사적으로 하자고 그 뭐.

- 어 달아매고 뭐 패대고 그 말로만 하고 그래.

- 술이나 한 잔 먹자고 그러고 난 그래, 그리고 끝났었지요.

네.

- 허허.

- 그래 좀 있다 술 가져 오지 뭐.

- 그리고 연신연신 대번 술을 가져다 같이 나눠 먹고 그래 그리고 말았지요.

- 패대는 데는 아주 막 에 사람이 그 다음날 걸어가지도 못하게 패대는 동네도 있었다는 거야.

- 여기 이 동네는 그렇게 하지는 않았어.

그런 거 보셨어요?

혹시 그렇게 심하게 하는 거?

- 심하게 하는 거 우리도 봤지요, 봤다고.

어떻게 해요, 그러면요?

- 글쎄 그 지게 고삐나 이런 걸 갖다 이 발목을 달아매어 가지고 응,

어깨애 미:고 뚜디리 패는 대두 이꼬.

  ― 저 실랑까래는[110] 씰, 저 여기 인저 옌:나랜, 그 옌:날 찌번 그런대 저런 씰경이라고 이써, 실경까래, 실경까래.

두개 이러:캐?

  ― 예, 두 개 이래.

예.

  ― 멀 물견[111] 언녕 거.

예.

  ― 거기다 가따 막 올가매 노코서 뚜디리 패고 머 그라는 동내도 이꼬 그래 다치따카는 사람두 마니 드러바꼬 그 시:마개 하는 동내는 그러캐두 함니다.

잘모타먼 다치자나요?

  ― 그릉깨 글쎄 그이튼날 잘 기리 댕기도 모타개 하는 동내도 이꼬.

  ― 허.

  ― 그르니 동내마둥 다르지 하는 방버비, 또까찔 아나.

그걸 실랑 다러 멍는다 그래요?

  ― 어, 실랑 다러 멍는다고 그라녕 기여.

  ― <u>흐흐.</u>

다러 멍는다.

  ― 음:..

어깨에 메고 두드려 패는 데도 있고.

　– 저 시렁에는 시(렁), 저 여기 이제 옛날에는 그 옛날 집은 그런데 저런 시렁이라고 있어, 시렁, 시렁가래.

두 개 이렇게?

　– 에, 두개 이렇게.

예.

　– 무엇을 물건 없는 거.

예.

　– 거기다 갖다 막 옭아매어 놓고서 두드려 패고 뭐 그러는 동네도 있고 그래서 다쳤다고 하는 사람도 많이 들어 봤고 그 심하게 하는 동네는 그렇게도 합니다.

잘 못하면 다치잖아요?

　– 그러니까 글쎄 그 이튿날 잘 걸어 다니지도 못하게 하는 동네도 있고.

　– 허.

　– 그러니까 동네마다 다르지 하는 방법이, 똑같지가 않아.

그걸 신랑 달구쳐 먹는다 그래요?

　– 어, 신랑 달구쳐 먹는다고 그러는 거야.

　– 흐흐.

달구쳐 먹는다.

　– 음.

2.5. 결혼 잔치

그리고 나먼 인재 그: 예식 뽀러 온 사라들란태 음식두 대저파고 머.

또 술두 대저파고 이래자나요?

- 그르치요.

그건 머, 그렁 건 멀: 대저패요?

어떵 거뜰?

- 손니모문, 소:니만태넌?

예.

- 소니만태넌 그쌔 인재 내가 성이껀 손니멀 대저파고 수푸만[112] 머 그기 상가니 움넝 거여.

- 대:지, 엔나렌 돼:지럴 대:지 주로 자꼬, 아주 어: 돈 마는 사라넌 소도 자바 가주 하넝 거여.

- 소도 자바 가주 하구 머 성새대로[113] 하능기요 그건.

- 머 웬마난 사라먼 그냥 쪼마난 대:지 자바 가주 손니멀 쪼만치[114] 청하먼 그래 간따나기도 하고.

- 그러닝깨 머 적또 꾸코[115] 떡뚜 하고 이래 가주 골고루 지금 저 이 현대 예식짱애서 하능 거나 비스타개 그래 하는대 지그먼 과:일류가, 엔:나랜 옵쓰니까.

- 아: 머 간따난 과:일아니요?

- 엔나랜 감: 대:추 머 어: 밤: 그리고 인저 배:거틍 건 이꼬 사과넌 엔나랜 사과두 옵써따구요, 우리나란.

- 사과거틍 건 엔나래 써찌요.

- 아주 예나랜 쓰두 아나드라고.

그럼 인재 손니무루 인재 잔치찌배 와서 잔치 보러 와따가 가는 분한태는 그리고 나면 이제 그 예식 보러 온 사람들한테 음식도 대접하고 뭐.
또 술도 대접하고 이러잖아요?

- 그렇지요.

그건 뭐, 그런 건 뭘 대접해요?

어떤 것들?

- 손님 오면, 손님한테는?

예.

- 손님한테는 글쎄 이제 내가 성의껏 손님을 대접하고 싶으면 뭐 그게 상관이 없는 거야.

- 돼지, 옛날엔 돼지를 돼지 주로 잡고 아주 에 돈 많은 사람은 소도 잡아 가지고 하는 거야.

- 소도 잡아 가지고 하고 뭐 형세대로 하는 거요 그건.

- 뭐 웬만한 사람은 조그마한 돼지 잡아 가지고 손님을 조금만 청하면 그렇게 간단하기도 하고.

- 그러니까 뭐 부침개도 굽고 떡도 하고 이렇게 해 가지고 골고루 지금 저 현대 예식장에서 하는 거와 비슷하게 그렇게 하는데 지금은 과일류가, 옛날엔 없으니까.

- 아 뭐 간단한 과일 아니에요?

- 옛날에는 감, 대추, 뭐 에 밤 그리고 이제 배 같은 건 있고 사과는 옛날엔 사과도 없었다고요, 우리나라는.

- 사과 같은 건 옛날에 썼지요.

- 아주 옛날에는 쓰지도 안하더라고.

그럼 이제 손님으로 이제 잔칫집에 와서 잔치 보러 왔다가 가는 분한테는 머 밥-이라도 항 끼 식싸 대저파고.

- 밥 바배, 바:비 아니고 국씨지,116) 국씨.

- 술 주민성117) 그거 주민성 인재 에: 국씨 항 그럭 주고, 국씨 항 그러기 인재 그기 전:심 대저파능 기고.

- 그라문 인재 수럴 자:꾸 더 머그라칼라면 어디 그늘라무나 어디 저어: 지배 인재 이 저 엔:나랜 사랑이라 구라지, 사랑.

- 사랑방 거튼대다 이래 더 놀다 가라카고 모아노코 자꾸 가따 주지 술 머그라고 가따 주고 다 그래 대저벌 항 거지요.

저 국씨 먹꼬 그 다매 그러먼 다릉 거 인재 머?

- 그링깨 인재 타.

고기나?

- 타:래바니라구118) 맹그라 가주 그 인재 채미쩝씨라고119) 놔 가주고 아주 국씨 미글 때 아주 모가치루 딱 한 사람 한 사람씩 해서 주지.

- 그 다매 인재 더 놀:다 갈:: 싸라먼 그런대다 모이 노코 타래바니라구 맹그라 가주, 안주 인재 에: 안주럴 인재 타래바니라고 이래 줌 여러시 먹뚜룩 맹그라 가주 술하고 자꾸 가따 주지, 술하고.

타래반, 타래바니 머에요?

상이애요?

- 으, 상이지.

- 상은 인재.

뚱그랑 거?

- 에: 안주럴 이재 골고루 해서, 술안주 대개 해서 여러시 머그라고 가따 주능 걸 타래바니라고 하고, 타래반.

타래바니라구 하능 개 상만 얘기하능 개 아니라 상 위애 음시-글 언즌 걸 얘기하능 겅가요?

음시카구 상하구 다: 얘기하능 거요?

뭐 밥 이래도 한 끼 식사 대접하고.

　－ 밥 밥에, 밥이 아니고 국수지, 국수.

　－ 술 주면서 그거 주면서 이제 에 국수 한 그릇 주고, 국수 한 그릇이 이제 그게 점심 대접하는 거고.

　－ 그러면 이제 술을 자꾸 더 먹으라고 하려면 어디 그늘나무나 어디 저에 집에 이제 이 저 옛날에는 사랑이고 그러지, 사랑.

　－ 사랑방 같은 데다 이렇게 더 놀다 가라고 하고 모아놓고 자꾸 갖다 주지 술 먹으라고 갖다 주고 다 그렇게 대접을 한 거지요.

저 국수 먹고 그 다음에 그러면 다른 거 이제 뭐?

　－ 그러니까 이제 타(래반).

고기나?

　－ 타래반이라고 만들어 가지고 그 이제 채미접시라고 놓아 가지고 아주, 아주 국수 먹을 때 아주 몫몫으로 딱 한 사람 한 사람씩 해서 주지.

　－ 그 다음에 이제 더 놀다가 갈 사람은 그런 데다 모아 놓고 타래반이라고 만들어 가지고, 안주 이제 안주를 이제 타래반이라고 이렇게 좀 여럿이 먹도록 만들어 가지고 술하고 자꾸 갖다 주지, 술하고.

타래반, 타래반이 뭐예요?

상이에요?

　－ 으, 상이지.

　－ 상 이제.

동그란 거?

　－ 에 안주를 이제 골고루 해서 술안주 되게 해서 여럿이 먹으라고 갖다 주는 걸 타래반이라고 하고, 타래반.

타래반이라고 하는 게 상만 얘기하는 게 아니라 상 위에 음식을 얹은 걸 얘기하는 건가요?

음식하고 상하고 다 얘기하는 거예요?

- 고 타래바넌 수:란주꺼리만 해:서 내보내능 거인대.

예.

- 으?

- 인재 바파고 이렁 건 다 미리 다 함 분 대저벌 하고 일딴 맹궁 거 이렁 거 일쩔, 근 채미 채미럴 나 가주고 어 전시마고 가치 대저벌 하고 낭:중애 수럴 더 머글 때넌 타래바늘 맹그라 가주 쑤 쑤란주로 내보낸다 이거여.

채미?

- 으?

채미?

- 채미라 고라지:.

- 여기선 채미라 고란다고, 채미.

그럼 채미가?

- 밥, 밥 인재 점:심 머글 때 따라 내보내능 기여 하나패 하낙씩, 그건.

그거 그거는 채미라고 하는대 머 고기도 이꾸.

- 그르치, 떡또 노코.

떡뚜 이코 부칭개두 이개 일따는.

- 어: 다::골고루 해서 채미럴 놔:서 어 전심 식싸할 때 에: 개이나패 하낙씩 주고.

예.

- 그라고 인재 그걸 다: 끈난 다맨 더: 놀:다 갈 때 인재 에 별또로 채, 참 타래바널 롸 가주고 어 안주, 안주 타래바널 롸 가주 여러 사라미 가치 먹뚜룩 내보낸다 이거지.

아:.

- 잔치럴 그르캐 치르능 거지, 엔:나랜.

그르니까 채미라고 하능 개 인재 음시기라, 음시기라는 뜨시내요?

－ 그 타래반은 술 안주거리만 해서 내보내는 것인데.

에.

－ 응?

－ 이제 밥하고 이런 건 다 미리 다 한 분 대접을 하고 일단 만든 거 이런 거 일체, 그 채미, 채미를 놓아 가지고 점심하고 같이 대접을 하고 나중에 술을 더 먹을 때는 타래반을 만들어 가지고 술 술안주로 내보낸다 이거야.

채미?

－ 응?

채미?

－ 채미라고 그러지:.

－ 여기서는 채미라 그런다고, 채미.

그럼 채미가?

－ 밥, 밥 이제 점심 먹을 때 따라 내보내는 거야 한 앞에 하나씩, 그건.

그거는 채미라고 하는데 뭐 고기도 있고.

－ 그렇지, 떡도 놓고.

떡도 있고 부침개도 있고 이게 일단은.

－ 어 다 골고루 해서 채미를 놓아서 어 점심 식사할 때 에 개인 앞에 하나씩 주고.

예.

－ 그리고 이제 그거 다 끝난 다음에 더 놀다 갈 때 이제 별도로 채, 참 타래반을 놓아 가지고 어 안주, 안주 타래반을 놓아 가지고 여러 사람이 먹도록 내보낸다 이거지.

아.

－ 잔치를 그렇게 치르는 거지, 옛날에.

그러니까 채미라고 하는 게 이제 음식이라 음식이라는 뜻이네요?

― 그르치요, 으으음:시기라는 뜨시야.

한 사람이 저 사라만태 주는 음식.

― 으, 아주 별또로 인재 한 사람 한 사라마패 인재 그걸.

요기 인재 접씨 하나애다가 그 사람 머글 망큼 주능 거.

― 어, 머글 망큼.

고걸 채:미라고, 거기 인재 머.

― 어, 채미라.

대지고기두 이꼬: 떡뚜 이꾸:.

― 그르치.

부칭거뚜 이꾸 머 이르캐 골고로.

― 허허 골고로 맹궁 걸 골고로 해서 어, 개별쩌그로 하낙씩 주고.

예.

그러고 인재 그 더 마니: 이르캐 상애디기 이걷쩌걷 언지시 가따 주능 거는 그건 타래바니라구 하구.

― 타래반.

예.

― 그 인재 떡 꺼텅 건 아나지 인재 일쩔, 과:이리나 별또로 고래 담넝 거 우애 여, 기냥 안:주 댈꺼 이렁 걸로.

떠근 안 느코?

― 어.

과이른 노코.

― 음.

아, 이런 마를 저 첨 드러바요.

― 흐흐.

그래니까 이 이렁 거 저, 저가 이거 맨:날 이르캐.

― 허허허.

- 그렇지요, 음식이라는 뜻이야.

한 사람이 저 사람한테 주는 음식.

- 으, 아주 별도로 이제 한 사람 한 사람 앞에 이제 그걸.

여기 이제 접시 하나에다가 그 사람 먹을 만큼 주는 거.

- 머, 먹을 만큼.

그걸 채미라고, 거기 이제 뭐.

- 어, 채미라(고).

돼지고기도 있고, 떡도 있고.

- 그렇지.

부친 것도 있고 뭐 이렇게 골고루.

- 허허 골고루 만든 걸 골고루 해서 어, 개별적으로 하나씩 주고.

예.

그리고 이제 더 많이 이렇게 상에다가 이것저것 얹어서 갖다 주는 거는 그건 타래반이라고 하고.

- 타래반.

예.

- 그 이제 떡 같은 건 안 하지 이제 일절, 과일이나 별도로 그렇게 담는 거 외에 여기 그냥 안주 될 거 이런 걸로.

떡은 안 넣고?

- 어.

과일은 놓고.

- 음.

아, 이런 말은 저 처음 들어봐요.

- 호호.

그러니까 이런 거 저 제가 이거 매일 이렇게.

- 허허허.

아무리 차자다니면서 무러바도.

— 아니, 근대 예, 진짜 저 시고래 게::소캐서 아니꼬 도시애서 살문 그렁 기 웁써저쓰니까.

예:.

— 아: 모를 쑤도 이따고, 건.

— 우린 인재 그걸 해 본 사라미고 또 나거턴 사라면 이런 사라미라고 여기 살민성.

— 그저내 인재 그런대 가먼 이 저렁 검 저렁 거 담:꼬 노나 주능 걸 나한태 채기물 매끼요.

방애다 따로 해나찌요, 여기 광:이나?

— 그르치, 인재.

— 에: 아주 저 채밀쩝씨라 논는대라고: 어 아주 저 가:방,120) 가:방이라 카능 겨, 과방.

— 과방, 과방이라고 별또로 아주 이래 방얼 하나 채비하든지 채비해서 거기서 자::꾸 놔:서 어 인재 심:부릉꾼더리 인재 와서 날라 가지.

— 그라먼 인재 자꾸 인재 에 손님덜 대저파는대 가따 상애다 가따 놔 가주 가따 주고 이라능 거지.

네.

— 그 채김을 내가 엄청 마타 가주 해본 사라미요, 아주.

그거 하는 사라물 머라구 해요?

— 그 과방쟁이라121) 그라지 머, 과방쟁이.

— 으흐.

— 과방쟁이라: 이러멀 하능 기지 머, 과방.

— 과방 보넌 아주 쟁이유, 과방 보는 쟁이, 과방쟁이라 그란다고 그걸.

그거 잘 해야지 대능 거 가뜨라구요, 그개.

또:까치 해야지.

아무리 찾아다니면서 물어봐도.

－ 아니, 근데 예 진짜 저 시골에 계속해서 안 있고 도시에서 살면 그런 게 없어졌으니까.

예.

－ 아, 모를 수도 있다고, 그건.

－ 우린 이제 그걸 해 본 사람이고 또 나 같은 사람은 이런 사람이라고 여기 살면서.

－ 그전에 이제 그런 데 가면 이 저런 것 저런 것 담고 나누어 주는 걸 나한테 책임을 맡겨요.

방에다 따로 해놨지요, 여기 광이나?

－ 그렇지, 이제.

－ 에 아주 저 채미 접시라고 놓는 데라고 아주 저 과방, 과방이라 하는 거야, 과방.

－ 과방, 과방이라고 별도로 아주 이렇게 방을 하나 채비하든지 채비해서 거기서 자꾸 놓아서 어 이제 심부름꾼들이 이제 와서 날라 가지.

－ 그러면 이제 자꾸 이제 에 손님들 대접하는데 갔다 상에다 갔다 놔 가지고 갔다 주고 이러는 거지.

네.

－ 그 책임을 내가 엄청 맡아 가지고 해본 사람이요, 아주.

그거 하는 사람을 뭐라고 해요?

－ 그 과방쟁이라 그러지 뭐, 과방쟁이.

－ 으흐

－ 과장쟁이라고 이름을 하는 거지 뭐, 과방.

－ 과방 보는 아주 쟁이요, 과방 보는 쟁이, 과방쟁이라고 그런다고 그걸.

그거 잘 해야지 되는 것 같더라고요, 그게.

똑같이 해야지.

- 그기 으 음시걸 푸근푸근[122) 망 노나 주먼 모:지래고[123) 암 모지래 능 건 그사람드란태 고 고고 보넌 사라만태 달려 가주 이땀 마리여.

예예.

- 그래서 우리그튼 사라먼 이런대 우리 일가더리나 이 또 머탄 사람드 런 다 '이거 어티개 해쓰먼 조으까' 상이럴 해:보지 나한태.

- 그라먼 '손님 얼매 초청해씀니까?' 그걸 먼저 무러바야 디야.

- 그라먼 인재 손니미 얼매다[124) 이라먼 그때 인재 생각때로 대:질 메 끈짜리[125) 자부먼 기냥 노나 머꺼씀니다.

- 이래 가주 대:질 인재 잠능 걸루 하고 대:지도 큰: 놈 이꾸 자근 놈 이쓰니까 이 그런 시그로 해서 조정얼 마차 주지.

- 그라먼 인재 고걸로 가주 마차선 메기야 인재 정화카개 끈나넝 거지.

네: .

- 쪼꼼 나물 쑤두 이꼬 쪼꼼 모지랜 쑨 인넝 거지.

예: .

- 그래두 이런댄 그래두 장터니까 오히려 머 좀 사 나를 껀 사 날라도 대지만 초:내는 그거뚜 심든다구요, 옌나랜.

그거 어렵쪼.

- 그거뚜 힘드러.

옌나래는 머 여름처래는 더워 가주 보관두 어려워짜나요?

- 그릉깨 여르매 자라나지 여르맨 항:갑짠치도 자라나고.

- 어?

- 어: 이 호닌 대:사를 여르매 안치르지유, 무조껀 안치르요.[126)

아, 그래서 봄 가을로 주로.

- 아주 ***.

- 음석[127) 간수하기가 나뿌니까 안하넝 거요.

- 그래서 가을, 겨울, 보매 하능검니다.

- 그게 음식을 푸근푸근 막 나누어 주면 모자라고 안 모자라는 건 그 사람들한테 그거, 그거 보는 사람한테 달려 가지고 있단 말이야.

예예.

- 그래서 우리 같은 사람은 이런데 우리 일가들이나 이 또 뭣한 사람들은 다 '이거 어떻게 했으면 좋을까?' 상의를 해보지 나한테.

- 그러면 '손님을 얼마나 초청했습니까?' 그걸 먼저 물어봐야 돼.

- 그러면 이제 손님이 얼마다 이러면 그때 이제 생각대로 돼지를 몇 근 짜리를 잡으면 그냥 나누어 먹겠습니다.

- 이렇게 가지고 돼지를 이제 잡는 걸로 하고 돼지도 큰 놈이 있고 작은 놈이 있으니까 이 그런 식으로 해서 조정을 맞춰 주지.

- 그러면 이제 그걸로 가지고 맞춰서 먹여야 이제 정확하게 끝나는 거지.

네.

- 조금 남을 수도 있고 조금 모자랄 수는 있는 거지.

예.

- 그래도 이런 덴 그래도 장터니까 오히려 뭐 좀 사 나를 건 사 날라도 되지만 촌에는 그것도 힘든다고요, 옛날에는.

그거 어렵죠.

- 그것도 힘들어.

옛날에는 뭐 여름철에는 더워 가지고 보관도 어려웠잖아요?

- 그러니까 여름에는 잘 안 하지, 여름엔 환갑잔치도 잘 안 하고.

- 어?

- 에 이 혼인 대사를 여름에 안 치르지요 무조건 안 치러요.

아, 그래서 봄가을로 주로.

- 아주 ***.

- 음식 간수하기가 나쁘니까 안 하는 거요.

- 그래서 가을, 겨울, 봄에 하는 겁니다.

- 그래서 그르캐 하능 거지요.

- 난 그르캐 알구 이써.

네::.

예저내 저이 그 할머니 보니까 여르매 머 요새까치 냉장고가 이써요 머가 이써요, 아무 거또 업쓰니까.

- 아::무 거뚜, 그르닝깨 글쎄 여르매 하면 써거서 그 머 아무 거뚜 몬 머글 파니먼 그거 안 대닝깨 여르매 아나능 거지요.

먹따가 밥 끼틍 거뚜 나무면 그거뚜 쉬:자나요?

- 그:럼뉴::.

그리니까 그거 아까우니까 그 저기 그르새:: 다 저기 싸릿가지나 머 이렁 걸루 하자너요?

- 어어:.

저기 저 아까 버드나무니 이렁 기.

- 응.

고고 해 가주고 끄느루 무꺼서 새매다가 요러::캐 너:따가 그르캐두 먹때요?

- 어 그리여.

- 근대 옌:날 옌:나랜 그 인재 술 거틍 거 이릉 거 간수할라먼 새아미 다[128] 당구넝 거여.

- 그저 새:매두 이름 맘대로 다: 이써?

- 그러구 맘머 여러시 대중이 멍는댄 그르치도 모타고 내 지배 인넌 시암이먼 그 가능한대 그거뚜 힘드능 거람 마리여, 옌나랜.

그럼 아까 인재 국씨: 먹짜너요?

국씨애두 머 위애다가 올려노쿠 좀.

- 깨미라카지,[129] 응 꿔미, 끼미.

- 으흐.

- 그럼 인재 에: 잘:하년 사라면 소고길 사서 소고기 끼밀 한다든지

- 그래서 그렇게 하는 거지요.

- 난 그렇게 알고 있어.

네.

예전에 저희 할머니 보니까 여름에 뭐 요새같이 뭐 냉장고가 있어요, 뭐가 있어요, 아무것도 없으니까.

- 아무 것도, 그러니까 글쎄 여름에 하면 썩어서 그 뭐 아무 것도 못 먹을 판이면 그거 안 되니까 여름에 안 하는 거지요.

그러니까 먹다가 밥 같은 것도 남으면 그것도 쉬잖아요?

- 그럼요.

그러니까 그거 아까우니까 그 저기 그릇에 다 저기 싸릿가지나 뭐 이런 걸로 하잖아요?

- 어.

저기 저 아까 버드나무나 이런 거.

- 응.

그거 해 가지고 끈으로 묶어서 샘에다가 요렇게 넣었다가 그렇게도 먹더라고요?

- 응 그래.

- 그런데 옛날 옛날에는 그 이제 술 같은 거 이렇게 간수하려면 샘에다 담그는 거야.

- 그저 샘에도 이름이 맘대로 다 있어?

- 그러고 참 뭐 여럿이 대중이 먹는 덴 그렇지도 못하고 내 집에 있는 샘이면 가능한데 그것도 힘든 거란 말이야, 옛날에.

그러면 아까 이제 국수 먹잖아요?

국수에도 뭐 위에다 올려놓고 좀.

- 고명이라 하지, 그 고명, 고명.

- 으흐.

- 그럼 이제 에 잘하는 사람은 소고길 사서 소고기 고명을 한다든지

대:지고기 꿰미 한다든지 머 쪼끔썩 이래.

ㅡ 그라곤 다 게:라널 쌀머 가주 인재 에: 참 저 꿔: 가주구, 꿔: 가주 잘
개 쓰:러 가주 썰:꼬추하고 고추는 썰:꼬추루 맹그라 가주.

예.

ㅡ 갸:늘기 쓰러 가주 고골 올리노코 이라지.

예.

그, 그걸 꿰미라 그래요?

ㅡ 으, 꿰미라고 이랍디다.

예.

ㅡ 꿰미한다고.

이뿌, 잘: 그링까 마뚜 나구: 보이기두 조캐 할려구 하능 건가요?

ㅡ 그르쵸.

음.

ㅡ 보기 조캐 하기도 하고.

그 고명이래능 거뚜 이써요?

고명?

ㅡ 고명?

예.

ㅡ 고명::언 무슨 마린지 잘 모르건는대.

꿰미.

ㅡ 여기선.

고기루두 하구 머.

ㅡ 아 글쎄 고기로도 하능 기여.

김?

ㅡ 고기로도 하고 머.

짐:?

돼지고기 고명을 한다든지 뭐 조금씩 이래.

　－ 그리고 다 계란을 삶아 가지고 이제 에: 참 저 구워 가지고, 구워 가
지고 잘게 썰어 가지고 실고추하고 고추는 실고추로 만들어 가지고.

예.

　－ 가늘게 썰어 가지고 그걸 올려놓고 이러지.

예.

그걸 고명이라 그래요?

　－ 으, 고명이라고 이랍디다.

예.

　－ 고명한다고.

예쁘(게), 잘 그러니까 맛도 나고 보기도 좋게 하려고 하는 건가요?

　－ 그렇지요.

음.

　－ 보기 좋게 하기도 하고.

그 고명이라는 것도 있어요?

고명?

　－ 고명?

예.

　－ 고명은 무슨 말인지 잘 모르겠는데.

고명.

　－ 여기선.

고기로도 하고 뭐.

　－ 아 글쎄 고기로도 하는 거야.

김?

　－ 고기로도 하고 뭐.

김?

- 김도 뿌시[130] 노코.

음.

- 어:, 글쌔 그기 게:란도, 게:란도 이래 꼬[131] 가주고 하능 겨.

- 꼬추, 꼬치도 빨강꼬치럴[132] 잘:: 쓰러 가주 이래 올리노코 이라능 거.

예.

- 국씨 우애는.

예.

그::리고 밀까루루 부치능 거 이짜나요?

- 부치넝 거 이찌.

예, 그거 밀까루두 하고 녹뚜루두 하고 머?

- 근대 저:니라 그라능 거닝깨 머 녹뚜저니니 머 청포저니니 머 그렁
건 저 이 그 곡씩 이름대루 따라서 전:.[133]

- 전:, 전: 부치능 기리 ᄀ라지 전:.

그거뚜 곡씨:개 따라서 쪼꿈씩 차이가 이찌 안나요?

- 곡씨개 따라서 차이가 이깨쪼.

- 건 다 인능 걸로 바야지.

제일 마니 항개 멀로 해써요?

- 제일 마이 하능 건 그 머 지금 이 채소::류로 마이 하능 건대 그 머
고기로도 마이[134] 하고 지그먼, 지금 고기가 마느니까 머 여러 가지로 하
능 거니까.

예.

- 전 부치먼 머 머 아:주 한 마:느닝깨 주로 멀: 마이 하는지 잘 모르거써.

- 그래두 배추::나 이렁 기 재일 마늘 꺼여.

- 여기 인재 농사::주로 마이 하능 거 그렁 거 마이 하지.

- 절후애[135] 절후애 따라 다르고 호:박 이쓸 땐 호박쩐 마이 꼬 머꼬머
그 인재 생산댄 시:기마덤[136] 쪼꿈썩 달르개 해먹찌 전 부처 멍능 기.

- 김도 부셔 놓고.

음.

- 에 글쎄 그게 계란도, 계란도 이렇게 구워 가지고 하는 거야.

- 고추, 고추도 빨간 고추를 잘 썰어 가지고 이렇게 올려놓고 이러는 거.

예.

- 국수 위에는.

예.

그리고 밀가루로 부치는 것 있잖아요?

- 부치는 거 있지.

예, 그거 밀가루도 하고 녹두로도 하고 뭐?

- 근데 전이라고 그러는 거니까 뭐 녹두전이니 뭐 청포전이니 뭐 그런 건 저 이 그, 그 곡식 이름대로 따라서 전.

- 전, 전 부치는 거라 그러지 전.

그것도 곡식에 따라서 조금씩 차이가 있지 않나요?

- 곡식에 따라서 차이가 있겠죠.

- 그건 다 있는 걸로 봐야지.

제일 많이 한 게 뭘로 했어요?

- 제일 많이 하는 건 그 뭐 지금 이 채소류로 많이 하는 건데 그 뭐 고기로도 많이 하고 지금은, 지금 고기가 많으니까 뭐 여러 가지로 하는 거니까.

예.

- 전 부치면 뭐, 뭐 아주 많으니까 주로 무엇을 많이 하는지 잘 모르겠어.

- 그래도 배추나 이런 게 제일 많을 거야.

- 여기 이제 농사 주로 많이 하는 거 그런 거 많이 하지.

- 절후에, 절후에 따라 다르고 호박 있을 땐 호박전 많이 구워 먹고 뭐 그 이제 생산된 시기마다 조금씩 다르게 해 먹지 전 부쳐 먹는 게.

예: .

밀까루로 하능 거죠?

− 으, 밀까루로 하능 기여 그 전.

밀까루애다가 머: 저: 채, 채소류.

− 이재 채소류: 거틍 거 머: 머: 골고로 골파137) 머 파: 머 여러::가지로 하능 거니까요.

− 그 머 무:적또 꿔 먹꼬 머:.

예?

− 여::러.

머또 꿔 머거요?

− 아이, 무::정 머, 꼴파정 머, 두부적 머.

− *** * *****.

− 전: 꾸, 전: 부치넝 거라고 헤 기주 머:시 안 대능 기 읍찌 머, 그 하면 되넝 거니까 머.

그럼 저카고 저:니 다: 가틍 거요?

− 가틍 거요.

− 적, 저글 저:니라카구.

예: .

− 저걸 저:니라 카넝 거여.

무::나 골파나.

− 어: 인재 머.

배, 배차 이렁 걸로.

− 인재 저기라고도 하고 저:니라고도 하넝 거여 건 머 두: 가지루 쓰능 거여.

또 요마::나캐 부치능 거또 이짜나요?

− 고렁 건 머 육:쩌니니 해 가주구 고렁 거뚜 이찌요.

예.

밀가루로 하는 거죠?

― 으, 밀가루로 하는 거야 그 전.

이 밀가루에다가 뭐 저 채소류.

― 이제 채소류 같은 거 뭐, 뭐 골고루 쪽파 뭐 파 뭐 여러 가지로 하는 거니까요.

― 그 뭐 무적도 구워 먹고 뭐.

예?

― 여러.

무엇도 구워 먹어요?

― 아이 무적 뭐, 골파적 뭐, 두부적 뭐.

― *** * *****

― 전 구워 전 부치는 거라고 해 가지고 무엇이든 안 되는 게 없지 뭐, 그. 하면 되는 거니까 뭐.

적하고 전이 같은 거예요?

― 같은 거예요.

― 적, 적을 전이라 하고.

예.

― 적을 전이라 하는 거야.

무나 쪽파나.

― 어 이제 뭐.

배(추), 배추 이런 걸로.

― 이제 저기라고도 하고 전이라고도 하는 거야 그건 뭐 두 가지로 쓰는 거야.

또 요만하게 부치는 것도 있잖아요?

― 그런 건 뭐 육전이니 해 가지고 그런 것도 있지요.

쪼:끄망 거.

　－ 고기로, 고기로 맹근다든지 이래 가주.

예.

　－ 어:.

그::를 때 그: 인재 아까 돼지: 잠는 말씀하셔짜나요?

그거는 어트개 자버요?

　－ 대:지 잠능 건 인재 어 지그먼 머 이 도살짱애서 잡찌만 옌:나랜 이: 지방애서 그냥 아:: 돌, 도로지[138] 그틍 거 하능 거 인재 서루 자바 가주 노나 멍능 걸 도로지라카능 거 아녀.

도로지요?

　－ 어.

　－ 그라면 인재 몬 모이 가주 자바 가주 노나 멍능 거.

예.

　－ 어, 그라면 인재 에: 그기 인재 주로 어: 해본 사라미 내가 해본다고 이라면 그 사라미 잡찌요 머 잠능 건.

예:.

　－ 인지 잘줌 그래두 능수개서 자란다카능 사라문 이리 저리 자꾸 와서 자바 달라카먼 자바 주고 이라지.

　－ 그 술 기냥 가치 노나 먹꼬: 어 인재 그 옌나랜 기냥 자바 조 품싸글 주능 거뚜 아니고.

　－ 지그먼 다 저 도살짱이나 이런대 가서 자꼬 품쌕 주야 자바.

네:.

　－ 옌:나랜 기냥 기냥 수리나 한 잔쓱 노나 먹꼬 그 인재 안:주꺼리 나옹 거 안:주 고고 해 가주 술 머꼬 이라지 머.

음.

　－ 도:널 주거나 이라진 안녕 거지.

조그만 거.

— 고기로, 고기로 만든다든지 이렇게 해 가지고.

예.

— 응.

그럴 때 그 이제 아까 돼지 잡는 말씀하셨잖아요?

그거는 어떻게 잡아요?

— 돼지 잡는 건 이제 어 지금은 뭐 이 도살장에서 잡지만 옛날엔 이 지방에서 그냥 아 도로지 같은 거 하는 거 이제 서로 잡아 가지고 나누어 먹는 걸 도로지라고 하는 거 아니야.

도로지요?

— 어.

— 그러면 이제 모여 가지고 잡아 가지고 나누어 먹는 거.

예.

— 어, 그러면 이제 에 그게 이제 주로 에 해본 사람이 내가 해 본다고 이러면 그 사람이 잡지요 뭐 잡는 건.

예.

— 잘 좀 그래도 능숙해서 잘 한다고 하는 사람은 이리저리 자꾸 와서 잡아 달라고 하면 잡아 주고 이러지.

— 그 술 그냥 같이 나누어 먹고 에 이제 그 옛날엔 그냥 잡아 줘 품삯을 주는 것도 아니고.

— 지금은 다 저 도살장이나 이런 데 가서 잡고 품삯 줘야 잡아.

네.

— 옛날엔 그냥 술이나 한 잔씩 나눠 먹고 그 이제 안주거리 나온 거 안주 그거 해 가지고 술 먹고 이러지 뭐.

음.

— 돈을 주거나 이러지는 않는 거지.

그 돼지 자부면 그걸 여러시: 함 마리를 자바서 이르캐 나너 멍능 거 그걸 도로지라 그래요?

― 예:.

아:, 그말도 처음 드러바써요.

― 허허허.

― 그르캐 하능 거요.

옌나랜 돌부리라능 건 머요, 그럼?

― 인재 그 돌부리라 쏘리가 여긴 도라지::인대 이:: 시그로 인재 마럴 표현하넝 거여.

그개 가틍 거요?

― 에:, 돌부리 마자.

― 그게 돌:부리.

도로지.

― 돌부리라카능 기 더 원 저 표주널끼여.

― 근대 여긴 도라지라고 그르가는대 도라지라고 이라능 기 인재 그 표준얼 잘 모표여낭 거지.

― 인재 그.

이 돌부리래능 거는 사저내도 업써요, 또 그거뚜.

― 그 돌부:리가 인재 그 도로지라고두 하구 글째 돌부리라구두 인재 하는대 이써요.

― 표혀니 쪼곰썩 달라져가주 그를 쑤두 이쓸 꺼요.

예::.

― 돌:부리도 만능 기요, 그기 돌:부리.

예:.

― 돌부리라고도 해요, 여기도.

예:.

그 돼지 잡으면 그걸 여럿이 한 마리를 잡아서 이렇게 나눠 먹는 걸 그걸 도로지라고 해요?

− 예.

어. 그 말도 처음 들어 봤어요.

− 허허허.

− 그렇게 하는 거요.

옛날에 둘부리라는 건 뭐예요, 그럼?

− 이제 그 돌부리라 소리가 여기는 도로지인데 에 식으로 이제 말을 표현을 하는 거야.

그게 같은 거예요?

− 에, 돌부리 맞아.

− 그게 돌부리.

도로지.

− 돌부리하고 하는 게 더 원 저 표준어일 거야.

− 근데 여긴 도로지라고 그렇게 하는데 도로지라고 이러는 게 이제 그 표준어를 잘 못 표현한 거지.

− 이제 그.

돌부리라는 거는 사전에도 없어요, 또 그것도.

− 그 돌부리가 이제 그 도로지라고도 하고 글쎄 돌부리라고도 이제 하는데 있어요.

− 표현이 조금씩 달라져 가지고 그럴 수도 있을 거요.

예.

− 돌부리도 맞는 거요, 그게 돌부리.

예.

− 돌부리라고도 해요, 여기도.

예.

돼:지 잠능:: 거는 어떤 방버부로 자버요?

돼지 잠능 거.

　－ 돼:지 잠능 건 그: 지그문 끄시르기두139) 하고 이라는대 그저낸 터리 길 뽑찌요~, 무럴 디: 가주구.

　주길, 주길 때는 어트개해요?

　－ 인재 츠:매140) 츠:매 죽...

　－ 츠:매 주길 때는 이 날카로웅 카럴 가주 모걸 찌릅니다.

　－ 모글 찌르면 인재 피가 나오지요.

　－ 그라먼 어: 돼:지 그라면 죽씁니다.

　－ 지그문 머 망치로 대가릴 때리 가주 잡꼬 이라지요.

　－ 그래 그저낸 모걸 찔러 가주 피럴 빼구 이라먼 죽씁니다.

　－ 그라면 인재 그 피는 어:: 창사구애다141) 느: 가주 피창얼142) 맹글죠:.

　－ 지금도 여 어:: 거시::기 하지요?

　－ 이건 머라카나, 순대?

　순대.

　－ 에, 순대::애럴 맹글지요, 그 피는.

　－ 여러 가지 잡채:, 참 저 채소:거틍 거 마이닝 마시깨 맹글라면 여러 가질 줌 느 가주 써꺼 가주 순대를 맹글지요, 피는.

　예: .

　－ 그라고 인재 에:: 무럴 끄리 가주구 뜨거운 무럴 버 가주 터 터리 길143) 뽑씁니다.

　네: .

　－ 뜨거운 무럴 부면 터리기가 뭉덩뭉덩 뽀피점니다.

　이거서 그렁 거지요, 껍띠기가?

　－ 아이 껍띠기가 이거찌.

　－ 이거, 이거 가주 그래 인재 칼로 깨끄타개 인재 이 때를 삐끼고.144)

돼지 잡는 거는 어떤 방법으로 잡아요?

돼지 잡는 거.

－ 돼지 잡는 건 그 지금은 그슬리기도 하고 이러는데 그전엔 털을 뽑지요, 물을 끓여 가지고.

죽일 때는 어떻게 해요?

－ 이제 처음에, 처음에 죽(일 때는)...

－ 처음에 죽일 때는 이 날카로운 칼을 가지고 목을 찌릅니다.

－ 목을 찌르면 이제 피가 나오지요.

－ 그러면 에 돼지 그러면 죽습니다.

－ 지금은 뭐 망치로 대가리를 때려 가지고 잡고 이러지요.

－ 그래 그전엔 목을 찔러 가지고 피를 빼고 이러면 죽습니다.

－ 그러면 이제 그 피는 에 창자에다 넣어 가지고 순대를 만들지요.

－ 지금도 여기 에 거시기 하지요?

－ 이것은 뭐이라고 하나, 순대?

순대.

－ 에, 순대를 만들지요, 그 피는.

－ 여러 가지 잡채, 참 저 채소같은 거 많이 넣어 맛있게 만들려면 여러 가지를 좀 넣어 가지고 섞어 가지고 순대를 만들지요, 피는.

예.

－ 그리고 이제 에 물을 끓여 가지고 뜨거운 물을 부어 가지고 털을 뽑습니다.

네.

－ 뜨거운 물을 부으면 털이 뭉텅뭉텅 뽑혀집니다.

익어서 그런 거지요, 껍데기가?

－ 아이 껍데기가 익었지.

－ 익어, 익어 가지고 그래 이제 칼로 깨끗하게 이제 이 때를 벗기고.

예: .

― 뽀이:야캐 비끼 가주구 그 인재 사::가기나 머 육까기나 이래 가
글145) 띠서146) 잘: 잡찌요..

― 그래 띠 가주 인재 쌈능 거지요, 쌀머.

― 쌀마서, 쌀마서 주로 멍능 기여, 옌나랜.

― 이래 가주 그람 대:진 자붕 거지요.

음: 이르키 떼:능 거를 각 띤다 그래요?

― 예, 각 띤다 그라능 기여.

― 육까그로도 띠고 머, 사:가그로도 띨라면 띠고 이래 띠는, 띠능 거요.

― 오:각또 내고 머 부이별로 띠지요, 그냥.

네: .

그: : 돼지 자부면 예저내 그 내장들 이짜나요?

― 내장 이찌요.

예.

그거는 어트개 해써요?

― 내:장언 저 이 돌부리 꼬기로 한다: 이라먼 어:: 거기 수란주로 다 쌀
마 머거.

― 쌀마 머거서 그 인재 술:하고 그걸 머거 치워 뻐리고.

예.

― 인재 고기는 가끼 팔든지 노나 가든지 이람니다.

음.

― 어.

그: 아까 피창이라구 하능깨: : .

피창이요?

― 예.

그거:가 다 만드러 농 걸, 너 가꾸 만드릉 걸 얘기하능 거요, 그 피:만 얘

예.

　- 뽀얗게 벗겨 가지고 그 이제 사각이나 뭐 육각이나 이래 각을 떠서 잘 잡지요.

　- 그래 떼어 가지고 이제 삶는 거지요, 삶아.

　- 삶아, 삶아서 주로 먹는 거야 옛날에는.

　- 이렇게 가지고 그러면 돼지는 잡은 거지요.

아 이렇게 떼는 것을 '각 뗀다' 그래요?

　- 예, 각 뗀다 그러는 거야.

　- 육각으로도 떼고 뭐, 사각으로도 떼려면 떼고 이래 떼는, 떼는 거요.

　- 오각도 내고 뭐 부위별로 떼지요, 그냥.

네.

그 돼지 잡으면 예전에 그 내장들 있잖아요?

　- 내장 있지요.

예.

그거는 어떻게 했어요?

　- 내장은 저 이 돌부리 고기로 한다 이러면 어 거기 술안주로 다 삶아 먹어.

　- 삶아 먹어서 그 이제 술하고 그걸 먹어 치워 버리고.

예.

　- 이제 고기는 각각 팔든지 나눠 가든지 이럽니다.

음.

　- 어.

그 아까 피창이라고 하는 게

피창이요?

　- 예.

그거 다 만들어 놓은 걸, 넣어 갖고 만든 걸 얘기하는 거예요, 그 피만 얘기하능 거요?

    — 피:창은 글쎄 창사구애다 능 걸 피창이라카::능 기고.

아:. 그러먼.

    — 엔:나랜, 엔나랜.

    — 지금.

요새 순대가 피창이내요?

    — 야, 에 엔:나랜 인재 피창이라 그래써요, 순:대라고 아나고.

예.

    — 지그먼 순:대라 구라지요?

다 쑨.

    — 허허허.

다 피창이라구 해뜽 거 가터요 그저내.

    — 여기서는 피창이라구 해따 이서여 그거 인저 피럴 고걸 저전.

피를 창사구애 느따구 해서 피창이나 부내요?

    — 어 에에에 그러치요~::, 그릉 거지.

예::.

    — 그렁 거여.

저는 어릴 때 그 동내애서 잔치하고 이러먼 돼:지 자부먼 그 저: 그 머야 저 오줌통.

    — 오줌통.

    — 그거 거시기 공거치 이래 바라물 느 가주고.

그래가꾸 차구 그랜는데.

    — 그러치요, 가주 놀지요 그.

예.

    — 허허허.

애드리 머 각 할 쑤 인능 거 그거빠깨 업짜나요.

기하는 거예요?

　― 피창은 글쎄 창자에다 넣은 걸 피창라고 하는 거고.

아, 그러면.

　― 옛날엔, 옛날엔.

　― 지금.

요새 순대가 피창이네요.

　― 네, 옛날에는 이제 피창이라고 그랬어요, 순대라고 안 하고.

예.

　― 지금은 순대라고 그러지요?

다 순대.

　― 허허허.

다 피창이라고 했던 것 같아요 그전에는.

　― 여기서는 피창이라 했다 이거야 그거 이제 피를 그걸 저.

피를 창자에다 넣었다고 해서 피창이나 보네요?

　― 예, 예 예 예 그렇지요, 그런 거지.

예.

　― 그런 거야.

전 어릴 때 그 동네에서 잔치하고 이러면 돼지 잡으면 그저 그 뭐야, 저 오줌통?

　― 오줌통.

　― 그거 거시기 공 같이 이렇게 바람을 넣어 가지고.

그래 가지고 차고 그랬는데.

　― 그렇지요, 가지고 놀지요, 그거.

예.

　― 허허허.

애들이 뭐 할 수 있는 게 그것밖에 없잖아요.

− 어 마저, 그리여, 공:이 읍:쓰니까.

예, 그러캐 인재:: 그:: 잔치하자나요? 그럼 그 음식 만드러야 되자나요?

− 만드러야지요.

누가: 어뜨캐: 만드러요?

− 그릉깨147) 인재 그기 고대 게: 얘길 함 분 해 바찌요, 우리?

예.

― 어 맞아, 그래 공이 없으니까.

예, 그렇게 이제 그 잔치하잖아요? 그럼 그 음식 만들어야 되잖아요?

― 만들어야지요.

누가 어떻게 만들어요?

― 그러니까 이제 그게 아까 계 얘길 한 번 해 봤지요, 우리?

예.

2.6. 살림살이

맨: 처매 겨론:: 처:매 하셔쓸 때에 시논살림 하자나요?

그:: 처:매 겨로나면 인재 살림:- 해야 대자나요?

그럴 때 멀: 준비해 가주구 멀 어떠캐 시작해써요?

　- 이재 나와 가튼 경우는 어: 나도 넝너카지 모타개 살고 여기 우리 안내자가 넝너칸 지바니 아니여써써요.

　- 그라고 그: 아부지가 일찌기 도라가시 가지고 어: 머 여덜 쌀 때 도라가시따니까 아주 일찌기 도라가셔써.

　- 그래 삼촌하고 어:: 살다가 아: 살리물 참 저 시지불 와끼 때미내 어 기냥 아 우린 실, 우리 지배 와서 나: 살든 그대루 그냥 가치 이래 사라찌 머.

　- 특뼈랑 거 장마내 가주 살:거나 이러친 아나써.

　- 그냥 그래 *****.

　- 농사 지 가밍 요러캐 가주 그냥 사룽 거.

그::.

　- 특뼈랑 건 웁써요.

예: 그때 인재:: 대개 시집까고 그러면 그:: 혼수루 마려내 가능 거뜨리 필 쑤저그루 가저 가능 거가 이썬나요?

꼭 까저 가능 거?

　- 그쌔 이 꼭: 까주 가능 건 이 이불롱얼 해 가주 오기 대 인능 거여 이불롱.148)

농.

　- 어, 그린대 인재 그기 형펴니 안다먼 그거뚜 인재 그럼 인재 실랑 츠개서 기냥 어 사 가주 와서 지낼 쑤두 이꼬:.

맨 처음에 결혼 처음에 하셨을 때 신혼살림 하잖아요?

그 처음에 결혼하면 이제 살림을 해야 되잖아요?

그럴 때 무엇을 준비해 가지고 무엇을 어떻게 시작했어요?

- 이제 나 같은 경우는 어 나도 넉넉하지 못하게 살고 여기 우리 안(사람) 내자가 넉넉한 집안이 아니었었어요.

- 그리고 그 아버지가 일찍이 돌아가셔 가지고 에 뭐 여덟 살 때 돌아가셨다니까 아주 일찍이 돌아가셨어.

- 그래 삼촌하고 에 살다가 아 살림을 참 저 시집을 왔기 때문에 에 그냥 아 우리는 실, 우리 집에 와서 나 살던 그대로 그냥 같이 이렇게 살았지 뭐.

- 특별한 거 장만해 가지고 살거나 이렇지는 않았어.

- 그냥 그래 *****.

- 농사 지어 가면서 이렇게 가지고 그냥 산 거.

그.

- 특별한 건 없어요.

에: 그때 이제 대개 시집가고 그러면 그 혼수로 마련해 가는 것들이 필수적으로 가져가는 거 있었나요?

꼭 가져가는 거?

- 글쎄 이 꼭: 가져가는 건 이 이불 농을 해 가지고 오게 돼 있는 거야 이불 농.

농.

- 어, 그런데 이제 그게 형편이 안 닿으면 그것도 이제 그러면 이제 신랑 측에서 그냥 사 가지고 와서 지낼 수도 있고.

－ 앙 그라먼 그검마넌 필쑤저그로 와 해 가주 오녕 거지 이부라고 농
하나.

농.

－ 응, 고 더코 어: 인재 이봉 는녕 거니까 고곤마넌 필쑤저깅 걸로 알:
고 이써찌요, 엔:나랜.

예.

－ 고기 중요항 기지.

그: : 옌날 어른들 말쓰미 농은 오동나무루 만드능 개 잴: 조타고?

－ 그러치요.

－ 오:동나무 농얼 치능 거지요 엔:나랜.

그기 왜?

－ 그 오:동나무는 그 부래 자란탄다능 기요, 부래 어?

－ 그라고 개구꾸149) 그 얘 부래 자란티.

－ 그 으냉애서두 마이 쓰능 거 아니유, 으:냉?

－ 그기 나문 나문대 자란탐니다.

－ 부리 자람부터요.

예: .

－ 불따미150) 웁써, 그라고 그건.

－ 그래서 화:모그로넌 안 써 화:모건.

－ 그런 특-쩡이 이찌요.

불따미 업따구요?

멀: 불따미라 그래요?

－ 부리 탐(타면), 이 부래다 느먼 활:활 타능 기 이꼬 밍기::하니151) 안,
잘 안 타능 걸 그 인재 불땀 웁따카능 거여.

아: .

－ 밍기하니 그 부리 일방 부뚜 아난다고 그렁 거넌.

－ 안 그러면 그것만은 필수적으로 와 해 가지고 오는 거지 이불하고 농 하나.

농.

－ 응, 그 덥고 에 이제 의복 넣는 거니까 그것만은 필수적인 걸로 알고 있었지요, 옛날에는.

예.

－ 그게 중요한 거지.

그 옛날 어른들 말씀이 농은 오동나무로 만드는 게 제일 좋다고?

－ 그렇지요.

－ 오동나무 농을 치는 거지요, 옛날에는.

그게 왜?

－ 그 오동나무는 그 불에 잘 안 탄다는 거요, 불에 어?

－ 그리고 가볍고 그 왜 불에 잘 안 타.

－ 그 은행에서도 많이 쓰는 거 아니요, 은행?

－ 그게 나무는 나무인데 잘 안 탑니다.

－ 불이 잘 안 붙어요.

예.

－ 불땀이 없어, 그리고 그건.

－ 그래서 화목으로는 안 써, 화목은.

－ 그런 특징이 있지요.

불땀이 없다고요?

무엇을 불땀이라고 그래요?

－ 불이 타는 이 불에다 넣으면 활활 타는 게 있고 밍근하니 안, 잘 안 타는 걸 그 이제 불땀이 없다고 하는 거야.

아.

－ 밍근하니 그 불이 금방 붙지도 안 한다고 그런 거는.

예: .

- 말르긴 말라써도.

예.

그걸 불따미 업따 그래, 이 이 말두 저 첨: 드러보는 마리요.

- 허허허.

- 그 인재 오동나무넌 그런 특-찡얼 가주구 인넝 거 가터, 특찡얼 가주고 이따고.

예: .

아이 그래니 하라번님두 이르캐 뵙꾸 자꾸 이걷쩌걷 제가 배우자나요.

- 여 대학꾜 교순니미여 거 나안태 좀 무러 볼 끼 이써서.

아이고 안녕하세요?

- 어.

처:매 시논살리말 때는 어떵 걸 까꾸 마련하셔써요?

그때 머 전쟁:터라, 전생 끈나고 나서라 머.

- 아::무 거뚜 웁찌.

= 아::무거뚜 웁써찌요:.

= 그쌔에: 기냥 머: 그럭또 우꼬오: 머 살리미라고넌.

- 살리미라곤 아주 일쩔 움능 기여.

= 인재 논 마:니 인재 그 쪼꿈 이써찌요.

= 인재 그 논만 받 쪼꿈마구 이르캐 논만 쪼꿈 이썬넌대 그 얘기럴 다 모태요, 선생님, 허허허허.

살림사리는 어떵 걸 처:매 마려나셔써요 그러면?

= 츠:매요? 츠매 와.

겨론 처:매 하셔쓸 때?

= 겨론 츠:매:: 인재 해 가주구넌 인재 아무거뚜 참 업짜나요?

= 다 태우구 아무거뚜 우꾸: 여기서 인재 우리 아번님 저 아푸시니깨

예.

― 마르긴 말랐어도.

예.

그걸 불땀이 없다 그러(는) 이, 이 말도 저 처음 들어 보는 말이에요.

― 허허허.

― 그 이제 오동나무는 그런 특징을 가지고 있는 거 같아, 특징을 가지고 있다고.

예.

아이 그러니 할아버님도 이렇게 뵙고 자꾸 이것저것 제가 배우잖아요.

― 여기 대학교 교수님이야, 거 나한테 좀 물어 볼 게 있어서.

아이고, 안녕하세요?

― 어.

처음에 신혼 살림할 때는 어떤 걸 가지고 마련하셨어요?

그때 뭐 전쟁터라 전쟁 끝나고 나서라 뭐

― 아무것도 없지.

= 아무것도 없었지요.

= 글쎄 그냥 뭐 그릇도 없고 뭐 살림이라고는.

― 살림이라고는 아주 일절 없는 거야.

= 이제 논은 많이 이제 조금 있었지요.

= 이제 그 논만 밭 조금하고 이렇게 논만 조금 있었는데 그 얘기를 다 못해요 선생님, 허허허허.

살림살이는 어떤 걸 처음에 마련하셨어요, 그러면?

= 처음에요? 처음 와.

결혼 처음에 하셨을 때?

= 결혼 처음에 이제 해 가지고는 이제 아무것도 참 없잖아요?

= 다 태우고 아무것도 없고 여기서 이제 우리 아버님 아프시니까

자꾸 인재 머 돈: 이쓰먼 좀 그렁 거뚜 좀 이르캐 하다 붕깨 돈:도 엄능가 그르캐 근대.

= 제:가 어: 딸만, 우리: 어머이 아부지가 사:형재구요.

= 아더리 업써요.

= 그래 가주 다 시집뽀내고 인재 이랑깨 제가 제 혼자 나마 가주구 인재 살다가 아부지가 열뚜살 잡싸서 도라가시 가주구 어 인재: 어머이 혼자 게시닝깨.

= 저 우리 아버지가 구 남매여.

= 그래 구 남맨대 젤:: 쫑마리152) 자건아부지럴 인재 오시라캐.

= 엔:나리 그리차나요?

= 여기 지그먼 여자드리 다: 해머꼬 사는대 엔:나래넌 모태 머거요.

= 인재 해먹떨 모타구 이랑깨 인재 우리 어머이가 인재 시동상이 온다고 고라니깨 오라캐 가주구 한 때 사라써요.

= 한 때 살:다가 인재 저넌 인재 이르캐 와 가주구 그::거럴 인재 얘기럴 한다먼 이 양바니 인재 줌 저기 하지마넌 인재 저두 이르캐 시집 인재 와 가주구 살지마넌 우리:: 어머이가 인재 도널 좀 쪼꼼 이써써요.

= 쯤 이썬넌대 그때:: 도느루 한, 한 오:마넌이먼 큰::도니써요. 그러치요.

= 예, 오마너니먼 큰도닌대 인재 이::마눠넌 내가 장내럴153) 놔써요.

= 이마눠는 인재 글 우리 어머이 매지루154) 이르캐 놔따가, 이 양바니 알지마넌, 그거럴 고만 자:꾸 이:자 쪼꼼쪼꼼 주더라가 말다가 이라민성 그라다가 고만 다른 대루 이살 간, 두 찌비다 이살 가곤 인재 띠 뻐리써요, 그거넌.

= 그라고서 인재 고 돈: 이:마눠느루 제:가 인재 아수웅 걸 사뗘요 여기서.

= 머 다: 피라내 다:: 저기 하고 나니깨 웁짜나요.

= 그래 가주구 인재 머 여 강우리 사고.

자꾸 이제 뭐 돈이 있으면 좀 그런 것도 좀 이렇게 하다 보니까 돈도 없는가 그렇게 그런데.

= 제가 어 딸만, 우리: 어머니 아버지가 사 형제고요.

= 아들이 없어요.

= 그래 가지고 다 시집보내고 이제 이러니까 제가 저 혼자 남아 가지고 이제 살다가 아버지가 (나) 열두 살 먹어서 돌아가셔 가지고 어 이제 어머니 혼자 계시니까.

= 저 우리 아버지가 구 남매야.

= 그래 구 남매인데 제일 끝에 작은아버지를 이제 오시라고 해서.

= 옛날이 그렇잖아요?

= 여기 지금은 여자들이 다 해 먹고 사는데 옛날에는 못 해 먹어요.

= 이제 해 먹지를 못하고 이러니까 이제 어머니가 이제 시동생이 온다고 그러니까 오라고 해 가지고 한 데 살았어요.

= 한 데 살다가 이제 저는 이제 이렇게 와 가지고 그것을 이제 얘기한다면 이 양반이 이제 좀 저기 하지만 이제 저도 이렇게 시집을 이제 와 가지고 살지만 우리 어머니가 이제 돈이 좀 조금 있었어요.

= 조금 있었는데 그때 돈으로 한, 한 오만이면 큰돈이었어요.

그렇지요.

= 예, 오만 원이면 큰돈인데 이제 이만 원은 내가 장례를 났어요.

= 이만 원은 이제 그것을 우리 어머니 몫으로 이렇게 놓았다가, 이 양반이 알지만, 그거를 그만 자꾸 조금조금 주다가 말다가 이러면서 그러다가 그만 다른 데로 이사를 가(서), 두 집이 다 이사를 가고 이제 떼어 버렸어요, 그것은.

= 그리고 이제 그 돈 이만 원으로 제가 이제 아쉬운 것을 샀어요 여기서.

= 뭐 다 피란에 다 저기 하고 나니까 없잖아요.

= 그래가지고 이제 뭐 여(기) 광주리 사고.

= 머: 우리넌 빨래 뚜디리능 거 그렁 거뚜 읍써요.

= 빨래 인재 직….

= 옌:나랜 푸를 해:짜나요.

= 예, 푸래가주 이런 재 그런 빨래 두드리러닝 기, 이: 돌:맹이를 그때
또느로 그걸로: 그때 삼처눠닝까:: 온 머 얼매가 그래 주고 사써요.

= 그래 주구 사고 이재 머 나 아수웅 거 그러:기 인재 이렁 거 쪼꼼썩
인재 그냥 그렁 거 사, 그냥 사고 그래 고 도느루 고래고래 사써요.

= 소곰도 사서 장도 당꼬 머 어트개 이르캐 하다 보니깨 인재 노니 좀
이쓰니깨 농사를 지차나요.

= 인재 농사 지닝깨 기냥 그 농사 징 걸로 인재 그래:캐 머꼬 그래 사
라찌요.

= 머, 머:가 이써요?

= 피라내 기냥 다 태우구 아무 거뚜 움쓰닝까 그냥 인제 도니 엄쓰닝깨.

= 근대 이:마눤 고골로 기냥 머 요고쪼고 사닝깨 줌 그래두 사거떠라
구요, 기냥.

= 허허허, 예.

= 그래 가주구 그래 기냥 사라찌요.

= 아유:: 생가캐 보먼 머 피라내 머 이써요?

= 따듬뚝뚜 읍찌 아무거뚜 움쓰닝까 돌:매이가 요마::난, 그 납쪼캉 기
요마:항 기 이떠라고요.

= 고골 노코서 그냥 빨래럴 인재 푸래 가주구 뚜디리가주…

그러면:?

= 아휴:: 그래 제:가 와 가주구 인재 그르캐 사:느닝깨 인재 돈 이:마
눠느로 따듬뚝뚜 사개꾸 강우리두 사개꼬 머: 이 숙깔도 인재 좀 사개꼬
머 저르캐 장: 담는대 소굼도 쫌 사 가주구 인재 줌 그렁 거뚜 하거꾸 이:
마눠느로 이건쩌건 쪼꼼 하거떠라고요.

= 뭐 이런 빨래 두드리는 거 그런 것도 없어요.

= 빨래 이제….

= 옛날에는 풀을 먹였잖아요.

= 예, 풀을 해 가지고 이런 이제 그런 빨래 두드리는 거 이 돌멩이를 그때 돈으로 그걸로 그때 삼천 원인가 뭐 얼마인가 그렇게 주고 샀어요.

= 그렇게 주고 사고 이제 뭐 나 아쉬운 거 그릇이 이제 이런 거 조금씩 이제 그냥 그런 거 사(고), 그냥 사고 그래 그 돈으로 그렇게, 그렇게 샀어요.

= 소금도 사서 장도 담고 뭐 어떻게 이렇게 하다 보니까 이제 논이 좀 있으니까 농사를 짓잖아요.

= 이제 농사를 지으니까 그냥 그 농사지은 걸로 이제 그렇게 먹고 그렇게 살았지요.

= 뭐, 뭐가 있어요?

= 피란에 그냥 다 태우고 아무 것도 없으니까 그냥 이제 돈이 없으니까.

= 그런데 이만 원 그걸로 그냥 뭐 이것저것 사니까 좀 그래도 사겠더라고요, 그냥.

= 허허허, 예.

= 그래 가지고 그렇게 그냥 살았지요.

= 아유 생각해 보면 뭐 피란에 뭐 있어요?

= 다듬잇돌도 없지 아무것도 없으니까 돌멩이가 요만한, 납작한 게 요만한 게 있더라고요.

= 그걸 놓고서 그냥 빨래를 이제 풀을 해 가지고 두드려 가지고...

그러면?

= 아휴 그래 제가 와 가지고 이제 그렇게 사니까 이제 돈 이만 원으로 다듬잇돌도 사겠고 광주리도 사겠고 뭐 이 숟가락도 이제 좀 사겠고 뭐 저렇게 장 담그는데 소금도 좀 사 가지고 이제 좀 그런 것도 하겠고 이만 원으로 이것저것 조금 하겠더라고요.

= 개선 이르캐 해 가주구 인재 살구:.

= 인재: 머 농살 지:닝깨 인재 머 아수웅 거넌 별루 우:꼬 그래 인재
이 양바니 또 인재 가 가주구 피라내 깨진, 이 소시 깨저뜨라고요 폭타내
마자 가주.

= 게 그거럴 밀까루루: 이르캐 아주까리라구 이짜나요?

예:.

= 아주까리 그거럴 명:씨, 명155) 요래 발라 가주 명씨하고요 고 명하
구 아주까리하:고 가루 좀 쪼꼼썩 꼭:꼭 찌 가주구서 그걸루 솥 깨진댈 발
르머뇨 한 여르른 가요.

아:.

= 여를써건.

= 근대 인재 고래 가주구 바다 먹따가 나중애 그 솥 때우는 사라미 와
가주구 그래 그걸루 때와 가주구 예:, ᄀ르캐 살다가.

= 우리 세째 성이156) 일번 사라써요

= 일본서 사라썬는대 그래 인재 일번 인넌 성이 나와 가주구 쯤, 좀 오
설 좀 가저와 가주구 애:들 오뚜 좀 인재 이캐 이피닝깨 좀, 좀 그걸로 쪼꿈
나뜨라고요 좀.

= 그래서 인재 아:들 오뚜 그걸루 좀 이피고 돈:도 쪼꿈 줘:서 그냥 이
거 쪼꿈 좀 사구.

= 솥또 가마소설, 세죽 끄리넌 가마솥 그거럴 인재 또 하나 사 주더라
고요.

= 그래 그걸루 또 사고 인재 소선 인재 양은소선 이 양바니 인재 또
저기 인재 영동 왜 장인대 장애 가 가주 꼬추 말룽 거 쪼꿈 농사징 거
내157) 가주, 그거 내 가주구 가서 사오구.

= 그: 일리리 모태요:, 얘기.

= 허허, 아주 머 마랄 꺼도 업찌요.

= 그래서 이렇게 해 가지고 이제 살고.

= 이제 뭐 농사를 지으니까 이제 뭐 아쉬운 것은 별로 없고 그래 이제 이 양반이 또 이제 가 가지고 피란에 깨진, 이 솥이 깨졌더라고요 폭탄에 맞아 가지고.

= 그래 그것을 밀가루로 이렇게 아주까리라고 있잖아요?

예:.

= 아주까리 그것을 목화씨, 목화 이렇게 발라 가지고 목화씨하고요 그 목화하고 아주까리하고 가루 좀 조금씩 콕콕 찧어 가지고서 그걸로 솥 깨진 데를 바르면요 한 열흘은 가요.

아.

= 열흘씩은.

= 그런데 이제 그렇게 해 가지고 받아먹다가 나중에 그 솥 때우는 사람이 와 가지고 그래서 그걸로 때워 가지고 예, 그렇게 살다가.

= 우리 셋째 언니가 일본에서 살았어요.

= 일본에서 살았는데 그래 이제 일본에 있는 언니가 나와 가지고 쯧, 좀 옷을 좀 가져와 가지고 애들 옷도 좀 이제 이렇게 입히니까 좀, 좀 그걸로 조금 낫더라고요 좀.

= 그래서 이제 아이들 옷도 그걸로 좀 입히고 돈도 조금 줘서 그냥 이것 조금 좀 사고.

= 솥도 가마솥을 쇠죽 끓이는 가마솥 그것을 이제 또 하나 사 주더라고요.

= 그래서 그걸로 또 사고 이제 솥은 이제 양은솥은 이 양반이 이제 또 저기 이제 영동 왜 장인데 장에 가 가지고 고추 말린 거 조금 농사 진 거 팔아 가지고, 그거 팔아 가지고 가서 사 오고.

= 그 일일이 못 해요, 얘기.

= 허허, 아주 뭐 말할 것도 없지요.

근대 그 솥 깨징 걸:: 아까 명:씨하고 밀까루하고:?

= 예, 명.

예.

= 명씨: 이캐 빼먼 이짜나요?

예.

= 그거 명이 이짜나요, 거 명?

예.

= 머여써, 이르캐 명, 마라(자면), 그 명 나무애 다:래라구158) 이찌요.

= 다래애서 명 이러캐 송아리 나오자나요?

= 고걸 빼 가주구서 인재 아주까리하고 그거 하고 밀까루 줌 느 가주 짜::꾸 찌여.

= 자꾸 찌먼 그거시 인재 아주 그르캐.

= 저 콩 이짜나요?

= 또 콩도 쪼꼼 느코 콩얼 쪼꿈 느쿠 그래 가주구서 인재 그래 그걸 찌마뇨: 그기 차지요.

= 그 그걸루 인재 고 떠러, 여그 요 깨진 대럴 인재 골: 느:가주구 요 래 요래 인재 발라요 고 깨진 대럴.

= 꼭:꼭 눌러 가주구 눌러 가미 발르만 게 오:래 가요 그기.

아, 그래도 그개 불때구?

= 예, 한 시보일::, 리시빌꺼지 가요.

= 불때구 그래두 그개 갱장이 차, 차져서 ******?

= 예 예: 예, 거기다 소주걸, 소주걸 끄리두 한 이시빌썩 가요.

어:.

= 근대 그르캐: 가주 바다멍는대159) 인재 그 우리, 우리 그:: 세째 성 이 그쌔 일버느루 드러가 가주구서넌 그래서 도:널 쫌 줘서 그걸루 콩두 파라서160) 메주두 끄리구: 저 소뚜 사서 주구:: 머:: 그냥 그래 그래 해 가

그런데 솥 깨진 것을 아까 목화씨하고 밀가루하고?

= 예, 목화.

예.

= 목화씨 이렇게 빼면 있잖아요?

예.

= 그 목화가 있잖아요, 그 목화?

예.

= 뭐였어, 이렇게 목화 말하자면, 그 목화 나무에 다래라고 있지요.

= 다래에서 목화 이렇게 송이가 나오잖아요?

= 그걸 빼 가지고 이제 아주까리하고 그거하고 밀가루 좀 넣어 가지고 자꾸 찧어.

= 자꾸 찧으면 그것이 이제 아주 그렇게.

= 저 콩 있잖아요?

= 또 콩도 조금 넣고 콩을 조금 넣고 그래 가지고 이제 그래 그걸 찧으면요 그게 차져요.

= 그걸로 이제 그 떨어(진), 여기 요기 깨진 데에 이제 고걸 넣어 가지고 요렇게, 요렇게 이제 발라요, 고 깨진 데를.

= 꼭꼭 눌러 가지고 눌러 가면서 바르면 그게 오래 가요, 그게.

아, 그래도 그게 불을 때고?

= 예, 한 십오 일, 이십 일까지 가요.

= 불 때고 그래도 그게 굉장히 차 차져서 ***

= 예 에 예 , 거기에다 소죽을, 소죽을 끓여도 한 이십 일씩 가요.

어:.

= 그런데 그렇게 해 가지고 받아먹는데 이제 그 우리, 우리 그 셋째 형이 글쎄 일본으로 들어가 가지고는 그래서 돈을 좀 줘서 그걸로 콩도 팔아서 메주도 끓이고 저 솥도 사서 주고 뭐 그냥 그렇게, 그렇게 해 가

주구 살다, 사라써요, 그냥.

 = 게 살다 보닝깨 기냥 인재:: 그래두 노니 땅이 좀 이쓰닝깨 기냥 고
걸루 인재 농사지서 기냥 이래 머꾸.

지고 살다가 살았어요, 그냥.

= 그래 살다 보니까 그냥 이제 그래도 논이 땅이 좀 있으니까 그냥 그 걸로 이제 농사지어서 그냥 이래 먹고.

2.7. 결혼 생활

하라버:니::미 그럼 겨론하셔쓸 때가 인재 구내 가기 저니라고 하셔짜나요, 선친두 사라개시구?

  – 응, 그르치.

그때 가족뜨른 누구누구 이써써요?

  – 가족뜨런 어머니먼 아부지 다 이꼬.

네.

  – 어:, 동생이 이꾸, 눈님덜 둘:런 시직까꼬.

하라버지 할머니는?

  – 사라게셔써찌.

음, 그때 그러며는 연세가 어느 정두 되셔써요, 할아버님?

  – 그때가 인재 글쌔 스물한 살.

아니, 하라버지애 저:기 조분님?

  – 아:, 아번님?

  – 아번니먼 한 삼십 한 육쌔쯤 대찌유, 삼십.

그러며는 그위애 어르시는?

조분니믄?

하라버지애 조분님은?

  – 우리 하라버지는 그때애 에: 한 오래살다 도라가시쓩깨.

  – 아매 한 칠씹: 년새 대찌요, 칠씸여덜.

  – 정하카개는 짐 몰러.

  – 한 칠씹 한 오새쯤 대꺼나 오래살다 도라가시쓰니까.

예.

  – 하라번니먼.

할아버님이 결혼하셨을 때가 이제 군에 가기 전이라고 하셨잖아요, 선친도 살아계시고?

- 응, 그렇지.

그때 가족들은 누구누구 있었어요?

- 가족들은 어머님은 아버지 댜 있고.

네.

- 에, 동생이 있고, 누님들 둘은 시집갔고.

할아버지 할머니는?

- 살아계셨었지.

음, 그때 그러면 연세가 어느 정도 되셨어요, 할아버님?

- 그때가 이제 글쎄 스물한 살.

아니, 할아버지의 저기 조부님?

- 아, 아버님?

- 아버님은 한 삼십 한 육 세쯤 되었지요, 삼십.

그러면 그 위에 어르신은?

조부님은?

할아버지의 조부님은?

- 우리 할아버지는 그때에 에 한 오래 살다 돌아가셨으니까.

- 아마 한 칠십 연세 됐지요, 일흔여덟.

- 정확하게는 지금 몰라.

- 한 칠십 한 오세쯤 됐거나 오래 살다 돌아가셨으니까.

예.

- 할아버님은.

갱장이 조아하셔깬내요?

— 어.

흐, 옌나래는 쩌:기 손자 겨로나고 머 이러:능 거 보능 개 그르캐 쉽찌는 아나짜나요?

— 쉽찌안쵸, 쉽찌아나.

— 아 인재 하라번니먼 그때 도라가시쩨.

음.

— 예.

저 어릴 때 보니까 머 한 오십 육씹때면 다: 저기 대, 대꼬바리 저 저 장:죽?

— 아:, 그 꼬꼬 댕기요.

예.

그거 이르캐 여기 등애다 꼭꼬 다니구 이르시구.

— 어, 등애다 꼬꼬 댕기요.

지금 오십때면 머 제:가 오십땐대.

— 흐흐.

헤헤 점짜나요?

— 그러치요.

할머니 맨: 처매 겨로내쓸 때::.

= 예.

시댁씩구 누구누구 이써써요?

= 시댁쓰꾸애:: 인재:: 시 저:기 우리 시어머니 시아버지 게시고요.

= 저 냥바나고 인재 저 우리 시:동상아고[161] 고르캐 니: 시꾸드라고요, 오닝깨.

= 니:시꾸 사시는대 우리:: 아번니미 시아번니미 애: 오니깨 아주 마니 아푸시드라고요.

= 마:니 아푸시 가주구 저 온 두 달 마내 도라가셔써요.

굉장히 좋아하셨겠네요?

― 어.

흐, 옛날에는 저기 손자 결혼하고 뭐 이런 거 보는 게 그렇게 쉽지는 않았잖아요?

― 쉽지 않지요 쉽지 않아.

― 아 이제 할아버님은 그때 돌아가셨지.

음.

― 예.

저 어릴 때 보니까 뭐 한 오십 육십 되면 다 저기 대꼬바리 저 저 장죽?

― 아, 그 꽂고 다녀요.

예.

그거 이렇게 여기 등에다 꽂고 다니고 이러시고.

― 어, 등에다 꽂고 다녀요.

지금 오십 대면 뭐 제가 오십 대인데.

― 흐흐.

흐흐 젊잖아요?

― 그렇지요.

할머니 맨 처음에 결혼했을 때.

= 예.

시댁 식구 누구누구 있었어요?

= 시댁식구에 이제 저기 우리 시어머니 시아버지 계시고요.

= 저 양반하고 이제 저 우리 시동생하고 그렇게 네 식구더라고요, 오니까.

= 네 식구 사시는데 우리 아버님이 에 (내가) 오니까 아주 많이 아프시더라고요.

= 많이 아프셔 가지고 제가 온지 두 달 만에 돌아가셨어요.

음.

= 인재: 사변 나:는 고 이드매 제가 와꺼던요.

= 저 열려서 쌀 머거서 사벼니162) 나써요.

= 사벼니, 열려서 쌀 머거서 사변 난는대 인재 그 이 지비 폭타내 인재 이기 다: 막꼬: 인재 기냥: 임시루 흑짱으루163) 이르캐 지불 지: 가주구서 그래 사시더라고요.

= 어 인재 아번니미 편차나 가주 두러누시써꼬 그래서 인재 그냥 그르키 사라찌요 머.

= 허허허.

처: 매요?

= 예.

= 그 와 가주구 인재 그르캐 사:는대 폭타내 마자 가주 사:닝깨 온:, 오니깨루 머:: 머가: 머가 이써요, 폭탄 마꾸?

= 그냥 식꾸덜만 사라 가주 인는대.

= 그래니깨 인재 요래 이런 상이 옌날 상 뚱그렁 거 이짜나요?

= 쪼마::난 뚱그란 상이 인는대 고기다가 인재 이르캐 또 내 홀목꺼치164) 요로캐 가농 걸로 인재 요로캐 네:, 네: 구팅이다가 네 꾸팅이애다가 요로캐 인재 요로캐 지동얼 해 가주구 요로캐 마라자먼 고 상얼 고로캐 쪼마::난 상애다가 고로캐 해 가주구 잡쏟떠라고요.

= 사변 나고 인재 고 이듬 와쓰이 머가 이써요?

= 그래서 장:도 인재: 거 폭탄 마즌: 장:인대 재:장이더라고요,165) 장:이.

= 재가 막 그이, 이 지비 옌날: 인재 초가찌비라서 그기 타짜나요?

= 그래니깨 인재 그 장꽝이166) 인재: 막 이기 지비 폭탄 마자 타쓰닝깨 장꽝애 인재 모도 어트개 뿌서전는지 어트개 핸는지 그냥 그기: 그 이르캐 거더내, 재럴 거더내써두 그 장애 소:개 재장이 좀 드러 가주 이써요.

= 근도 엄쓰닝깨 인재 그거래도 머거야지 어트가거써요.

음.

= 이제 (육이오)사변 나던 그 이듬해 제가 왔거든요.

= 저 열여섯 살 먹어서 사변이 났어요.

= 사변이 열여섯 살 먹어서 사변이 났는데 이제 그 이 집이 폭탄에 이제 이게 다 맞고 이제 그냥 임시로 흙벽돌로 이렇게 집을 지어 가지고 그렇게 사시더라고요.

= 어 이제 아버님이 편찮아 가지고 드러누우셨고 그래서 이제 그냥 그렇게 살았지요 뭐.

= 허허허.

처음에요?

= 예.

= 그 와 가지고 이제 그렇게 사는데 폭탄에 맞아 가지고 사니까 오니까 뭐 뭐가, 뭐가 있어요, 폭탄 맞고?

= 그냥 식구들만 살아 가지고 있는데.

= 그러니까 이제 이래 이런 상 옛날 상 동그란 거 있잖아요?

= 조그마한 동그란 상이 있는데 고기다가 이제 이렇게 또 내 손목같이 이렇게 가는 것으로 이제 요렇게 네 네 귀퉁이에다가 네 귀퉁이에다가 요렇게 이제 요렇게 기둥을 해 가지고 요렇게 말하자면 그 상얼 고렇게 조그마한 상에다가 고렇케 해 가지고 잡수시더라고요.

= 사변 나고 이제 그 이듬해 왔으니 뭐가 있어요?

= 그래서 장도 이제 그 폭탄 맞은 장인데 재장이더라고요, 장이.

= 재가 막 거기, 이 집이 옛날 이제 초가집이라서 그게 탔잖아요?

= 그러니까 이제 그 장독대가 이제 막 이게 집이 폭탄 맞아 탔으니까 장독대에 이제 모두 어떻게 부서졌는지 어떻게 했는지 그냥 그게 여기 이렇게 걷어내, 재를 걷어냈어도 그 장에 속에 재장이 좀 들어 가지고 있어요.

= 그것도 없으니까 이제 그거라도 먹어야지 어떻게 하겠어요.

= 개서 인재 그래 그 재장얼 이재 머꾸.

= 머: 캐: 피란::내 그런 재 이르캐 와 가주구 이르캐 사닝깨 모:등 기 다: 부조캉개 만치요 이재 살:자먼.

= 인재 그르캐 기양 사:능 게.

= 헤헤.

= 그르캐 사라써요.

= 고래 살다 보닝깨 인재 참 쪼꼼썩 이래 나사저[167) 가주구 이르캐 기 냥 사라써요.

= 그래서 이제 그래 그 재장을 이제 먹고.

= 뭐 그렇게 피란에 그런 이제 이렇게 와 가지고 이렇게 사니까 모든
게 다 부족한 게 많지요 이제 살자면.

= 이제 그렇게 그냥 사는 게.

= 헤헤.

= 그렇게 살았어요.

= 그렇게 살다 보니까 이제 참 조금씩 이렇게 나아져 가지고 이렇게
그냥 살았어요.

2.8. 임신과 출산

그리:고 나서는 처째, 처다이::는 느깨 난 세미내요, 그럼?

= 스물느이애 나(았어), 이 양반 구닌 가따 와 가주 열려더래 와 가주구 이 양반 스물하나구 저넌 열려더래 와꺼더뇨.

= 그린대 인재 이 양반 구닝 가따 와서 스물네새 나써요.

예.

= 스물네새 나코 두째넌 수물다(섯), 저넌 스물 다서시구 이 양바넌 인재 그때 처다럴 스물-일고배 나찌요, 세:사럴 더 잡싸쓰닝깨 스무릴고배 나:꼬.

= 스물 여더래 와서 나:코 저넌 스물 다서새 나:코 그래찌요.

= 허허허.

= 두:째럴.

그때::는 입떧 아나셔써요?

= 왜 아내요:.

= 입떠시 해찌요.

= 고래 저:: 안진때기라구 저:기 가는대 그그 지금두 생가기 나요.

= 거기럴 인재 우리 시어먼님마고:, 저 와서 두 달 마내 시아번님 도라가시고 이 양바나고 스이가.

= 지금두 기엉려기 나자나요, 하두: 고생얼 해 가주.

= 입:떠설 해찌마넌 그거슨 인재 그때 콩바또 매고 머: 그렁 거 하루 인재 거길 드러가써써요.

= 근대 그 감자럴: 어째 머거써요:.

= 감자럴 이재 어찌 그기 좀.

— 머럴?

그러고 나서는 첫째, 첫 아이는 늦게 난 셈이네요, 그러면?

= 스물넷에 낳(았어요), 이 양반 군인 갔다 와 가지고 열여덟에 (시집) 와 가지고 이 양반 스물 하나고 저는 열여덟에 왔거든요.

= 그런데 이제 이 양반 군인 갔다 와서 스물넷에 낳았어요.

예.

= 스물넷에 낳고 둘째는 스물다(섯), 저는 스물다섯이고 이 양반은 이제 그때 첫 아이를 스물일곱에 낳았지요, 세 살을 더 잡쉈으니까 스물일곱에 낳았고.

= 스물여덟에 와서 낳았고 저는 스물다섯에 낳고 그랬지요.

= 허허허.

= 둘째를.

그때는 입덧 안 하셨어요?

= 왜 안 해요.

= 입덧을 했지요.

= 그래 저 안진댁이라고 저기 가는데 그거 지금도 생각이 나요.

= 거기를 이제 우리 시어머님하고 저 와서 두 달 만에 시아버님 돌아가시고 이 양반하고 셋이.

= 지금도 기억이 나잖아요, 너무 고생을 해 가지고.

= 이 입덧을 했지만 그것은 이제 그때 콩밭도 매고 뭐 그런 거 하러 이제 거기를 들어갔었어요.

= 그런데 그 감자를 어째 먹었어요.

= 감자를 이제 어째 그게 좀.

— 뭐를?

(전화 벨소리)

－ 아니여, 지금 교순니마고 대화 햐.

－ 아이, 여 교순니마고 대화한다니깨.

－ 허, 경노당이여.

＝ 얘기해두 대유?

예.

＝ 그래서 인재 우리가 인재 세시구 인재 거길:: 가써요

＝ 간넌대 그때 멀: 점 머거쓰먼 시푸드라고요.

＝ 머가 머글깨 옵써요::.

＝ 밥, 밥 쫌 머꼬 가쓰먼 시푼대두 우째 밥뚜:: 또 머꾸 또 그리코 그 래가주구서루 간넌대 감자럴 머꼬 간넌대 감자가 도캐떵가, 아::주 막 거 서 토핸넌대 진짜 머 똥부까지 다: 토해 가주구서루:: 막: 기냥 사:라미 히 미 업써 가주구 막 쓰러질 찌경이더라고요.

＝ 그래 가주구 그래 거기서 그래 그르캐:: 하구 인재 와써요, 그냥.

＝ 어트개 그르캐 인재 오구 머.

＝ 그: 머꾸 수웅 거야 머 마랄 쑤가 업써찌요 머 그렁 거야.

＝ 그쌔, 그때 당신 암만 머꾸 시버두 옵써서두 몬 머꾸: 쯤, 그릴 그르 캐 사라찌요.

＝ 입떠타넌 대야 머.

＝ 허허허.

＝ 재 다: 머 그르치.

＝ 쭘 재 나:중애 이르캐 살다 보닝깨 또 차차 쫌 나사지구 해서 인재 내가 저 사머끼도 하구 인재 그래찌요

＝ 쫌, 허.

＝ 그때가 제일 애머거써요.

＝ 근 그때 젤: 애럴 머꾸 우리:: 인재 셀-째, 우리 세째 머스마: 이써서

(전화 벨소리)

- 아니야, 지금 교수님하고 대화 해.

- 아이, 여 고수님하고 대화한다니까.

- 허, 경로당이야.

= 얘기해도 돼요?

예.

= 그래서 이제 우리가 이제 세 식구가 이제 거기를 갔어요.

= 갔는데 그때 뭘 좀 먹었으면 싶더라고요.

= 뭐가 먹을 게 없어요.

= 밥, 밥 좀 먹고 갔으면 싶은데도 어째 밥도 또 먹고 또 그렇고 그래 가지고서 갔는데 감자를 먹고 갔는데 감자가 독했는가, 아주 막 거기서 토했는데 진짜 뭐 똥물까지 다 토해 가지고서… 막 그냥 사람이 힘이 없어 가지고 막 쓰러질 지경이더라고요.

= 그래 가지고 그래서 거기서 그래서 그렇게 하고 이제 왔어요, 그냥.

= 어떻게 그렇게 이제 오고 뭐.

= 그 먹고 싶은 거야 뭐 말할 수가 없었지요 뭐, 그런 거야.

= 글쎄, 그때 당시는 아무리 먹고 싶어도 없어서도 못 먹고 쯧, 그렇(게) 그렇게 살았지요.

= 입덧하는 데야 뭐.

= 허허허.

= 이제 다 뭐 그렇지.

= 좀 이제 나중에 이렇게 살다 보니까 또 차차 좀 나아지고 해서 이제 내가 저 사먹기도 하고 이제 그랬지요

= 좀, 허.

= 그때가 제일 애먹었어요.

= 그, 그때 제일 애를 먹고 우리 이제 셋째, 우리 셋째 머슴애 있어서

는 가:년[168] 어째 또 캐 고기가 머꼬 숩때요.

　= 그래서 인재 옌나래 왜 이기 저 픽, 피:꾹,[169] 피::꾹 장사라고 댕기써요

　= 이래 깡, 깡통얼 이르캐 찌다::나개 만드러 가주구 이래 가주구서 거기다 꽁지다 끼 가주구 이걷쩌걷 인재 이르캐 끼 가주구서 거기다 이르캐 꽁지 끼서 고고 하나애다가 이르캐 싸럴 요마:난 대다가 하낙썩 바다써요.

　= 고 하나 꽁지 낑 거만 하나 하먼 그래서 인재 고거럴 싸럴 인재 내가 우리 어먼님떠러 '어먼님 저기 저 픽, 피꾹 끄리 멍넌 장사 완넌대:: 어먼님, 저거 쫌 사 가주 머그먼 조캐써요' 이라니깨 그쌔 요런 싸럴 요마:낭 종고래기다가[170] 주구 우리 어먼니미 사떠요.

　= 그라넌대 얼마나 머꾸 수운지 그냥 그 양은소태다가 인재 양언소:: 설 산넌대 양언(솥) 고기다 얼매라, 얼매럴 머꾸 수버떤지 막 스르륵 끄능거럴 그거럴 머거써요.

　= 그냥 하:두 머꾸 시버 가주구 그래서 그걸 머거떠니마넌 다::시넌 몬 머꺼떠요, 막 고거 물리[171] 가주구.

　음.

　= 아이구:, 그래 인재 울 그르캐 두 버널 앨: 머꾸 그 디루넌 머 별로 그르캐: 애[172] 암머꼬 그냥 애더럴 그래 키워써요.

　= 허허.

　= 재 그: 입떠시라능 개 아무래도 다: 이찌요.

　= 그거넌 이찌만 그래두 아:덜 두럴 그르캐 애럴 머거써요.

　= 그라고 그냥 쫌 입떠서넌 다 하고 살지요.

그리구 나서 인재 애:를 나차나요?

요샌 다 병워내 가서 난는대.

　= 예:.

옌나래는 지배서 나짜나요?

는 개는 어째 또 그렇게 고기가 먹고 싶대요.

= 그래 이제 옛날에 왜 이렇게 저 선 선지, 선지 장사라고 다녔어요.

= 이렇게 깡 깡통을 이렇게 기다랗게 만들어 가지고 이래 가지고서 거기에다 꼬리에다 끼어 가지고 이것저것 이제 이렇게 끼어 가지고서 거기에다가 이렇게 꽁무니에 끼어서 그거 하나에다가 이렇게 쌀을 요만한 데에다가 하나씩 받았어요.

= 그 하나 꽁무니에 끼운 것만 하나 하면 그래서 이제 그거를 쌀을 이제 내가 우리 어머님더러 '어머님 저기 저 피(국) 핏국 끓여 먹는 장사가 왔는데 어머님, 저거 좀 사 가지고 먹으면 좋겠어요.' 이러니까 글쎄 요런 쌀을 요만한 보시기에다가 주고 우리 어머님이 샀어요.

= 그랬는데 얼마나 먹고 싶은지 그냥 그 양은솥에다가 이제 양은솥을 샀는데 양은(솥) 거기다 얼마나, 얼마나 먹고 싶었던지 막 스르르 끓는 것을 그것을 먹었어요.

= 그냥 하도 먹고 싶어 가지고 그래서 그걸 먹었더니만 다시는 못 먹겠어요, 막 그것에 물려 가지고.

음.

= 아이고, 그래 이제 그렇게 두 번을 애를 먹고 뒤로는 뭐 별로 그렇게 애 안 먹고 그냥 애들을 그렇게 키웠어요.

= 허허.

= 이제 그 입덧이라는 게 아무래도 다 있지요.

= 그것은 있지만 그래도 애들 둘은 그렇게 애를 먹었어요.

= 그리고 그냥 쯧 입덧은 다 하고 살지요.

그러고 나서 이제 애를 낳잖아요?

요새는 다 병원에 가서 낳는데.

= 예.

옛날에는 집에서 낳았잖아요?

= 지배서 나찌요.

그름 누가 도와 주셔써요?

= 우리 할머니가 우리 시어머니.

= 처다 날: 때넌 말도 모타개 애머거찌요.

= 아주 그쌔 긍개 스물느이애 그래 난:는대 처다 날: 때넌 진짜 머 마:
리라고 하먼 말:도 모타지요, 기냥.

= 이긴 피라니닝깨 인재 돌:맹이 따듬또기 어딛써요.

= 요마::난, 삐따::칸 요론 납짜칸 따듬도기다가 거기다가 뚜디리 이번
넌대 그거::럴 부짜꼬 하::글 쓰구 아글 쓰구 해 가주구는 우리 어먼니미
이 양반떠러 니가 줌 디 끄러나라, 디애서: 이라드라고요.

= 그래서 인재 끄라 끄라아나썬넌대 그거뚜 실쿠 아무거뚜 시러요.

= 내가 주꺼쓰닝깨 머 다: 그냥 개 그건만 막 이래 디루 부짜꾸 주거
라구 히.

= 아이구 그 생가걸 하면 지금두 그냥 머 그: 일리리 다 모타지요.

= 그냥 처다넌 그::르캐 애럴 머꾸 나떠요, 그.

그러면 인재 애: 나자나요?

그러면 애 나코 나서 그: 삼 가른다 그러자나요?

= 예.

그 태쭐두 짤라야 대고 이렁 건 다: 어트개 해야 되요?

= 태쭐 짤르넝 거넌 우리 시어먼니미: 그르캐 애럴 머꼬: 나 하닝깨
처다넌 세상애 히미 업써요.

= 여기 코도 모 푸러요, 히미 하나:두 웁써 가주, 이개 머 이르캐 그냥
하두 모태써요, 아무 거또.

= 그래 인재 우리 어먼니미 하시찌요.

= 우리 어먼니미 인재 이르캐 핻넌대: 인재: 날떠러 보라 구라다라고요.

= 다:매넌 니가 해야지 댄다고 그래서 보라고 하넌대 이캐 보니까 인

= 집에서 낳았지요.

그럼 누가 도와 주셨어요?

= 우리 할머니가, 우리 시어머니.

= 첫 아이 낳을 때는 말도 못하게 애를 먹었지요.

= 아주 글쎄 그러니까 스물넷에 그렇게 낳았는데 첫 아이를 낳을 때는 진짜 뭐 말이라고 하면 말도 못 하지요, 그냥.

= 이게 피란이니까 이제 돌멩이 다듬잇돌이 어디 있어요.

= 요만한, 비뚜름한 요런 납작한 다듬잇돌에다가 거기에다가 두드려 입었는데 그것을 붙잡고 악을 쓰고 악을 쓰고 해 가지고는 우리 어머님이 이 양반더러 네가 좀 뒤(에서) 끌어안아라, 뒤에서 이러더라고요.

= 그래서 이제 끌어 끌어안았었는데 그것도 싫고 아무 것도 싫어요.

= 내가 죽겠으니까 뭐 다 그냥 그래 그것만 막 이렇게 뒤로 붙잡고 죽어라 하고 히.

= 아이고 그 생각을 하면 지금도 그냥 뭐 그 일일이 다 못하지요.

= 그냥 첫 아이는 그렇게 애를 먹고 낳았어요, 그.

그러면 이제 애 낳잖아요?

그러면 애 낳고 나서 그 삼 가른다 그러잖아요?

= 예.

그 탯줄도 잘라야 되고 이런 건 다 어떻게 해야 돼요?

= 탯줄 자르는 거는 우리 시어머님이 그렇게 애를 먹고 내가 그러니까 첫 아이는 세상에 힘이 없어요.

= 여기 코도 못 풀어요, 힘이 하나도 없어 가지고, 이게 뭐 이렇게 그냥 하지도 못했어요, 아무 것도.

= 그래 이제 우리 어머님이 하셨지요.

= 우리 어머님이 이제 이렇게 했는데 이제 나더러 보라고 그러더라고요

= 다음에는 네가 해야지 된다고 그래서 보라고 하는데 이렇게 보니까

재 애기 난 대 태쭈럴 자::꾸 요래 양짜그로 요러캐 요러캐 해요.

  = 요르캐 자:꾸 양짜그루 홀떠라고요.

  = 그라드니마넌 인재 요기두 실:루 짬매라카고[173] 요짜개두 짬매라카고 애기 인넌대 인재 요만::창 낭구구 인재 고기 끄녀.

  = 인재 이르캐 끈, 끄녀 가주 요짜개 짬매구 해 가주구 피두 몬 나오개 해 가주.

  = 이개 태라구 이짜나요?

  예.

  = 또 그거 인재 또 이르캐 나오니까 인재 사:라미 *** 살거뜨라고요.

  = 그래선 우리 어먼니미 알키조[174] 가주구서넌 그래 그대루 인재 제가 해:써요.

  = 어, 제가 그래 우리 어먼니미 손자를 인재:: 우리 크나하구 둘째하구 야하구 **하구 나쓰닝깨 인재 우리 네:, 네째꺼지 해:찌요.

  = 네째꺼지 우리 어먼니미 사라서 우리 어먼니미 해:써요.

  = 그리고서넌 인재 꾹 끄리주구 이개 삼 핸는대 아들 스:이넌 인재 기냥.

  = 허허.

  = 제:가 그냥 인재 큰딸하고 그냥 이래 하고.

그르구 나면 여르매도 불 때지요 막, 방애다가?

  = 그러묘:.

  = 상::구 불 때고 사라찌요.

  = 상::구 불 때고:: 꼬치 좀 따머 어디 마를 때가 이써요?

  = 그래 방애다 말라써요.

  = 방애다 말르다가 인재 어디 살:다가 보니깨루 인재 또 이: 연타니 나와 가주구서 연:타늘 인재 저 우리 아래채 요기 인는 쪼만 방애다가 인재 해 가주구 고기다가 인재 또, 또 그래서 꼬추능 거기다 말르구.

  = 인재 지 연타늘 인재 또 이래 또 버::개다가[175] 인재 요래: 해 노코

이제 아기 낳은 데 탯줄을 자꾸 요렇게 양쪽으로 요렇게 요렇게 해요.

= 요렇게 자꾸 양쪽으로 훑더라고요.

= 그러더니 이제 여기도 실로 동여매라고 하고 요쪽에도 동여매라고 하고 아기 있는데 이제 요만큼 남기고 이제 고기를 끊어.

= 이제 이렇게 끊, 끊어 가지고 요쪽에 동여매고 해 가지고 피도 못 나오게 해 가지고.

= 이게 태라고 있잖아요?

예.

= 또 그거 이제 또 이렇게 나오니까 이제 사람이 *** 살겠더라고요.

= 그래서 우리 어머님이 가르쳐줘 가지고는 그렇게 그대로 이제 제가 했어요.

= 어, 제가 그래 우리 어머님(이) 손자를 이제 우리 큰아이하고 둘째하고 얘하고 **하고 낳았으니까 이제 우리 네 넷째까지 했지요.

= 넷째까지 우리 어머님이 살아서 우리 어머님이 했어요.

= 그리고는 이제 국 끓여주고 이제 이렇게 삼 했는데 아들 셋은 이제 그냥.

= 허허.

= 제가 그냥 이제 큰딸하고 그냥 이렇게 하고.

그리고 나면 여름에도 불을 때지요 막, 방에다가?

= 그럼요.

= 계속 불 때고 살았지요.

= 계속 불 때고 고추를 좀 따면 어디 말릴 데가 있어요?

= 그래 방에다 말렸어요.

= 방에다 말리다가 이제 어디 살다가 보니까 이제 또 이 연탄이 나와 가지고 연탄을 이제 저 우리 아래 채 여기 있는 조그만 방에다가 이제 해 가지고 거기다가 이제 또, 또 그래서 고추는 거기다 말리고.

= 이제 죄다 연탄을 이제 또 이렇게 부엌에다가 이제 요렇게 해 놓고

방애 그 연타널 때고 불두 때고 이래 두부 가지루 해서 때구 사라써요.

조리::, 저 사누조리 할 때두 따뜨타개 하지 안나요?

사누조리럴 어티개 해요?

= 시어먼니미 게실 때야 사누조리 인저 일쭈이런 해찌요.

= 예:저내 일쭈일 아니 일쭈일 아니먼 더::넌 안나조요:.

= 예저낸 그래써요 다.

= 그래서 인재 일쭈이른 시어먼니미 이쓸 때 해찌마넌:: 아: 낼나트루근 인재 우리 어먼니미 해찌요.

= 낸: 나쿠능 우리 내째 아들: 두 살 머거서 우리 할머이가 도라가시구 그 미티루넌 인재 제가 해찌만 그르키 이르키 아푼 대가 마:나요:.

= 선생님 내가 기냥 너머너머 아파요:.

= 이래 머: 아파 가주구서.

= 허허.

= 어떤 때는 이르키 생가글 해 보먼 그래요.

= 아이구: 내가 어트개 그러구루176) 살다가 내 몸만 이르캐 대꾸나:: 시퍼 가주구 한시만 생가기 마:이 드러갈 때가 이써요.

= 허허.

= 왜 그러캐 마니 난능가 모르개써요.

= 허허허.

= 근대 그:: 가조깨라고 이써써요.

= 가족깨 인재 그거 핸는대 저넌 그개 마뜰 아내 가주구 모태써요, 모타고 그캐 팔람매럴 인재 난는 대루 다: 키워써요.

잘 키워찌요 머?

= 예.

= 팔람매럴 다: 기냥 고 난:-는대루 다 고대루 키워 가주구 즈:더리 저래 다: 가서 바번 머꼬 살:고 인재 이라닝깨 애:더리 인재 돈: 주구 이라니

방에 그 연탄을 때고 불도 때고 이렇게 두 가지로 해서 때고 살았어요.

조리, 저 산후조리 할 때도 따뜻하게 하지 않나요?

산후조리를 어떻게 해요?

= 시어머님이 계실 때야 산후조리 이제 일주일은 했지요.

= 예전에 일주일 아니 일주일 아니면 더는 안하지요.

= 예전에는 그랬어요 다.

= 그래서 이제 일주일은 시어머니가 있을 때 했지만 아이를 넷 낳을 때까지는 이제 우리 어머님이 했지요.

= 넷 낳고는 우리 넷째 아들 두 살 먹어서 우리 할머니가 돌아가시고 그 밑으로는 이제 제가 했지만 그렇게 이렇게 아픈 데가 많아요.

= 선생님 내가 그냥 너무너무 아파요.

= 이래 뭐 아파 가지고서.

= 허허.

= 어떤 때는 이렇게 생각을 해 보면 그래요.

= 아이구, 내가 어떻게 이러구러 살다가 내 몸만 이렇게 됐구나 싶어 가지고 한심한 생각이 많이 들어갈 때가 있어요.

= 허허.

= 왜 그렇게 많이 낳았는가 모르겠어요.

= 허허허.

= 근데 그 가족계획이라고 있었어요.

= 가족계획 이제 그거 했는데 저는 그게 맞지 않아 가지고 못 했어요, 못 하고 그렇게 팔 남매를 이제 낳는 대로 다 키웠어요.

잘 키웠지요, 뭐?

= 예.

= 팔 남매를 다 그냥 그 낳는 대로 그대로 키워 가지고 저희들이 저렇 게 다 가서 밥은 먹고 살고 이제 이러니까 애들이 이제 돈을 주고 이러니

깨 이르캐 사:닝깨 인재 이걸로 저넌 만조카고 이르캐 사라요, 고냥, 허허.

예: .

= 예.

조리할 때 처:매 인재 애 나코 나면: 국뚜 끄려 주구 밥뚜 해주구 그러자나요?

= 예, 우리 시어먼니미 하시찌요.

예, 그걸?

= 일:쭈일 간.

예, 그걸 머라 그래요, 맨: 처매 멍는 밥?

= 근대 인재: 처꾹빠비라 구라자나요.

예: .

= 처꾸개 처매 애기 나서 인재 바패 주능 개 처꾹빠비여.

그거는 어트개 머거써요?

= 그거넌 인재 에 인재 이 양바니 인재 그때는 미여기 어디 기:해써요:.

= 며기 기:해 가주구: 멱뚜 사다 노치두 아내써요.

= 여기 점빵이 하나 이썬는대 거기 가서 이 양바니 가서 사 가주구 와서 그래 인재 우리 어먼니미 그래 끄리 줘:찌요.

= 그땐 왜 미역뚜 그르캐 기하등가 몰라요.

= 미역뚜 기해써요.

= 멱뚜 요마:낭 거 하나 가주구 인재 일쭈일 그냥 그려 머거찌 쪼꼼썩.

요새는 머 미역 다: .

= 막: 미역 천지 아니에요?

재배하자나요?

= 그러묘.

* *** 머.

= 미여기 머 얼마나 마나요?

= 지금 애기 안 나두 미여꾸걸 머 얼매나 끄리 머거요?

까 이렇게 사니까 이제 이걸로 저는 만족하고 이렇게 살아요, 그냥, 허허.

예: .

= 예.

조리할 때 처음에 이제 애 낳고 나면 국도 끓여주고 밥도 해주고 그러잖아요?

= 예, 우리 시어머님이 하셨지요.

예, 그걸?

= 일주일 간.

예, 그걸 뭐라 그래요, 맨: 처음에 먹는 밥.

= 그런데 이제 첫국밥이라고 그러잖아요.

예: .

= 첫국에 처음에 애기 나서 이제 밥해주는 게 첫국밥이야.

그것은 어떻게 먹었어요?

= 그것은 이제 에 이제 이 양반이 이재 그때는 미역이 얼마나 귀했어요.

= 미역이 귀해 가지고 미역도 사다 놓지도 않았어요.

= 여기 점방이 하나 있었는데 거기 가서 이 양반이 가서 사 가지고 와서 그래 이제 우리 어머님이 그렇게 끓여 줬지요.

= 그때는 왜 미역도 그렇게 귀했던지 몰라요.

= 미역도 귀했어요.

= 미역도 요만한 거 하나 가지고 이제 일주일 그냥 끓여 먹었지, 조금씩.

요새는 뭐 미역 다.

= 막 미역 천지 아니에요?

재배하잖아요?

= 그럼요.

* *** 뭐

= 미역이 뭐 얼마나 많아요?

= 지금 아기 안 나도 미역국을 뭐 얼마나 끓여 먹어요?

예.

= 저두 지금두 미역꾹 잘 끄리 머거요 지금.

= 그때는 미역뚜 기해 가주구 요령 거 하나만 하니배 기냥 끄리 머꾸, 그라먼 끈나능 거요, 인재.

= 며꾸기구 머구 머.

= 허허허.

= 그때 당시는.

예.

= 저도 지금도 미역국 잘 끓여 먹어요, 지금.

= 그때는 미역도 귀해 가지고 요런 거 하나면 한 입에 그냥 끓여 먹고, 그러면 끝나는 거요, 이제.

= 미역국이고 뭐고 뭐.

= 허허허.

= 그때 당시는.

2.9. 육아

또 이르캐 그리구 나서 인재 에: 애: 생기자나요?

― 예.

그러면 인재 그때는 어트개 해써요?

팔, 팔람매 두셔따 그래쓰니까 인재.

― 그래닝까 머 그때야 머, 어::.

= 아이 왜 이르캐 더워?

― 그땐: 이 병원도 마땅차나찌요, 여기 아주.

― 어:: 그래두 인재 다 기양 자연:사느로 ** 하능 거 키와찌요.

여기, 여기 이써요.

허허.

= 무순 말쓰믈...

하라버지 그동안 이르캐 쭉:: 사라오신 얘기 히.

= 그렁 거럴 저기 채크를 가주 가셔여?

예.

그래서 나중애 챙 만드러서 보존도 하고.

= 어디서 오션는대?

청주애서 와써요.

= 청주.

= 청주 어디서 오신는대?

처:으매 저기: 팔람매라고 하셔짜나요?

그때 처:매 인재 애:가 생겨쓸 때 제일 그:: 맘:두 설래고 막 그르자나요?

그땐 느끼미 어뜨셔써요?

― 으흐흐흐.

또 이렇게 그러고 나서 이제 에 애가 생기잖아요?

─ 예.

그러면 이제 그때는 어떻게 했어요?

팔, 팔 남매를 두셨다 그랬으니까 이제.

─ 그러니까 뭐 그때야 뭐 어.

＝ 아이 왜 이렇게 더워?

─ 그때는 이 병원도 마땅치 않았지요, 여기 아주.

─ 어, 그래도 이제 다 그냥 자연산으로 ** 하는 거 키웠지요.

여기, 여기 있어요.

허허.

＝ 무슨 말씀을...

할아버지 그동안 이렇게 죽 살아오신 얘기 히.

＝ 그런 거를 저기 체크해 가지고 가세요?

예.

그래서 나중에 책 만들어서 보존도 하고.

＝ 어디서 오셨는데?

청주에서 왔어요.

＝ 청주.

＝ 청주 어디서 오셨는데?

처음에 저기 팔 남매라고 하셨잖아요?

그때 처음에 이제 애가 생겼을 때 제일 그 마음도 설레고 막 그렇잖아요?

그땐 느낌이 어떠셨어요?

─ 으흐흐흐.

― 그쌔 머 그때야 아:: 그래도 어:: 장모님도 여와 게시구 그래서 머 어:: 모등 거럴 잘:: 저 살 해주기 때미내 머 기냥 그래 너머 가찌요 머.

― 허허.

음: 그러며:는 처째, 처째::가?

― 딸.

딸, 따를 하라버님 머쌀 때 나셔써요?

― 따리.

= 수물려더래.

― 수 수 수물 수물 세:새 아니여?

― 수물래시라내.

= 수무릴고배, 수무릴곱.

하라버지 수무릴고배?

= 예.

그러면 군대 군대 가따 오고 나서 한참 이따가 나션내요?

= 군대 가따 와서 나찌.

― 좀 이따 나찌요.

그때 저:기 할, 할머니 입떠타고 그르시지 아나써요?

― 입떠선 벨루 아나능 거 가티유.

음:, 그 시:만 사람드른 아주: 애:멍능 거 가뜬대.

― 쪼구문 해깨찌요?

― 아주 아주 아나든 아나찌.

예:.

= 아니 어트개 그렁 거꺼지 시:마개 그르캐.

별거 다: 무러 보지요 머.

옌날 산, 상 거 요새 요새하고 달라서.

― 허허허.

- 글쎄 뭐 그때야 에 그래도 에 장모님도 여기 와 계시고 그래서 뭐 에 모든 것을 잘, 저 잘 해주기 때문에 뭐 그냥 그렇게 넘어갔지요 뭐.

- 허허.

음, 그러면 첫째, 첫째가?

- 딸.

딸, 딸을 할아버님 몇 살 때 나셨어요?

- 딸이.

= 스물여덟에.

- 스 스 스물, 스물 셋에 아니야?

- 스물넷이라네.

= 스물일곱에, 스물일곱.

할아버지 스물일곱에?

= 예.

그러면 군대 갔다 오고 나서 한참 있다가 낳으셨네요?

= 군대 갔다 와서 낳았지.

- 좀 있다 낳았지요.

그때 저기 할머니 입덧하고 그러시지 않았어요?

- 입덧은 별로 안 하는 같아요.

음, 그 심한 사람들은 아주 애 먹는 거 같던데.

- 조금은 했겠지요?

- 아주, 아주 안하지는 않았지.

예.

= 아니 어떻게 그런 것까지 심하게 그렇게.

별거 다 물어 보지요 뭐.

옛날 사는 거 요새하고 달라서.

- 허허허.

쩌기 애: 나면 처:매, 처:매 나면 바까태도 몬 나가개 하고: 그러자나요?
음식뚜 또 가려서 먹꼬.

- 그기 옌:나래 그기 아니요.
- 아주 한, 한 일쭈이른 머 별루 안 나가도 일쭈일만 너무면 다: 나가서 할똥하고 바패머꼬 다 해야 대 옌:나랜.

네: .

- 그 그기 따캉 거지요 사실 옌날싸람들.

그래서 병: : 생긴 분들도 만차나요?

- 그러치요~::.
- 옌:날엔 그런 실쩡이지요.

그름 아이 나쓸, 나쓸 때 맨: 처매는 머 머거요?

- 미역꾹빼끼 아내조, 미역꾹.

미역꾹.

- 미역꾹.
- 지그면 별걸 다 해 먹찌만 그거 옌:나랜 미역꾹뚜 다: 제대루 모:끄리 주넝 거여.

그: :건 미여꾸카고 이재 쌀바파고 이르캐 멍능 겅가요?

- 그르초.

그걸 머라 그래요?

그걸 첟?

- 척, 처꾹빱.

처꾸빱?

예.

그리구 며칠 똥아는 머 바깨 몬 나가개 한다 그러자나요, 그개?

- 그리 일주일 간 그래 경기쭈럴[177] 치능 처농능 거 아니요, 경기쭐.
- 사람두 모:도개 하고.

저기 애 낳으면 처음에, 처음에 낳으면 바깥에도 못 나가게 하고 그러잖아요?
음식도 또 가려서 먹고.

― 그게 옛날에 그게 아니요.

― 아주 한, 한 일주일은 뭐 별로 안 나가도 일주일만 넘으면 다 나가서
활동하고 밥 해 먹고 다 해야 돼 옛날엔.

네.

― 그게 딱한 거지요, 사실 옛날사람들은.

그래서 병 생긴 분들도 많잖아요?

― 그렇지요.

― 옛날에는 그런 실정이지요.

그럼 아이 낳았을, 낳았을 때 맨 처음에는 뭐 먹어요?

― 미역국밖에 안 해줘, 미역국.

미역국.

― 미역국.

― 지금은 별걸 다 해 먹지만 그거 옛날에는 미역국도 다 제대로 못 끓
여 주는 거야.

그건 미역국하고 이제 쌀밥하고 이렇게 먹는 건가요?

― 그렇지요.

그걸 뭐라 그래요?

그걸 첫?

― 첫, 첫국밥.

첫국밥?

예.

그리고 며칠 동안은 뭐 밖에 못 나가게 한다고 그러잖아요, 그게?

― 그래 일주일 간 그래 금줄을 치는 쳐 놓는 거 아니요, 금줄.

― 사람도 못 오게 하고.

그건 어트개 처요?

― 경기쭈런 인재 에 그기 새끼럴 이래 꽈: 가주고 왠:새끼로 꽈 왠:새끼.178)

왠:새끼로?

― 오른새끼는 이래 이래 꼬능 기여.

― 왠새끼는 이래 이래 꼰능 기여.

예.

― 그래 꺼 가주고 거기다 인재 꼬:치179) 거멍180) 이르캐 다능 기여 솔립, 머 이르캐도 꼬꼬.

그거 저기.

= 아:더런 꼬치를 꼰년대: 딸만 나먼 수꺼멍하고 솔리파고배깨 아내요.

― 허허.

제가 지금 그거 여쭤 볼라구.

= 예:.

아들하구 딸하구 다릉가 해 가주구.

아드른:, 아드른:.

= 아드른 다 꼬바요, 세 가지.

솔립 그다매 꼬추.

― 꼬추 거멍.

거멍, 따른 꼬추만 빼구.

― 꼬추만 빼고 인재 두 가지만 해.

예:. 그리구서 인재: 일쭈일 몬 나가개: 하자나요?

그러면 그 삼치리리라 그래능 거요?

― 삼치리라 구라넝 거지.

왜 삼치리리라 그래요?

― 아 그, 그파면 사밀랄, 사밀마내도 나가야 대고 머 이렁 기여 따지구 보면 엔:나래.

그건 어떻게 쳐요?

　- 금줄은 이제 에 그게 새끼를 이렇게 꼬아 가지고 왼새끼로 꽈 왼새끼.

왼새끼로?

　- 오른새끼는 이렇게 이렇게 꼬는 거야.

　- 왼새끼는 이렇게 이렇게 꼬는 거야.

예.

　- 그래 꼬아 가지고 거기다 이제 고추와 숯을 이렇게 다는 거야, 솔잎
뭐 이렇게도 꽂고.

그거 저기.

　= 아들은 고추를 꽂는데 딸만 나면 숯하고 솔잎하고 밖에 안 해요.

　- 허허.

제가 지금 그거 여쭤 보려고.

　= 예.

아들하고 딸하고 다른가 해 가지고.

아들은, 아들은.

　= 아들은 다 꼽아요, 세 가지.

솔잎, 그 다음에 고추.

　- 고추, 숯.

숯, 딸은 고추만 빼고.

　- 고추만 빼고 이제 두 가지만 해.

예. 그리고서 이제 일주일 못 나가게 하잖아요?

그러면 그 삼칠일이라 그러는 거예요?

　- 삼칠일이라고 그러는 거지.

왜 삼칠일이라고 그래요?

　- 아 그, 급하면 삼일 날, 삼일 만에도 나가야 되고 뭐 이런 거야 따지
고 보면, 옛날에.

삼치릴 그러문 쓰 한 이시비릴 꺼 까튼대.

삼치른 이시빌, 이시빌쯤.

- 에이.

= 삼치리먼뇨 저: 삼 주거던뇨.

예.

= 삼 준대 삼 주럴 모디써요.

= 엔나랜 그냥 한 니빈대 한:, 한 주일만 이쓰먼 인재 가야, 나가야 대요.

이리 마:나서.

= 그라닝깨 이르캐 제:가 아들 마니 나서 아푼 대가 마나요.

- 대:, 대기 바뿐 사라먼 그째 사밀마내도 나가야 디야,181) 사밀마내도.

예::.

= 막 재 이 저 관절로 그냥 아푼 대가 마:너요.

- 대:개 바뿐 사라먼 시밀 마내도 나가야 낸나능 기여, 엔:나랜.

예:.

- 그 일:쭈일두 *** 망 나가야 대고 이리여.

할머님두 지금 머 불펴난 대가 마느세요?

할머니?

= 병워내 가 치료도 하고 ****.

= 이 다리가: 관절로 아푸지 아나푼 대가 움써요.

절므셔쓸 때 일: 마니 하셔서 다 그렁 거지요.

= 아주 기냥 머: 한 이레::도 간시니 인재 일쭈일도 간시니 이따가 나가서 인재 내가 다: 해야지.

= 그르니까 그냥 이 관저리 생겨 가주구 아푼 델.

- 바: 저러지, 내 얘기가 마자.

- 사밀마내도 나가야 댄다닝깨 글째 사밀 마내.

글째요, 예.

삼칠일 그러면 한 이십일일 것 같은데.

삼칠은 이십일, 이십일쯤.

－ 에이.

＝ 삼칠일이면요 저 삼 주(三週)거든요.

예.

＝ 삼 주인데 삼 주를 못 있어요.

＝ 옛날엔 그냥 한 입인데 한, 한 주일만 있으면 이제 가야, 나가야 돼요.
일이 많아서.

＝ 그러니까 이렇게 제가 아이들 많이 낳아서 아픈 데가 많아요.

－ 되, 되게 바쁜 사람은 글쎄 삼일 만에도 나가야 돼, 삼일 만에도.

예.

＝ 막 이 저 관절로 그냥 아픈 데가 많아요.

－ 되게 바쁜 사람은 삼일 만에도 나가야 된다는 거야, 옛날에는.

예: .

－ 그 일주일도 *** 막 나가야 되고 이래.

할머니도 지금 뭐 불편한 데가 많으세요?

할머니?

＝ 병원에 가 치료도 하고 ****.

＝ 이 다리가 관절로 아프지 안 아픈 데가 없어요.

젊으셨을 때 일 많이 하셔서 다 그런 거지요.

＝ 아주 그냥 뭐 한 이레도 간신히 이제 일주일도 간신히 있다가 나가
서 이제 내가 다: 해야지.

＝ 그러니까 그냥 이 관절이 생겨 가지고 아픈 데를.

－ 봐 저러지 내 얘기가 맞아.

－ 삼 일만에도 나가야 된다니까 글쎄 삼일 만에.

글쎄요, 예.

- 그기 삼치리리유.

- 사밀 마내도 나간다 쏘리지.

= 아 근대 선생님 생가캐봐유.

= 팔람매를 냐: 노쿠 지가 먼:대 이르캐 아나푸거써유.

그르개유.

= 엔:나리라 그르캐 마:이 나 가주구.

= 지그문 그르캐 안 나차나요.

= 세장 쫄로리.[182]

요새는 머 두리나 머 마:니 나야 세시구 그르치요.

= 아푼 대만 망:코, 기냥 이래 교회를 댕기니깨 하나니미 경강 주시서 이르캐 그냥 부짜꼬 사라요.

또 막 맘:두 좀 펴난: : 해야지요 머.

= 허허허.

애들 배길: 하고 돌: 하자나요?

= 예, 배길도 하고.

- 그린대 우리는 원청[183] 엔나래 모:싸라 가주: 배길 돌도 제대로 모태 조따고.

- 지금 싸람더런 머 호화로깨 하지만 그 머 어트개 바뿌고 사라가는대 바쁘고 해(서) 배길 돌 이렁 거 제대로 모태조.

어트개 해요?

예저내는 그래도?

- 그: 도라오먼 그래도 어:: 동내싸람딜 떠캐 가주 노나[184] 머꼬 술 거 틍 거 바다다 노나 머꼬.

= 배기래는뇨, 선생님?

네: .

= 배기래는뇨.

- 그게 삼칠일이에요.

- 삼일 만에도 나간다는 소리지.

= 아 근데 선생님 생각해봐요.

= 팔 남매를 낳아 놓고 제가 뭔데 이렇게 안 아프겠어요.

그러게요.

= 옛날이라 그렇게 많이 낳아 가지고.

= 지금은 그렇게 안 낳잖아요?

= 세상에 줄줄이.

요새는 뭐 둘이나 뭐 많이 낳아야 셋이고 그렇지요.

= 아픈 데만 많고 그냥 이렇게 교회를 다니니까 하나님이 건강 주셔서 이렇게 붙잡고 살아요.

또 막 마음도 좀 편안해야지요 뭐.

= 허허허.

애들 백일 하고 돌 하잖아요?

= 예, 백일도 하고

- 그런데 우리는 워낙 옛날에 못 살아가지고 백일, 돌도 제대로 못해 줬다고.

- 지금 사람들은 뭐 호화롭게 하지만 그 뭐 어떻게 바쁘고 살아가는 데에 바쁘고 해(서) 백일, 돌 이런 거 제대로 못 해줘.

어떻게 해요?

예전에는 그래도?

- 그 돌아오면 그래도 어 동네사람들 떡을 해 가지고 나눠 먹고 술 같은 거 받아다가 나눠 먹고.

= 백일에는요, 선생님?

예.

= 백일에는요.

- 그래두 머.

= 백썰구 마니 해요, 백썰구.

백썰기, 예::.

= 배썰구 아시지요?

예.

= 하얀 백썰구.

- ㅎㅎ

예.

= 고고만 해요.

- 떠캐 가주 하하, 노나 머꼬.

= 고고만 하고. 인재 도:래년 인재 돌떠기래두 하지요.

애, 애: 애기한태 떡뚜 돌리라 그런다면서요?

ㅎㅎㅎ.

- ㅎㅎㅎ.

- 인재 모인 사람드란탠 그래 해보기도 하능 거요.

상은 어트개 차려요, 돌쌍?

- 돌쌍은 그쌔 인재 백썰구 그틍 거 하먼 어:: 이래 이우싸람덜 오라캐
서두 좀 주고 노나 주고 머 그르캐 하능 거지.

= 인재 미여꾹 끄리구 인재 바패 가주구 인재 이르키 나너 머꼬.

- 오라캐서 인재.

= 인재 가까운 인재 자기 형재나 가까운 형재드리나.

- 술 멍는 사람 이쓰문 술두 한 잔 사다 노나 머꼬.

예:.

그:: 저기:: 수수파떡 카지 안나요?

- 쑤수파떠근 돌, 돌 때 하지 아매, 돌: 때.

예. 돌 때.

- 그래도 뭐.

= 백설기 많이 해요, 백설기.

백설기, 예.

= 백설기 아시지요?

예.

= 하얀 백설기.

- 흐흐.

예.

= 그거만 해요.

- 떡을 해 가지고 하하, 나눠 먹고.

= 그거만 하고 이제 돌에는 이제 돌떡이라도 하지요.

애, 애 애기한테 떡도 돌리라고 그런다면서요?

흐흐흐.

- 흐흐흐.

- 이제 모인 사람들한테는 그렇게 해보기도 하는 거요.

상은 어떻게 차려요, 돌상?

- 돌상은 글쎄 이제 백설기 같은 거 하면 에 이웃사람들 오라고 해서 도 좀 주고 나눠 주고 뭐 그렇게 하는 거지.

= 이제 미역국 끓이고 이제 밥 해 가지고 이제 이렇게 나눠 먹고.

- 오라고 해서 이제.

= 이제 가까운 이제 자기 형제나 가까운 형제들이나.

- 술 먹는 사람 있으면 술도 한 잔 사다가 나눠 먹고.

예.

그 저기 수수팥떡 하지 않아요?

- 수수팥떡은 돌 때 하지 아마 돌 때.

예. 돌 때.

- 돌 때.

예.

= 돌 때요:: 저: 자라는 사라문요:.

= 무지개떠기라고[185] 이찌요, 백썰구로 해 가주 체루[186] 놔 가주구.

아, 예예.

= 자란 사람 거 무지개떠기라고 체를 롸 가주구.

- 체체로[187] 물디리능 거 보기 조:라고.

= 파랑 거 빨강 거 노랑 거 이르캐 해 가주구 인재 이르캐 해서: 그래 인재 하고 인재 수수파떠카고 예저내 그르캐 해써요.

예.

= 그래 지그먼 고렁 거또 하고 망 머 인, 인절미도 하고 막 부치고 그라자나요.

= 예저낸 그르캐배끼[188] 아내써요.

- 지끄미나 호화롭깨 하지머::.

예::.

= 자라는 사라문 더러 그르캐 해꼬.

- 살:기가 조아저쓰니까.

음:. 애들 키울 때에 애 키울 때요.

제일: 기어개 남는 이리 이써요?

머 애가 아퍼따거나 아니면 애가 머 조아서 자:래서 그래따거나 하여튼?

- 인저 그렁 건 더러 이써써요.

- 애:가 머: 기애[189] 벌거지가 드러가 가주고 막: 날릴 치구 이런 수도 이써꼬 그라고 인재 또 디:기도[190] 하는 수가 쪼꼼 이써꼬: 어:: 인재 고런 때가 좀 낭감해찌요.

어트가다가 귀애?

- 기개 글쎄 이 옌날:: 찌번 어:: 그 지금집보담 다르자나요?

‑ 돌 때.

예.

= 돌 때요, 저 잘하는 사람은요.

= 무지개떡이라고 있지요, 백설기로 해 가지고 켜로 놓아 가지고.

아, 예예.

= 잘한 사람 그 무지개떡이라고 켜를 놓아 가지고.

‑ 켜켜로 물들이는 거 보기 좋으라고.

= 파란 거 빨간 거 노란 거 이렇게 해 가지고 이제 이렇게 해서 그래 이제 하고 이제 수수팥떡 하고 예전에 그렇게 했어요.

예.

= 그래 지금은 그런 것도 하고 막 뭐 인, 인절미도 하고 막 부치고 그러잖아요?

= 예전엔 그렇게밖에 안 했어요.

‑ 지금이나 호화롭게 하지 뭐.

예.

= 잘 하는 사람은 더러 그렇게 했고.

‑ 살기가 좋아졌으니까.

음. 애들 키울 때 애 키울 때요.

제일 기억에 남는 일이 있어요?

뭐 애가 아팠다거나 아니면 뭐 좋아서 잘해서 그랬다거나 하여튼?

‑ 이제 그런 건 더러 있었어요.

‑ 애가 뭐 귀에 벌레가 들어가 가지고 막 난리를 치고 이런 수도 있었고 그리고 이제 또 데기도 하는 수가 조금 있었고 에 이제 그런 때가 좀 난감했지요.

어떻게 하다가 귀에?

‑ 그게 글쎄 이 옛날 집은 에 지금 집과는 다르잖아요?

- 이 기냥 머 벌거지드리 드러갈 공가니 마:느니까 그릏 기 드러와 가주 귀애 어트개 드러가 가주 바:매 날리릴 주길 때가 참 어려워쩌요.

음:, 그래서 귀:는 안 상해써요?

- 예, 안 상해써요.

아유:, 다행이내요.

- 그거시 빼내 와써.

= 아니::, 제가 젤: 기엉 남능 거럴 항 가지 해 디릴까요?

할, 할머니깨, 할머니깨두 따루 또 여쭤 불깨요.

= 우리 큰따리요.

예, 예.

= 젤: 마지갸:: 어:: 그때 당시는:: 머든지: 구해짜나요?191)

예.

= 그래 가주구서 해 달라능 기뚜 모태 주고:: 또: 머 그렁 기 마니 이찌요.

= 근대 기엉 남능 기 이 시장이 요기가 그저내 쪼꼼 이써써요.

= 근대 점빵이192) 하나 인는대 우리 큰딸 그 키우는대 점빵애다 제가 인재 도니 업쓰니깨 모: 싸주자나요, 따라 완는대?

= 그래서 인재 모: 싸주니까:: 야가193) 해 달라능 걸 아내주니까요, 지지가 울다가 막 이르캐 까무러치드라고요.

= 그래 까무르쳐 가주 기저를 해 가주구서넌 이거 기냥 어트가까 시꾸 막.

= 지금 병원도 만차나요?

= 인재 그때 당시애는 여기 저기:: 인재 이 양바니 알지요.

= 그 대천약쑤라구 그 그: 병워니 하나 이써써요.

= 고 하나만 딱: 이써써요.

= 거기럴 데리고 인재 가찌요.

- 이 그냥 뭐 벌레들이 들어갈 공간이 많으니까 그런 게 들어와 가지고 귀에 어떻게 들어가 가지고 밤에 난리를 칠 때가 참 어려웠지요.

음, 그래서 귀는 안 상했어요?

- 예, 안 상했어요.

아유, 다행이네요.

- 그것이 빼내 왔어.

= 아니 제가 제일 기억 남는 거를 한 가지 해드릴까요?

할 할머니께, 할머니께도 또 여쭤 볼게요.

= 우리 큰딸이요.

예 예.

= 제일 맏이가 에 그때 당시는 뭐든지 귀했잖아요?

예.

= 그래 가지고서 해 달라는 것도 못해 주고 또 뭐 그런 게 많이 있지요.

= 근데 기억 남는 게 이 시장이 요기가 그전에 조금 있었어요.

= 근데 가게가 하나 있는데 우리 큰딸 그 키우는데 점방에다 제가 이제 돈이 없으니까 못 사주잖아요, 따라 왔는데?

= 그래서 이제 못 사주니까 애가 해 달라는 걸 안 해주니까요 지, 지가 울다가 막 이렇게 까무러치더라고요.

= 그래 까무러쳐 가지고 기절을 해 가지고는 이거 그냥 어떻게 될까 싶고 막.

= 지금은 병원도 많잖아요?

= 이제 그때 당시에는 여기 저기 이제 이 양반이 알지요.

= 그 대천약수라고 그 병원이 하나 있었어요.

= 그 하나만 딱 있었어요.

= 거기를 데리고 이제 갔지요.

= 가떠니마넌 인재 주사도 노코 어트개 가주 깨:나찌요.

= 지가 그때 당시애 얼::매나 놀랜는지 몰라요.

= 그 기어기 지금두 이써요.

= 그걸 모태줘 가지고 마:미 아푸고.

놀래기도 하고:: 맘:도 아푸고:: 속:또 상하고 그르차나요?

= 마:미 말두 모타개 아파찌요 머.

부모 부모드리 참 그 애들:한태 잘 모:태중 거 그렁 검만 남짜너요?

― 허허.

허허.

― 그거 옌:날싸람더런 어짤 쑤가 움녕 거여.

― 이쓸 쑤 인능 기지.

= ****** 마를 하문 말도 모타지요 팔람매 키웅 걸 다: 얘기 하자먼.

= 그린대 인재 처따리니까 기냥 고고 항 가지만 얘기해 드리능 거지.

= 머: 옌:나랜 그리차나요, 읍써 가주구.

예:.

이재 또 나이가 게:속 들먼 황가파자나요?

― 항가파지요.

예.

= 항가분 해써요, 이 짐 냥바는.

= 에휴, 인재 줌 아:들두 크구 인재 이래 나, 살:기가 쪼꿈 그냥 저기 하고 하니까 애:드리 커서 즈:더리.194)

배기리나: 돌:잔치 아까 제가 여쭤 바짜나요?

= 예:.

배길:: 기틍 거 예저내 잔치는 잘 아내찌요?

배길?

= 아내써요::, 우리 애덜:.

= 갔더니만 이제 주사도 놓고 어떻게 해 가지고 깨어났지요.

= 제가 그때 당시에 얼마나 놀랐는지 몰라요.

= 그 기억이 지금도 있어요.

= 그걸 못 해줘 가지고 마음이 아프고.

놀라기도 하고 마음도 아프고 속도 상하고 그렇잖아요?

= 마음이 말도 못하게 아팠지요 뭐.

부모 부모들이 참 그 애들한테 잘 못해준 거 그런 것만 남잖아요?

— 허허.

허허.

— 그거 옛날사람들은 어쩔 수가 없는 거야.

— 있을 수 있는 거지.

= ******말을 하면 말도 못하지요 팔 남매 키운 걸 다 얘기 하자면.

= 그런데 이제 첫딸이니까 그냥 그거 한 가지만 얘기해 드리는 거지.

= 뭐 옛날엔 그렇잖아요, 없어 가지고?

예.

또 나이가 계속 들면 환갑잔치를 하잖아요?

— 환갑잔치를 하지요.

예.

= 환갑잔치는 했어요, 이 집 양반은.

= 어휴, 이제 좀 아이들도 크고 이제 이래 나, 살기가 조금 그냥 저기 하고 하니까 애들이 커서 저희들이.

백일이나 돌잔치 아까 제가 여쭤 봤잖아요?

= 예.

백일 같은 거 예전에 잔치는 잘 안 했지요?

백일?

= 안 했어요, 우리 애들.

= 쯛.

= 배기::른 기냥 인재 기냥 내빌라두구: 인재 돌만 그냥 미여꾹만 그 나른 배기리먼 그날 인재 기냥 미여꿍만 끄리서 기냥 바파구 머꼬:.

= 인재 돌: 때넌 기냥 인재 돌, 돌떠그루 해 줘야 조타: 하닝깨 기냥 인재 그래.

머머 해써요, 돌 때는?

= 돌 때 인재 기냥:: 이: 기냥 백썰구 떡카구 그또 그냥 이르캐 백썰구.

= 그때마내도 자라넌 사람덜 이르캐 떠걸 무:지개떠그라 무:지개떠기라고 이르캐 해 놔요.

- 수수파떠기라 고라능 겨, 수수파떡.

= 그때 인재 그르캐: 해 논는대 무지개떠기라고 머 무럴 이르캐 세:가지 디리서 요르캐 해요:.

= 고로캐 해 논는대 우리넌 인재 그렁 거뚜 모태써요.

= 모타고 그냥 인재 백썰구 하구 쑤수 그 홀찌깨라카넝[195] 거 만드는 거 거기서 나오, 뚜디리먼 나오거던뇨, 거거 쑤수때.

= 그거 인재 농사징 걸루 그걸 글캐 해 가주구서 그걸 빠시 가주구 인재 이래 쑤수파떠기라구 인재 예, 쑤수파떠기라카지요, 그거럴, 쑤수 파떡.

그 고물?

고무를 팥, 파스로?

= 파스루.

- 어, 파스루 하능 거 인재.

= 예 예, 파스루.

예.

- 고물루 하구.

돌::, 애들 돌, 돌잔치 하면서 돌쌍은 안 차려요?

= 쯧.

= 백일은 그냥 이제 그냥 내버려두고 이제 돌만 그냥 미역국만 그 날은 백일이면 그날 이제 그냥 미역국만 끓여서 그냥 밥하고 먹고.

= 이제 돌 때는 그냥 이제 돌, 돌떡으로 해 줘야 좋다고 하니까 그냥 이제 그렇게.

뭐뭐 했어요, 돌 때는?

= 돌 때 이제 그냥 이 그냥 백설기 떡하고 그것도 그냥 이렇게 백설기.

= 그때만 해도 잘 하는 사람들은 이렇게 떡을 무지개떡이라고, 무지개떡이라고 이렇게 해 놔요.

— 수수팥떡이라 그러는 거야, 수수팥떡.

= 그때 이제 그렇게 해 놓는데 무지개떡이라고 뭐 물을 이렇게 세 가지 들어서 이렇게 해요.

= 그렇게 해 놓는데 우리는 이제 그런 것도 못 했어요.

= 못 하고 그냥 이제 백설기 하고 수수 그. 벼훑이라고 하는 거 만드는 거 거기서 나오는, 두드리면 나오거든요, 그거 수숫대.

= 그거 이제 농사지은 걸로 그것을 그렇게 해 가주구서 그걸 바숴 가지고 이제 이렇게 수수팥떡이라고 이제 예, 수수팥떡이라고 하지요, 그것을, 수수팥떡.

그 고물?

고물을 팥, 팥으로?

= 팥으로.

— 어, 팥으로 하는 거 이제.

= 예 예, 팥으로.

예.

— 고물로 하고.

돌, 애들 돌, 돌잔치 하면서 돌상은 안 차려요?

= 그때 당신 돌싸리, 돌:쌍은 우리넌 모차리써요.

= 우리애:덜 팔 람매 다:: 모태존넌대 이 삼신:깨라고 이짜나요, 삼신할매이라고 요 구석찌다가.

예.

= 이재 지벌 까라요, 지벌 깨::끄시 인재 다:: 추리서.[196]

= 인재 이캐 다: 추리 가주 깨끄타개 추리 가주 인재 구석찌다가 쪽:: 깔구서.

= 미어꾹 끄리고 인재 그 쌀:-바벌 해 가주구서 인재 그래 거기서 맹 간장하고 인재 요래 쎄가지 물 떠 노코 고로캐 바가지다 무럴 떠 노, 떠 노코, 예, 그래 가주구서.

− 삼신할마이한태 빈:다고 그래서.

= 하하하.

− 구석찌다가 그르캐 하능 기여.

= 하하하, 예.

예.

= 그래 노코 인재 삼신할마이 바가치라고 인재 여 엔:나래 실경[197] 이 르캐.

예.

= 저: 매: 노차나요, 실경이라고 이르캐 에:?

− 집찜마둥 이따시피 해요.

= 그라먼 인재 거기다가 메주, 메주럴 끄리서 달구 이라자나요, 고 런 대.

= 인재 거기다 메주루두 달구 구석찌다가 삼신바가지라구 인재 물 떠 농능 거요.

= 그거넌 바가치 고기다가 인재 물두 떠 노코 그래야 인재 그기 어퍼 나요 또 *** 해 노코.

= 그때 당시는 돌상을, 돌상은 우리는 못 차렸어요.

= 우리 애들 팔 남매 다 못 해줬는데 이 삼신할머니라고 있잖아요, 삼신할머니라고 이 구석에다가.

예.

= 이제 짚을 깔아요, 짚을 깨끗이 이재 다 추려서.

= 이제 이렇게 다 추려가지고 깨끗하게 추려 가지고 이제 구석에다가 쪽 깔고서.

= 미역국 끓이고 이제 그 쌀밥을 해 가지고서 이제 그렇게 거기서 맨 간장하고 이제 요렇게 세 가지 물 떠 놓고 그렇게 바가지에다 물을 떠 놓(고) 떠 놓고 예, 그래 가지고서.

─ 삼신할머니한테 빈다고 그래서.

= 하하하.

─ 구석에다가 그렇게 하는 거야.

= 하하하, 예.

예.

= 그래 놓고 이제 삼신할머니 바가지라고 이제 여기 옛날에 시렁 이렇게.

예.

= 저 매어 놓잖아요, 시렁이라고 이렇게.

─ 집집마다 있다시피 해요.

= 그러면 이제 거기다가 메주 달(고) 메주를 끓여서 달고 이러잖아요, 그런 데(다가).

= 이제 거기다 메주도 달고 구석에다가 삼신 바가지라고 이제 물을 떠 놓는 거요.

= 그것은 바가지 거기다가 이제 물도 떠 놓고 그래야 이제 그걸 엎어 놔요 또 *** 해 놓고.

= 또 나중애 인재 또 애:덜 인재 또 인재 머 아푸거나 머 어트가거나 하면 인재 집 까라 노쿠 물 떠다 노쿠 또 우리 할마이넌 또 빌:대요.

- 흐흐, 비러, 비러.

= 그라먼 애더리 인재 그래 또 갠잔코.

= 그래 가주구 그르캐 살:구.

= 머 애들 도:래넌 항상 인재 기냥 그르캐 백썰구하구: 저 쑤수파떠카구 우린 이르캐배끼 아내조써요.

= 먹꿈끄리던지 바패 노코 이래 직까라 노코 고기다가 인재 기냥 바팡 거럭 미여꿈 항 거럭, 맹간장 인재 요래 쫌 떠 노코 떠꾸걸 해 농거 **.

= 이래 처꾸빠비라구 애기 나먼 또 그르캐 해요 또.

예.

= 이르캐 해노(치), 그리캐:: 해써요 머.

쑤수파떠근 언재까지 해 조써요?

며쌀 쩡도까지?

= 그거넌 돌 때만 해 줘써요.

그 뒤애는?

= 안: 해 조써요.

= 예.

= 그거 ** 이 그 열 쌀 먹뚜룩198) 해 주먼 조태요:, 열 쌀 먹뚜룩.

= 그리타는대 우리넌 그러캔 안 해조 바써요.

아: :, 그래서.

= 열 쌀 먹뚜룩 아내보고 기냥 돌 때 돌 때만 이재 그래 해 주구넌 안 해조써요.

요새 머그니까 수수파떠기 마신는대 저 어려쓸 때는 그개 그르캐 머끼 시러 써요: .

= 또 나중에 이제 또 애들 이제 또 이제 뭐 아프거나 뭐 어떻게 되거나 하면 이제 짚을 깔아 놓고 물을 떠다 놓고 또 우리 할머니는 또 빌데요.

─ 흐흐, 빌어, 빌어.

= 그러면 애들이 이제 그래서 또 괜찮고.

= 그래 가지고 그렇게 살고.

= 뭐 애들 돌에는 항상 이제 그냥 그렇게 백설기하고 저 수수팥떡 하고 우린 이렇게밖에 안 해줬어요.

= 미역국 끓이든지 밥을 해 놓고 이렇게 짚을 깔아 놓고 고기에다가 이제 그냥 밥 한 그릇 미역국 한 그릇, 맨 간장 이제 이렇게 좀 떠 놓고 떡국을 해 놓은 거 **.

= 이렇게 첫국밥이라고 애기 낳으면 또 그렇게 해요 또.

예.

= 이렇게 해놓(지), 그렇게 했지요 뭐.

수수팥떡은 언제까지 해 줬어요?

몇 살 정도까지?

= 그거는 돌 때만 해 줬어요.

그 뒤에는?

= 안 해 줬어요.

= 예.

= 그거 ** 열 살 먹을 때까지 해 주면 좋대요, 열 살 먹을 때까지.

= 그렇다는데 우리는 그렇게는 안 해줘 봤어요.

아::, 그래서.

= 열 살 먹도록 안 해 보고 그냥 돌 때 돌 때만 그렇게 해 주고 안 해 줬어요.

요새 먹으니까 수수팥떡이 맛있는데 저 어렸을 때는 그게 그렇게 먹기 싫었어요.

- 마저.

근대.

= 그래두 마시.

그런대 저히 어머니가, 지금 말쓰마, 제가 그래서 여쭤 보넝 거애요.

거이 열 쌀 때까지 해써요?

= 예.

저: 하꾜 다닐 때까지 그걸 해 주셔써요.

그래 가주구 저는 머끼 시른대 자꾸만 생일만 대먼 해 주능 거애요.

= 해: 주지요, 그기 조태요.

= 그쌔 열 쌀 먹뚜루기요.

= 열 쌀 먹뚜룩 수수파떠캐 주문 저 조타넌대 아:내조써유 저넌.

= 함 분 돌 때만 우리 애더런 다:: 돌 때만 함 분 해 주만 안 해조요, 거냥.

= 해 주두 모타고 막: 그냥 그닝 지 생이리라구 인재 양 며:꿍마 끄리 주구 인재 이래 바벌 좀 머 인재 그때 머 쌀두 얼매나 기해요::.

= 그래서 쌀바비라고 인재 쪼꼼 해:서 주구 미여꾹 끄리서 기냥 이래 주구 이래찌 그러캐 아:내써요.

= 저는 해 보지 아내써요.

= 그런 시가니 웁꾸 해 줄 씨간두 웁써.

모르개써유, 그때 저히두: 그르캐 풍조카개 살:지를 아나꺼든뇨.

그런대 하이튼 그 저 수수파떠근 그르캐 하시드라구요.

= 예 그걸 해 주만 조태요.

= 예, 쑤수파떠글 그래 열 쌀 먹뚜룩 해 주먼 조:타캐서 그래 해: 주넌 엄마드리 마:나써요.

= 저넌 해 주두 모태떠요.

수수두 저기 수 수수두 찰 개 이꾸 메 개, 메, 메 개 이꾸 그래요?

= 예:, 게 그 수수파떠카능 거넌 찰 걸루 해야 대요.

- 맞아.

근데.

= 그래도 맛이.

그런데 저희 어머니가, 지금 말씀하신, 제가 그래서 여쭤 보는 거예요.

거의 열 살 때까지 했어요?

= 예.

저 학교에 다닐 때까지 그걸 해 주셨어요.

그래 가지고 저는 먹기 싫은데 자꾸만 생일만 되면 해 주는 거예요.

= 해 주지요, 그게 좋대요.

= 글쎄 열 살 먹도록이요.

= 열 살 먹도록 수수팥떡 해 주면 저 좋다는데 안 해 줬어요 저는.

= 한 번 돌 때만 우리 애들은 다 돌 때만 한 번 해 주면 안 해줘요, 그냥.

= 해 주지도 못하고 막 그냥, 그냥 제 생일이라고 이제 그냥 미역국만 끓여 주고 이제 이래 밥을 좀 뭐 이제 그때 뭐 쌀도 얼마나 귀해요.

= 그래서 쌀밥이라고 이제 조금 해서 주고 미역국 끓여서 그냥 이렇게 주고 이랬지 그렇게 안 했어요.

= 저는 해 보지 않았어요.

= 그런 시간이 없고 해줄 시간도 없어.

모르겠어요, 그때 저희도 그렇게 풍족하게 살지를 않았거든요.

그런데 하여튼 그 저 수수팥떡은 그렇게 하시더라고요.

= 예 그걸 해주면 좋대요.

= 예, 수수팥떡을 그래 열 살 먹도록 해 주면 좋다고 해서 그렇게 해 주는 엄마들이 많았어요.

= 저는 해 주지 못했어요.

수수도 저기 수, 수수도 찰 게 있고 메 게, 메 메 게 있고 그래요?

= 예, 그래 그 수수팥떡 하는 것은 찰 것으로 해야 돼요.

예.

= 예:, 찰 걸루 하고.

= 메거넌 인재 메쌀 그거넌 방애 찔 때두 그거넌 인재 메싸런 바배, 바불 해 머꼬.

= 찰거넌 인재 거 수수파떠갈 때 떠캐 머걸 때 그러구 인재 그걸루 저: 수수부꾸미라고[199] 꿔:요, 부칭개루요.

예.

= 그르닝깨 부칭개루 꾸만 그걸루 떠꾹 끄리넌 대두 느쿠:.

= 어: 기냥 인재 이르캐 부꾸미라고 그 그래요.

= 수수부꾸미라구 그래요, 그그 이러멀 부침개 꾸넝 거럴.

예.

= 그래 가주 그르캐 해서두 해 머꾸 고라지요.

= 찰 걸렁 그르캐 해요, 두 가지루.

그거 쩌기 비, 방삐 매능 거 이짜나요?

= 예:.

하:얀 거.

= 예:.

그거, 그거는 메거예요?

= 그건:: 그.

찰 거예요, 그개?

= 그기요:.

두 가지가 다르나요?

= 지그먼:: 그 비 매넝 거넌 어:: 별로 조털 아내요.

= 옌:날 수수거떨 아내요, 그거넌.

= 근대 그기 마니 안 나온다카대요, 그 비 매넝 거넌.

= 근대:.

예.

= 예, 찰 걸로 하고.

= 메거는 이제 멥쌀 그거는 방아 찧을 때도 그거는 이제 멥쌀은 밥에, 밥을 해 먹고.

= 찰 거는 이제 그 수수팥떡 할 때 떡 해 먹을 때 그리고 이제 그걸로 저 수수부꾸미라고 구워요, 부침개로요.

예.

= 부침개로 구우면 그걸로 떡국 끓이는데도 넣고.

= 에 그냥 이제 이렇게 부꾸미라고 그것을 그래요.

= 수수부꾸미라고 그래요, 그것 이름을, 부침개 굽는 것을.

예.

= 그래 가지고 그렇게 해서도 해 먹고 그러지요.

= 찰 것으로는 그렇게 해요, 두 가지로.

그거 저기 방 비 매는 거 있잖아요?

= 예.

하얀 거.

= 예.

그거는 메거예요?

= 그건 그.

찰 거예요, 그게?

= 그게요.

두 가지가 다른가요?

= 지금은 그 비를 매는 것은 에 별로 좋지를 않아요

= 옛날 수수 같지가 않아요, 그것은.

= 그런데 그게 많이 안 나온다고 하데요, 그 비를 매는 것은.

= 그런데.

- 찰쑤수, 메쑤수.

= 우리::, 우리덜 농 엔:나래 농사질 때넌 그르캐 막 비, 비 매넝 거 이렁 거: 직 지금거치 징: 개 안 나오고요.

= 비럴 매도 거냥 인재 쪼마:치, 쪼만하지요.

= 인재 엔:날 우리덜.

빨강 거두 이써써요?

= 예, 우 엔:날 우리덜 비 매 가주 쓸 때넌 빨가나이 쪼마::나니 머 다: 매두 쪼매:내써요, 그냥.

= 고래서 고렁 걸루 그냥 메쑤수 찰쑤수 인재 이렁 걸루 해: 가주구 뚜디리 가주 이래 해 머거찌마넌 그거 지금 나오는 이른 그른 비짜리넌 엔:나래넌 읍써써요.

= 지금 이기 중녀내 그기 나와짜나요, 그 비 매능 개.

= 비 매능 거뚜 오래 돼:찌.

= 그 인재 비 매능 거 나오능 거, 또 오래되깬내.

‒ 찰수수, 메수수.

= 우리, 우리들 농(사) 옛날에 농사지을 때는 그렇게 막 비, 비를 매는 거 이런 거 지금같이 긴 게 안 나오고요.

= 비를 매도 그냥 이제 조그만큼 조그만하지요.

= 이제 옛날 우리들.

빨간 것도 있었어요?

= 예, 옛날 우리들이 비를 매 가지고 쓸 때는 빨간하고 조그만하고 뭐 다 매도 조그만 했어요, 그냥.

= 그래서 그런 걸로 그냥 메수수, 찰수수 이제 이런 걸로 해 가지고 두드려 가지고 이렇게 해 먹었지마는 그거 지금 나오는 이런 그런 빗자루는 옛날에는 없었어요.

= 지금 이게 중년에 그게 나왔잖아요, 그 비를 매는 게.

= 비를 매는 것도 오래 됐지.

= 그 이제 비를 매는 거 나오는 것, 또 오래 되겠네.

2.10. 가족과 결혼 생활

하라버지 그른대 팔람매라 그르셔짜나요?

아까 할머니두?

= 예예.

= 팔람(매).

지금 다 어디: 어디 가:서 사라요?

= 지금 인재 저기 저:: 이천:, 이천 가서 이써요, 우리 네째 아더리.

예:.

= 이천:: 거기 가서 인재 그: 현대자동차애 인재 거기 가서 기냥 밤 머꼬 사라요.

= 그라고 우리 큰따릇, 이 잴: 큰따리 저:: 대구, 대구 살:고.

= 개 서저마고 사라요, 대전서.[200]

= 그라고 인재 우리 크나더리: 인재 우리 딸 미태가 인재 크나더린대 대전 사라요.

= 대전 그 으나수 아빠트애 가 살거던요.

= 거기 사:는대 거기서 인재: 대전교도소라카능대 거기 이써요.

= 예.

교도관:이싱가?

= 예, 교도가내 거기 이꾸.

= 우리 두째 딸도 인재 대저니꾸요.

= 근대 우리 세, 우리 세:째 아더런 대구인넌대, 대구 가 이써요.

= 우리 세째 아들두 대구 가 이꼬:, 인재 우리:: 망내따른 저:: 부여라는 대 가서 이써요.

충남?

할아버지가 그런데 팔 남매라 그러셨잖아요?

아까 할머니도?

= 예예.

= 팔 남(매).

지금 다 어디 어디 가서 살아요?

= 지금 이제 저기 저 이천, 이천 가서 있어요, 우리 넷째 아들이.

예.

= 이천 거기 가서 이제 그 현대자동차에 이제 거기 가서 그냥 밥 먹고 살아요.

= 그리고 우리 큰딸은, 이 제일 큰딸이 저 대구, 대구 살고.

= 그래 서점하고 살아요, 대구에서.

= 그리고 이제 우리 큰아들이 이제 우리 딸 밑에가 이제 큰아들인데 대전 살아요.

= 대전 그 은하수 아파트에 가 살거든요.

= 거기 사는데 거기서 이제 대전교도소라고 하는데 거기 있어요.

= 예.

교도관이신가?

= 예, 교도관으로 거기 있고.

= 우리 둘째 딸도 이제 대전 있고요.

= 그런데 우리 세 셋째 아들은 대구 있는데, 대구에 가 있어요.

= 우리 셋째 아들도 대구 가 있고, 이제 우리 막내딸은 저 부여라는 데 가서 있어요.

충남?

= 예, 그라고 인재 우 아덜로 해서 망내가 여기 유성기어배 취지캐 가주 그래 댕기구.

다: 머 잘.

= 예, 기냥.

게시내요?

= 예:, 애:더리 예 기냥 그래.

= 그른대 지금 죄송하지만 선생니먼 지금 어트개 대시써요?

쉬은 네:시요.

= 시은 내시애요?

= 개띠?

예 예.

= 개띠?

마:느로.

= 만, 마:느로.

깨띠.

= 우리 큰따리 개띠거든뇨.

예.

= 신 느이요, 우리 큰따리.

예:.

= 어::, 우리 큰따리 지금 신 느이고 우리 크나더리 지금 스:이여, 쉰 스이.

= 연연생얼 해 가주구서 예, 처다이 연연생얼 그래 인재 *** 나쿠서 인재 연연생얼 해 가주구.

언재부턴가 전 나이도 잘 모르개써요.

이개 따저 바야지 알지.

= 하하하하.

- 하하하하.

＝ 예, 그리고 이제 아들로 해서 막내가 여기 유성기업에 취직해 가지고 그래 다니고.

다 뭐 잘.

＝ 예, 그냥.

계시네요?

＝ 예:, 애들이 예, 그냥 그래.

＝ 그런데 지금 죄송하지만 선생님은 지금 어떻게 되셨어요?

쉰 넷이요.

＝ 쉰 넷이에요?

＝ 개띠?

예 예.

＝ 개띠?

만으로.

＝ 만으로.

개띠.

＝ 우리 큰딸이 개띠거든요.

예.

＝ 쉰 넷이요, 우리 큰딸이.

예.

＝ 어. 우리 큰딸이 지금 쉰 넷이고 우리 큰아들이 지금 (쉰)셋이야 쉰셋.

＝ 연년생을 해 가지고 예, 첫 아이를 연년생을 그래 이제 *** 낳고서 이제 연년생을 해 가지고.

언제부턴가 전 나이도 잘 모르겠어요.

이게 따져 봐야지 알지.

＝ 하하하.

－ 하하하.

= 그르치유.

- 난 아덜 딸 이럼 전부 다, 다:: 모르넌대 머, 며싸린지두.

= 흐흐.

- 허허.

애기 손자들 생기면 손자 이름두 잘 몰르는대요.

= 예:, 헤헤헤.

- 허허.

저는 그러캐 생가캐요.

그 재산 물려줄::라면 그냥 내가 사라 인는 동아내 그 재산 가주구 펴나개
이따가.

- 글쌔, 내..

= 죽, 죽, 주거야지 댄다 이런 생가기거더뇨.

그러니까 어르신들두 그르캐 생가키시면 펴나자나요?

= 예:, 저.

- 쪼꿈 미아난 저문 이찌요 머.

- 다런 사라먼 참 재사니 마나 가주구.

= 근대.

아휴::.

= 인재 우리 아덜:리나 메느리더리한태 제가 그라지요, 나넌: 자식떠란
태 큰소리두 모타구: 난 느:더란태 이기 타 쓰구 이래 사닝깨 내가 모등
기 우리 메늘래한태두 미안하다카구 내가 이르캐 더러 그래요.

= 고라먼: 에:: 어먼니미 아나푸고 바패 잡쑤꼬 아번님 바패 주고 어따
어머니 경:강항 거시 조치: 그렁 거 우리가 버러 우리가 멍녕 거지:, 그른
기 조치 그런 생각 하시지 말구 몸만 겅강해 달라고:: 그래요.

= 머: 아:내 조따 해 조따 머, 어트개따 이런 소린 함: 번두 아내요, 우
리 메너리더리.

= 그렇지요.

− 난 아들 딸 이름 전부 다 다 모르는데 뭐, 몇 살인지도.

= 흐흐.

− 허허.

애기 손자들 생기면 손자 이름도 잘 모르는데요.

= 예:, 헤헤헤.

− 허허.

저는 그렇게 생각해요.

그 재산 물려주려면 그냥 내가 살아있는 동안에 그 재산 가지고 편하게 있다가.

− 글쎄, 내..

= 죽, 죽, 죽어야지 된다 이런 생각이거든요.

그러니까 어르신들도 그렇게 생각하시면 편하잖아요?

= 예, 저.

− 조금 미안한 점은 있지요 뭐.

− 다른 사람은 참 재산이 많아가지고.

= 근데.

아휴.

= 이제 우리 아들이나 며느리들한테 제가 그러지요, 나는 자식들한테 큰 소리도 못하고 나는 너희들한테 이렇게 타 쓰고 이렇게 사니까 내가 모든 게 우리 며느리들한테도 미안하다고 하고 내가 이렇게 더러 그래요.

= 그러면 에 어머님이 안 아프고 밥 해 잡수시고 아버님 밥 해 주고 무엇보다 어머님 건강하신 것이 좋지 그런 거 우리가 벌어 우리가 먹는 거지, 그런 게 좋지 그런 생각하시지 말고 몸만 건강해 달라고 그래요.

= 뭐 안 해 줬다, 해 줬다 뭐, 어떻게 했다 이런 소리는 한 번도 안 해요, 우리 며느리들이.

그렁까:: 건강하싱 개 해 주능 거애요.

= 예, 예예. 그래요.

= 아번님.

아푸구 누워 게셔 바요.

그럼 누가 와서 바야 되는대 그개 얼마나 힘들어...

= 예, 그런대.

그거 안 해 주능 검만 해두.

= 아번님 바비나 해주고:: 어머니 경강항 기 저: 조타고 인재 그르캐 그:: 얘기지 머 다른:: 얘긴 할 꺼 아니요.

= 우리 메눌래가 다 차캐요.

= 하하하.

사위두, 사위들두 잘 하자나요?

= 예, 사위덜두 우리 사우덜그튼 이들 옵써요.

= 진짜, 참 머 우리집 냥바니 여 이따시피 해도 우리 사우덜두 참: 잘 해요, 우리 사우더리:.

= 사우더리 인재 오면 용똔 주지: 딸래도 고라지 머: 우리 아덜래덜도 그라고 그랑깨 그래 이르캐 살지요.

장, 장모가 사위:, 장모는 사위 사랑이라 그런대자너요?

= 그렁깨 그걸 모태중깨 미아나지요.

아이고 마미:지요 머, 마:미구::.

= 예. 글 모태중개 미아나지 항상.

처가찌배 오면 머 밥 따뜨타개 해 주먼 그개 고마웅 거지요, 멀.

= 으흥.

= 게 인재 기냥 바번 기냥 해 주지요 머.

= 바번 해 주지만, 즈:더리 다 해 가주 와서 머꼬.

= 즈:더리 와서 해 가주.

그러니까 건강하신 게 해 주는 거예요.

= 예, 예예. 그래요.

= 아버님.

아프고 누워 계셔 봐요.

그럼 누가 와서 봐야 되는데 그게 얼마나 힘들어…

= 예, 그런데.

그거 안 해 주는 것만 해도.

= 아버님 밥이나 해주고 어머님 건강한 게 저 좋다고 이제 그렇게 그 런 얘기지 뭐 다른 얘긴 할 거 아니요.

= 우리 며느리들이 다 착해요.

= 하하하.

사위도 사위들도 잘 하잖요?

= 예, 사위들도 우리 사위들 같은 아들 없어요.

= 진짜, 참 뭐 우리 집 양반이 여기 있다시피 해도 우리 사위들도 참 잘 해요, 우리 사우들이.

= 사우들이 이제 오면 용돈 주지 딸네도 그러지 뭐 우리 아들네들도 그러고 그러니까 그래 이렇게 살지요.

장모가 사위:, 장모는 사위 사랑이라 그런다잖아요?

= 그러니까 그걸 못 해주니까 미안하지요.

아이고 마음이지요 뭐 마음이고.

= 예. 그걸 못 해준 것이 미안하지 항상.

처갓집에 오면 뭐 밥 따뜻하게 해 주면 그게 고마운 거지요, 뭘.

= 으흥.

= 그래 이제 그냥 밥은 그냥 해 주지요 뭐.

= 밥은 해 주지만 자기들이 다 해 가지고 와서 해 먹고.

= 자기들이 와서 해 가지고.

= 즈:더리 가주 와서 머거요.

= 즈:드리 가주 와 가주 해 머꼬 그라니깨 게 내가 그라지요.

= 머든, 모둥 기 느덜 보기 미안하다카먼 그런 소리 하지 말라카지.

= 헤.

옌:나래는 머 사위가 저 뱅년손니미라구 해찌만.

= 으ㅎㅎㅎ.

= 뱅년손니미라카고 사위가:: 장모 사랑은, 사위([uy]) 사랑은 장모라 카자나요.

= 근대 그::런 사랑얼 제가 모타고 나니 미아나지요.

머 얘기 하시능 거보니까 잘 하시는대.

= 하하하.

= 잘 하덜 모태요 허허.

= ㄱ냥 밤만 기냥 오면 바번 기냥 해 주지.

손자드른: 그럼: 얼마나 되요?

손자두 망:캔내요?

- 손자: 만치요.

- 이 왜손자:-아는 둘씩, 둘씩.

예.

- 두리고.

- 근디 우리 친손자덜두 둘씩, 둘씩.

= 딸도 둘씩, 둘씨기구 그래요.

= 아이구 아이구.

- 딸 하나뿌니유.

- 우리 아:드리야 아들.

어::.

= 아덜래넌:: 우리가 인재 아덜:-런 딸 하나뿌니구 어:: 딸도 인재 망내

= 자기들이 가지고 와서 먹어요.

= 자기들이 가져 와 가지고 해 먹고 그러니까 그래 내가 그러지요.

= 뭐든, 모든 게 너희들 보기 미안하다고 하면 그런 소리 하지 말라고 하지.

= 헤.

옛날에는 뭐 사위가 백년손님이라고 했지만.

= 으ᄒᄒᄒ.

= 백년손님이라고 하고 사위가 장모 사랑은, 사위 사랑은 장모라고 하잖아요.

= 그런데 그런 사랑을 제가 못 하고 사니 미안하지요.

뭐 얘기 하시는 거 보니까 잘 하시는데.

= 하하하.

= 잘 하질 못해요 허허.

= 그냥 밥만 그냥 오면 밥은 그냥 해 주지.

손자들은 그럼 얼마나 돼요?

손자도 많겠네요?

− 손자 많지요.

− 이 외손자는 둘씩, 둘씩.

예.

− 둘이고.

− 그런데 우리 친손자들도 둘씩, 둘씩.

= 딸도 둘씩, 둘씩이고 그래요.

= 아이고, 아이고.

− 딸 하나뿐이요.

− 우리 아들이야 아들.

아.

= 아들네는 우리가 이제 아들은 딸 하나뿐이고 에 딸도 이제 막내딸은

따런 또 아덜만 두:리구.

　－ 맹: 끄트머린 *****.

　＝ 인재 큰딸하고 둘째 딸하고만 남매야, 남매.

예.

　－ 그 남자가 훨씬 더 마너요.

그르갠내요.

　＝ 인재 형재::, 형재, 형재더리 더 만치.

　＝ 아:드리 더 마:나요.

　＝ 우리 두:째 아드리 남매지 아더런.

　＝ 두째 아더리 여기 여 영동 여기 경강아빠뜨 사:는대 가:더리 남매구.

　＝ 그르카고넌 아덜::리 형재요 형재.

함 번 저::기 지배 이르캐 모이면 머 그냥.

　＝ 잘 짜리도 업써요.

벅쩍벅쩍 하갠내요.

　＝ 예, 여기꺼지 다: 자도 막 꽉 차지요.

방이 이르캐 마:는대요, 방이?

　＝ 예.

예, 그르캐써요.

　－ 그래서 이기 지벌 질 때 아덜 따리 망:키 때미내 여기 세:, 방 세: 카
내다가 여 화장시럴 이 아내 여기다 느야 되넝 거럴 이걸 방으로 쓸라고 하
나 더 느코 저 화장시럴 저리 밀, 밀치 내뿌리써.

　＝ 다: 지 노코서 그래 여기다 화장시를 느:써요.

음:.

　＝ 개서 여기 다: 자도, 다: 자두 기냥 쫌.

　＝ 헤헤 그래요.

　＝ 그래도 한, 한: 이틀 그르캐 인재 머여 기냥 그래다가 인재 여러시

또 아들만 둘이고

‐ 맨 *끄트머리는*.

= 이제 큰딸하고 둘째 딸하고만 남매야 남매.

예.

‐ 그 남자가 훨씬 더 많아요.

그러겠네요.

= 이제 형제, 형제, 형제들이 더 많지.

= 아들이 더 많아요.

= 우리 둘째 아들이 남매지 아들은.

= 둘째 아들이 여기 여 영동 건강아파트 사는데 걔들이 남매고.

= 그러고는 아들이 형제요 형제.

한 번 저기 집에 이렇게 모이면 뭐 그냥.

= 잘 자리도 없어요.

벅적벅적 하겠네요.

= 예, 여기까지 다 자도 막 꽉 차지요.

방이 이렇게 많은데요, 방이?

= 예.

예, 그러겠어요.

‐ 그래서 이게 집을 지을 때 아들과 딸이 많기 때문에 여기 세, 방 세 칸에다가 여기 화장실을 이 안에 여기다 넣어야 되는 것을 이걸 방으로 쓰려고 하나 더 넣고 저 화장실은 저리 밀쳐, 밀쳐 내버렸어.

= 다 지어 놓고는 그래서 여기에다 화장실을 넣었어요.

음:.

= 그래서 여기 다 자도, 다 자도 그냥 좀.

= 헤헤 그래요.

= 그래도 한, 한 이틀 그렇게 이제 뭐야 그냥 그러다가 이제 여럿이

이따가 가면 집뚜 다 빙 거 그찌요 머.

허저::나지요?

= 예, 허저나구.

= 명절 때넌 머 막 그냥 인재 한 이틀 그냥 그르캐 만:치요.

그래도 그러캐 또 으: 와따: 가면: 조차나요?

= 허허허.

= 예::, 조치요::.

모미 불펴날 때는 힘드릉 거 가튼대요.

와따 가면 그래두 그개 흐무:타구.

= 예:, 그럼뇨.

= 그기: 인재 우리넌 인재:: 그래 글::루 그래 이내선 자슥떨루 이내서 이르키 살지요.

= 우리 자식뜨리 다: 효자요, 고래도.

= 부모들한태 함 분 나뿐 소리 함 번 아나고 아직꺼지넌 나이가 오십 쌀썽201) 너머써도 머: 부모더란태 나뿐 소리하고 머 이르친 아내요.

= 어, 그린대 인재 아푸로넌 몰라도 아직까진.

= 허허허.

= 지금 얘기 드러보면뇨 그런 사람 좀 이써요.

= 그런 사람덜도 그래니 쯤, 아직까지넌.

있다가 가면 집도 다 빈 것 같지요 뭐.

허전하지요?

= 예, 허전하고.

= 명절 때는 뭐 막 그냥 이제 한 이틀 그냥 그렇게 많지요.

그래도 그렇게 또 응 왔다 가면 좋잖아요?

= 허허허.

= 예, 좋지요.

몸이 불편할 때는 힘든 것 같은데요.

왔다 가면 그래도 그게 흐뭇하고.

= 예, 그럼요.

= 그게 이제 우리는 이제 그래 그것으로 그렇게 인해서, 자식들로 인해서 이렇게 살지요.

= 우리 자식들이 다 효자요, 그래도.

= 부모들한테 한 번 나쁜 소리 한 번 안 하고 아직까지는 나이가 오십 살씩 넘었어도 뭐 부모들한테 나쁜 소리하고 뭐 이렇지는 않아요.

= 어, 그런데 이제 앞으로는 몰라도 아직까지는.

= 허허허.

= 지금 얘기 들어보면요 그런 사람 좀 있어요.

= 그런 사람들도 그러니 쯧, 아직까지는.

2.11. 시집살이

할먼니문 지금 얘기 드러보니까 머 저:기 씨집싸리 가틍 거는 별루 안 하싱 거 가트내요?

= 씨집싸린 안: 해써요.

예.

그냥 마음.

= 예, 시집싸린.

그런:대서는 마으믄 펴나셔떵 거 가태요.

= 예:, 우리 할머니가 아::주 마미 차카시구요.

= 아주 인재: 이: 이르캐 피라내 와 가주 산다구 아주:: 저 얼마나 기냥 애낀지 몰라요.

= 그라고 엔:나래년 저::기 또: 아드럴 마니 나먼 메느릴 엄청 조아해짜나요.

= 개서 우리 어먼니미 어: 좀 예 그전: 인재 그저내년 점 어 형재루 마니 내려오고 인재 독쌘:도 이써꼬 형재로:만 내려와꺼던뇨 우리 어먼님 대꺼지.

= 예전부터 그래따는대 우리: 대애 이:: 요그 이 양반 동짜 돌리무루 와 가주구서넌 자손드리 줌 흐내써요.

= 그래 가주구 딸 하나 나쿠서 아 이재 아드럴 인재 내리 느이럴 나꺼던뇨.

= 그라니 우리 어먼니미 세상애 나 혼자만 메느리 봉 거거치 아::주 그냥 그르캐 저럴 생가걸 하더라고요.

= 그라구 인재 고상한다구 우리 어먼니미 인재 이르캐 와 가주구 고생한다: 이르캐 아주 한다구 우리 어먼니미 아::주 마미 천시니써요 아주 그냥.

할머니는 지금 얘기 들어보니까 뭐 저기 시집살이 같은 것은 별로 안 하신 거 같네요?

= 시집살이는 안 했어요.

예.

그냥 마음.

= 예, 시집살이는.

그런 데서는 마음은 편하셨던 거 같아요.

= 예, 우리 할머니가 아주 마음이 착하시고요.

= 아주 이제 이 이렇게 피란에 와 가지고 산다고 아주 저럴 얼마나 그냥 아꼈는지 몰라요.

= 그리고 옛날에는 저기 또 아들을 많이 낳으면 며느리를 엄청 좋아했잖아요.

= 그래서 우리 어머님이 에 좀 예(전) 그전(에) 이제 그전에는 좀 에 형제로 많이 내려오고 이제 독신도 있었고 형제로만 내려왔거든요 우리 어머님 대까지.

= 예전부터 그랬다는데 우리 대에 이 요기 이 양반 동자 돌림으로 와 가지고는 자손들이 좀 흔했어요.

= 그래 가지고 딸 하나 낳고서 아 이제 아들을 이제 내리 넷을 낳았거든요.

= 그러니 우리 어머님이 세상에 나 혼자만 며느리 본 것같이 아주 그냥 그렇게 저를 생각을 하더라고요.

= 그리고 이제 고생한다고 우리 어머님이 이제 이렇게 와 가지고 고생한다 이렇게 아주 한다고 우리 어머님이 아주 마음이 천신이었어요, 아주 그냥.

= 우리 어먼님 나 하나두 시집싸리 안 씨기써요.

시댁-카구 친정하구 혹씨 그 습퐈니 달라 가주구 머 실쑤하시거나 머 그렁 거는 업써써요?.

= 그렁 거넌 업써요.

예.

음식:, 제사 음시기나 머 명절 풍수비나 이렁 거뚜 여기 다 그렁 거 차이가 별루 업찌요?

= 별로 업찌요 그렁 건

= 그런대 인재 우리넌 인재 이:: 저넌 인재 칠팔촌::하구 인재 이 당숙 이런 대서 인재 나 저한태 당숙떠라고 칠팔촌 이런 대서 인재 만치.

= 저넌 딸만:: 우리 아부지가 네시라서요.

= 그 이재 시지불 다: 오고 나니깨 그 뒤루넌 머 어 친정애 그리차나요?

= 그래 가주구 인재 시춘 동생::도 인재 이르캐 그 여러시고 예, 그래 서 인재 이 고무덜두 여러시구 이르치마넌 저::만 우리 아부지 대애서 에: 우리 크나부지하구 우리 아부지하구 둘, 두 형제부니 딸만 이써요, 그르캐.

= 그래 가주구서 줌: 그 자소니 줌 기:핸년대 인재, 줌 친정애두 자소 니 좀 마니 귀한 태기써써요, 예:저내넌.

= 그랜는대 여기두 오닝깨 그르캐 인재 쫌 형재더리 우, 우:애서넌 형 재더리 두 분썩 머 이르캐 좀 되더라고요.

= 이 양반두 인재 형재::구 그르캐 이란는대 인재 우리 이 양반 동자 돌리매 와 가주구 우리더리 그르캐 마:니 나찌요.

예.

= 그라이 그라닝깨 우리 어먼니미 그르캐 조아 하시드라고요, 막.

= 우리 어먼니먼 이: 이 동내서도 너::머 차카고:: 그리캐 아주 저기:: 참 조은 으:러니라구 이르캐 마:니 얘:기럴 드러써요.

그르니까 자손드리 잘 되지요.

= 우리 어머님이 나한테 하나도 시집살이 안 시켰어요.

시댁하고 친정하고 혹시 그 습관이 달라 가지고 뭐 실수하시거나 뭐 그런 거는 없었어요?

= 그런 거는 없어요.

예.

음식, 제사 음식이나 뭐 명절 풍습이나 이런 것도 여기 다 그런 거 차이가 별로 없지요?

= 별로 없지요 그런 건.

= 그런데 이제 우리는 이제 이 저는 이제 칠, 팔촌하고 이제 이 당숙 이런데서 이제 나는 저한테 당숙들하고 칠팔촌 이런 데서 이제 많지.

= 저는 딸만 우리 아버지가 넷이라서요.

= 그 이제 시집을 다 오고 나니까 그 뒤로는 뭐 어 친정에 그렇잖아요?

= 그래 가지고 이제 사촌 동생도 이제 이렇게 그 여럿이고 예, 그래서 이제 이 고모들도 여럿이고 이렇지만 저만 우리 아버지 대에서 에 우리 큰아버지하고 우리 아버지하고 둘, 두 형제분이 딸만 있어요, 그렇게.

= 그래 가지고 좀 그 자손이 좀 귀했는데 이제, 좀 친정에도 자손이 좀 많이 귀한 턱이었었어요, 예전에는.

= 그랬는데 여기도 오니까 그렇게 이제 좀 형제들이 위, 위에서는 형제들이 두 분씩 뭐 이렇게 좀 되더라고요.

= 이 양반도 이제 형제고 그렇게 이랬는데 이제 우리 이 양반 동자 돌림에 와 가지고 우리들이 그렇게 많이 낳았잖아요.

예.

= 그러니 그러니까 우리 어머님이 그렇게 좋아 하시더라고요, 막.

= 우리 어머님은 이 이 동네에서도 너무 착하고 그렇게 아주 저기 참 좋은 어른이라고 이렇게 많이 얘기를 들었어요.

그러니까 자손들이 잘 되지요.

= 하하.

= 그링 거 가태요.

= 호호호.

= 예. 피란 가따 와서두 이우찌배:: 비가 오먼 이우찝 베럴 먼지 더퍼 주고 내꺼넌 나중애 에, 가서 이르캐 비가 와도 그 에, 너렁 거럴 퍼 당꼬 이르캐 하신 냥바니래요.

예.

= 예, 그래서 그르캐 자손더리 잘 되넝 거 가태요.

= 저두 그래요.

= 그래 참: 너머 천시니어써요, 아주 우리 어먼니미.

= 난 시집싸리라곤 아나고 사라써요.

= 머 그냥 옌:나래넌 그리차나요.

= 사넝 거뚜 우리 어먼님 진짜 배두 마니 골구 노라가시써요.

= 고래 저두 그냥 이르캐 와서 사넌대 아:럴 느이럴 라코 그 인재 우리 어먼님 도라가시찌마는 대영고기라고 먹짜나요:?

= 대양곡 그거: 먹찌, 농사넌 지꼬 사라도:.

= 인재 그때는 스댕 그럭(이) 이써요.

= 스댕 그러긴대 바불 그냥 인재 요만:창 요래 디리먼 나럴 애기 어머 이라구 그냥 나럴 그걸 반천 더러 줘요.

= 반천 더러 주먼: 내 그기 안 너머가요.

= 그래 아이고:: 어먼님 날 이걸 더러 주먼 대냐고 잡쑤라면 '야야 너 넌 애:기 어머이라 머거야 한다' 이라민성 그르캐 날 머그구 더러 주구 이러카싱 냥바니지.

= 그라구 인재 어머이가 또: 따리 인재 느:이라서 하난 일번 가서 이 꼬. 인재 이 우리 어머이가 팔씹다서새 도라가션넌대, 친정 어머이가.

= 인재 딸래:: 스 스이찌배 여기 저기 가서 마:니 게시고 또 저한태 와

= 하하.

= 그런 거 같아요.

= 호호호.

= 예. 피란 갔다 와서도 이웃집에 비가 오면 이웃집 벼를 먼저 덮어주고 내 것은 나중에 에 가서 이렇게(덮고) 비가 와도 그 에 넌 것을 퍼 담고 이렇게 하신 양반이래요.

예.

= 예, 그래서 그렇게 자손들이 잘 되는 거 같아요.

= 저도 그래요.

= 그래 참 너무 천신이었어요, 아주 우리 어머님이.

= 난 시집살이라고는 안 하고 살았어요.

= 뭐 그냥 옛날에는 그렇잖아요.

= 사는 것도 우리 어머님 진짜 배도 많이 곯고 돌아가셨어요.

= 그래 저도 그냥 이렇게 와서 사는데 아이를 넷을 낳고 그 이제 우리 어머님은 돌아가셨지만은 대양곡이라고 먹잖아요?

= 대양곡 그거 먹지, 농사는 짓고 살아도.

= 이제 그때는 스테인리스 그릇이 있어요.

= 스테인리스 그릇인데 밥을 그냥 이제 요만큼 요렇게 드리면 나를 아기 어머니라고 그냥 나를 그걸 절반 덜어줘요.

= 절반 덜어 주면 내가 그게 안 넘어가요.

= 그래 아이고 어머님 날 이걸 덜어 주면 되냐고 잡수라면 '야야 너는 아기 어머니라 먹어야 한다'이라면서 그렇게 날 먹으라고 덜어주고 이렇게 하신 양반이지.

= 그리고 이제 어머니가 또 딸이 이제 넷이라서 하나는 일본 가서 있고 이제 이, 우리 어머니가 팔십 다섯에 돌아가셨는데, 친정어머니가.

= 이제 딸네 세 집에 여기 저기 가서 많이 계시고 또 저한테 와서도

서두 마:니 게시고 그래서 이따가 우리 어머이럴 인재 조카한태 가서 도러가셔써요, 우리 사:촌동생한태 가서.

요줌 예, 요줌 며느리드른 어때요, 옌날 생가캐 보면?

= 우리:: 메닐래더런 차캐요 다:, 안즉까지넌뇨.

= 안즉까진 다: 차칸대 다른 사람덜 메너리덜 머:: 어띠코 머가 어띠코 막 이르캐 쌍능 거 보만 아, 그링가 이리구.

= 우리 메늘래더런 아직꺼진 잘: 해요.

= 자라고 차캐요 다, 다 메늘래.

아직까지가 아니라 차카먼 계속 차카지요.

= 하하하.

며느리::가 또 잘하면 더 이뿌자나요?

= 예:.

= 해해해.

귀여꼬.

= 예 근대 우리: 큰메느리가 쌍둥이럴 나써요.

= 쌍둥이럴 첟 처다드럴 쌍둥이럴 첟빼애 나쿠서넌 인재 형재 나쿠서넌 안 나요.

= 인재 우리 쌍둥이더리 하난 커 가주 지금 쌍둥이 하낭 구닌 가구 하난 지배 이꾸 인재 그뚜 곧 간대요.

= 가:두 그리타는대 메느리가 고래:: 함 분 나서 애기두 안 낭 거 거틀꺼요 아매.

= 근대 그르키 차캐요.

= 근대 차카고 어:: 내가 우리 메늘래한태 잘 모:대 중 거시 인재 줌 마:미 아푸지요.

= 허허허.

멀 모태줘요, 멀.

많이 계시고 그래서 있다가 우리 어머니를 이제 조카한테 가서 돌아가셨어요, 우리 사촌동생한테 가서.

요즘 예. 요즘 며느리들은 어때요, 옛날 생각해 보면?

= 우리 며느리들은 착해요 다, 아직까지는요.

= 아직까진 다 착한데 다른 사람들 며느리들 뭐 어떻고 뭐가 어떻고 막 이렇게 하는 거 보면 아, 그런가 이러고.

= 우리 며느리들은 아직까지는 잘 해요.

= 잘하고 착해요 다, 다 며느리들(이).

아직까지가 아니라 착하면 계속 착하지요.

= 하하하.

며느리가 또 잘하면 더 예쁘잖아요?

= 예.

= 해해해.

귀엽고.

= 예 그런데 우리 큰며느리가 쌍둥이를 낳았어요.

= 쌍둥이를 첫 첫아들을 쌍둥이를 첫 배에 낳고서는 이제 형제 낳고는 안 나요.

= 인제 우리 쌍둥이들이 하나는 커 가지고 지금 쌍둥이 하나는 군인 가고 하나는 집에 있고 이제, 그것도 곧 간대요.

= 걔도 그렇다는데 며느리가 그래 한 번 낳아서 애기도 안 낳은 거 같을 거요 아마.

= 그런데 그렇게 착해요.

= 그런데 착하고 내가 우리 며느리들한테 잘 못해 준 것이 이제 좀 마음이 아프지요.

= 허허허.

(잘해 주셨지)뭘 못 해 줘요, 뭘.

= 음 머: 좀 자래 조야 하넌대 즈:더란태 내가 도:널 타 쓰고 사닝깨 멀 좀 잘: 모태 주자나요.

= 허허.

에이: 그거야.

= 즈더란태 자래 줘야 대넌대 잘 모태주고.

키워중 거만 해두 얼만대요.

= 하하하.

= 그래자내두 그래요:.

— 허허허허.

= 아이구, 내가 느더란태 이르캐 쓰 이르캐 살고:: 이르캐 줌 모:태준다 하먼.

= 우리 아:들래가 그래요.

= 엄마 저 키와중 거마니두 고맙따구 고래요.

— 재사널 좀 물려주고 이라먼 조은대 그 맘:대루 안 됩따다 근.

= 하하하하.

— 돈 벌 기회가 웁꼬 그라고 또 그때넌 돈 벌 어: 장사나 머 여러 가지 조꺼니 안 마저 가주구 머 우짤 수 웁꼬.

= 사닝 거시 그리치요 머.

— 예:저낸 다: 고생하구 살:자나요.

재산 물려주능 거 아무 소용업써요.

— 어허허허.

= 허허.

그거는 아무 소용어꾸.

= 으, 뭐 좀 잘 해줘야 하는데 자기들한테 내가 돈을 타 쓰고 사니까 뭘 좀 잘 못 해 주잖아요.

= 허허.

에이: 그거야.

= 자기들한테 잘해 줘야 되는데 잘 못 해주고.

키워준 것만 해도 얼만데요.

= 하하하.

= 그러잖아도 그래요.

- 으허허허.

= 아이구, 내가 너희들한테 이렇게 살고 이렇게 살고 이렇게 좀 못해 준다 하면.

= 우리 아들네가 그래요.

= 엄마 저 키워준 것만 해도 고맙다고 그래요.

- 재산을 좀 물려주고 이러면 좋은데 그게 마음대로 안 됩디다 그건.

= 하하하.

- 돈을 벌 기회가 없고 그리고 또 그때는 돈 벌이 장사나 뭐 여러 가지 조건이 안 맞아 가지고 뭐 어쩔 수 없고.

= 사는 것이 그렇지요 뭐.

- 예전에 다 고생하고 살잖아요.

재산 물려주는 거 아무 소용없어요.

- 어허허허.

= 허허.

그거는 아무 소용없고.

1) '싱:근영색'은 '심근경색'을 '심근영색'으로 잘못 알고 말한 것이다.

2) '응경색'은 '심근경색'을 잘못 발음한 것이다. 충청도 방언에서는 어두음절 위치에서 이중모음 '여'가 장모음으로 실현되면 고모음화 하는 경향이 있는데 '응경색'의 '응'은 '영'의 장모음이 고모음화 하여 응[yiːŋ]으로 발음된 것이다. 충청도 방언에서 이 중모음 '여:'가 어두음절 위치에서 고모음화하는 예로는 '연:애→은:애, 영:감→응:감, 연:적(硯滴)→은:적, 여치→으:치, 염:려(念慮)→음:려, 염(殮)→음:' 등을 들 수 있다. 장모음 '여:'가 으:[yiː]로 실현되는 것은 어두음절 위치의 장모음 '어:'가 '으:'로 고모음화하는 것과 궤를 같이 하는 것이다. 즉 충청도 방언에서는 어두음절 위치의 '어:'가 장모음일 때 '거:지→그:지, 거:머리→그:머리, 어:른→으:른, 없:다→읎:다, 설:움→슬:움' 등과 같이 '으'로 고모음화 하여 실현되는 경향이 있는데 이와 병행하여 어두음절 위치의 장모음 '여'가 고모음화 하여 '으:'로 실현된 것이라고 할 수 있다.

3) '뺌미다'는 '뺍니다'의 발음 오류다. '뺍니다'라고 발음해야 할 것을 '뺍민다[뺌매다]'로 발음한 것이다. 제보자는 종종 이런 발음 오류를 보였다.

4) '이서'는 중앙이 '잇다'의 활용형 '이어'에 대응하는 이 지역 방언형이다. 중앙어에서는 '잇다'가 불규칙활용 하지만 이 지역에서는 '잇다'가 '잇구, 잇지, 잇으니깨[이스니깨], 잇어[이서]'와 같이 규칙활용 한다.

5) '그르쵸'는 중앙어 '그렇다'에 대응하는 이 지역 방언형 '그릏다'의 활용형이다. '그릏다'는 '그릏구, 그릏지, 그르니께, 그래' 등으로 활용한다.

6) '할라구'는 중앙어 '하려고'에 대응되는 충청도 방언형이다. '할라구'는 어간 '하-'에 어떤 행동을 할 의도가 있음을 나타내는 연결 어미 '-ㄹ라구'가 결합된 것이다. 충청도 방언에서 중앙어 '-려고'에 대응하는 방언형으로 '-(으)ㄹ라구'가 쓰인다. 'ㄹ' 이외의 받침이 있는 동사 어간에는 '-을라구'가 붙고 모음으로 끝나는 어간이나 어간 말음이 'ㄹ'일 때는 '-ㄹ라구'가 붙는다. 충청도 방언형 '-(으)ㄹ라구'와 거의 같은 용법으로 쓰이는 어미로 '-(으)ㄹ라'가 있다. '-(으)ㄹ라'는 어떤 행동을 할 의도나 욕망을 가지고 있음을 나타내는 연결 어미다. 모음으로 끝나는 동사 어간이나 어미 '-으시-' 또는 'ㄹ' 받침으로 끝나는 동사 어간 뒤에는 '-ㄹ라'가 붙고, 'ㄹ' 이외의 자음으로 끝나는 동사 어간에는 '-을라'가 붙는다.

7) '대 이찌요'는 중앙어 '되어 있지요'에 대응하는 이 지역(충북 영동) 방언형이다. '대'는 '되어>돼>대'의 과정을 거친 것으로 보인다.

8) '초간찌비써써요'는 '초갓집이었었어요'의 음성형으로 중앙어 '초가집이었어요'에 대응하는 이 지역(충북 영동) 방언형이다. '초갓집'은 '초가집'의 오류다.

9) '뜨럭'은 중앙어 '토방'에 대응하는 이 지역 방언형이다. ≪표준국어대사전≫에는 '토
방'에 대해 '방에 들어가는 문 앞에 좀 높이 편평하게 다진 흙바닥'이며 '여기에 쪽마
루를 놓기도 한다'고 설명하고 있다. 그런데 충청도 방언에서 '토방'은 사랑채나 행랑
채의 방 가운데 장판을 하지 않았거나 자리를 깔지 않아 바닥에 흙이 그대로 드러나
있는 방을 가리키는 뜻으로 쓰이는 것이 보통이다. ≪표준국어대사전≫의 뜻풀이와
같이 '방에 들어가는 문 앞에 좀 높이 편평하게 다진 흙바닥'이며 '여기에 쪽마루를
놓기도 하는 곳'을 가리키는 충청도 방언형으로는 예에서와 같이 '뜨럭'이나 '봉당'이
많이 쓰이고 '틀팡'이나 '뜰팡'도 쓰인다. '뜨럭'은 '뜰'에 접미사 '억'이 붙은 말로 이
해된다. 충청도 방언 '뜨럭'은 '집 안의 앞뒤나 좌우로 가까이 딸려 있는 빈터'로 화
초나 나무를 가꾸기도 하고 푸성귀 따위를 심기도 하는 곳을 뜻하는 중앙어 '뜰'과는
거리가 있다. 충청도에서는 '집 안의 앞뒤나 좌우로 가까이 딸려 있는 빈터'로 화초
나 나무를 가꾸기도 하고 푸성귀 따위를 심기도 하는 곳은 '텃밭'이라고 한다.

10) '-민성'은 중앙어 '-면서'에 대응하는 충청도 방언형이다.

11) '가밍서'는 중앙어 '가면서'에 대응하는 이 지역 방언형이다. 각주 10) '-민성'과 같
    은 뜻으로 쓰이는 이형태다. 충청도 방언에서는 '-민성'이나 '-민서', '-면서'가 자주
    쓰이는 편이다.

12) '눈님덜'의 '눈님'은 '누님'에 'ㄴ'이 첨가된 것이고 '-덜'은 중앙어에서 복수를 나타
    내는 접미사 '들'에 대응하는 충청도 방언형이다. 따라서 '눈님덜'은 중앙어 '누님
    들'에 대응한다.

13) '그르닝깨'는 중앙어 '그러니까'에 대응하는 충청도 방언형이다. '그르닝깨'의 '그르
    -'는 중앙어의 동사 어간 '그리하-'에 대응하는 충청도 방언형이다. '그르닝깨'는 여
    기에 중앙어의 '-으니까'에 대응하는 충청도 방언형 '-으닝깨'가 결합되어 줄어든 말
    이다.

14) '때매'는 중앙어 '때문에'에 대응하는 이 지역 방언형이다. 이 지역에서는 방언형으
    로 '때매' 외에 '때미내'도 쓰인다.

15) '청사니라카는대'는 '청산+이라카는대'로 분석 가능하다. '청산'은 영동군과 인접한
    옥천군 청성면 청산을 가리킨다. '이라카는대'는 중앙어 '이라고 하는데'에 대응하
    는 충청도 방언형이다. '이라카는대'는 '이라고 하는데'의 축약형이다. '이라카는대'
    는 '이라고 하는데'에 대응하는 경상도 방언형이다. 충청도 지역에서 이 어형이 쓰
    이는 지역은 경상북도와 인접한 충청도 지역이다.

16) '왱기지'는 중앙어 '옮기다'에 대응하는 충청도 방언형 '욍기다'의 활용형 '욍기지'
    를 잘못 발음한 것으로 보인다. '욍기지'는 어두음절 모음을 단모음 '외'로 발음해
    야 하는데 이중모음으로 발음한 것으로 보인다. 충청도 방언형 '욍기다'는 '옮기다>
    옴기다>욈기다>욍기다'의 과정을 거쳐 어간의 재구조화를 거친 것이라고 할 수 있
    다. 충청도 방언형으로 '욍기다' 외에 '잉기다'도 있는데 '잉기다'는 '욍기다'에서
    변한 것으로 보인다.

17) '일쩡 때'는 '일정 때'의 음성형으로 '일제강점기 때'를 가리키는 말이다. '일정 때'는 일본 정치 때, 즉 일본이 우리나라에 와서 정치를 할 때를 뜻하는 말이다.

18) '융 넌뇨'는 '육 년이요'의 이 지역 방언형이다. 충청도 방언에서는 대부분 이런 경우 '육 년이요'나 '육 년이유'로 나타나지만 예에서와 같이 서술격조사 '-이요'가 문말에서 '-요'로 실현되기도 하는데 주로 경상도와 인접한 지역에서 관찰된다.

19) '그링깨'는 중앙어 '그러니까'에 대응하는 충청도 방언형이다. '그러니까'가 '그렇다'와 관련된다면 '그링깨'는 '그렇다'와 관련된다. '그렇다'는 중앙어 '그렇다'에 대응하는 충청도 방언형으로 '그렇다, 그렇구, 그렇지, 그링깨/그리닝깨, 그리어/그려'와 같이 활용한다.

20) '마이'는 중앙어 '많이'에 대응하는 충청도 방언형이다. '마이'는 '많이'에서 'ㄴ'이 탈락한 형태다. 충청도 방언에서 '마니'와 '마이'형이 다 쓰인다. 이런 현상은 충청도 방언에서 단어나 어절이 모음 '이'로 끝나는 경우 그 모음 '이'에 자음 'ㄴ'이나 'ㅇ'이 선행하면 그 'ㄴ'이나 'ㅇ'이 탈락하는 것과 궤를 같이한다. 예의 '마이'도 그런 예 가운데 하나다. 예문의 '마이'는 '많이→마이'의 과정을 거친 것이다. 이런 현상은 다음에서 보듯이 형태소 내부에서도 관찰되고 형태소 경계에서도 관찰된다. '어머니→어머이, 늙은이→늘그이, 종이→조이, 호랑이→호래이, 호맹이→호매이(호미)' 등은 형태소 내부에서 관찰되는 예들이고, '많-이→마이, 눈-이→누이, 영선-이→영서이(인명), 종명-이→종머이(인녕)' 등은 형태소 경계에서 관찰되는 예들이다.

21) '전장'은 '전쟁'에 대응하는 말로 제보자 개인어로 보인다. '전장'은 본래 '무력에 의한 싸움이 벌어지는 곳'을 가리키는 말이지만 여기에서는 '나라나 단체들 사이에서 무력을 써서 행하는 싸움'을 뜻하는 '전쟁'의 의미로 쓰였다.

22) '츰:'은 '처음>첨:>츰:'의 과정을 거친 것이다. 충청도 방언에서 어두음절의 모음이 '어'이고 장모음일 때는 '거:지→그:지, 점:심→즘:심, 거:머리→그:머리, 설:→슬:, 서:럽다→스:럽다' 등에서와 같이 '어'가 고모음화 하여 '으'로 실현되는 경향이 있다.

23) '니리가다'는 중앙어 '내려가다'의 충청도 방언형이다. 충청도 방언에서 '니리가다' 외에 '너리가다', '내리가다', '내려가다', '네리가다' 등의 방언형도 쓰인다.

24) '성조'는 경상북도 '성주'를 잘못 말한 것이다.

25) '봉깨'는 '보니깨'의 축약형 '본깨'의 음성형이다. '본깨'는 중앙어 '보니까'에 대응하는 충청도 방언형이다.

26) 여기서의 '전장'은 '전투'의 뜻으로 쓰였다. 즉 나라나 단체 간에 무력을 써서 행하는 싸움의 뜻인 '전쟁'의 의미로 쓰였다.

27) '댕기고'는 중앙어 '다니다'에 대응하는 충청도 방언형 '댕기다'의 활용형이다. 중앙어의 '다니다'는 15세기 국어 '돈니다'가 '돈니다 > 돈니다 > 두니다'의 과정을 거쳐 이루어진 것으로 설명되지만 이 지역 방언형 '댕기다'는 '당기다'나 '단기다'가 각각 움라우트와 자음동화를 거쳐 실현된 것으로 보인다. '댕기다'는 '댕기다, 댕기

구, 댕기지, 댕기니깨/댕기닝깨, 댕기민서, 댕겨'와 같이 활용한다.

28) '니리갈'은 중앙어 '내려가다'에 대응하는 충청도 방언형 '니리가다'의 활용형이다. '니리가다'는 '니리가구, 니리가지, 니리가닝깨/니리강깨, 니리가서'와 같이 활용한다. 충청도 방언에서 '니리가다' 외에 '내리가다'나 '너리가다'도 쓰인다.

29) '쌍부르닝깨'는 주로 관형사형 어미 뒤에 쓰여, 주관적인 추측, 예상, 추리의 뜻을 나타내는 충청도 방언형 '상부르다'의 활용형이다. 충청도 방언에서 '상부르다' 외에 '성부르다'도 쓰인다.

30) '가덜'은 중앙어 '걔들'에 대응하는 충청도 방언형이다. 중앙어의 '애, 걔, 쟤'에 대응하는 충청도 방언형은 각각 '야, 가, 자'로 경상도 방언형과 같다.

31) '거러난자덜하군'은 '걸어가는 자들하고는'을 뜻하는 말인데 잘못 말한 것으로 보인다.

32) '낭:중에'는 중앙어 '나중에'에 대응하는 충청도 방언형이다. 충청도 방언형으로 '낭:중에' 외에 '야중에'와 '양중에'도 쓰이고 '나중에'도 쓰인다. '나중에'는 '낭;중에'나 '야중에, 양중에'보다 나중에 쓰이기 시작한 것, 즉 표준어의 영향으로 보인다.

33) '모다고'는 중앙어 '못하고'에 대응하는 이 지역 방언형이다. '모다고'는 '못+하고'로 분석할 수 있는 말인데 '하고'의 'ㅎ'이 발음되지 않은 것이다. 충청북도에서 이런 발음을 하는 곳은 청주를 비롯하여 충청남도와 인접한 지역에서 관찰된다. 이런 지역에서는 '모다고(못하고), 바바고(밥하고), 떠가고(떡하고)' 등과 같이 발음한다.

34) '기름낄'은 '기름길'의 음성형이다. '기름길'은 '지름길'을 과도교정한 결과로 보인다.

35) '노근니'는 '노근리'의 음성형이다. '노근리'는 영동군 황간면의 지명이다. '노근리'는 1950년 7월 26일 미국 제1기병사단 제7기병연대 예하 부대가 충청북도 영동군 황간면 노근리 경부선 철로 위에 피난민들을 모아놓고 기관총을 발사한 데 이어, 이들이 철로 밑 굴다리로 숨어들자 무차별 사격을 가했던 곳이다. 이때 생존자들은 당시 최소한 양민 200여 명이 숨졌다고 증언했다. 제보자 김○○ 할아버지도 이 사건 현장을 직접 목격했다고 증언하였다.

36) '집쩍'은 중앙어 '직접'에 대응하는 충청도 방언형이다.

37) '흑짱'은 '흙장'의 음성형이다. '흙장'은 진흙을 직사각형 틀에 넣고 발로 밟아 만든 흙벽돌 한 장을 뜻하는 말이다. '흙장'을 세는 단위로는 '개' 또는 '장'이 쓰인다.

38) 예문의 '거시기'는 하려는 말이 얼른 생각나지 않거나 바로 말하기가 거북할 때 쓰는 군소리로 쓰이는 말이다. 이 '거시기'와 함께 쓰이는 충청도 방언형으로 '거시끼'와 '거시키'가 있다. '거시기'와 비슷한 충청도 방언으로 '머시기'가 있다. '머시기'는 '머시끼', '머시키'와 함께 사람이나 사물의 이름이 얼른 생각나지 않을 때나 하려는 말이 얼른 생각나지 않거나 바로 말하기가 거북할 때 쓰는 말이다. 충청도 방언에서 '머시기'와 '머시끼', '머시키'는 사람이나 사물의 이름이 얼른 생각나지 않을 때나 하려는 말이 얼른 생각나지 않거나 바로 말하기가 거북할 때 쓰는 말이다. 중앙어의 '거시기'와 거의 비슷하지만 얼마간의 차이가 있다. '머시기'류는 사람이

나 사물의 이름이 얼른 생각이 나지 않아 상대방에게 물어 해결하려는 의미도 내포하고 있다는 점에서 단순히 이름이 얼른 생각나지 않거나 바로 말하기 곤란한 사람이나 사물을 가리키는 중앙어의 '거시기'와는 얼마간의 차이가 있다. 충청도 방언에는 '머시끼'류와 비슷하게 쓰이지만 얼마간의 차이를 보이는 말로 '거시끼'가 쓰인다. '머시끼'류가 의문의 기능을 얼마간 가지고 있다면 '거시끼'는 지시적인 기능이 있다는 점에서 다르다. 예컨대 '가 이름이 머시기드라?'나 '가 이름이 머시기지?' 하면 그 아이 이름이 무엇인지 알려 달라는 의미 기능이 있어 '그 아이 이름이 무엇이드라?'나 '그 아이 이름이 무엇이지?'로 바꾸어 쓸 수 있지만 '가 이름이 거시끼지?' 하면 그 아이 이름이 지금 바로 생각나지는 않지만 청자인 상대방도 아는 어떤 사람이지 않느냐고 확인하는 의미 기능이 있다는 점에서 차이가 있다. '머시기'와 '거시기'류는 충청도뿐만 아니라 전라도 지역에서도 폭넓게 쓰이는 방언이다.

39) '지코'는 중앙어 '짓다'에 대응하는 이 지역 방언형 '짖다'의 활용형이다. 이 방언에서 '짖다'는 '지코, 지치, 진, 지어, 지어서'와 같이 활용한다. 이 지역 방언에서는 '짖다' 외에 '짓다'도 쓰인다. '짓다'는 중앙어에서와 마찬가지로 '짓대[지따], 지꼬[짓고], 지쩨[짓지], 지어, 지닝깨, 진' 등과 같이 활용한다.

40) '화근내'는 중앙어 '화독내'의 이 지역 방언형이다. 충청도 방언에서 '화독내'의 뜻으로 '화근내' 외에 '화덕내'도 쓰인다. '화독내'는 '음식이 눈다가 좀 탔을 때 나는 냄새'다.

41) '상'은 '삭'의 음성형으로 중앙어 '깡그리'에 대응하는 말로 쓰였다.

42) '짐성'은 중앙어 '짐승'에 대응하는 충청도 방언형으로 사람이 아닌 동물을 이르는 말로 쓰인다. '짐성'은 국어사 자료에서 15세기 국어 '즁〮〮〮〮〮셩〮'에 소급한다. '즁〮셩〮'은 한자어 '즁생(衆生)'을 그대로 표기한 것이다. 같은 15세기에 나타나는 '즘〯셩'은 한자어라는 의식이 없어진 어형으로 보인다. 그러나 제1음절의 '즁〮>즘〯'의 변화는 현재로서는 설명하기 어렵다. 16세기에 나타나는 '즘승'은 비어두 음절의 '·〮>ㅡ' 변화에 따라 '즘셩>*즘슁'의 변화가 일어난 후에 제2음절의 음절부음이 탈락한 형태로 판단된다. 이러한 변화가 완료된 17세기부터 제2음절을 '싱, 생, 셩'으로 표기한 '즘싱, 짐싱, 즘생, 즘셩, 김생, 짐생' 등은 적어도 제2음절의 어원이 '생(生)'이라는 것을 의식하고 표기한 것으로 판단된다. 한편 19세기에 나타나는 '김생'은 '짐생'의 '지'가 '기>지'의 구개음화를 경험한 것으로 오분석한 표기로 보인다. 그리고 같은 시기의 '짐생'은 '즘생'의 제1음절이 '즘>짐'의 변화를 경험한 결과이며, '짐승'은 '즘승'의 제1음절이 이와 같은 변화를 경험한 결과다.

'즁〮셩〮'의 어원인 한자어 '즁생(衆生)'을 생각하면 초기에는 이 말이 '생물'의 뜻이었을 것으로 추측되지만, 이미 15세기부터 사람 이외의 동물을 가리키는 데 쓰이고 있으며, 15세기 말에는 네 발이 달린 동물만을 가리키기 시작한 것으로 보인다.(2007 한민족 언어정보화 프로그램, 국어의 어휘 역사 참조.)

43) '낭중애'는 중앙어 '나중에'에 대응하는 충청도 방언형이다. '낭중에' 외에 '양중에'

와 '야중에'도 쓰이고 표준어형 '나중에'도 쓰인다.

44) 여기에서의 '청산'은 지명으로 충북 옥천군 청산면을 가리킨다.

45) '내자'는 남 앞에서 자기의 아내를 대접하여 가리키는 말이다.

46) '청성면 장수리'는 충북 옥천군에 있는 지명이다.

47) '작은누님'은 둘 이상의 누나 가운데 맏이가 아닌 누나를 가리키는 말인데 나이가 어릴 때는 '누나'라고 하다가 나이가 들면 '누님'이라고 한다. 어렸을 때는 '누나' 또는 '누야'라고 부르다가 남자인 화자가 장가를 가고 아이가 생기면 '누님'이라고 바꾸어 부르는 것이 보통이다. 그런데 요즈음에는 '누나'라고 부르는 연령층이 더 높아져 가고 있다.

48) '내지서'는 '내지서다'의 활용형이다. '내지서다'는 '중간에 서다'의 뜻으로 쓰이는 충청도 방언형이다. 중매를 하거나 물건을 흥정할 때 중간에 서서 양쪽을 붙여주는 것을 가리키는 말이다.

49) '쪼매난'은 중앙어 '조그마하다'에 대응하는 충청도 방언형 '쪼맨하다'의 활용형이다. '쪼맨하다'는 '쪼맨하고, 쪼맨하지, 쪼맨한[쪼맨난], 쪼맨해서[쪼매내서]' 등과 같이 활용한다.

50) '사주'는 사람이 태어난 연월일시의 네 간지(干支)를 가리키는 말이다. 사주(四柱)라는 말은 네 개의 기둥이라는 뜻인데 예전에는 한자나 한문을 쓸 때 세로로 적었는데 사람이 태어난 연월일시를 간지로 적으면 두 글자씩 세로로 네 줄이 된다고 하여 사주(四柱)라고 하는 것이다. 예전에는 이 사주에 근거하여 사람의 길흉화복을 알아보기도 했다. 그래서 결혼을 하기 전에 혼인할 남녀의 사주를 오행에 맞추어 보아 부부로서의 좋고 나쁨을 알아보았다고 한다. 이렇게 하는 것을 궁합본다고 한다.

51) '비키주고'는 중앙어 사동사 '보여주다'에 대응하는 충청도 방언형 '비키주다'의 활용형이다. '비키주다'는 '비키+주다'로 분석된다. '비키주다'는 중앙어 '보이다'에 대응하는 '비키다'의 어간 '비키-'에 접미사 '-주다'가 결합된 말이다. '비키-'는 중앙어 '보이다'에 대응하는 충청도 방언형 '보키다'에 기원하는 것이다. '비키다'는 '보키다>뵈키다>베키다>비키다'의 과정을 거친 것이다.

52) '택일'은 약혼이나 결혼식 등 어떤 일을 치르거나 길을 떠나거나 할 때 운수가 좋은 날을 가려서 고르는 것을 가리키기도 하고 그렇게 고른 날을 가리키기도 한다.

53) '창호지'는 주로 문을 바르는 데 쓰는 얇은 종이를 가리키는 말로 쓰이는데 충청도에서는 닥나무로 만든 한지를 '창호지'라고 한다. '창호(窓戶)'는 '문'이라는 뜻이고 '지(紙)'는 종이라는 뜻이므로 '창호지'는 문을 바르는 데 쓰는 문종이를 뜻한다. 충청도에서는 이 문종이를 닥나무 껍질을 재료로 하여 만들었다.

54) '쑤수때공'은 중앙어 '수수깡'에 대응하는 충청도 방언형이다. 중앙어에서는 '수수깡'과 '수숫대'가 같은 의미로 쓰이는데 비해 충청도에서는 잎이 붙어 있는 줄기를 가리킬 때는 주로 '수숫대'라고 하고 잎을 따낸 줄기만 가리킬 때는 주로 '수수깡'

이라고 한다. 따라서 '수수깡'이라고 하면 주로 수숫대로 무엇인가 만들기 위해 다듬어 놓은 재료로서의 수숫대를 가리키는 말로 주로 쓰인다.

55) '봉토지'는 중앙어 '봉투'에 대응하는 충청도 방언형이다. '봉토지'는 '봉토+지'의 구성으로 이루어진 말이다.

56) '느:'는 중앙어 '넣다'에 대응하는 충청도 방언형 '늫다'의 활용형이다. '늫다'는 '늫고[느코], 늫지[느치], 느:라, 늫는다' 등과 같이 활용한다. 충청도 방언에서 어두음절의 모음이 '어'이고 장모음일 때는 '거:지→그:지, 점:심→즘:심, 거:머리→그:머리, 설:→슬:, 서:럽다→스:럽다, 없:다→읎:다' 등에서와 같이 '어'가 고모음화하여 '으'로 실현되는 경향이 있는데 '늫다'도 '넣다'의 어간모음 '어'가 장모음으로 실현될때 고모음화한 것이다.

57) '사:주뽀재기'는 '사줏보자기'에 대응하는 충청도 방언 음성형이다. '사줏보자기'는 '사주+보자기'로 분석할 수 있다. '사주+보자기→사줏보자기>사줏보재기'의 과정을 거친 것으로 보인다. '사줏보자기'는 사주를 쓴 종이인 '사주단자'를 싸 가지고 가는 보자기로 한 면은 붉은색이고 다른 한 면은 파란색으로 만든다. 파란색은 신랑을 뜻하고 붉은색은 신부를 뜻한다고 한다.

58) '짬:매서'는 중앙어 '묶다'에 대응하는 충청도 방언형 '짬매다'의 활용형이다. '짬매다'는 '짬매고, 짬매지, 짬매서, 짬매라'와 같이 활용한다. 충청도 방언형으로 '짬매다' 외에 '쨈매다', '점매다', '처매다', '쩸매다', '짜매다'등도 쓰인다. '동여매다'가 어떤 물건을 두르거나 감아 묶는다는 뜻이 있는데 비해 '짬매다'는 단순히 '묶는다'는 의미로 쓰인다는 점에서 차이가 있다.

59) '대공'은 초본식물의 줄기를 뜻하는 중앙어 '대'에 대응하는 충청도 방언형이다. '대공'은 주로 초본식물의 중심 줄기를 가리키는 말로 쓰인다. 충청도 방언으로 '대공' 외에 '대궁'도 많이 쓰인다.

60) '요만:칭'은 중앙어 '요만큼'에 대응하는 충청도 방언형이다. 중앙어 '요만큼'에 대응하는 충청도 방언형으로 '요만칭' 외에 '요만창', '요만침', '요만쿰', '요만치' 등도 쓰인다.

61) '맹글지'는 중앙어 '만들다'에 대응하는 충청도 방언형 '맹글다'의 활용형이다. '맹글다'는 '맹글다, 맹글구, 맹글지, 맹글어'와 같이 활용한다. 충청도 방언형으로 '맹글다' 외에 '맨들다'와 '맹길다'가 쓰이고 표준어형 '만들다'도 쓰인다. '맹글다'에 대응하는 15세기 어형은 '밍골다'였다. 충청도 방언의 노년층 화자들은 '맹글다'와 '맨들다'를 가장 널리 쓰고 '맹길다'도 자주 쓰는 편이다. 그러나 젊은층으로 갈수록 '맨들다'와 '만들다'를 쓴다. '만들다'는 표준어의 영향으로 특히 청소년과 장년층에서 많이 쓰이는 어형이고 '맨들다'는 표준어 '만들다'의 후광으로 중년층 이상에서 주로 쓰이는 어형으로 보인다. 15세기 어형 '밍골다'가 16세기 문헌에는 '밍글다'도 나타나고, '몬돌다'와 '민돌다'로도 나타난다. <소학언해>에 나타나는 '밍돌다'는(<1586소학언,4,30b>) '밍골다'와 '몬들다'의 완전한 혼효형(混淆形)인데 17세

기 문헌인 <마경언해>에 자주 보인다. 또한 17세기 문헌에는 '민글다'도 보인다. 15세기 어형 '밍굴다'와 현대국어 '만들다'의 선대형으로 보이는 '몬둘다'의 형태상 중요한 차이는 어중자음 'ㄱ'(연구개음)과 'ㄷ'(치조음)이다. 이들 자음 앞에 각각 선행하는 비음(鼻音)은 'ㅇ'(연구개음)과 'ㄴ'(치조음)인데 후행 자음과 각각 조음위치가 같다는 점이 주목된다. 어중자음 'ㄷ'형은 16세기의 서울에서 또는 이보다 조금 앞서 서울과 그리 멀지 않은 곳에서 발생하여 16세기에 서울말에 들어 왔고 근대에 와서 마침내 어중자음 'ㄱ'형을 물리쳤으며, 나아가 주변 방언으로 널리 퍼진 것이라는 견해(이기문)가 있다.(한민족 언어정보화 국어 어휘의 역사 참조.)

62) '가매'는 중앙어 '가마(轎)'에 대응하는 충청도 방언형이다.

63) '댕기다'는 중앙어 '다니다'에 대응하는 충청도 방언형이다. 중앙어의 '다니다'는 15세기 국어 '둔니다'가 '둔니다 > 둔니다 > 드니다'의 과정을 거쳐 이루어진 것으로 설명되지만 충청도 방언형 '댕기다'는 17세기 국어 이후에 나타나기 시작하는 '둔기다'에서 비롯된 것으로 보인다. 즉 둔기다 > 단기다'의 과정을 거쳐 움라우트와 자음동화에 의해 실현된 것으로 파악된다. '댕기다'는 '댕기다, 댕기구, 댕기지, 댕기니깨/댕기닝깨, 댕기민서, 댕겨'와 같이 활용한다.

64) '요각'은 중앙어 '요객(繞客)'이라고 해야 할 것을 잘못 알고 말한 것이다. '요객'은 혼인 때에 가족 중에서 신부를 데리고 가는 사람을 뜻하는 말이다. '요객'을 '위요(圍繞)'라고도 한다. 요객으로 가는 사람은 부모 가운데 아버지나 큰오빠와 같이 신부보다 어른이 맡는 것이 보통이다. 이에 반해 신랑측에서 신랑을 데리고 가는 사람을 '상객'이라고 한다. 이때도 신랑보다 어른이 가는데 이 지역에서는 '상각'이라고 한다. 신랑 신부를 가리지 않고 신랑이나 신부를 데리고 가는 사람을 '웃손님'이라고 하기도 한다.

65) '상각'은 중앙어 '상객(上客)'이라고 해야 할 것을 잘못 알고 말한 것이다. '상객'은 혼인 때에 가족 중에서 신랑을 데리고 가는 사람을 뜻하는 말이다. '상객'을 '위요(圍繞)'라고도 한다. 상객으로 가는 사람은 부모 가운데 아버지나 맏형과 같이 신랑보다 어른이 맡는 것이 보통이다. 이에 반해 신부측에서 신부를 데리고 가는 사람을 '요객(繞客)'이라고 한다. 이때도 신부보다 어른이 가는데 이 지역에서는 '요각'이라고 한다. 신랑 신부를 가리지 않고 신랑이나 신부를 데리고 가는 사람을 '웃손님'이라고 하기도 한다.

66) '미고'는 중앙어 '메다'에 대응하는 충청도 방언형 '미다'의 활용형이다. '미다'는 '메다>미다'의 과정을 거친 것으로 이해된다. '미다'는 '미:다가, 미:고, 미:지, 미:니깨, 미:서'와 같이 활용한다. 충청도 방언에서 어두자음이 양순음이고 모음이 장모음 '에:'면 '베:다>비:다, 세:다>시:다, 데:다>디:다, 제:사>지:사, 게:>기:'와 같이 고모음화 하는 현상이 있다. '미다'도 이러한 과정을 거친 것이다.

67) '성지애'는 '형세에'라고 해야 할 것을 잘 몰라서 오류를 나타낸 것으로 보인다.

68) '노나'는 중앙어 '나누다'에 대응하는 충청도 방언형 '노누다'의 활용형이다. '노누

다'는 '노우다가, 노우고, 노우지, 노나, 노나서'와 같이 활용한다. 충청도 방언형으로 '노우다' 외에 '농구다'도 쓰인다. '농구다'는 '농구고, 농구지, 농구닝깨, 농고/농과/농귀, 농고라/농과라/농귀라' 등과 같이 활용한다.

69) '성사대루'는 '성세대로'라고 해야 할 것을 잘못 말한 것이다. '성세'는 '형세(形勢)'가 구개음호한 어형인데 이것을 '성사'로 잘못 발음한 것이다.

70) '성세대로'는 '형세대로'의 구개음화형이다. '형세>성세'의 과정을 거친 것이다.

71) '거껍띠기'는 중앙어 '겉껍데기'에 대응하는 충청도 방언형 '겉껍디기'의 음성형이다. 충청도 방언에서 '껍디기'는 중앙어의 '껍질'과 '껍데기'의 뜻을 아우르는 개념으로 쓰인다. 즉 '껍질'의 의미로도 쓰이고 '겁데기'의 의미로도 쓰인다. 충청도 방언에서 중앙어 '껍질'에 대응하는 형태로 '껍줄'과 '껍질'도 쓰이는데 역시 중앙어의 '껍질'과 '껍데기'의 뜻을 포함하고 있다.

72) '그랑깨'는 중앙어 '그러니까'에 대응하는 충청도 방언형이다. '그랑깨'는 '그라니깨>그라닝깨>그라잉깨>그랑깨'의 과정을 거친 것으로 보인다. 충청도 방언형에서 '그랑깨' 외에 '그렁깨, 그랭깨'도 쓰인다. '그렁깨'는 '그리니깨>그리닝깨>그리잉깨>그렁깨'의 과정을 거친 것으로 보인다. '그랑깨'와 '그렁깨'는 각각 '그랗다'와 '그렇다'의 어간에 '-니깨'가 붙어서 된 것으로 이해된다.

73) '장'은 '늘', '항상', '언제나' 정도의 뜻으로 쓰이는 충청도 방언형이다.

74) '그렁깨'는 중앙어 '그러니까'에 대응하는 충청도 방언형이다. '그렁깨'는 '그리니깨>그리닝깨>그리잉깨>그렁깨'의 과정을 거친 것으로 보인다. 충청도 방언에서 '그렁깨' 외에 '그랑깨, 그랭깨' 등도 쓰인다.

75) '깅깨'는 중앙어 '것이니까' 또는 '거니까'에 대응하는 충청도 방언형이다. '깅깨'는 '기니깨>기닝깨>기잉깨>깅깨'의 가정을 거친 것으로 보인다. 충청도 방언에서 '깅깨' 외에 '겡깨', '거닝깨' 등도 자주 쓰인다.

76) '맹그라'는 중앙어 '만들다'에 대응하는 충청도 방언형 '맹글다'의 활용형이다. '맹글다'는 '맹글다, 맹글구, 맹글지, 맹글아'와 같이 활용한다. 충청도 방언형으로 '맹글다' 외에 '맨들다'와 '맹길다'가 쓰이고 표준어형 '만들다'도 쓰인다. '맹글다'에 대응하는 15세기 어형은 '밍글다'였다. 충청도 방언의 노년층 화자들은 '맹글다'와 '맨들다'를 가장 널리 쓰고 '맹길다'도 자주 쓰는 편이다. 그러나 젊은층으로 갈수록 '맨들다'와 '만들다'를 쓴다. '만들다'는 표준어의 영향으로 특히 청소년과 장년층에서 많이 쓰이는 어형이고 '맨들다'는 표준어 '만들다'의 후광으로 중년층 이상에서 주로 쓰이는 어형으로 보인다. 15세기 어형 '밍글다'가 16세기 문헌에는 '밍글다'도 나타나고, '믄둘다'와 '민둘다'로도 나타난다. <소학언해>에 나타나는 '밍둘다'는(<1586소학언,4,30b>) '밍글다'와 '믄들다'의 완전한 혼효형(混淆形)인데 17세기 문헌인 <마경언해>에 자주 보인다. 또한 17세기 문헌에는 '민글다'도 보인다. 15세기 어형 '밍글다'와 현대국어 '만들다'의 선대형으로 보이는 '믄둘다'의 형태상

중요한 차이는 어중자음 'ㄱ'(연구개음)과 'ㄷ'(치조음)이다. 이들 자음 앞에 각각 선행하는 비음(鼻音)은 'ㅇ'(연구개음)과 'ㄴ'(치조음)인데 후행 자음과 각각 조음위치가 같다는 점이 주목된다. 어중자음 'ㄷ'형은 16세기의 서울에서 또는 이보다 조금 앞서 서울과 그리 멀지 않은 곳에서 발생하여 16세기에 서울말에 들어왔고 근대에 와서 마침내 어중자음 'ㄱ'형을 물리쳤으며, 나아가 주변 방언으로 널리 퍼진 것이라는 견해(이기문)가 있다.(한민족 언어정보화 국어 어휘의 역사 참조.)

77) '약깨'는 충청도 방언 '얇다'의 활용형 '얇개'의 음성형이다. '얇개>얍개>약깨'의 과정을 거친 것이다.

78) '두꾹깨'는 중앙어 '두껍다'에 대응하는 충청도 방언형 '두꿉다'의 활용형 '두꿉개'의 음성형이다. '두꾹깨'는 '두꿉개>두꾹깨'의 과정을 거친 것이다.

79) '행래쌍'은 '행례상'의 음성형이다. '행례상'은 '행례+상'으로 분석된다. '행례'가 예식을 행하는 것을 뜻하므로 '행례상'은 예식을 할 때 차리는 상을 뜻하는 말로 쓰인다.

80) '지:쌍'은 중앙어 '제상'의 충청도 방언형 '지상'의 음성형이다. 본래 '제상'은 '제사상'의 준말로 제사를 지낼 때 제물을 벌여 놓는 상을 뜻하는 말인데 여기에서는 큰 상이라는 뜻으로 쓰였다. 제사 지낼 때 쓰는 큰 상을 결혼식 때 쓴다고 하여 '지상'이라고 하는데 상의 이름과 용도를 잘 모르고 한 말로 보인다.

81) '암딱'은 중앙어 '암탉'에 대응하는 이 지역 방언형 '암닥'의 음성형이다. 중앙어 '닭'에 대응하는 충청도 방언형 '닥'은 '닥이, 닥을, 닥도, 닥만'에서와 같이 '닥'으로 재구조화되어 쓰이거나 '닭이, 닭을, 닥만, 닥도'와 같이 '닭'으로 재구조화된 어형이 쓰기도 한다.

82) '행니'는 중앙어 '행례'에 대응하는 충청도 방언형 '행리'의 음성형이다. '행례'는 예식을 행하는 일을 뜻하는 말로 쓰인 것이다.

83) '부캉재배'는 '북향재배'의 충청도 방언형 '북항재배'의 음성형이다. '북향재배[부캉재배]'로도 발음한다.

84) '적끄텅 거'는 '적긑언 거'의 음성형이다. 충청도에서 '적'은 밀가루를 묽게 반죽하여 번철에 기름을 두르고 구워낸 음식을 말한다. '긑언'은 중앙어 '같다'의 활용형 '같은'에 대응하는 충청도 방언 '긑다'의 활용형이다. 따라서 '적끄텅 거'는 중앙어 '적 같은 것'에 대응하는 충청도 방언형 '적 긑언 거'의 음성형이다.

85) '개 노치'는 '해 놓지'를 잘못 말한 것이다.

86) '디리와야'는 중앙어 '데려오다'에 대응하는 충청도 방언형 '디리오다'의 활용형이다.

87) '딜구'는 중앙어 '데리다'에 대응하는 충청도 방언형 '디리다'의 활용형이다. 충청도 방언형 '디리다'는 '딜구, 디리' 정도로 활용하는 불완전 동사다.

88) '모가치'는 중앙어 '몫'에 대응하는 충청도 방언형이다. '모가치'는 '몫+아치'에서 유래한 것으로 보인다. 충청도 방언에서 '모가치' 외에 '모거치'도 자주 쓰인다.

89) '모코리'는 대, 싸릿가지, 고리버들 따위의 재료로 엮어 만든 그릇을 가리킨다. 충청도에서는 주로 냇가에 있는 버드나무로 만들어 썼다. 옛날에는 여기에 음식을 담아 가져가거나 가져오기도 하고 여름에 파리 등이 꼬이지 않도록 여기에 음식을 넣고 뚜껑을 덮어 두기도 했다.

90) '상각'은 '상객'의 충청도 방언형이고 '요각'은 '요객'의 충청도 방언형이다. 둘 다 결혼식 때 웃손님으로 가는 사람을 가리킨다. '요객'은 혼인 때에 가족 중에서 신부를 데리고 가는 사람을 뜻하는 말이다. '요객'을 '위요(圍繞)'라고도 한다. 요객으로 가는 사람은 부모 가운데 아버지나 큰오빠와 같이 신부보다 어른이 맡는 것이 보통이다. 이에 반해 신랑측에서 신랑을 데리고 가는 사람을 '상객'이라고 한다. 이때도 신랑보다 어른이 가는데 이 지역에서는 '상각'이라고 한다. 신랑 신부를 가리지 않고 신랑이나 신부를 데리고 가는 사람을 '웃손님'이라고 하기도 한다.

91) '합쳐저능 깅께'는 중앙어 '합쳐지는 것이니까'에 대응하는 충청도 방언형이다. '합쳐저능'은 '합쳐저는'이 뒤에오는 연구개음에 의해 동화된 발음이다. '합쳐저는'은 '합쳐저다'의 활용형이다.

92) '거시기'는 하려는 말이 얼른 생각나지 않거나 바로 말하기가 거북할 때 쓰는 군소리로 쓰이는 말이다. 이 '거시기'와 함께 쓰이는 충청도 방언형으로 '거시끼'와 '거시키'가 있다. '거시기'와 비슷한 충청도 방언으로 '머시기'가 있다. '머시기'는 '머시끼', '머시키'와 함께 사람이나 사물의 이름이 얼른 생각나지 않을 때니 히려는 말이 얼른 생각나지 않거나 바로 말하기가 거북할 때 쓰는 말이다. 충청도 방언에서 '머시기'와 '머시끼', '머시키'는 사람이나 사물의 이름이 얼른 생각나지 않을 때나 하려는 말이 얼른 생각나지 않거나 바로 말하기가 거북할 때 쓰는 말이다. 중앙어의 '거시기'와 거의 비슷하지만 얼마간의 차이가 있다. '머시기'류는 사람이나 사물의 이름이 얼른 생각이 나지 않아 상대방에게 물어 해결하려는 의미도 내포하고 있다는 점에서 단순히 이름이 얼른 생각나지 않거나 바로 말하기 곤란한 사람이나 사물을 가리키는 중앙어의 '거시기'와는 얼마간의 차이가 있다. 충청도 방언에는 '머시끼'류와 비슷하게 쓰이지만 얼마간의 차이를 보이는 말로 '거시끼'가 쓰인다. '머시기'류가 의문의 기능을 얼마간 가지고 있다면 '거시끼'는 지시적인 기능이 있다는 점에서 다르다. 예컨대 '가 이름이 머시기드라?'나 '가 이름이 머시기지?' 하면 그 아이 이름이 무엇인지 알려 달라는 의미 기능이 있어 '그 아이 이름이 무엇이드라?'나 '그 아이 이름이 무엇이지?'로 바꾸어 쓸 수 있지만 '가 이름이 거시끼지?' 하면 그 아이 이름이 지금 바로 생각나지는 않지만 청자인 상대방도 아는 어떤 사람이지 않느냐고 확인하는 의미 기능이 있다는 점에서 차이가 있다. '머시기'와 '거시기'류는 충청도뿐만 아니라 전라도 직역에서도 폭넓게 쓰이는 방언이다.

93) '성구리'는 충청도 방언 '선구례'의 이 지역 방언형 '선구리'의 음성형이다. 중앙어에서는 '상우례(相遇禮)' 도는 '상호례(相互禮)'라고 한다. '성구리'는 결혼식을 올린 신부가 시아버지와 시어머니에게 정식으로 절을 하면서 처음 인사를 하는 예식을

뜻하는 말이다. 충청도 방언에서 '선구리' 외에 '선구례, 선구래, 선구레' 형도 쓰인다. ≪표준국어대사전≫에는 '상우례'에 대하여 "신랑이나 신부가 처가나 시가의 친척과 정식으로 처음 만나 보는 예식"으로 뜻풀이하였다. 신랑이 처가집 친척에게 정식으로 처음 만나 인사하는 것을 가리키는 뜻으로도 쓰이고 신부가 시댁의 친척과 정식으로 처음 만나 인사하는 것을 가리키는 뜻으로도 쓰인다는 점에서 충청도 방언 '선구례'와는 다소간의 차이를 보인다. 충청도 방언에서는 '결혼식을 올린 신부가 처음으로 시부모에게 정식으로 인사하는 예식'을 가리키는 말로 쓰인다는 점에서 중앙어와 의미상의 차이가 있다. 이때 신랑이 신부와 함께 시부모에게 인사를 하더라도 신랑에게는 '선구례'라는 말을 쓰지 않는다. 결혼한 신부가 처음으로 시부모에게 정식으로 인사를 한다는 점에서 '폐백'과 비슷한 점이 있지만 폐백과는 다르다. 본래의 폐백은 다음과 같이 세 가지의 의미 내항을 갖는다.

① 신부가 처음으로 시부모를 뵐 때 큰절을 하고 올리는 물건으로 주로 대추나 포 따위를 이른다.
② 혼인 전에 신랑이 신부 집에 보내는 예물.
③ 윗사람이나 점잖은 사람을 만나러 갈 때 가지고 가는 선물.

위에서 보듯이 폐백은 본래 신부가 시부모에게 올리는 예물이나 신랑이 신부 집에 보내는 예물의 의미로 쓰이는 말인데 요즈음에는 시부모에게 올리거나 신부 집에 보내는 '예물'의 뜻은 사라지고 '신랑과 신부가 결혼식을 올리고 나서 시댁 친척들에게 정식으로 인사하는 의식'을 가리키는 말로 쓰인다는 점에서 '인사'의 의미만 남아 있다고 할 수 있다.

예전에는 신랑 신부가 결혼식을 하기 전에는 얼굴도 못 보는 경우가 대부분이었기 때문에 '상우례(相遇禮) 또는 상호례(相互禮)'를 통하여 양가 친척 어른들에게 인사를 하는 예식이 있었다. 이 '상우례'가 변형되어 요즈음에는 '신부가 결혼식을 올리고 나서 처음으로 시부모에게 정식으로 인사하는 예식'을 가리키는 뜻으로 '선구례'가 쓰이고 '신랑 신부가 결혼식을 올리고 나서 처음으로 시댁 친척들에게 정식 인사를 하는 의식'의 뜻으로는 '폐백'이 쓰인다. 이때 본래의 폐백이 갖는 뜻인 '예물' 대신 폐백 음식을 마련하는 것이 보통이다. 폐백 음식은 신부 집에서 마련하는데 밤과 대추를 비롯한 갖가지 과일과 맛있는 음식과 닭고기 등을 예쁜 그릇에 담아 술과 함께 준비했다가 신랑 신부가 절을 하면 시부모가 밤과 대추를 신부에게 던져주면서 '아들 많이 나오라'고 하면 신부가 치마로 받는다. '폐백'이 시댁 친척을 대상으로 하고 폐백 음식을 준비한다는 점에서 시댁 부모를 대상으로 절만 하고 인사하는 '선구례'와 차이가 있다.

94) '천 진사요'는 '첫 인사여'를 잘못 발음한 것으로 보인다.

95) '씨아무이'는 '시어무이'를 잘못 발음한 것이다. '시어무이'는 중앙어 '시어머니'에 대응하는 충청도 방언형이다.

96) '차리'는 '차리다'의 활용형이다. 충청도 방언에서 '차리다'는 '차리고, 차리지, 차리,

차리라'와 같이 활용한다.

97) '맹그라'는 중앙어 '만들다'에 대응하는 충청도 방언형 '맹글다'의 활용형이다. '맹글다'는 '맹글다, 맹글구, 맹글지, 맹글아'와 같이 활용한다. 충청도 방언형으로 '맹글다' 외에 '맨들다'와 '맹길다'가 쓰이고 표준어형 '만들다'도 쓰인다. '맹글다'에 대응하는 15세기 어형은 '밍글다'였다. 충청도 방언의 노년층 화자들은 '맹글다'와 '맨들다'를 가장 널리 쓰고 '맹길다'도 자주 쓰는 편이다. 그러나 젊은층으로 갈수록 '맨들다'와 '만들다'를 쓴다. '만들다'는 표준어의 영향으로 특히 청소년과 장년층에서 많이 쓰이는 어형이고 '맨들다'는 표준어 '만들다'의 후광으로 중년층 이상에서 주로 쓰이는 어형으로 보인다. 15세기 어형 '밍글다'가 16세기 문헌에는 '밍글다'도 나타나고, '몬둘다'와 '민둘다'로도 나타난다. <소학언해>에 나타나는 '밍둘다'는(<1586소학언,4,30b>) '밍글다'와 '몬들다'의 완전한 혼효형(混淆形)인데 17세기 문헌인 <마경언해>에 자주 보인다. 또한 17세기 문헌에는 '민글다'도 보인다. 15세기 어형 '밍글다'와 현대국어 '만들다'의 선대형으로 보이는 '몬둘다'의 형태상 중요한 차이는 어중자음 'ㄱ'(연구개음)과 'ㄷ'(치조음)이다. 이들 자음 앞에 각각 선행하는 비음(鼻音)은 'ㅇ'(연구개음)과 'ㄴ'(치조음)인데 후행 자음과 각각 조음위치가 같다는 점이 주목된다. 어중자음 'ㄷ'형은 16세기의 서울에서 또는 이보다 조금 앞서 서울과 그리 멀지 않은 곳에서 발생하여 16세기에 서울말에 들어 왔고 근대에 와서 마침내 어중자음 'ㄱ'형을 물리쳤으며, 나아가 주변 방언으로 널리 퍼진 것이라는 견해(이기문)가 있다.(한민족 언어정보화 국어 어휘의 역사 참조.)

98) '문꾸녕'은 중앙어 '문구멍'에 대응하는 충청도 방언형이다. 중앙어 '구멍'에 대응하는 충청도 방언형으로는 '구녕' 외에 '구녁'과 '구먹'이 많이 쓰이고 표준어형 '구멍'도 쓰인다.

99) '뚜꼬'는 중앙어 '뚫다'에 대응하는 충청도 방언형 '뚧다'의 활용형이다. 충청도 방언형 '뚧다'는 '뚧고[뚭꼬/뚜꼬], 뚧지[뚭찌], 뚧에[뚤버], 뚧어라[뚤버라]'와 같이 활용한다. 충청도 방언에서 '뚧다' 외에 '뚧다'도 쓰인다.

100) '디다봄미다'는 중앙어 '들여다봅니다'에 대응하는 충청도 방언형 '디다봅니다'의 음성형이다. '디다봅니다'는 '디다+봅니다'로 분석된다. '디다'는 '디리다'의 축약형이다. '디리다'는 '들이다'에서 유래한 것이다.

101) '비내'는 중앙어 '비녀'에 대응하는 충청도 방언형이다.

102) '다라'는 '무엇을 알아내거나 어떤 일을 재촉하려고 꼼짝 못하게 몰아치다'의 뜻으로 쓰이는 중앙어 '달구치다'에 대응하는 충청도 방언형 '달다'의 활용형이다. '달다'는 '달고, 달지, 달아'와 같이 활용한다. 충청도 방언형 '달다' 외에 '달구다'와 '다루다'도 쓰인다. 주로 새신랑을 대상으로 술이나 안주 또는 음식을 내 오라고 재촉할 때 하는 행동이다.

103) '딜고'는 중앙어 '데리다'에 대응하는 충청도 방언형 '딜다'의 활용형이다. '딜다'는 '딜다, 딜구, 딜루'와 같이 불완전활용을 하는 동사다.

104) '뚜디리'는 중앙어 '두드리다'에 대응하는 충청도 방언형 '뚜디리다'의 활용형이다. '뚜디리다'는 '두드리다>뚜드리다>뚜디리다'의 과정을 거친 것으로 보인다.

105) '몽딩이'는 중앙어 '몽둥이'에 대응하는 충청도 방언형이다. '몽딩이'는 '몽둥이>몽딩이>몽딩이'의 과정을 거친 것으로 이해된다.

106) '제겨본'은 중앙어 '겪어본'에 대응하는 이 지역 방언형이다.

107) '만틀라고'는 '많들않고'의 음성형 '만트랑코' 또는 '만틀랑코'라고 발음해야 할 것을 잘못 말한 것이다.

108) '연정'은 '연방'을 잘못 말한 것이다.

109) '지개꼬랭이'는 중앙어 '지게꼬리'에 대응하는 충청도 방언형이다. 충청도 방언으로 '지개꼬랭이' 외에 '지개꼬랑지', '지개꼴뺑이', '지개골뺑이', '지게골뻬이' 등이 쓰이기도 한다.

110) '실랑까래'는 시렁을 매는 데 쓰는 긴 나무를 뜻하는 중앙어 '시렁가래'에 대응하는 충청도 방언형 '실겅가래'를 잘못 발음한 것이다. '시렁'은 물건을 얹어 놓기 위하여 방이나 마루 벽에 두 개의 긴 나무를 가로질러 선반처럼 만든 것이다.

111) '물견'은 중앙어 '물건'에 대응하는 충청도 방언형이다.

112) '수푸만'은 중앙어 '싫다'에 대응하는 충청도 방언형 '숲다'의 활용형이다. 충청도 방언 '숲다'는 '숲고, 숲지, 수퍼서, 수푸만'과 같이 활용한다.

113) '성새'는 중앙어 '형세'에 대응하는 충청도 방언형이다. '성새'는 '형세'의 구개음화형이다.

114) '쪼만치'는 중앙어 '조그만큼'에 대응하는 충청도 방언형이다. '쪼만치'는 '쪼만치 먹었다'에서와 같이 양을 나타내는 데에도 쓰이고 '사과를 쪼만치 가주와서 노나 먹었다'에서와 같이 수를 나타내는 데에도 쓰인다.

115) '꾸코'는 중앙어 '굽다'에 대응하는 충청도 방언형 '꿉다'의 활용형이다. 충청도 방언형 '꿉다'는 '꿉고[꾸코], 꿉지[꾸치], 꾸:라, 꿨:다'와 같이 활용한다.

116) '국씨'는 중앙어 '국수'에 대응하는 충청도 방언형이다.

117) '-민성'은 중앙어 '-면서'에 대응하는 충청도 방언형이다. 충청도 방언형으로 '-민성' 외에 '-민서'와 '-면서'도 많이 쓰인다.

118) '타래반'은 찬칫집에 가서 밥과 반찬 등 '채미'를 얻어먹고 나서 여럿이 술을 마시기 위해 따로 술안주를 올려 차려내는 상을 가리키는 말이다. 예전에 여럿이 둘러앉아 술을 마시면서 안주를 먹을 수 있도록 차리는 상을 '타래반'이라고 한다.

119) '채미쩝시'는 '채밋접시'의 음성형이다. '채밋접시'는 '채미+접시'로 분석할 수 있다. '채미'는 잔칫집이나 상가에서, 찾아 온 손님 한 사람 한 사람에게 각각의 몫으로 가짓수대로 차려 내는 음식을 가리킨다. 준비한 음식을 종류별로 접시에 담아내므로 '채밋접시'라고도 한다.

'채미'는 결혼잔치나 환갑잔치를 할 때 또는 장례를 치를 때와 같이 큰일을 치를 때 집으로 찾아온 손님에게 대접하는 음식을 뜻하는 말이다. '채미'는 밥이나 국수와 같은 주식 외에 잔치나 장례를 치르기 위해 특별히 마련한 여러 가지 종류의 음식을 손님 한 사람 한 사람마다 개인 몫으로 하나씩 차려 주는 일종의 음식 모둠을 가리키는 말이다. 떡, 고기, 과일, 부침개 등을 접시에 고루 담아서 앞앞이 먹을 수 있도록 내가므로 '채밋접시'라고도 한다. 엄밀히 말하면 접시에 담긴 음식만을 가리킬 때는 채미라고 하고 그 채미를 담는 접시를 채밋접시라고 해야 하지만 충청도에서는 음식(채미)과 그 음식을 담은 접시를 아울러 이르는 말로 '채밋접시'라고 한다. 따라서 '채밋접시 내간다'고 하면 채미를 담은 접시를 내간다는 뜻이 된다. 이때 채밋접시를 준비하는 곳을 '과방'이라고 하는데 주로 사랑채나 광에서 한다. 이 과방에 손님에게 내갈 모든 음식을 마련해 놓고 손님이 올 때마다 음식을 차려서 내간다. 음식을 고루 차려내면서도 모자라거나 남지 않도록 조절해 가면서 일을 해야 하기 때문에 경험이 많은 동네 어른 가운데 한 분이 이 과방 일을 맡는다. 가족들도 음식이 필요하면 이 과방에 가서 음식을 얻어가도록 하는 것이 보통이다.

120) '가:방'은 '과방'의 충청도 방언 음성형이다. '과방'은 잔칫집이나 초상집에서 손님을 대접하기 위해 여러 가지 음식을 장만해 놓고 손님이 올 때마다 손님용 음식을 차려 내는 곳을 가리킨다.

121) '과방쟁이'는 큰일을 치를 때 음식을 차려 놓고 내가는 곳에서 책임을 맡아서 일을 하는 사람을 뜻하는 충청도 방언형이다. '과방쟁이'는 '과방+쟁이'로 분석할 수 있다.

122) '푸근푸근'은 '아끼지 않고 듬뿍듬뿍' 정도의 뜻으로 쓰이는 이 지역 방언형이다.

123) '모:지래고'는 중앙어 '모자라다'에 대응하는 충청도 방언형 '모지래다'의 활용 음성형이다. 충청도 방언형 '모지래다'는 '모지래고, 모지래지, 모지래서'와 같이 활용한다.

124) '얼매'는 중앙어 '얼마'에 대응하는 충청도 방언형이다.

125) '메 끈'은 중앙어 '몇 근'에 대응하는 충청도 방언형 '멫 근'의 음성형이다. '근'은 척관법의 단위, 즉 무게의 단위다. 한 근은 고기나 한약재의 무게를 잴 때는 600그램에 해당하고, 과일이나 채소 따위의 무게를 잴 때는 한 관의 10분의 1로 375그램에 해당한다. 예문에서는 돼지의 무게이므로 600g을 한 근으로 친 것이다.

126) '안치르요'는 '안 치러요'라고 해야 할 것을 잘못 말한 것으로 보인다.

127) '음석'은 중앙어 '음식'에 대응하는 충청도 방언형이다.

128) '새아미다'는 중앙어 '샘에다'에 대응하는 충청도 방언형이다. 중앙어 '샘'이 충청도 방언에서는 예에서와 같이 '새암'으로도 나타나고 '샘'의 본말 '시암'으로도 나타난다.

129) '깨미'는 중앙어 '고명'에 대응하는 충청도 방언형이다. 충청도 방언형으로 '깨미'

외에 '끼미', '뀌미'도 쓰인다. 충청도 방언에서는 '깨미'류와 '고명'을 구별하지 못하는 편이다. 고명은 본래 음식의 모양과 빛깔을 돋보이게 하고 음식의 맛을 더하기 위하여 음식 위에 얹거나 뿌리는 것을 통틀어 이르는 말이다. 고명으로 쓰는 재료로는 고추, 단 대추, 밤, 호두, 은행, 잣가루, 깨소금, 미나리, 당근, 파 따위를 쓴다. 이에 비해 '꾸미'는 '국이나 찌개의 맛을 내기 위해 넣는 고기붙이'를 가리키는 말이다. 그런데 충청도에서는 이 둘을 잘 구별하지 못하고 서로 혼용하여 쓰는 것이 보통이다. 이 지역에서는 '깨미, 끼미, 께미' 등의 이형태가 쓰이는데 '꾸미'의 뜻으로도 쓰이고 '고명'의 뜻으로도 쓰인다.

130) '뿌시'는 중앙어 '부수다'에 대응하는 충청도 방언형 '뿌시다'의 활용형이다. 충청도 방언형 '뿌시다'는 '뿌시고, 뿌시지, 뿌시, 뿌셨다'와 같이 활용한다. 중앙어에서는 보통 벽돌이나 기왓장 같이 단단한 물체를 여러 조각이 나게 하는 것을 뜻하지만 충청도 방언에서는 예에서와 같이 '김'이나 삶은 달걀 같이 단단하지 않은 것도 잘게 조각나게 하는 것을 가리키는 말로 쓰인다.

131) '꼬'는 중앙어 '굽다'에 대응하는 충청도 방언형 '꾸다'의 활용형이다. 충청도 방언형 '꾸다'는 '꾸고, 구지, 꼬, 꼬라'와 같이 활용한다. '꼬'는 '꾸다'의 어간 '꾸-'에 어미 '-어'가 결합된 '꿔'의 이중모음 '워'가 자음 'ㄱ'을 선행시키는 환경에서 '오'로 단모음화한 결과로 이해된다.

132) '뻘강꼬치'는 중앙어 '빨강고추'에 대응하는 충청도 방언형이다. '뻘강꼬치'는 '뻘강+꼬치'로 분석된다. '뻘강'은 중앙어 '빨강'에 대응하는 충청도 방언형이고, '꼬치'는 중앙어 '고추'와 '고치'에 대응하는 충청도 방언형이다. 반면에 충청도 방언에서 '꼬추'라고 하면 '고추'의 의미로도 쓰이기도 하고 '고치'의 의미로도 쓰이기도 한다.

133) '전'은 중앙어의 '부침개'에 대응하는 충청도 방언형이다. 중앙어에서는 '전'이 생선이나 고기, 채소 따위를 얇게 썰거나 다져 양념을 한 뒤, 밀가루를 묻혀 기름에 지진 음식을 통틀어 이르는 말로 쓰이지만 이 지역에서는 중앙어의 '빈대떡'과 비슷한 의미로 쓰인다. 충청도 방언에서는 이 지역에서의 '전'과 같은 의미로 '부치개, 부치기'를 쓰기도 한다. 충청도 방언에서는 흔히 '적'이라고 한다. 밀가루에다 파나 호박 썬 것, 배춧잎, 무 썬 것 등을 넣고 묽게 반죽하여 번철에 기름을 바르고 구워낸 것을 '적'이라고 한다.

134) '마이'는 중앙어 '많이'에 대응하는 충청도 방언형이다. 충청도 방언에서 어말이 모음 '이'로 끝나고 그 앞에 'ㄴ'이나 'ㅇ'이 음절 말음으로 오면 그것을 탈락하는 경향이 있는데 '마이'도 그런 예 가운데 하나다. '마이'는 '많이>마니>마이'의 과정을 거친 것이다. 이와 같은 유형의 방언형으로 '가마이(<가마니), 어머이(<어머니), 주머이(<주머니)' 등이 있다.

135) '절후'는 중앙어 '절기(節氣)'에 대응하는 말이다. 여기에서는 한 해를 스물넷으로 나눈, 계절의 표준이 되는 것을 가리키는 말로 쓰였다. 또는 '절후'가 이십사절기

가운데 매월 양력 상순에 드는 입춘, 경칩, 청명 따위를 가리키는 말로도 쓰인다.

136) '-마덤'은 체언 뒤에 붙어 '낱낱이 모두'의 뜻으로 쓰이는 중앙어 '-마다'에 대응하는 충청도 방언형이다. 충청도 방언에서 '-마덤' 외에 '-마둥'도 쓰인다.

137) '골파'는 중앙어 '쪽파'에 대응하는 충청도 방언형이다.

138) '도로지'는 돼지나 소 따위를 잡아 여럿이 나누어 먹기로 하고 잡는 것을 말한다. 지역에 따라 '돌부리'라고도 한다. 보통 각자 고기가 필요한 만큼의 돈을 내고 고기를 잡은 다음 낸 돈에 비례하여 고기를 나누어 가지는 것을 말한다.

139) '끄시르기두'는 중앙어 '그을다'에 대응하는 충청도 방언형 '끄시르다'의 활용형이다. 충청도 방언형 '끄시르다'는 '끄시르고, 끄시르지, 쓰시르기두, 끄실러'와 같이 활용한다. '끄시르다'는 돼지나 개와 같이 털이 있는 짐승을 잡을 때 털을 불에 약간 그을러서 털을 없애는 것을 뜻하는 말이다. 충청도 방언형으로 '끄시르다' 외에 '끄실르다'도 쓰인다.

140) '츠:매'는 중앙어 '처음에'에 대응하는 충청도 방언형이다. '츠:매'는 '츰:애'의 음성형으로 '츰+애'로 분석할 수 있다. '츰'은 '처음>첨:>츰:'의 과정을 거친 것으로 이해된다. 충청도 방언에서 첫째 음절의 모음이 '어'이고 장모음이면 고모음화하여 '으:'로 실현되는 현상이 있는데 '첨:>츰:'도 같은 과정을 거친 것이다.

141) '창사구'는 중앙어 '창자'에 대응하는 충청도 방언형이다. 충청도 방언형으로 '창사구' 외에 '창사, 창새기'와 '창자'도 쓰인다. '창자'는 최근에 쓰기 시작한 표준어형이다.

142) '피창'은 중앙어 '순대'에 대응하는 충청도 방언형이다.

143) '터리기'는 중앙어 '털'에 대응하는 충청도 방언형이다. '터리기'는 '털+억'에서 유래한 '터럭'에 '-이'가 결합되어 형성된 것으로 보인다.

144) '삐끼고'는 중앙어 '벗기다'에 대응하는 충청도 방언형 '삐끼다'의 활용형이다. 충청도 방언형 '삐끼다'는 '삐끼고, 삐끼지, 삐끼/삐껴, 삐끼닝깨'와 같이 활용한다. 충청도 방언형으로 '삐끼다' 외에 '삐끼다, 베끼다, 뻐끼다' 등도 쓰인다.

145) '각'은 짐승 한 마리를 잡아 그 고기를 나눌 때, 전체를 몇 등분한 것 가운데 한 부분을 각이라고 한다. 따라서 '사각'이라고 하면 네 등분한 것을 말하고 '육각'이라고 하면 여섯 등분한 것을 말한다.

146) '띠서'는 중앙어 '뜨다'에 대응하는 충청도 방언형 '띠다'의 활용형이다. '띠다'는 '띠고, 띠지, 띠, 띠서'와 같이 활용한다. 짐승을 잡아 몇 등분으로 나눈 고기를 각이라고 하는데 그렇게 나누는 것을 '각을 띤다'고 한다.

147) '그릉깨'는 중앙어 '그러니까'에 대응하는 이 지역 방언형이다. '그릉깨'는 '그링깨'의 준말이다.

148) '이불롱'은 '이불'과 '농'을 이울러 이르는 말 '이불농'의 음성형이다. 여기에서는

‘이불을 넣는 농’이라는 뜻으로 쓰였다.

149) ‘개구꾸’는 중앙어 ‘가볍다’에 대응하는 충청도 방언형 ‘개굽다’의 활용형이다. ‘개굽다’는 ‘개굽구, 개굽지, 개구워’와 같이 활용한다. ‘개구꾸’는 ‘개굽구’의 음성형이다.

150) ‘불땀’은 화력이 세고 약한 정도를 뜻하는 말이다. ‘불땀 읎다’는 ‘불기운이 없다’ 또는 ‘불기운이 약하다’의 뜻으로 쓰이는 말이다.

151) ‘밍기하니’는 세지 않은 불기운이 끊이지 않고 꾸준하다의 뜻으로 쓰이는 중앙어 ‘뭉근하다’에 대응하는 충청도 방언형 ‘밍기하다’의 활용형이다. 충청도 방언형으로 ‘밍기하다’ 외에 ‘밍근하다’도 자주 쓰인다.

152) ‘쫑마리’는 ‘종말이’의 음성형으로 이해된다. ‘종말이’는 계속된 일이나 현상의 맨 끝을 나타내는 ‘종말’에 사람을 나태는 접미사 ‘-이’가 붙어 제일 막내의 뜻으로 쓰인 것이라고 할 수 있다. ‘종말이’는 마지막이 되는 사람의 뜻을 나타내는 말로 쓰인다. ≪표준국어대사전≫에는 경상도 방언으로 ‘막내아우’의 뜻으로 ‘종마리’가 등재되어 있으나 ‘종말이’의 음성형을 형태소 분석하지 않고 소리 나는 대로 표기한 것으로 보인다.

153) ‘장내’는 돈이나 곡식을 꾸어 주고, 받을 때에는 한 해 이자로 본디 곡식의 절반 이상을 받는 변리(邊利)를 뜻하는 중앙어 ‘장리(長利)’에 대응하는 충청도 방언형이다. 흔히 봄에 꾸어 주고 가을에 받는다.

154) ‘매지’는 중앙어 ‘몫’에 대응하는 이 지역 방언형이다.

155) ‘명’은 충청도 방언에서 ‘무명실로 짠 피륙’을 뜻하는 말로도 쓰이고 열매로서의 ‘목화(木花)’를 뜻하는 말로도 쓰인다. 충청도 방언에서 ‘명 잣는다’고 하면 ‘목화에서 실을 뽑는다’는 뜻으로 쓰이고 ‘명 베’라고 하면 ‘무명실로 짠 피륙’의 뜻으로 쓰인다. ‘명’이라고 하면 식물을 가리키지는 않고 목화의 열매가 익어 흰색의 털 모양 섬유로 바뀐 것을 가리킨다. 따라서 ‘목화의 씨’를 ‘명씨’라고 하고, 목화에서 씨를 뺀 솜에서 실을 뽑는 것을 ‘명 잣는다’고 하지만 ‘명을 심는다’거나 ‘명을 간다’고는 하지 않는다. 이 때는 ‘목화 심는다’나 ‘목화 간다’고 한다. 충청도 방언에서 ‘명’ 외에 ‘미영’이라는 말도 많이 쓰인다. ‘명’과 ‘미영’은 ‘무명’에서 온 말로 보인다.

　“한민족 언어 정보화 통합프로그램(2007)”에는 ‘무명’에 대해 ‘무명’을 뜻하는 형태는 국어사 자료에서 16세기부터 20세기까지 ‘무명’으로 나타나며, 17세기부터 19세기까지는 ‘목면’으로도 나타나고, 19세기에는 ‘무녕’으로 나타나는 예도 있다. ‘무명’은 한자어 ‘木綿(현대어 발음은 mumian)’을 글자가 아니라 소리로 차용하여 국어 한자음으로 읽은 것이 분명하지만, 어말의 ‘n’이 국어에서 ‘ㅇ’으로 바뀐 이유는 설명하기 어렵다. 참고로, 북한 속담 중에 ‘무명 한 자는 앞을 못 가려도 실한 밭은 앞을 가린다’는 말이 있다. 이는 “아무리 보잘것없는 것이라도 용도에 따라 각각 제 가치를 가짐을 비유적으로 이르는 말”이라고 설명하였다.

참고로 식물로서의 '목화'는 아욱과 목화속의 한해살이풀이나 여러해살이풀을 통틀어 이르는데 재배 지역에 따라 여러 품종이 있다. 북아메리카의 육지면(陸地綿), 남아메리카의 해도면, 아시아의 재래면 따위가 그것이다. 원줄기는 높이가 60cm 정도이고 잔털이 있고 곧게 자라면서 가지가 갈라진다. 잎은 어긋나고 가을에 흰색 또는 누런색의 오판화(五瓣花)가 잎겨드랑이에서 핀다. 열매는 삭과(蒴果)를 맺으며 씨는 검은색이고 겉껍질 세포가 흰색의 털 모양 섬유로 변한다. 솜털을 모아서 솜을 만들고 씨는 기름을 짠다.

156) 여기에서의 '성'은 '형'의 구개음화형인데 표준어의 '언니'에 대응하는 말이다. 충청도의 노년층 이상에서는 자매 간에 손위 사람을 손아래 사람이 '성'이라고 불렀으나 요즈음은 '언니'라고 부른다.

157) '내'는 '값을 받고 곡식을 남에게 넘기다'의 뜻으로 쓰이는 충청도 방언형 '내다'의 활용형이다. '내다'는 중앙어 '팔다'에 대응하는 충청도 방언으로 '내다가, 내고, 내지, 내면, 내라' 등과 같이 활용한다. 충청도 방언에서 '내다'는 '곡식'에 대하여만 쓰이고 다른 물건에 대하여는 중앙어와 마찬가지로 '팔다'가 쓰인다. 반면에 충청도 방언에서 '곡식을 사다'의 뜻으로는 '팔다'가 쓰인다. 마찬가지로 곡식 이외의 물건에 대하여는 중앙어와 마찬가지로 '사다'가 쓰인다.

158) '다래'는 목화 열매가 덜 익어 아직 목화송이가 피지 않은 것을 가리키는 말이다. 충청도 방언에서 흔히 '목화다래'라고도 한다. 과거에 먹을 것이 없던 시절에는 덜 익은 '목화다래'를 씹어 달착지근한 물을 먹기도 했다.

159) '바다멍는대'는 '받아먹는데'의 음성형이다. '받아먹는데'는 '받아먹다'의 활용형이다. 충청도 방언에서 '받아먹다'는 그릇류에 대하여 쓰이는데 중앙어 '사용하다'의 뜻으로 쓰인다.

160) '파라서'는 '팔다'의 활용형 '팔아서'의 음성형이다. 충청도 방언에서 '돈을 주고 곡식을 건네받다'의 뜻으로는 '팔다'가 쓰인다. 충청도 방언에서 곡식에 대하여만 '팔다'가 중앙어 '사다'의 뜻으로 쓰이고 다른 물건에 대하여는 중앙어와 마찬가지로 '사다'가 쓰인다. 이에 반해 충청도 방언에서 '값을 받고 곡식을 남에게 넘기다'의 뜻으로는 '내다'가 쓰인다. 이때의 '내다'는 중앙어 '팔다'에 대응하는 충청도 방언형으로 '내다가, 내고, 내지, 내면, 내라' 등과 같이 활용한다. 충청도 방언에서 '내다'는 '곡식'에 대하여만 쓰이고 다른 물건에 대하여는 중앙어와 마찬가지로 '팔다'가 쓰인다.

161) '시동상'은 중앙어 '시동생'에 대응하는 충청도 방언형이다. 충청도 방언에서 '시동상'은 남편의 남동생을 뜻하는 지칭어다. 충청도 방언에서 남편의 남동생이 어리면 '디린님, 데린님, 데련님'과 같이 중앙어의 '도련님' 계열의 어휘를 쓰고 좀더 성장하여 성인이 되면 '서방님'을 쓰기도 한다.

162) 여기에서의 '사변'은 '6.25 동란'을 뜻하는 말로 쓰였다. 흔히 '육이오 사변'이라고 한다.

163) '흑짱'은 진흙을 이겨 직육면체 모양으로 찍어 만든 흙벽돌을 뜻한다. 벽돌이 갈라지지 않게 진흙에 볏짚이나 풀 등을 썰어 넣기도 한다. '흑짱'은 '흙장'의 음성형으로 '흙벽돌'의 뜻으로 쓰인다. '흙장'은 흔히 흙으로 만든 벽돌 한 장을 가리키거나 '흙벽돌'을 가리키는 말로 쓰인다.

164) '홀목꺼치'는 '홀목겉이'의 음성형이다. '홀목겉이'는 '홀목+겉이'로 분석할 수 있다. '홀목'은 중앙어 '손목'에 대응하는 충청도 방언형이고, '겉이'는 중앙어 '같이'에 대응하는 충청도 방언형이다. 따라서 '홀목겉이'는 중앙어 '손목같이'에 대응하는 말로 쓰인다.

165) '재장'은 '재+장'으로 분석된다. '재장'은 불이 나서 재가 장에 들어간, 재가 섞인 된장을 뜻하는 말로 쓰였다.

166) '장꽝'은 중앙어 '장독대'에 대응하는 충청도 방언형이다. 장을 두는 광이라는 뜻에서 유래한 말로 보인다. 이때의 '광'은 '일정한 면적을 가진 넓지 않은 공간' 정도의 의미로 쓰인다. 이와 유사한 용법으로 쓰이는 어휘가 '미나릿광'인데. 미나리를 심어 기르는 공간이라는 뜻으로 쓰인다.

167) '나사저'는 중앙어 불규칙 동사 '낫다'에 '지다'가 결합한 '나아지다'에 대응하는 충청도 방언형 '낫아저다'의 활용형이다. 참고로 충청도 방언형 '낫다'는 '낫다, 낫고, 낫지, 낫아서[나사서], 낫으니깨[나스니께]'와 같이 규칙 활용한다.

168) '가'는 청자와 가까이 있는 사람을 가리키는 중앙어 '그 아이'의 준말 '걔'에 대응하는 3인칭 대명사다. 충청도 방언에서 '가' 외에 '갸'도 3인칭 대명사로 쓰인다. 충청도 방언에서 '가'와 함께 쓰이는 3인칭 대명사로 '야'와 '자'도 있다. '야'는 중앙어 '얘'에 대응하는 충청도 방언형이다. '야'는 화자와 가까이 있는 사람을 가리키는 3인칭 대명사 '이 아이'의 준말이고 '자'는 화자에게서 먼 곳에 있는 사람을 가리키는 중앙어 '저 아이'의 준말 '쟤'에 대응하는 3인칭 대명사다.

169) '피꾹'은 '핏국'의 음성형이다. '핏국'은 짐승을 잡아서 받은 피로 끓인 국을 뜻하는 중앙어 '선짓국'에 대응하는 이 지역 방언형이다.

170) '종고래기'는 중발보다는 작고, 종지보다는 조금 넓고 평평한 그릇을 뜻하는 중앙어 '종발(鍾鉢)'에 대응하는 충청도 방언형이다. 충청도 방언에서 '종고래기' 외에 '종그래기'와 '종재기' 형도 쓰인다. '종그래기'는 '작은' 또는 '좋지 않은'의 뜻을 나타내는 접두사 '종-'에 그릇을 뜻하는 충청도 방언형 '그럭'이 합성된 '종그럭'에 주격조사 '-이'가 붙어 파생된 '종그럭-이'에서 비롯된 것으로 보인다. 즉 '종-+그럭+이>종그레기>종그래기'의 과정을 거친 것으로 보인다. 충청도 방언에서 작은 그릇을 뜻하는 '종재기'도 '종-+재기'로 일차 분석할 수 있고, '재기'는 다시 '작+이'로 분석할 수 있을 것으로 보인다. '작'은 액체나 씨앗 따위의 양을 잴 때 쓰는 부피의 단위로, 한 작은 한 홉의 10분의 1로 18ml에 해당한다. 이 부피를 재는 그릇을 '작'이라고 했고 여기에 접미사 '-이'가 결합되어 움라우트된 어형 '재기(<잭이)'가 된 것으로 보인다. 이와 같이 충청도 방언의 '종그래기'나 '종재기'는 둘 다

작은 그릇을 뜻하는 말로 쓰인다는 것을 알 수 있다.

171) '물리'는 '다시 대하기 싫을 만큼 몹시 싫증이 나다'의 뜻으로 쓰이는 중앙어 '물리다'에 대응하는 충청도 방언형 '물리다'의 활용형이다. 충청도에서는 '물리다'가 주로 먹는 음식에 대하여 쓰여 '다시는 먹기 싫을 만큼 몹시 싫증이 나다'의 뜻으로 쓰이는 것이 보통이다. 이 지역 방언에서 '물리다'는 '물리, 물리서, 물렀어, 물리지, 물리구'와 같이 활용한다.

172) '애'는 '초조한 마음'과 '몹시 수고로움'의 뜻으로 쓰이는데 여기에서는 후자의 의미로 쓰였다. '애'는 '먹다'와 공기 관계에 있다.

173) '짬매라카고'는 중앙어 '동여매다'에 대응하는 충청도 방언형 '짬매다'의 활용형이다. '짬매라카고'는 '짬매라고 하고'의 준말이다. '짬매다'는 '잡아매다'의 준말 '잡매다'의 어두 자음이 경음으로 실현된 것이다.

174) '알키조'는 중앙어 '가르쳐주다'에 대응하는 충청도 방언형 '알키주다'의 활용형이다. '알키주다'는 '알키주구, 알키주지, 알키주니깨, 알키죠(서), 알키조라' 등과 같이 활용한다. 충청도 방언에서 '알키주다' 외에 '갈치주다'와 '갈키주다'도 중앙어 '가르쳐주다'의 뜻으로 쓰이기도 한다.

175) '벅'은 중앙어 '부엌'에 대응하는 충청도 방언형이다. 충청도 방언에서 '벅이, 벅얼, 벅에, 벅두'와 같이 쓰인다. 충청도 방언에서 '벅' 외에 '벜'도 쓰인다. '빅'은 '벅이, 벜얼, 벜에, 벜두([벅뚜])'와 같이 곡용한다.

176) '그러구루'는 시간이 이럭저럭 지나가는 모양을 나타내는 중앙어 '이러구러'에 대응하는 이 지역 방언형이다.

177) '겅기쭈럴'은 중앙어 '금줄'에 대응하는 충청도 방언형 '금기줄'에 목적격조사 '얼'이 결합한 '금기줄얼'의 음성형이다. 충청도 방언에서는 일반적으로 '금줄'이라고 한다. '금줄'은 부정한 것의 침범이나 접근을 막기 위하여 문이나 길 어귀에 건너질러 매거나 신성한 대상물에 매는 새끼줄을 가리킨다. 아이를 낳았을 때, 장 담글 때, 잡병을 쫓고자 할 때, 신성 영역을 나타내고자 할 때에 사용한다. 이 줄이 있는 곳은 사람이 함부로 드나들지 못한다.

178) '왠새끼'는 '왼새끼'의 잘못이다. 제보자가 단모음 '외' 발음을 잘 하지 못해서 생긴 결과다. '왼새끼'는 새끼를 꼴 때 왼쪽으로 꼰 새끼를 뜻한다. 새끼는 보통 오른쪽으로 꼬는데 금기시하는 일이 있을 때 쓰는 새끼는 왼새끼를 꼰다. 예컨대, 남자 아이가 태어나면 왼새끼를 꼬아 고추와 숯과 생솔가지를 새끼줄에 끼워 사립문 양쪽 기둥에 건너질러 매어 놓고 여자 아이가 태어나면 생솔가지와 숯만 끼워 매어 놓는다.

179) '꼬치'는 중앙어 '고추'에 대응하는 이 지역 방언형이다. 아들을 낳고 치는 금줄에는 보통 붉은 고추를 끼운다.

180) '거멍'은 중앙어 '숯'에 대응하는 충청도 방언형이다. 충청도 방언에서 '거멍' 외에

'숯거멍'이라고도 하고 '숯검정'이라고도 한다.

181) '나가야 디야'는 중앙어 '나가야 돼'에 대응하는 이 지역 방언형이다. '디야'는 충청도 방언에서 '댜'로도 발음된다. '디야' 또는 '댜'는 중앙어 '다고 해'가 줄어든 '-대'에 대응하는 이 지역 방언형으로 형용사 어간이나 어미 '으시', '었', '겠', '(으)ㄴ' 뒤에 붙어 '-다고 하더라' 정도의 뜻으로 쓰인다. 중앙어에서 종결형으로 쓰이는 '해', '패', '래' 등이 이 지역에서는 각각 '[히아~히야~햐]', '[피아~피야~퍄]', '[리아~리야~랴]' 등으로 실현된다는 점에서 중앙어 '해', '패', '래' 등은 각각 '[히아~히야~햐]', '[피아~피야~퍄]', '[리아~리야~랴]'가 모음도치와 축약을 경험한 결과라고 해석할 수 있다. 충청북도에서 중앙어 '해', '패', '래' 등을 '[히아~히야~햐]', '[피아~피야~퍄]', '[리아~리야~랴]' 등으로 발음하는 지역은 청원군과 진천군, 옥천군, 영동군 등 충청남도에 인접한 충북 중서부지역이다. 이런 발음은 충청남도 쪽으로 갈수록 심하게 나타난다.

182) '쫄로리'는 '줄지어 나란히' 정도의 뜻으로 쓰이는 충청도 방언형이다. 충청도 방언에서 '쫄로리' 외에 '쫄로래미'도 같은 뜻으로 쓰인다.

183) '원청'은 '두드러지게 아주'의 뜻으로 쓰이는 중앙어 '워낙'에 대응하는 충청도 방언형이다. 충청도 방언에서 '원청' 외에 '원칸', '워낙', '원체', '원래' 등도 '두드러지게 아주'의 뜻으로 쓰이는 말이다.

184) '노나'는 중앙어 '나누다'에 대응하는 충청도 방언형 '노누다'의 활용형이다. '노누다'는 '노누고, 노누지, 노나, 노나라'와 같이 활용한다.

185) '무지개떡'은 쌀가루에 물감을 섞어 켜켜이 다른 색으로 물을 들여 시루에 쪄낸 떡을 가리킨다. 주로 파랑, 빨강, 노란색으로 물을 들인다.

186) '체'는 중앙어 '켜'에 대응하는 충청도 방언형이다. '체'는 '켜'가 구개음화와 단모음화를 동시에 겪은 결과다.

187) '체체로'는 충청도 방언에서 '여러 켜마다'의 뜻으로 쓰이는 중앙어 '켜켜이'에 대응하는 말로 쓰였다. 형태상으로는 '여러 켜를 이루어'의 뜻으로 쓰이는 중앙어 '켜켜로'에 대응하겠지만 의미상으로는 중앙어 '켜켜로'와는 얼마간의 의미 차이가 있는 말이다.

188) '그르캐배끼'는 중앙어 '그렇게밖에'에 대응하는 충청도 방언형 '그릏개배끼'의 음성형이다. '그릏개배끼'는 '그릏개+배끼'로 분석할 수 있다. '그릏개'는 중앙어 '그렇다'에 대응하는 충청도 방언형 '그릏다'의 활용형이다. '그릏다'는 '그릏다, 그릏고, 그릏지, 그릏개, 그르니깨, 그르먼' 등과 같이 활용한다. '배끼'는 중앙어 '밖에'에 대응하는 충청도 방언형이다. '배끼'는 '밖에>밲이>밲이>배끼'의 과정을 거친 것으로 보인다. '밲이>배끼'는 '밲이'의 음성형이 어휘화한 것으로 해석할 수 있다.

189) '기'는 중앙어 '귀'의 이 지역 방언형이다. 제보자와 지역에 따라 단모음 '귀[kü]'로 발음하기도 하는데 전북과 충남에 인접한 영동군의 서쪽과 북쪽 지역에서 연령

층이 높은 화자들은 '귀[kü]'로 발음하는 경우가 많고 경상북도와 인접한 지역에서는 주로 단모음 '기[ki]'로 발음하는 경우가 많다.

190) '디:기도'는 중앙어 '데다'에 대응하는 충청도 방언형 '디다'의 활용형이다. '디다'는 '데:다>디:다'의 과정을 거친 것으로 보인다. 충청도 방언에서 어두음절의 장모음 '에:'는 고모음화하여 '이:'로 실현되는 것이 일반적이다.

191) '구하다'는 중앙어 '귀하다'에 대응하는 충청도 방언형이다. 영동 방언에서 '위'는 어휘에 따라 단모음 '위', '이', '우'로 실현되기도 한다. 예컨대, '위하다'가 '우하다'로 실현된다거나 '귀엽다'가 '구엽다'와 같이 '우'로 실현되기도 하고 '쥐'는 단모음 '쥐'나 '지'로 실현되기도 한다.

192) '점빵'은 중앙어 '전' 또는 '전방(廛房)', '가게'에 대응하는 충청도 방언 '전방'의 음성형이다. '점빵'은 물건을 늘어놓고 파는 가게를 뜻하는 한자어 '전방(廛房)'의 음성형이다. 충청도 방언에서 '전방(廛房)' 외에 '전(廛)'과 '송방'도 쓰였으나 요즈음은 어른들에게만 일부 남아 있고 젊은층에서는 잘 쓰이지 않는다. '송방'은 본래 주로 서울에서 개성 사람이 주단, 포목 따위를 팔던 가게를 뜻하는 '松房'에서 유래한 말인데 의미가 전와(轉訛)되어 확산된 것으로 보인다.

193) '야'는 중앙어 '얘'에 대응하는 충청도 방언형이다. '야'는 화자와 가까이 있는 사람을 가리키는 3인칭 대명사 '이 아이'의 준말이다. 충청도 방언에서 '야'와 함께 쓰이는 3인칭 대명사로 '자'와 '가'가 있다. '자'는 화자와 먼 곳에 있는 사람을 가리키는 중앙어 '저 아이'의 준말 '쟤'에 대응하는 3인칭 대명사이고 '가'는 청자와 가까이 있는 사람을 가리키는 중앙어 '그 아이'의 준말 '걔'에 대응하는 3인칭 대명사다. 충청도 방언에서 '가' 외에 '갸'도 3인칭 대명사로 쓰인다.

194) '즈:더리'는 중앙어 '저희들이'에 대응하는 충청도 방언 음성형이다. '즈:더리'는 '즈:덜+이'로 분석된다. '즈:덜'은 중앙어 '저희들'에 대응하는 충청도 방언형이다. '즈:덜'은 다시 '즈:+덜'로 분석할 수 있다. '즈:'는 앞에서 이미 말하였거나 나온 바 있는 사람들을 도로 가리키는 삼인칭 대명사이고 '덜'은 선행 체언이 복수임을 나타내는 접미사다.

195) '홀찌깨'는 곡식을 임시로 수확하여 이삭에서 알갱이를 떨어내는 도구다. 나뭇가지나 수수깡을 잘라 V자 모양으로 집게를 만들어 벌어진 사이에 곡식 이삭을 넣고 집게를 오므리고 이삭을 잡아당기면 곡식 알갱이가 떨어지도록 만든다. 나뭇가지로 만든 것은 반영구적이어서 반복해서 쓸 수 있는데 비해 수수깡으로 만든 것은 임시로 한 번 쓰고 버린다. 일종의 탈곡 도구라고 할 수 있다.

196) '추리서'는 '추리다'의 활용형이다. '추리다'는 '여럿이 섞여 있는 중에서 쓰지 못하거나 좋지 않을 것을 골라내거나 제거하고 좋은 것만을 남기다'의 뜻으로 쓰이는 말이다. 여기에서는 타작하고 난 볏짚을 가지고 새끼를 꼬거나 가마니를 치기 위해 줄기 아랫부분에 붙어 있는 썩은 잎을 벗겨내고 가지런하게 줄기만 남기는 것을 가리키는 말로 쓰였다. '추리다'는 '여럿이 섞여 있는 것에서 여럿을 골라내

거나 뽑아내다'의 뜻으로도 쓰인다. 이 지역 방언에서 '추리다'가 '추리구, 추리지, 추리서, 추리'와 같이 활용한다.

197) '실경'은 중앙어 '시렁'에 대응하는 충청도 방언형이다. '실경'은 물건을 얹어 놓기 위하여 방 윗목이나 마루의 벽에 두 개의 긴 통나무를 나란히 가로질러 선반처럼 만든 것을 가리킨다. 충청도 방언에서 '실경' 외에 '실겅'이나 '실광'도 자주 쓰인다.

198) '먹뚜룩'은 중앙어 '먹도록'에 대응하는 이 지역 방언형 '먹두룩'의 음성형이다. '먹-'은 '먹다'의 어간이고 '-두룩'은 중앙어 '-도록'에 대응하는 말로 '동사 어간에 붙어 동사 앞에 오는 내용이 동사 뒤에 나오는 사태의 목적이 이루어질 때까지'의 뜻으로 쓰였다. 여기에서는 '먹을 때까지' 즉 그 나이가 될 때까지의 뜻으로 쓰였다.

199) '수수부꾸미'는 찰수수 가루를 반죽하여 둥글고 넓적하게 만들어 기름에 지진 부침개를 말한다. 찰수수 가루로 만든 것은 '수수부꾸미'라고 하고 찹쌀가루로 만든 것은 '찹쌀부꾸미'라고 한다. 충청도 방언에서 '부꾸미' 외에 '부끼미'라고도 한다.

200) '대구서'라고 해야 할 것을 '대전서'라고 잘못 말한 것이다.

201) '쌀썽'은 '살썩'의 음성형이다. '살'은 나이를 세는 단위를 뜻하는 말이고 '썩'은 수량을 나타내는 명사 또는 명사구 뒤에 붙어 '그 수량이나 크기로 나뉘거나 되풀이 됨'의 뜻을 더하는 중앙어의 접미사 '씩'에 대응하는 충청도 방언형이다. '썽'은 '썩'의 말음 'ㄱ'이 뒤에 오는 비음의 영향으로 'ㅇ'으로 동화되어 '썽'으로 발음되는 것이다.

03 의생활

3.1. 목화 재배와 길쌈

모카::두 마니 시머써요?

- 여기 모카도 마:이 싱과[1] 본 댐미다.

- 이래 가주 일쩡 때, 일쩡 때 그거 목카럴 싱구먼 전부 이 바다가써요 일본 애드리, 인재 저드리 써머글라고.

- 마이 해기는 모카: 또 여 마이 싱군 댐니다.

- 생산 마이 한대요.

그거::는 농사를 어트개 해요?

- 모콰넌 이: 바태다가 아: 모콰씨럴 뿌림니다, 뿌려.

- 가라 가주 고:럴 맹그라 가주 뿌리고서 어: 인재 더프먼 나오죠.

- 그 인재 거러멀 마니 하먼 더 마이 열고 인재 여넝 건.

- 인재 그라먼 그기 모카 싱구넌 시기가 좀 일러 일, 쪼끔 일찌기 싱과야 디요.

- 그래 가주 너무 느깨 싱구먼 그 모카가 수화기 즉:쪼.

- 그래 인재 모콰: 농사넌 그라먼 머 꼬시 피 가주 머이 다:래라고 열먼 어 그개 인재 모콰가 대넝 건대 그거 다:래럴 절무 절머쓸 때 그걸 따:머끼도 함니다.

- 따 머그먼 달캉하니 마시써요.

- 허허.

- 그 이그먼 인재 이 솜 거치 피지요, 피지요.

- 모콰가 피지요, 그라먼 그걸 따:능 기고.

- 그럼 수화글 수화기 끈날 무려배 뽀바 가주고 저 뒤뚱사내 가따 들: 들 핑 거 그겅 가따 너러서 말리먼 필 껀 다: 핌니다.

예.

목화도 많이 심었어요?

− 여기 목화도 많이 심어 본 데입니다.

− 이렇게 해 가지고 일정 때, 일정 때 그거 목화를 심으면 전부 이 받아 갔어요, 일본 애들이 이제 저희들이 써먹으려고.

− 많이 하기는 목화 또 여기 많이 심은 데입니다.

− 생산 많이 한 데요.

그거는 농사를 어떻게 해요?

− 목화는 이 밭에다가 목화씨를 뿌립니다, 뿌려.

− 갈아 가지고 골을 만들어 가지고 뿌리고서 에 이제 덮으면 나오지요.

− 그 이제 거름을 많이 하면 더 많이 열고, 이제 여는 건.

− 이제 그러면 그게 목화 심는 시기가 좀 일러 일, 조금 일찍 심어야 돼요.

− 그래 가지고 너무 늦게 심으면 그 목화가 수확이 적지요.

− 그렇게 이제 목화 농사는 그러면 뭐 꽃이 피어 가지고 뭐 다래라고 열면 에 그게 이제 목화가 되는 건데 그거 다래를 젊었(을) 젊었을 때 그 것을 따 먹기도 합니다.

− 따 먹으면 달달하니 맛있어요.

− 허허.

− 그게 익으면 이제 이 솜 같이 이렇게 피지요, 피지요.

− 목화가 피지요, 그러면 그걸 따는 거고.

− 그러면 수확을 수확이 끝날 무렵에 뽑아 가지고 저 뒷동산에 갖다 덜:, 덜 핀 것 그것은 갖다 널어서 말리면 필 건 다 핍니다.

예.

- 건 그 수화걸 하고 수하카능 건.

그 씨두 이짜나요?

그 대추씨 가치 생겨찌요?

- 이찌요~.

- 그기 인재 씨가 인는대 어.

- 그 씨년 째아시라고 이써, 째알, 씨아시.[2]

- 씨아시라는 그 저 우리나라애서 맹근 거요, 그건.

- 우리 옌:날부텀 그기 이써요, 씨아시.

- 이래 돌리넝 거요.

예.

- 돌리먼 이 아래 우애 막 따라 도라가기 때미내 모콰가 씨년 다 그냥 이짜그로 빠저고.

- 씨알.

- 씨가 발라점니다.

아래 위애 머가 도라가요?

- 아래 우애 이 똥그라캐 이래 맹그렁 기 이기 양짜그루 이래 북깨 대 이써.

예.

- 요래 마처 가주고 이래 돌리먼 모칼 이래 느먼 어 이래지년 바라매 씨년 이짜그로 떠러저고 모카는 이리 나온다 이거여.

- 그라먼 씨럴 바르넝[3] 거여.

- 이재 고 다매 그라먼 그기 그 과정이 끈나먼 활로 화리라고 이써요, 활.

- 여기 진짜 이래 쏜년 활 그거랑 비스타개 이래 맹긍 기 대나무로 대 나무 활로 맹그라 가주 퉁:퉁 텅기면 소:미 대뿌리넝 거여, 솜:..

음.

- 소:미, 그기 그 소:미 대먼 인재 그거럴 이런대 이래 널:린대다[4] 이

- 그건 그렇게 수확을 하고, 수확하는 건.

그 씨도 있잖아요?

그 대추씨 같이 생겼지요.

- 있지요.

- 그게 이제 씨가 있는데 어.

- 그 씨는 씨아라고 있어, 씨아, 씨아.

- 씨아라는 그 저 우리나라에서 만든 거요, 그건.

- 우리 옛날부터 그게 있어요, 씨아가.

- 이렇게 돌리는 거요.

예.

- 돌리면 이 아래 위가 따라 돌아가기 때문에 목화가 씨는 다 그냥 이쪽으로 빠지고.

- 씨아.

- 씨가 발라집니다.

아래 위에 뭐가 돌아가요?

- 아래 위에 이 동그랗게 이렇게 만든 것이 이게 양쪽으로 이렇게 붙게 되어 있어.

예.

- 이렇게 맞춰 가지고 이렇게 돌리면 목화를 이렇게 넣으면 어 이렇게 되는 바람에 씨는 이쪽으로 떨어지고 목화는 이리 나온다 이거야.

- 그러면 씨를 바르는 거야.

- 이제 그 다음에 그러면 그게 그 과정이 끝나면 활로, 활이라고 있어요, 활.

- 여기 진짜 이렇게 쏘는 활 그거랑 비슷하게 이렇게 만든 것, 대나무로 대나무 활로 만들어 가지고 통통 튕기면 솜이 돼 버리는 거야, 솜.

음.

- 솜이 그게 그 솜이 되면 이제 그것을 이런 데 이렇게 너른데다 이렇게

래 깔고 이불만: 이불, 이불쏨 할라먼 이불만:칭 이르캐 이런 대다 가따 노코 이래 피 노무 그거이 인재 활로 티그, 팅깅 걸 그거슬 소:미라카능 거여, 솜:..

— 소:물 가따 이러캐 이불 널비만칭5) 해 가주고 딱: 눌러 멀루 좀 이래 빤뜨탕 걸로 눌러먼.

— 이 짜브라전6) 다:매 이래 개: 가주고 나두따가 이불 맹그넝 거요, 이불.

— 솜:니불 맹그넝 거요.

예: .

— 그르캐.

— 그라고 인재 또 그건 인재 베 날라먼7) 이 베를 맹글라(면) 인재 온, 온 찔 꺼, 이래 베를 만, 맹글라먼 그거 소무로 인재 탕 거럴 눌루지도 앙코 그기, 내 고대8) 얘기해찌요~:?

— 여: 거시기9) 어:: 사:주, 사:주할 때 그 쪼개넝 거 어?

— 그, 그걸 그걸 끄너 가주고 이: 소느로 가꼬 요 쪼만칭 요래 소물 요래 띠:10) 가주고 고기다 노코 이르개 소느로 비비먼 이래 거시기 떡까래 거치 그르캐 대능 거여.

— 그걸 인재 에: 맹그넌 과정언 물:래라고 이써요, 물래:.

— 물래애다가 이 가락꼬지 거틍 기 여 쌔로 맹긍 기 이써요.

— 여기다 이재 댕깅 대 고기애 인재 또 그라구 저 조 조 껍띠기11) 이: 그걸 가따 요기 끄트머리다 찡구고 인재 이 씨럴 뽐넝 거요.

— 어 이걸 돌리먼 이래이래:하면 시:리 대넝 거여, 실.

— 그 인재 요 아 기수리요.

— 요걸 국:깨 하먼 뿔떡, 뿔떡뻬가12) 대고 아주 가늘개 하먼 조온 고베가 대능 기요.

— 그래 새:가.

뿔떡뻬라 그래요?

깔고 이불만 이불, 이불솜을 하려면 이불만큼 이렇게 이런 데다 갖다 놓고 이렇게 펴 놓으면 그것을 이제 활로 튕긴, 튕긴 걸 그것을 솜이라고 하는 거야, 솜.

  - 솜을 갖다 이렇게 이불 너비만큼 해 가지고 딱 눌러 무엇으로 좀 이렇게 반듯한 걸로 누르면.

  - 이 눌린 다음에 이렇게 개어 가지고 놔 두었다가 이불 만드는 거요, 이불.

  - 솜이불 만드는 거요.

예.

  - 그렇게.

  - 그리고 이제 또 그걸 이제 베를 날려면 이 베를 만들어 이제 옷, 옷 지을 것 이렇게 베를 만 만들려면 그거 솜으로 이제 탄 것을 누르지도 않고 그게, 내가 아까 얘기했지요?

  - 여 거시기 에 사주, 사주 할 때 그 쪼개는 것 어?

  - 그 그걸, 그걸 끊어 가지고 이 손으로 가지고 요 조그만큼 이렇게 솜을 이렇게 떼어 가지고 거기에다 놓고 이렇게 손으로 비비면 거시기 가래떡 같이 그렇게 되는 거야.

  - 그걸 이제 만드는 과정은 물레라고 있어요, 물레.

  - 물레에다가 이 가락꽂이 같은 게 여기 쇠로 만든 게 있어요.

  - 여기에다 이제 동인데 거기에 이제 또 그리고 저 조, 조 껍질 그걸 갖다 여기 끄트머리에다 끼우고 이제 이 실을 뽑는 거요.

  - 어 이걸 돌리면 이렇게 이렇게 하면 실이 되는 거야, 실.

  - 그게 이제 요 아주 기술이요.

  - 요걸 굵게 하면 뿔떡, 뿔떡베가 되고 아주 가늘게 하면 좋은 그 베가 되는 거요.

  - 그래 새가.

뿔떡베라 그래요?

- 뿔떡뻬라는 젤: 나쁜 거.

예.

- 나쁘논 맹근 만, 만드는 오시대고.

예.

- 시럴 잘 모 뽀부먼.

네.

- 시럴 잘: 뽀부만 아주 곤: 오시 대능 거여.

예.

- 그, 그 큥 기술링 기여 그기, 흐 이 실: 뽐는 기수리.

예.

- 그래 가주 이 오설 맹그능 거여 엔:나래.

네: .

그러면 굴:그, 굴:깨 나옹 개 뿔떡뻬: 하능 거고.

- 에 뿔떡뻬고.

고은:: 거는.

- 고옹 건 조은 베다 이거여.

예.

- 아주 가늘개 잘: 뽀바야 가늘게 잘: 뽀부먼 죤: 베가 대넝 거여.

예: .

- 엔:나랜 그래찌요.

그 그거 저기 그 머라 그래요?

수, 수수깨이? 그.

- 쑤수깽이.13)

예, 그걸루 항 거자나요?

고고 요망쿰 짤러 가주고?

- 이 이거 비빌떵거라고.

- 뿔떡베라는 건 제일 나쁜 거.

예.

- 나쁜 옷 만든 만, 만드는 옷이 되고.

예.

- 실을 잘 못 뽑으면.

네.

- 실을 잘 뽑으면 아주 고운 옷이 되는 거야.

예.

- 그, 그게 큰 기술인 거야 그게, 흐 이 실 뽑는 기술이.

예.

- 그래 가지고 이 옷을 만드는 거야 옛날에.

네.

그러면 굵은, 굵게 나온 게 뿔떡베(라고) 하는 거고.

- 에 뿔떡베고.

고은 것은.

- 고은 건 좋은 베다 이거야.

예.

- 아주 가늘게 잘 뽑아야, 가늘게 잘 뽑으면 좋은 베가 되는 거야.

예.

- 옛날에 그랬지요.

그, 그거 저기 그 뭐라고 해요?

수 수수깡? 그.

- 수수깡.

예, 그걸로 한 거잖아요?

그거 요만큼 잘라 가지고?

- 이 이거 비비던 거라고.

- 또 인재 요고 뽀불 때는 그걸 여기다 꼼능 개 아니고 저 거시 조.
어떤 조?

- 조, 조 존때 조 껍띠기 저 키워 크는 고거럴 여 매지럴 끄너 가주 요
기다 끼워 가주구 어 실:타래, 실:타래 감능 건 고걸루 하능 기여 또.

그 조, 조가 머 어떠캐 생깅 거애요?

그 저 스숭 얘기하능 거 아니지요?

- 수:숙.

스:스기요?

- 어, 스:수기라카지 조럴.

예, 수숙.

- 스:수기라고도 하고 조라고도 하는대.

네::.

- 좁쌀 알자나요, 좁쌀?

네.

- 쌀, 째맹콤항 거.

- 저, 저 이 수 머여?

- 수:숙 여기 저 어: 이:: 수수깽이 머여, 맹그능 건 아리 더 굴긍 건.

네.

- 쑤수라카고, 쑤수.

쑤수.

예.

- 쑤수라고 안히야?

예.

- 쪼마낭 건 조라카능 기고, 좁쌀.

좁쌀.

- 좁싸래 그.

- 또 이제 요거 뽑을 때는 그걸 여기다 꼽는 게 아니고 거시기 조.

어떤 조?

- 조, 조 좃대, 조 껍데기 저 키워 크는 고거를 여 마디를 끊어 가지고 여기다 끼워 가지고 에 실타래, 실타래(에) 감는 건 고걸로 하는 거야 또.

그 조가 뭐 어떻게 생긴 거예요?

그 저 조 얘기하는 거 아니지요?

- 조.

조요?

- 어, 스숙이라고 하지 조를.

예, 조.

- 스숙이라고도 하고 조라고도 하는데.

네.

- 좁쌀 알잖아요, 좁쌀?

네.

- 쌀, 조그마한 거.

- 저, 저 이 수수 뭐야?

- 수수 여기 저 에 이 수수깡 뭐야, 만드는 건 알이 더 굵은 것은.

네.

- 수수라고 하고 수수.

수수.

예.

- 수수라고 안 해?

예.

- 조그마한 건 조라고 하는 거고, 좁쌀.

좁쌀.

- 좁쌀에 그.

그 껍띠기.

　－ 싸리 안댕 걸 조.

어 그 껍때기::라 그러먼 머 글 저:기 줄기 그거 껍때기예요?

아::.

　－ 인재 이 알: 굴궁 거넌 쑤수, 쑤수라고 그거 어: 저 사:주, 사:주애 쓰
멍능 기고.

그 조, 아까 그 조껍때를 거기 끼운다고 핸는대 그 조껍때기는 어떤, 어떵
걸 얘기하능 거요, 그 껍때기가?

　－ 껍때기는 인재 에: 그: 대공,[14] 대공.

대공애 이파리 인능 거?

　－ 어, 대공.

예::.

　－ 대공얼 잘르먼 그 쏘기 비 가주 이따고, 대공이.

　－ 그래잉깨 인재 이거 끼우먼 대도록 대 이따고.

　－ 요래 요망콤 짤라 가주고.

예::.

　－ 그기 인재 실:타래라카능 기여, 실:타래.

아 그래 가주고 요로:캐 가마 노면 요로캐 배 불르개 요로:캐.

　－ 에: 똥:구라캐 요래.

요로캐 생깅 거 ….

　－ 으:, 꼬래지.

　－ 예, 마저.

그걸 실:타래라 그래요?

　－ 예, 그걸 실:타래라카능 거 아녀?

예.

그르니 요새 애들 머, 저두 잘 모르갠는대 요새 애드리야 알깨써요?

그 껍데기.

- 쌀이 안 된 걸 조.

에 그 껍데기라 그러면 뭐 그 저기 줄기 그거 껍데기예요?

아.

- 이제 이 알 굵은 것은 수수, 수수라고 그거 에 저 사주 사주에 써먹는 것이고.

그 조, 아까 그 조 껍데기를 거기 끼운다고 했는데 그 조 껍데기는 어떤 걸 얘기하는 거요, 그 껍데기가?

- 껍데기는 이제 에 그 대, 대.

대에 이파리 있는 거?

- 어, 대.

예.

- 대를 자르면 그 속이 비어 있다고, 대가.

- 그러니까 이제 이게 끼우면 되도록 되어 있다고.

- 이렇게 요만큼 잘라 가지고.

예.

- 그게 이제 실타래라고 하는 거야 실타래.

아 그래 가지고 요렇게 감아 놓으면 이렇게 배부르게 요렇게.

- 예, 동그랗게 요렇게.

요렇게 생긴 거 …

- 응, 그런 꼴이지.

- 예, 맞아.

그걸 실타래라고 해요?

- 예, 그걸 실타래라고 하는 거 아니야?

예.

그러니 요새 애들 뭐, 저도 잘 모르겠는데 요새 애들이야 알겠어요?

- 으흐흐, 그리요.

- 어 애:더리 알마낭 건 아니지 이렁 거년.

- 지끄매더런 아주 저녀 모르지.[15)

- 지금 구:경두 아낸는대 머, 저녀 몰를 거여.

- 음음.

= 이기 명쏳이자나요, 미영송이.

= 다:래송이 조:웅 거, 그개 처째요, 지금.

명쏳이라 그래요?

= 예.

그 햐야캐 핑 거?

= 예:, 명쏳이.

그거 저: 바태 족:: 피어 이쓰먼 그거 이뿌자나요?

= 예:.

- 이:쁘지요.

= 그기 인지 다래송(이), 다래:송이라구 하는대.

= 다래송이가 아니라 명송이라카드라고요, 그거럴.

다래는 암 핑 거 얘기하자나너요?

= 예, 그기 다래고요.

= 예, 그래서 인재 명쏳인대.

= 채고 조웅 걸 명쏳인대 그거 저: 바태서 그거 채:고 조웅 거럴 뿌바요:.

= 조고 인재 또 인재 고기 젤: 먼저 피거던뇨, 그람 뿌꼬.

= 그 다:매는 글 뿌바다가 저런 동사내다가 저런 대다가 인재 피 너러 요, 그거럴.

= 이래 피: 널먼 인재 그 또 먼지 피능 거 이꼬 나중 피능 기 이써요.

= 그래서 고거또 또 고고 피기..

= 그저 따루 인재 또 하고.

- 으흐흐, 그래요.
- 어 애들이 알만한 건 아니지 이런 거는.
- 지금 애들은 아주 전혀 모르지.
- 지금 구경도 안 했는데 뭐, 전혀 모를 거야.
- 음.
= 이게 목화송이잖아요, 목화송이.
= 목화송이 좋은 거, 그게 첫째요, 지금.

목화송이라 그래요?

= 예.

그 하얗게 핀 거?

= 예, 목화송이.

그거 저 밭에 족 피어 있으면 그거 예쁘잖아요?

= 예.

- 예쁘지요.
= 그게 이제 다래송이, 다래송이라고 하는데.
= 다래송이가 아니라 목화송이라 하더라고요, 그것을.

다래는 안 핀 거 얘기하잖아요?

= 예, 그게 다래고요.
= 예, 그래서 이제 목화송이인데.
= 최고 좋은 게 목화송이인데 그거 저 밭에서 그거 최고 좋은 것을 뽑아요
= 저거 이제 또 이제 고게 제일 먼저 피거든요, 그럼 뽑고.
= 그 다음에는 그걸 뽑아다가 저런 동산에다가 저런 데다 이제 펴 널어요, 그것을.
= 이렇게 펴 널면 이제 그것도 먼저 피는 게 있고 나중에 피는 게 있어요
= 그래서 그것도 또 그거 피기..
= 그저 따로 이제 또 하고.

= 젤 나중 피능 기 그기 뿔떡빼라16) 그래요, 그개.

= 그래서 그거 여자덜 소고태 입꼬 머:.

= 그냥 여자덜 소고또 그기 머, 여자드리 기냥 팬트 해 이꼬.

= 그 고쟁이 이꼬, 소꼬디꼬.

= 하하.

= 거기다가 또 치마 이꼬, 압처마 이꼬 아이구::, 여기다 허리띠 하구: 인재 또 쏙쩍쌈 입, 저고리 입찌, 아휴:.

= 여자드리 그르캐 마:니 이버요.

= 여자더런 지그먼 마 이르캐 다리가 나오구 이래 파리 나오자나요:?

= 그저내넌 이기 나오먼뇨, 저 와스만 해두요 여기 여 미태 산적찌비17) 이써써요.

= 산직찌비18) 이썬넌대 이:기 지금도 그 영상 김씨 산직찌비요.

= 근대 요:기 산지기가 사란는대 저 와스마내도 산지기::라구 인재 저 그 사람드리 이 ××이라 그래써요.

= 이××이 아부지가 마루니라19) 구라대요, 거: 이××이 아부지가.

= 그른대 그 사람더리 저떠러 아씬님, 아씬님 이래써요, 츠:매 저 와서 마내두 여기 와서.

예.

= 그 사람더리 아씬님, 아씬님 이래꺼더뇨.

= 그랜는대 그 사람덜두 더 잘사라요, 지금.

= 여가 양바니라고 양방꼬지라고 그래서 인재: 저도 우리 어머이가 나럴 하나 키워 인재 매:, 망내딸 그서 저 열뚜 살 머건는대 어디루 내놔야 하까 시꾸:.

= 어머이 혼자 앙 그리커써요

= 망내딸 하나럴 어디루 내놔야 조우까 시꾸.

= 머 그냥 이래 저래 생가카다가 영상 김씨는 이 지비, 여기 영상 낌

= 제일 나중에 피는 게 그것을 뿔떡베라 그래요, 그걸.

= 그래서 그거 여자들 속옷 해 입고 뭐.

= 그냥 여자들 속옷도 그게 뭐, 여자들이 그냥 팬티 해 입고.

= 그 고쟁이 입고, 속곳 입고.

= 하하.

= 거기다가 또 치마 입고, 앞치마 입고 아이고, 여기다 허리띠 하고 이제 또 속적삼 입(지), 저고리 입지, 아휴.

= 여자들이 그렇게 많이 입어요.

= 자들은 지금은 막 이렇게 다리가 나오고 이렇게 팔이 나오잖아요?

= 그전에는 이게 나오면요, 저 (시집) 왔을 때만 해도요, 여기 요 밑에 산직집이 있었어요.

= 산직집이 있었는데 이게 지금도 그 용산 김 씨 산직집이요.

= 그런데 여기 산지기가 살았는데 저 (시집)와서만 해도 산지기라고 이제 저 그 사람들이 이 ××이라고 그랬어요.

= 이××이 아버지가 마름이라고 그러대요, 그 이××이 아버지가.

= 그런데 그 사람들이 저더러 아씨님, 아씨님 그랬어요, 처음에 저 와서만 해도 여기 와서.

예.

= 그 사람들이 아씨님, 아씨님 그랬거든요.

= 그랬는데 그 사람들도 더 잘 살아요, 지금.

= 여기가 양반이라고, 양반 곳이라고 그래서 이제 저도 우리 어머니가 나를 하나 키워 이제 매, 막내딸 거기서 저 열두 살 먹었는데 어디로 내놔야 할까 싶고

= 어머니 혼자 안 그렇겠어요?

= 막내딸 하나를 어디로 내놔야 좋을까 싶고.

= 뭐 그냥 이래 저래 생각하다가 용산 김 씨는 이 집이, 여기 용산 김

씨내 양바니라고 그 인재 우리넌 금녕 낌 씨구: 여키넌 인재 영동, 영동 영상 낌 씨라카더라고요.

= 그래서 인재, 그래서 인재 버:넌 달라도 인재 이르캐 깅간 깅가찌리 와써요.

= 오:긴 완넌대, 그래 인재 엔:나래 인재 참 그래 와 가주 이래 사는대 자기 이:: 지배 사넌 사라미 저한태 장[20] 아씬님, 아씬님 이르카더라고요, 처:매 와가선.

= 그르캐 사라, 여가 여기 양반 터라구요, 양반 싸람 터라구.

예.

그러면 모콰:, 모카:: 모캐라구 하지요?

근대 그개 씨 암 뺑 거::를 얘기하능 거가요?

- 모콰?

예.

= 예, 목, 씨 암 뺑 건 모콰고요.

- 모콰넌 씨 암 뺑 거.

씨 빼면 인재?

= 씨 뺑 거넌 명송이.[21]

명송이.

= 예, 탕 거.

= 이르캐 타자나요?

그러면 솜:하고 명송이하고는 어트개?

= 솜:하고.

명송이:가?

- 인재 탕 건 소:미지, 탕 건.

= 예, 탕 건 소:미고.

= 인재 그 씨 암 뺑 건 송이, 송이지, 명송이, 명::..

씨네가 양반이라고 그 이제 우리는 금릉 김 씨고 여기는 이제 영동, 영동 용산 김 씨라고 하더라고요.

= 그래서 이제, 그래서 이제 본은 달라도 이제 이렇게 김가는 김가끼리 왔어요.

= 오긴 왔는데 그래 이제 옛날에 이제 참 그렇게 와 가지고 이렇게 사는데 저기 이 집에 사는 사람이 저한테 장 아씨님, 아씨님 이렇게 하더라고요, 처음에 와 가지고는.

= 그렇게 살아, 여기가 여기 양반 터라고요, 양반사람 터라고.

예.

그러면 목화, 목화, 목화라고 하지요?

그런데 그게 씨 안 뺀 것을 얘기하는 건가요?

― 목화?

네.

= 예, 목, 씨 안 뺀 건 목화고요.

― 목화는 씨 안 뺀 것.

씨 빼면 이제?

= 씨 뺀 거는 목화송이.

목화송이.

= 예, 탄 거.

= 이렇게 타잖아요.

그러면 솜하고 목화송이하고는 어떻게?

= 솜하고.

목화송이가?

― 이제 탄 건 솜이지, 탄 것은.

= 에, 탄 건 솜이고.

= 이제 그 씨 안 뺀 것은 송이, 송이지, 목화송이, 목화...

= 인재 그 다:래애서 뼁 개 명쏭이지요, 다래애서 뼁 개.

아, 씨, 씨, 씨가 인능 거?

= 예, 씨 드러 가주 예, 조:웅 거 인재 고기 명송이고.

= 씨 드, 씨가 들고.

= 고 재: 고고 명 이캐 뼁 개 고 명송이지요, 뼁 기.

씨 뼁거?

= 예.

— 씨 빼 가주 탕 거.

— 탕 거는 소:미라고 마라지.

소:미고.

= 예, 건 토미고.22)

= 인재 거그 다:래애서 이르캐 피 가주구서 명이 요래: 나오자나요.

= 고기 명송이지.

예.

그개, 그개 그러면 목, 모콰라고 해요, 그거?

= 예, 그개 인재 엔:나래넌 그기 미영이라구 핸넌대, 모콰라고 그라지요, 그기.

— 그기 엔:나래 미영쏭이니 이라고.

= 예:.

= 예기 모콰라 하대요, 지그먼.

그러면 월래 모카가 이르캐 큰 나무자나요, 이캐?

= 예:.

— 남.

그, 그걸 모콰라고 하고?

= 예, 목 낭개 에: 모콰나무.

예.

= 이제 그 다래에서 뺀 게 목화송이지요, 다래에서 뺀 게.

아, 씨, 씨, 씨가 있는 것?

= 예, 씨 들어 가지고 예, 좋은 거 이제 그게 목화송이고.

= 씨 들, 씨가 들고.

= 그 이제 고고 무명 이렇게 뺀 게 목화송이지요, 뺀 게.

씨 뺀 거?

= 예.

− 씨 빼 가지고 탄 거.

− 탄 거는 솜이라고 말하지.

솜이고.

= 예, 그건 솜이고.

= 제 거기 다래에서 이렇게 피어 가지고 목화가 이렇게 나오잖아요.

= 그게 목화송이지.

예.

그게, 그게 그러면 목, 목화라고 해요, 그걸?

= 예, 그게 이제 옛날에는 그게 무명이라고 했는데, 목화라고 그러지요, 그게.

− 그게 옛날에는 미명송이니 이렇게 하고.

= 예.

= 이걸 목화라고 하데요, 지금은.

그러면 원래 목화가 이렇게 큰 나무잖아요, 이렇게?

= 예.

− 나무.

그, 그걸 목화라고 하고?

= 예, 목(화) 나무에 에 목화나무.

예.

거기애 달링 걸 명이라고 하고?

= 예:.

그걸로 저기 시:를 뽀부면 그 시:른 무순 시:리라 그래요?

- 씨는 장 그 있어.

실, 실?

= 시:른 인재: 그기.

- 실, 시른 인재 무명시:리구.

= 명, 명시리지요 머, 인재.

명실, 무명실?

= 예:, 무명시리지요.

- 무명시리라 구라지 머.

= 근대 그기 물래루 자사 가주구: 여 이르캐 여매 여 구깨가 요마:나 먼 빼내거든녀.

= 거 가라개다가 끼머23) 가주구.

= 그거 인재 그래 그기 가라기라고 고래서 그기 그이 하년 그거 아:실 걸 머, 몰라: 아시능가?

= 우리 큰딸도 그건 몰르껀대 에:, 그기 나트리라구 이써요, 나틀.

= 나트리 열: 깨가 이써요.

= 요 구멍이 요로(캐) 이르캐 나트리라고 요로키 요만:창 노풍 기, 기 리기가 요 요만, 함 발 댈랑가 모르거쩌.

- 그 베럴 맬라고 나:능걸 날트리라 그래여.

= 예, 고골: 인재 고초럴 자사 가주구 명 가라기라 그르구.

= 열 깨를 만드러 가주구 고 나트래다가 그거럴 인재 한, 하낙쓱 끼어, 요래.

= 빼 가주구, 머 열 깨럴, 열 깨럴 빼 가주구, 나 인재 날지요.

= 나능 거시 인재 열 깨럴 줄: 줄 뽀바 이르캐 다마놔요, 열 깨럴 다:.

거기에 달린 걸 명이라고 하고?

= 예.

그걸로 저기 실을 뽑으면 그 실은 무슨 실이라고 그래요?

− 씨는 늘 거기 있어.

실, 실?

= 실은 이제 그게.

− 실, 실은 이제 무명실이고.

= 명, 무명실이지요 뭐 이제.

명실, 무명실?

= 예, 무명실이지요.

− 무명실이라 그러지 뭐.

= 그런데 그게 물레로 자아 가지고 여 이렇게 요만 여 굵기가 요만하면 빼내거든요.

= 그 가락에다가 끼워 가지고.

= 그거 이제 그래 그게 가락이라고 그래서 그게 그이 하는 그거 아실 걸 뭐, 몰라 아시는가?

= 우리 큰달도 그건 모를 건데 에, 그게 날틀이라고 있어요, 날틀.

= 날틀이 열 개가 있어요.

= 요 구멍이 요렇(게) 이렇게 날틀이라고 요렇게 요만큼 높은 게 길이가 요 요만, 한 발 되려나 모르겠어.

− 그 베를 매려고 나는 것은 날틀이라 그래요.

= 예, 그걸 이제 고치를 자아 가지고 명 가락이라고 그러고.

= 열 개를 만들어 가지고 그 날틀에다가 그거를 이제 한, 하나씩 끼워, 이렇게.

= (가락을) 빼 가지고 뭐 열 개를, 열 개를 빼 가지고 날(을) 이제 날지요

= 나는 것이 이제 열 개를 줄 줄 뽑아 이렇게 담아놔요, 열 개를 다.

= 그러면 인재 가라기 풀리먼 또 하낙 낑꼬 또, 또 하다가 또 다릉 기 또 머니 떠러지먼 그거 또 하나 낑꼬 그래 가주구서루 인재 가래럴 메 까래럴 맨드느냐 하면 그걸루 베럴 이 나라요.

= 베 나능 거슨 머 암 보시쓸 꺼여.

= 그러면 인재 머:럴 방느냐 하면: 그거럴: 네: 개럴 바가요, 네 개럴.

= 이 고쟁이 요마, 요마 요망쿰 콩 거럴 네: 개럴 바가요.

= 요기넌 개:새고[24] 요긴 참새거든뇨[25] 고로캐 해요.

= 그래 가주구서 베럴 인재.

개, 개새?

= 나., 개:새 참새 이써요, 이르캐.

예.

= 요 개:새 요기 참샌대, 요 개새라 배럴 베뿌럴롸요, 베뿌럴.

예.

= 베뿌럴 인재 노만 그 이캐 가르캐 뺑 거 차곡차곡 항: 거럴 그거럴 가따가 인재 쌀마요, 그거럴.

= 인재 *** 인재 이캐 해 가주구서 그거 인재 해서 이캐 사, 끄 저:기 푸럴 메기요, 푸럴.

= 푸럴 이걸 가따가 가래 뽀바 농 거럴, 도투마리라고 이써요, 이르캐.

= 도투 두 개, 이캐 말모걸 이르캐 두 개 바가 노코 도투마리를 여기다 이르캐 탕 노쿠서루 이기 인재 안 땡기 가드룩 말모걸 바가야 대자나요.

= 그래서 여기 도투마리라구 노쿠서 가따가 인재 그거: 열 깨: 그 가락 이르캐 뺑 거럴 인재 나라요.

= 요:기 요기 여기 참새라고 인재 요짜개 요로캐 요로캐 해 노코 요기 또 욜루 와 가주구 욜루[26] 가구 욜루 욜루 이르캐 가요.

= 요래 요래 맨드라서 노만 그 기: 개::새 참새라고 해요, 그거럴.

= 이개 멀:로 하너냐 하면, 꼬쟁이럴 이르캐 난 그기 이써요, 두 개.

= 그러면 이제 가락이 풀리면 또 하나 끼우고 또 하다가 또 다른 게 또 먼저 떨어지면 그것도 또 하나 끼우고 그렇게 해 가지고서 이제 가래를 몇 가래를 만드느냐 하면 그걸로 베를 이렇게 날아요.

= 베 나는 것은 뭐 안 보셨을 거야.

= 그러면 이제 뭐를 박느냐 하면 그것을 네 개를 박아요, 네 개를.

= 이 꼬챙이 요만, 요만 요만큼 큰 것을 네 개를 박아요.

= 여기는 개새고 요기는 참새거든요, 그렇게 해요.

= 그래 가지고 베를 이제.

개새?

= 날, 개새 참새 있어요, 이렇게.

예.

= 요게 개새 요기가 참새인데, 요 개새라 베를 벳불을 놔요, 벳불을.

예.

= 벳불을 이제 놓으면 그 이렇게 가래 이렇게 뺀 거 차곡차곡 한 것을 그것을 갖다가 이제 삶아요, 그거를.

= 이제 *** 이제 이렇게 해 가지고 그거 이제 해서 이렇게 사, 그 저기 풀을 먹여요, 풀을.

= 풀을 이걸 갖다가 가래를 뽑아 놓은 것을 도투마리라고 있어요, 이렇게.

= 도투마리 두 개 이렇게 말목을 이렇게 두 개 박아 놓고 도투마리를 여기다 이렇게 탁 놓고서 이게 이제 안 당겨 가도록. 말뚝을 박아야 되잖아요.

= 그래서 여기 도투마리라고 놓고서 갖다가 이제 그거 열 개 그 가락 이렇게 뺀 것을 이제 날아요.

= 요기, 요기 여기 참새라고 이제 이쪽에 요렇게, 요렇게 해 놓고 여기도 또 요리 와 가지고 요리 가고 요리 요리 이렇게 가요.

= 요렇게, 요렇게 만들어서 놓으면 그게 개새 참새라고 해요, 그것을.

= 이게 뭘로 하느냐 하면 꼬챙이를 이렇게 나는 그게 있어요, 두 개.

= 두 개버 이르캐 두 개쓱 빼능 기요.

= 그라면 인재 두: 개럴 요 사이럴 요로캐 인재 저기 저기 머여 그링
깨 가이패로 이르캐 맨들거던녀, 저 가이패로.

= 요기두 요로캐 가이패, 요기도 요로캐 가이패 맨드라 가주구 고기따
요로:캐 끼머요²⁷⁾ 고고럴 이캐.

= 마라자면 인재 이개 이르캐 이르캐 이르캐 생깅 걸 여기다 이르캐
인재: 짬매뜨라고요, 이르캐.

예.

= 그기 짬매 가주구 이기 요동²⁸⁾ 모타개 인재 해 노코넌 거기다가 머
냐하먼 인재 바디라고 이써요, 바디.

= 바디럴 인재: 그거시 인년대 고걸 다:: 끼야 대요.

구멍 하나애다가 다 끼워 가주구.

= 예, 하나하나 다: 끼: 가주구:.

= 그거뚜 이저뻐린내 그거 이기 머, 잉애, 잉애.

= 잉애::.

= 잉애: 잉애, 잉애때럴 인재 거기다 꼬꾸, 잉애때가 두 개가 되거던녀.

= 그라만 잉애때럴 꼬꾸서 고기다가 인재 그 열 까다::기거던녀, 고기.

= 열 까당, 열까당 나릉 걸 인재 다 끼구 요래 메 뻬:늘 거기 가꺼든녀.

= 고기 이르캐 그기 참 나라서 이르캐 해 노먼 다 쌔 베: 여덜 쌔 베
머 일곱 쌔 베 아홉 쌔 베.

= 이르캐 가따가 이르개 노먼 그걸 나라 노먼 그거 인지 그기 고 구멍
구멍 다: 끼지요, 인재 고고럴.

= 고고 인재 고곰: 마 바디애다 대, 여기 참새: 개새, 참새가 인년대
고고럴 따지 가주구서 나릉 걸 따지서 고기 끼우먼 땅:: 마자요.

= 여기 저기 바디라고 이써요, 고개 저개 명: 고 끼능 거.

– 고거시 인재.

= 두 개 이렇게 두 개씩 빼는 게요.

= 그러면 이제 두 개를 요 사이를 요렇게 이제 저기, 저기 뭐야 그러니까 가위표로 이렇게 만들거든요, 저 가위표로.

= 여기도 이렇게 가위표 여기도 요렇게 가위표 만들어 가지고 거기다 이렇게 끼워요, 그거를 이렇게.

= 말하자면 이제 이게 이렇게, 이렇게, 이렇게 생긴 걸 여기다 이렇게 이제 동여맸더라고요, 이렇게.

예.

= 그게 동여매 가지고 이게 요동을 못 하게 이제 해 놓고는 거기다가 뭐냐 하면 이제 바디라고 있어요, 바디.

= 바디를 이제 그것이 있는데 그걸 다 꿰야 돼요.

구멍 하나에다가 다 끼워 가지고.

= 예, 하나하나 다 꿰 가지고.

= 그것도 잊어버렸네, 그게 이게 뭐, 잉앗대, 잉앗대.

= 앵앗대.

= 잉아, 잉아 잉앗대를 이제 거기다 꽂고 잉앗대가 두 개가 되거든요.

= 그러면 잉앗대를 꽂고서 거기다가 이제 그게 열 가닥이거든요, 고게.

= 열 가닥 열 가닥 난 걸 이제 다 끼우고 요래 몇 번을 거기 갔거든요,

= 고게 이렇게 그게 참 날아서 이렇게 해 놓으면 다섯 새 베 여덟 새 베 뭐 일곱 새 베 아홉 새 베.

= 이렇게 갖다가 이렇게 놓으면 그걸 날아 놓으면 그거 이제 그게 고 구멍구멍 다 꿰지요, 이제 고것을.

= 고거 이제 고거 마 바디에다 대, 여기 참새 개새, 참새가 있는데 그거를 따져 가지고 난 걸 따져서 고기 끼우면 딱 맞아요.

= 여기 저기 바디라고 있어요, 그게 저기 무명 그 끼우는 거.

– 그것이 이제

= 고기다 끼 가주구 인재 매:능 기 예, 인재 고거시 매넝 기 머냐 하먼 부럴 롸가주구 푸를 끄리 가주구서 인재 거기다 발라요.

= 죽:: 까따가 저기 여기넌 그거럴 머라고 고라지?

= 그기 머 그기 머라고라지?

— 끄씽개지29) 머.

= 여기 이르캐 끄싱갱가, 그거?

= 끄싱개라구 돌:맹일 가따 노쿠 인재 거기다가 돌맹이럴 눌러 놔야지 이기 짝:: 요러캐 가주구 굴런.

= 그래가주 이래, 이래 푸럴 미기30) 가주 그기 저:기 소:리라구 이써요, 솔:, 베 매는 솔, 거 아실껀대 왜?

예.

= 그걸루 그래 매: 이르캐 기냥 하민 풀 발라 가주 이래 이래 매구 인재 엉가이 말르먼 거 개새: 참새 그 두 개럴 가따가 인재 저기서 이래 이래 홀꾸.

= 여기도 이르캐 이르캐 인재 내려오먼 인재 이개 두:쨀 첟뻔째가 내리가먼, 저기 짜년대 인넝 거시 참새요, 고기.

= 몰라, 그르캐 하드라구 그라개 그르캐 하더라고요.

= 그래서 고골루 인재 여 아패 가능 기 이르캐 이르캐 인재 그거 해서 노먼 고 디애꺼 요래 요래 해 가주구 말르먼31) 인재 그 도투마리라구 하는디다 감짜나요, 이래.

= 가마서 조:꺼지32) 가먼 인저 또 고라고 그래 가주 그르캐 해 노코, 고기다 인재 베트리라구 해는대 고기다 디애다 언저 노코, 그거럴.

= 바디지비라고 해 노코 고래 그 베트리라고 이짜나요?

= 고기다 노코 그래 짜지요 베럴.

= 그렁 건 다: 하시쓸33) 껄 머.

저는 본 저근 인는대 어릴 때 바 가주구 잘 몰라요.

- 거기다 꿰 가지고 이제 매는 게 예, 이제 그것이 매는 게 뭐냐 하면 불을 놓아 가지고 풀을 끓여 가지고 이제 거기에다 발라요.

= 죽 갖다가 저기 여기는 그것을 뭐라고 그러지?

= 그게 뭐 그게 뭐라고 그러지?

- 끌개지 뭐.

= 여기 이렇게 끌개인가 그거?

= 끌개라고 돌멩이를 갖다 놓고 이제 거기에다가 돌멩이를 눌러 놔야지 이게 쫙 이렇게 가지고 굴러.

= 그래서 이렇게, 이렇게 풀을 먹여 가지고 그게 저기 솔이라고 있어요, 솔, 매는 솔, 그 아실 텐데 왜?

예.

= 그걸로 그래 매, 이렇게 그냥 하면서 풀을 발라 가지고 이렇게 이렇게 매고 이제 엔간히 마르면 그 개새 참새 그 두 개를 갖다가 이제 저기서 이렇게, 이렇게 훑고.

= 여기도 이렇게 이렇게 이제 내려오면 이제 이게 두 개 첫 번째가 내려가면, 저기 짜는데 있는 것이 참새요, 그게.

= 몰라, 그렇게 하더라고 그렇게, 그렇게 하더라고요.

= 그래서 그걸로 이제 이 앞에 가는 게 이렇게, 이렇게 이제 그거 해서 놓으면 그 뒤에 것을 요렇게 요렇게 해 가지고 마르면 이제 그 도투마리라고 하는 데에다가 감잖아요, 이렇게.

= 감아서 저기까지 가면 이제 또 그렇게 하고 그래 가지고 그렇게 해 놓고, 고기에다 이제 베틀이라고 하는데 거기다 뒤에다 얹어 놓고, 그것을.

= 바디집이라고 해 놓고 그렇게 그 베틀이라고 있잖아요?

= 거기다 놓고 그렇게 짜지요, 베를.

= 그런 건 다 하셨을 걸 뭐.

저는 본 적은 있는데 어릴 때 봐 가지고 잘 몰라요.

= 예, 그거뚜:.

그거 모르다가 말쓰마시능 걸 가마::니 드르니까 옌날 생가기 쪼꼼씩 나요.

= 나지요.

요기다 노쿠서 요로:캐 요로:캐 항 거뚜 생강나구.

= 그 삼 삼녕 거, 삼.

예:, 그링 거뜨리 이캐 이르캐 얘기::를 드따보니까 쪼꿈씩 생가기 나드라고요.

= 예, 예.

= 그건 사매요, 사민대 그거뚜.

= 그거 사면 또 그거뚜 방애다가, 우린 방애다가 그걸 쌀마 가주구 해 바써요. 방애다가.

= 에 방애다가 불 마:니 때 가주구 방애다가 쌀마 가주 줌 저 마:니 하덜 안하니까.

= 마:니 하넌 사람더런 막 도라무통애다가[34] 이르캐 해 노코 막 부럴 소태다 해노코 쯔더라, 쯔더라고요.

= 그래 가주 삐끼넌대 우리는 기냥 방애다가 해바써요, 방애다.

그걸 삼때가 크:자나요?

= 엄:청 크지.

− 삼때가 한 질 반두 더 되.

예예.

= 아이구 죄송합니다.

= 다릴 좀 뻐더야지.

아이 갠차아요.

펴나개 하세요.

= 아이고 아이고 아이구 아퍼, 아이구.

− 빽-꼭, 빼꼬카니 해 가주구 고깨 잘 커야.

= 예, 그것도.

그거 모르다가 말씀하시는 걸 가만히 들으니까 옛날 생각이 조금씩 나요.

= 나지요.

할머니가 거기다 놓고서 이렇게 한 것도 생각나고.

= 그 삼, 삼는 거, 삼.

예, 그런 것들이 이렇게, 이렇게 얘기를 듣다 보니까 조금씩 생각이 나더라고요.

= 예, 예.

= 그건 삼이에요, 삼인데 그것도.

= 그거 삼은 또 그것도 방에다가, 우리는 방에다가 그걸 삶아 가지고 해 봤어요, 방에다가.

= 에 방에다가 불 많이 때 가지고 방에다가 삶아 가지고 좀 저 많이 하지를 안 하니까.

= 많이 하는 사람들은 막 드럼통에다가 이렇게 해 놓고 막 불을 솥에다 해 놓고 찌더라, 찌더라고요.

= 그래 가지고 벗기는데 우리는 그냥 방에다가 해봤어요, 방에다가.

그걸 삼대가 크잖아요?

= 엄청 크지.

- 삼대가 한 길 반도 더 돼.

예예.

= 아이고 죄송합니다.

= 다리를 좀 뻗어야지.

아이 괜찮아요.

편하게 하세요.

= 아이고 아이고 아이고 아파, 아이고.

- 빼곡 빼곡하니 해 가지고 곧게 잘 커야.

예.

- 이 사미 조웅, 조웅 거시 나온다고.

= 근대 이거넌, 저넌 이르키 기냥 관저리 이써 가주구 아파서 여그 가
안자써뜨니만.

= 아휴:.

펴나개 안즈셔야 대요.

= 예.

무릅 아푸시지요?

= 무루비 아파요.

= 퍽 아파 가주구 이 관저리.

옌나래 쩌기 쪼그려 가지고 저 반 마니 매셔쬬?

= 하하하.

= 애:기두 어꾸두 매: 반는대요 머.

그래니까, 그래서 무루비 그래요.

저이 어머니두.

= 우리 두째 머스마 가:를 어꾸서두 매 반는대 머.

= 인재 너무 아파가주구.

삼: :베 시물라먼 인재 그걸 머라 그래요, 그걸?

삼 심능다 그러나요, 사미라(구)?.

- 그르치, 삼 심능다 하능 거지.

= 사미지유, 삼.

= 삼때.

- 사마 사미라고 하능 기여, 사멀.

사물?

- 씨럴 뿌리 가주구.

= 예, 예.

예.

─ 이 삼이 좋은, 좋은 것이 나온다고.

＝ 그런데 이거는, 저는 이렇게 그냥 관절염이 있어 가지고 아파서 여기에 가 앉았었더니만.

＝ 아휴.

편하게 앉으셔야 돼요.

＝ 예.

무릎 아프시지요?

＝ 무릎이 아파요.

＝ 퍽 아파가지고 이 관절이.

옛날에 저기 쪼그려 가지고 저 밭 많이 매셨죠?

＝ 하하하.

＝ 아기도 업고도 매어 봤는데요 뭐.

그러니까, 그래서 무릎이 그래요.

저희 어머니도.

＝ 우리 둘째 머슴애 걔를 업고서도 매어 봤는데 뭐.

＝ 이제 너무 아파가지고.

삼베 심으려면 이제 그걸 뭐라 그래요, 그걸?

삼 심는다 그러나요, 삼이라(고)?

─ 그렇지, 삼 심는다 하는 거지.

＝ 삼이지요, 삼.

＝ 삼대.

─ 삼이 삼이라고 하는 거야, 삼을.

삼을?

─ 씨를 뿌려 가지고.

＝ 예.

- 그르니깨 씸능다고 아나고 이개 씸능개 아니고 뿌리 가주구, 뿌리 가주 이래 ***.

= 인재 그개 크면 그걸 삼때라구 하지요 인재 그기.

그개 대:마자나요?

= 예.

- 대:마지, 대:마.

대:마.

- 대:마.

- 이파링 거 대마:초라고 하고.

= 아휴, 선생님 보기 죄송합니다, 이래서.

아이고 아니 갠차나요.

= 근대 이짜기 좀 부숭 거 가찌요?

그러내요, 쪼꼼.

= 부서찌요?

예, 부언내요.

= 에 파쓰럴 부치 가주구 글거서 이래요.

음:.

= 파, 쩌넌 피부가 야개 가주구 파쓰럴 부치면 막:: 갤구워 가주.

= 예.

= 여가 지금 부 이짝 따리가 더 아푸거던뇨.

= 여가 부서, 부서찌요, 선생님?

예:.

= 이 부서 가주구 아파 가주구 인재 꾸부리고 이써떠니 이 이짜기 츠:맨 아푸더니 이짜기 또 아푸더라고요.

= 근대 이짜기 아푸, 또 또 이르캐 아파요, 이쪼기.

= 개도 이쪼기.

― 그러니까 심는다고 안 하고 이게 심는 게 아니고 뿌려 가지고, 뿌려 가지고 이렇게 ***.

= 이제 그게 크면 그걸 삼대라고 하지요, 이제 그게.

그게 대마잖아요?

= 예.

― 대마지, 대마.

대마.

― 대마.

― 이파리는 거 대마초라고 하고.

= 아휴, 선생님 보기 죄송합니다, 이래서.

아이고, 아니 괜찮아요.

= 근데 이쪽이 좀 부은 거 같지요?

그러네요, 조금.

= 부었지요?

예, 부었네요.

= 에 파스를 붙여 가지고 긁어서 이래요.

음.

= 파(스), 저는 피부가 약해 가지고 파스를 붙이면 막 가려워 가지고.

= 예.

= 여기가 지금 부(어) 이쪽 다리가 더 아프거든요.

= 여기가 부었, 부었지요, 선생님?

예.

= 이 부어가지고 아파 가지고 이제 구부리고 있었더니 이쪽이 처음엔 아프더니 이쪽이 또 아프더라고요.

= 그런데 이쪽이 아프(고), 또 또 이렇게 아파요, 이쪽이.

= 그래도 이쪽이.

사진 찌거 보선나요?

= 예, 수술하라캐요.

뼈가 다라따 그러지요?

= 예예, 수수라라캐.

= 수술 하라카닝 거럴 아나고 연골 주사라닝 거럴 마자 반넌대 이: 아푼지가 오래돼서 그링가 별로 효꽈가 엄능 거 가태요.

— 안 되지::, 하냥대 병원내 간는대 **** 정화캉 거.

= 하냥대 병워내는...

= 지배로 어디 와떵가부내:, 그 아들 지부로 와찌 사진 찌꾸:, 이 양바나.

= 이거 여 뼤두.

사진 찍어 보셨나요?

= 예, 수술하라고 해요.

뼈가 닳았다 그러지요?

= 예예, 수술하라고 해.

= 수술하라고 하는 것을 안 하고 연골주사라는 것을 맞아 봤는데 이 아픈 지가 오래 돼서 그런지 별로 효과가 없는 거 같아요.

− 안 되지 한양대 병원에 갔는데 **** 정확한 거.

= 한양대 병원에는…

= 집으로 어딜 왔던가보네, 그 아들 집으로 왔지 사진 찍고, 이 양반아.

= 이거 여기 뼈도.

3.2. 솜 만들기

아까 그 활로 탄다 그러자나요, 활로 탄다고?

─ 어, 활로 타능 기여.

그거를 전 잘 모르개써요. 머 이르캐 두 두드리능 거.

─ 탁탁 이래, 이 화를 이래 들고:, 진짜 이 활거치 요르캐 대 인는대 요 활주리 이짜나?

예.

─ 그걸로 이 이르캐 씨아 씨 발라농 그 모콰럴 가따가 노코서 탕탕탕 탕 타먼 그기 버러저 가주 소:미 대능 거요

─ 소:미 대버려.

─ 그람 막 이러캐 벙::하니[35] 이러캐 대지.

그르며:는 이르캐 반달 모양으로 대쓸 꺼 아니요, 이러캐?

─ 그르쵸, 반달 모양.

그럼 여기 이르캐 인재.

─ 여 주리 이쬬.

주리 이꼬.

─ ** ***

그러문 요 주를 주래다가 대고 하능 거요?

─ 이 익, 그거 모콰를 여기다 노코 주래다 고, 고 줄 이걸 탕탕 팅기면 주래서 팅기 가주구 그거 소:물 맹그라 논능 거야.

아:: 그러면 화를 여기 노코 고: 줄 인는대다 모콰를 노코 이거 주를 탕 노:먼.

─ 그르치,[36] 끄::라능 기여.

그 주리 튈 때마다 모카가.

아까 그 활로 탄다고 그러잖아요, 활로 탄다고?

— 어, 활로 타는 거야.

그거를 전 잘 모르겠어요. 뭐 이렇게 두드리는 거.

— 탁탁 이렇게, 이 활을 이렇게 들고, 진짜 이 활같이 요렇게 되어 있는데 이 활줄이 있잖아?

예.

— 그걸로 이 이렇게 씨앗 씨 발라 놓은 그 목화를 갖다가 놓고서 탕탕탕탕 타면 그게 벌어져 가지고 솜이 되는 거요.

— 솜이 돼 버려.

— 그러면 막 이렇게 벙하니 이렇게 되지.

그러면 이렇게 반달 모양으로 되었을 거 아니예요, 이렇게?

— 그렇지요, 반달 모양.

그러면 여기 이렇게 이제.

— 여기 줄이 있죠.

줄이 있고.

— ** ***

그러면 요 줄을 줄에다가 대고 하는 거요?

— 이 이, 그거 목화를 여기다 놓고 줄에다 고, 고 줄 이것을 탕탕탕 튕기면 줄에서 튕겨 가지고 그거 솜을 만들어 놓는 거야.

아 그러면 활을 여기 놓고 고기 줄이 있는 데에다가 목화를 놓고 이거 줄을 탁 놓으면.

— 그렇지, 그러는 거야.

그 줄이 튈 때마다 목화가.

- 아, 모카가 버러저넝 거여 고래.

아, 그래서 이러캐 벙:그러캐.

- 그래서 벙:하개 벙:하개 그래 아주 골고루 고만 잘: 이래 튕기야 댄다고
- 그래 가주서 소:멀 맹그넝 거요, 옌:나래.

아, 그러니까 그개 인재 옌:나래 지배서 하든 방버비고 그 뒤:애 항 개 인재 귿 솜틀찌배 가주가서 타온다능 거뚜 결구근 그러캐 붕:하개 해오능 거지요?

- 그르치요::.
- 그렁 거지 그건.

지배서 저 솜: 오래 쓰면 이르캐 눌려 가주고 가라안짜나요?

그래서 그거 가끔 보니까 그 솜 타가주고 오구 그러기도 하든대?

- 그러지요, 인재 지그문 기개루 다: 하지.
- 여기 인재 아내.
- 옌:나랜 그래따 이런 얘깅 기요.

예예.

- 옌:나랜.

그리고, 인재 그르캐 해서 그걸 이부래다가 너어 논능 거구.

- 아, 목화가 벌어지는 거야 그렇게.

아, 그래서 이렇게 벙그렇게.

- 그래서 벙하게 벙하게 그렇게 아주 골고루 그만 잘 이렇게 튕겨야 된다고

- 그래 가지고 솜을 만드는 거요, 옛날에.

아, 그러니까 그게 이제 옛날에 집에서 하던 방법이고 그 뒤에 한 게 이제 그 솜틀집에 가져가서 타온다는 것도 결국은 그렇게 벙하게 해오는 거지요?

- 그렇지요.

- 그런 거지 그건.

집에서 저 솜 오래 쓰면 이렇게 눌려 가지고 가라앉잖아요?

그래서 그거 가끔 보니까 그 솜 타가지고 오고 그러기도 하던데?

- 그렇지요, 이제 지금은 기계로 다 하지.

- 여기에서는 이제 안 해.

- 옛날에는 그랬다 이런 얘기지요.

예.

- 옛날에는.

그리고 이제 그렇게 해서 그걸 이불에다가 넣는 거고.

3.3. 삼 재배와 길쌈

삼, 사물 가라서 크자나요?

  - 그르치.

그럼 인재 수화칼 때 어뜨캐 수하캐요, 그거?

  - 근대 그 사멀 일딴 가라쓰먼.

가마 이써요, 고고.

  - 이재 까지끈[37] 커따 이거여.

  - 그라면 삼닙쌔길, 삼닙쌔기를 미리 다 처 내뿌린다고, 싹 처 내뻐리여 삼닙쌔길.

  - 그라고 인재 그걸 비어 가주구 다발루 무꺼 가주구 큰:: 삼소시라구 이따고 이 또랑 까애다 그걸 거러 노코.

예.

  - 쩐다고 쩌.

  - 이 사멀 쩌야.

  = 도라무통애.

  - 어:, 쩌야, 인재 소시 크다고 인재 거기.

  - 이래 머이 큰 소슬 자관 어트개 드러, 소설 맹그라 가주구 어: 아주 마:니 가따 쟁깅다고[38] 그걸.

  - 쟁기 가주구, 어: 그 삼-을 쩡 거럴 인재 그래야 또랑 가애서 해 나야.

  - 아::.

  = 엔:날 꺼 아실라고 선생님 청주서 오싱 거여.

  - 그걸 인재 또랑애 가따 인재 무래 당과.

  - 당과야 인재, 씨끄, 씨근 다매 뻬낀다고.

삼, 삼을 갈아서 크잖아요?

─ 그렇지.

그럼 이제 수확할 때 어떻게 수확해요, 그것?

─ 그런데 그 삼을 일단 갈았으면.

가마가 있어요, 그거.

─ 이게 다 컸다 이거야.

─ 그러면 삼잎을, 삼잎을 미리 다 쳐서 내버린다고 싹 쳐 내버려 삼잎을.

─ 그리고 이제 그걸 베어 가지고 다발로 묶어 가지고 큰 삼솥이라고 있다고 이 도랑가에다 그걸 걸어 놓고.

예.

─ 찐다고 쪄.

─ 이 삼을 쪄야.

= 드럼통에.

─ 예, 쪄야, 이제 솥이 크다고 이제 거기.

─ 이렇게 뭐 큰 솥을 좌우간 어떻게 들어, 솥을 만들어 가지고 에 아주 많이 갖다 잰다고 그것을.

─ 재어 가지고, 에 그 삼 찐 것을 이제 그래야 도랑가에서 해 놔야.

─ 에.

= 옛날 거 아시려고 선생님이 청주에서 오신 거야.

─ 그걸 이제 도랑에 갖다 이제 물에 담가.

─ 담가야 이제, 식은, 식은 다음에 벗긴다고.

예: .

― 삐껴, 삐끼 가주구.

예.

― 인저 대공은...

― 어:.

그럼 그거 찔 때는 어트개 쩌요?

― 쩌닝 건 나수로, 어 나수루 비 뿌리.

아:, 저기 그 찌...?

― 어, 나스로 비 가주 다발루 무꺼 가주구.

다발로 무꾸?

그리구서 저기...

― 인재 어: 삼쏘설 맹그러 논 대 거러논 대다가 가따가.

그: 삼쏘태다가?

― 싸: 가주구 부를 때 가주 쩐다구.

= 가::뜩카개.

― 쌀마, 쌀마.

= 이 이기 소치라먼 선생님, 이기 소치라먼 여길 꽉:: 찡궈요 아마.

= 이개 꽉 찡궈39) 가주구.

이, 이 세로루 하나요, 여푸루 누우.

― 여푸루 누워서 막 찐다고.

예.

― 어:, 여푸루 누어서 찐다고.

= 여푸루 아내찌:.

― 아:이, 여푸루 누어서 쩌.

― 딴따낭 걸.

= 요로캐 어울리지.

예.

− 벗겨, 벗겨 가지고.

예.

− 이제 대...

− 에.

그럼 그거 찔 때는 어떻게 쪄요?

− 찌는 건 낫으로, 낫으로 베어 버려.

아, 저기 그 찌...?

− 어, 낫으로 베어 가지고 다발로 묶어 가지고.

다발로 묶고?

그리고서 저기 …

− 이제 에 삼솥을 만들어 놓은데 걸어 놓은 데다가 갖다가.

그 삼솥에다가?

− 쌓아 가지고 불을 때가지고 찐다고.

= 가득하게.

− 삶아, 삶아.

= 이 이게 솥이라면 선생님, 이게 솥이라면 여기를 꽉 끼워요 아마.

= 이것을 꽉 끼워 가지고.

이 세로로 하나요, 옆으로 누워서.

− 옆으로 눕혀서 막 찐다고.

예.

− 어, 옆으로 눕혀서 찐다고.

= 옆으로 안 했지.

− 아니, 옆으로 눕혀서 쪄.

− *** *.

= 이렇게 어울리지.

- 그기 지:무로 막 찌능 거기 때미내 그래서 쩌자구 머 그르캐 아니야.

그 미태다가 불 때구?

- 어:, 인재 그 미태:.

- 이개 아주 끔, 쩌 한 한 질반 이르캐.

예예.

- 사람 키루 질반쭘 이르캐 크니까, 잘 대먼.

예.

- 그르캐 질:개 크니까 아: 이거 새와서 할라카먼 골란하고 또 마이 제대로 모단다고.

- 그릉깨 막 둔:, 이래 둔너서 기냥 막 잰다고 재야.

예.

- 이짝 저짜그로 이래 마촤서 재 가주구, 가::뜩 이래 싸 가주구 덥꾸 양짜갤 덥꾸 막 노피 싸 가주구, 어: 지:멀 올리 가주 지물 딴 대로 모쌔개 하고 우:로만 올라가개 해 가주 전채럴 전채럴 다 쌈:넌다구.

멀루다 더퍼요, 그러면?

- 그 인재 더깨를 지금 어:, 옏:나래넌 머 그 저 끄냥 어:: 거시기[40]에:: 무슨 저 베, 베 그텅 거 이렁 걸로 해 가주구.

- 그거 하넌 사람더리 인재 별또로 맹그라가주구.

- 이래 덤능 걸 맹그란는대 지그먼 조웅 기 마이 이찌.

- 조웅 기 지끄먼 인재 푸라스틱그로 맹긍 거라든지 어짜든지 머 일방 노가-빠지넝 거만 아니먼 되넌대.

- 그렁 걸루 해 가주.

- 멍:석 끄틍 걸로 가따 이래 우앨 더꼬, 단다니 이르캐 더퍼 가주구 쩌 가주구 그 또랑 까애다 가따 시쿼 가주 인재 빼끼 가주구 어:: 이걸 말룬다고[41] 말려.

예.

- 그게 김으로 막 찌는 것이기 때문에 그래서 찌자고 뭐 그렇게 안 해.

그 밑에다가 불 때고?

- 어, 이제 그 밑에.

- 이게 아주 끝, 저 한 한 길 반 이렇게.

예.

- 사람 키로 한 길 반쯤 이렇게 크니까, 잘되면.

예.

- 그렇게 길게 크니까 에 이걸 세워서 하려면 곤란하고 또 많이 제대로 못 한다고.

- 그러니까 막 드러눕(혀), 이렇게 드러눕혀서 그냥 막 잰다고 재.

예.

- 이쪽저쪽으로 이렇게 맞춰서 재 가지고 가득 이렇게 쌓아 가지고 덮고 양쪽을 덮고 막 높이 쌓아 가지고, 에 김을 올려 가지고, 김을 딴 데로 못 새게 하고 위로만 올라가게 해 가지고 전체를 다 삶는다고.

뭘로 덮어요, 그러면?

- 그 이제 덮개를 지금 에 옛날에는 뭐 그 저 그냥 에 거시기 에 무슨 베, 베 같은 걸 이런 것으로 해 가지고.

- 그거 하는 사람들이 이제 별도로 만들어 가지고

- 이렇게 덮는 걸 만들었는데 지금은 좋은 게 많이 있지.

- 좋은 게 지금은 이제 플라스틱으로 만든 것이라든지 어쩌든지 뭐 금방 녹아빠지는 것만 아니면 되는데.

- 그런 걸로 해 가지고.

- 멍석 같은 것으로 갖다 이렇게 위를 덮고 단단히 이렇게 덮어 가지고 쪄 가지고 그 도랑가에다 갖다 식혀 가지고 이제 벗겨 가지고 에 이걸 말린다고 말려.

예.

- 그라고 저 하:야캐 그 저 삼때는 인재 가따가 에:: 이런대 인재 발,
발:도 여꺼 가주 써 머꼬 에 지벙, 집 찌먼 지벙 이넌대 거 거기두 가따 깔
고. 머 이래 둘루넌 대두 치구 머 이런 대두 써 머꼬.

- 그 인재 껍띠기럴⁴²⁾ 베껴 가주구 그게 사미니 그기 베 난는 사미 되
넝 거지.

예: .

그 껍, 껍띠기?

- 껍띠길 베껴 가주 또 어: 또 재새걸 해야 그글 어: 짜기야.

- 짜개 가주구 인재 시:럴 맹그넝⁴³⁾ 거여.

- 또 이서 가주구.

예: .

- 이래 가주 씨럴, 씨럴 맹그러 가주구 어 삼대를 매, 인재 맹그넝
거지.

아 그래잉(까) 그거 껍띠기가: 그리잉까 인재 널, 널부니까 고걸.

- 짜개야, 짜개야.

- 일리리 짜개 가주 또 글 이서.

예.

- 이서 가주구.

= 그걸 멀루 인너냐 하먼뇨.

= 그 삼:멀 다 삐끼넝 기 또랑애다가 노코 흔드러머뇨.

= 이게 흔드러 가주 ****.

- 고 하:양 거만, 하:양 거만 남넌다고 하양 거.

= 요로캐 하::노콤썩 해 가주구서 요기럴 인재 씩, 요기 씩꿔요.

= 요래 요래 씩꿔 가주구서넌 콱:: 짬매드라고요, 막 하노콤썩.

= 거때 마 아주 예줌바 이 또랑애 여기 무리 마:이 내려가써요, 그때
만 해두.

- 그리고 하얗게(된) 그 저 삼대는 이제 갖다가 에 이런 데 이제 발, 발도 엮어 가지고 써 먹고 에 지붕, 집 지으면 지붕 이는데 그 거기에도 가져다 깔고 뭐 이렇게 두르는 데도 치고 뭐 이런 데도 써 먹고
- 그 이제 껍데기를 벗겨 가지고 그게 삼이니(까), 그게 베 나는 삼이 되는 거지.

예.

그 껍, 껍데기?

- 껍데기를 벗겨 가지고 또 에 또 재색을 해야 그것을 에 째.
- 째 가지고 이제 실을 만드는 거야.
- 또 이어 가지고.

예.

- 이렇게 해 가지고 실을, 실을 만들어 가지고 어 삼대를 만, 이제 만드는 거지.

아, 그러니까 그거 껍데기가 그러니까 이제 넓, 넓으니까 그걸.

- 째야, 째야.
- 일일이 째 가지고 또 그걸 이어.

예.

- 이어 가지고.
= 그걸 뭘로 잇느냐 하면요.
= 그 삼을 다 벗기는 게 도랑에다가 놓고 흔들면요.
= 이렇게 흔들어 가지고 ****.
- 그 하얀 것만, 하얀 것만 남는다고 하얀 거.
= 요렇게 한 움쿰씩 해 가지고서 여기를 이제 씻(어), 요기를 씻어요.
= 요렇게 요렇게 씻어 가지고는 꼭 동여매더라고요, 막 한 움쿰씩.
= 그때만 해도 아주 *** 이 도랑에 물이 많이 내려갔어요, 그때만 해도.

- 인재 또랑애서 쩌구.

= 남저남저 흔들머뇨 그기 내리가요, 요 막 흔들만.

음.

= 그 껍띠기가..

걱, 거태 인능 거?

- 아주 껍띠기 새파랑 건 뻐꺼저고 하양 거만 나마야 베럴 맹그닝 거여.

= 근대: 아주 하양 거만 안 남, 쩌 그르캐 하양 거만 안 나마.

= 근대 낭기 점 더러 이 붙끼두 하구 이린대.

= 그거럴 인재 기냥 이기 짜갱 그시 이르캐 넙쭈:카지 이개.

= 그라먼 고고럴.

- 넙쭈카기만 해구 그개 짜갠다닝깨 그거 또.

= 다슥 까닥뚜 나오닝 거 이꾸, 여석 까닥뚜 나오닝 거뚜 이꾸 세 가닥뚜 나오능 기 이꼬, 두 가닥 나오는, 가능 건 그리여.

= 그래서.

- 삼베도 그걸 가늘기 짜개만.

= 예.

- 저 이 머여, 고대 모콰, 모콰 저: 쌔쑤 나오닝 거마냥 더 곤: 삼베가 나오고 구깨 짜개먼 인저 뿔떡쌈뻬가 나오닝 거지.

예:.

- 고고또 고래되요.

= 처:매 가리야 대요, 그거또 멍마냥.

- 그래 가주 인재.

= 삼베가요, 가쟁이 벙: 기 이짜나요, 상태가?

예.

= 가쟁이 벙: 거넌 인재 따로 과, 가리 노코 꼬:꼬타개 매::끄낭 건 또

‒ 이제 도랑에서 찌고.

= 남실남실 흔들면요 그게 내려가요, 요 막 흔들면.

음.

= 그 껍데기가.

겉, 겉에 있는 거?

‒ 아주 껍데기 새파란 것은 벗겨지고 하얀 것만 남아야 베를 만드는 거야.

= 아주 하얀 것만 안 남(아), 저 그렇게 하얀 것만 안 남아.

= 그런데 나무가 좀 더러 이게 붙기도 하고 이런데.

= 그거를 이제 그냥 짼 것이 이렇게 넓적하지 이게.

= 그러면 그거를.

‒ 넓적하기만 하고 그걸 쪼갠다니까 그걸 또.

= 다섯 가닥도 나오는 거 있고, 여섯 가닥으로 나오는 것도 있고 세 가닥도 나오는 게 있고, 두 가닥 나오는, 가는 것은 그래.

= 그래서.

‒ 삼베도 그걸 가늘게 째면.

= 예.

‒ 저 이 뭐야, 아까 목화, 목화 저 샛수 나오는 것처럼 더 고운 삼베가 나오고 굵게 째면 뿔떡삼베가 나오는 거지.

예.

‒ 그것도 그렇게 돼요.

= 처음에 가려야 돼요, 그것도 목화처럼.

‒ 그래 가지고 이제.

= 삼베가요, 가지가 번 게 있잖아요, 상태가?

예.

= 가지가 번 것은 이제 따로 가(려), 가려 놓고 꼿꼿하고 매끈한 것은

따루 하구 이래요, 명마냥.

　예.

　= 그라면 인재 깨끄타고 키 콩 거넌 인재 첨 재 고::깨 짜개 가주구 인재
차 저:: 고온 삼베가 대고 이 그 가쟁이 벌:구 막 이렁 건 인재 좀 그 수:
기 이짜나요.

　= 고람 재 그렁 건 쪼곰, 쪼곰 구:깨 짜개 가주구 그거또 쫌 내고.

　음:.

　- 그거뚜 모콰로, 모콰로 베 맹그렁거랑 비스타다고.

　= 안 조웅 거로.

　- 물래애 자:꼬 이래야 된다고 그거또.

　예:.

　- 쫘야 대니까.

　그거 그러면 삼때가 곧:깨 고:깨 할라그러면 좀 심(을 때), 저기 갈: 때 줌
달:개 가라야 되갠내요?

　- 아:이 달:개 가라야 되요.

　예:.

　- 너머, 너머 다라도 안 되고.

　예.

　- 너무 드무러두 안 대능 기요, 고고 참 씨 뿌리능 기.

　= 드물먼 가재이가...

　- 씨 뿌리멀 아주 기술쩌그로 해야 대능 거요.

　그르개써요.

　- 씨 뿌리멀.

　예.

　- 이 너무 드물먼 가쟁이가 버러서 안 댄다 마리여.

　예:.

또 따로 하고 이래요, 목화처럼.

예.

= 그러면 이제 깨끗하고 키 큰 것은 이제 참 저 곱게 째 가지고 이제 차 저 고운 삼베가 되고 이 그 가지가 벌고 막 이런 것은 이제 좀 그 숙이 있잖아요.

= 그러면 이제 그런 건 조금, 조금 굵게 째 가지고 그것도 좀 내고.

음.

− 그것도 목화로, 목화로 베 만드는 거랑 비슷하다고.

= 안 좋은 거로.

− 물레에 잣고 이래야 된다고 그것도.

예.

− 꼬아야 되니까.

그거 그러면 삼대가 곧게, 곧게 하려고 하면 좀 심(을 때), 저기 갈 때 좀 달게 갈아야 되겠네요?

− 아이, 달게 갈아야 되요.

예.

− 너무, 너무 달아도 안 되고.

예.

− 너무 드물어도 안 되는 거요, 그거 참 씨 뿌리는 게.

= 드물면 가지가...

− 씨 뿌림을 아주 기술적으로 해야 되는 거요.

그렇겠어요.

− 씨 뿌림을.

예.

− 이 너무 드물면 가지가 벌어서 안 된다 말이야.

예.

- 가쟁이가 버러서.

= 그거 그래 가주구 이 토비라구, 여여 이 저기 칼: 뚜꺼운 칼마냥요 뚜꺼웅 칼 이짜나요, 두꾸깨 맨들무넌.

예.

= 두꺼깨 맨드러 가주구 사라미 이르캐두 암 빌 정도루 해 가주구서.

= 고거 요러캐 무꾼대럴 인재, 요거 무꾼대는 여기 암 뻐꺼지거던녀.

= 뻐꺼지덜 아내요, 그기.

예.

= 그래서 고건 나두구 인재 해 가주구서넌 이기 빤때기다 노쿠 이기요 지리기 요고마난 짐, 지버 가주구 이르캐 만드능 기 이써요 요르캐.

= 다 삐끼야 대요, 이르캐.

예: .

- 이, 이슬 때.

이슬 때.

= 그래야 **

- 이스매럴, 이스매럴.

= 그 당과서 이재 그뚜 추지야지 말르먼 안 대거던녀.

= 그래 요래, 토카리 이써요.

= 톡콰리라캐요, 그거럴.

톱칼?

= 예, 토칼.

= 그리선 이르키 삐끼 가주구서루넌 에헤, 가쟁이:: 이 나무럴 하나 요로캐 가쟁이 요기 요로캐 짜개 가주구 요기다 꼬바요.

= 꼬바 가주구 인재 이르캐 질만 여자드리 이르캐 다리 여그다가 이르캐 하낙씩 빼 가주 이서요.

- 허허 그 인:너라고.

－ 가지가 벌어서.

＝ 거 그래 가지고 이 톱이라고, 요요 저기 칼 두꺼운 칼처럼이요, 두꺼운 칼 있잖아요, 두껍게 만들면.

예.

＝ 두껍게 만들어 가지고 사람이 이렇게 해도 안 보일 정도로 해 가지고서.

＝ 고거 요렇게 묶은 데를 이제, 요고 묶은 데는 안 벗겨지거든요.

＝ 벗겨지지를 안 해요, 그게.

예.

＝ 그래서 그건 놔두고 이제 해 가지고서는 이걸 판때기에다 놓고 이게 요 길이가 요것만한 짐, 집어 가지고 이렇게 만드는 게 있어요, 요렇게.

＝ 다 벗겨야 돼요, 이렇게.

예.

－ 이, 이을 때.

이을 때.

＝ 그래야 **.

－ 이음매를, 이음매를.

＝ 그 담가서 그것도 축여야지 마르면 안 되거든요.

＝ 그래 요렇게 톱칼이 있어요.

＝ 톱칼이라고 해요, 그것을.

톱칼?

＝ 예, 톱칼.

＝ 그래서는 이렇게 벗겨 가지고서는 에-, 가지 이 나무를 하나 이렇게 가지를 여기를 이렇게 째 가지고 요기에다 꽂아요.

＝ 꽂아 가지고 이제 이렇게 길면 여자들이 이렇게 다리 여기에다가 이렇게 하나씩 빼어 가지고 이어요.

－ 허허 그 잇느라고.

= 거 짜갱 거.

- 쪽:: 이서야 대니까.

예.

= 이서 가주구 한 소코리썩 맨드러 가주구년 에헤 비어 가주구 끄내키루 고고 좀 모쓰넝 거 그거럴 요로캐 짬매지요 그냥.

= 그개 십짜루 짬매서 요로:캐 쏘다 노코.

= 그라먼 요로캐 모새루 인재 가따 요로캐 요로캐 해 노코 그거뚜 열 깨를 해 가주구서 그 저기다 저 이르캐 에 열 깨 톰, 이기 맨더닝 거 거기다가 꼬바 가주구.

- 물래루 자사 가주구 꾸리를 맹글, 참 저 가라걸 맹그라 가주 하자나 그또, 그거뚜 명마냥 자사 가주구 고또 해야 대구 또까치 그 명하고 또까타요.

- 아, 그런 그런 시그루 하넝 거.

= 인재 삼베다 명베다 이래 **** 하능 거또 또까타요.

- 나넝 거까지두 또까틍 거지 인재, 과정이.

네.

- 베트래다 올리 노코 짜넝 거또 머 다 또까터.

- 그 인재 꾸리지 그근.

네.

- 꾸리럴 이 맹그닝 기 인재 부개다 느코 하넝 거 인재 그, 그럼 명, 무명하넝 거랑 그 쌈베하넝 거랑 또까터고.

= 명두 그리치.

그럼 가튼 베트래서 하능 거지요?

= 예.

- 에:, 가튼 베트래서 똑까튼 과정으로 하넝 거여.

예저내 하루 베 짜면 어너 얼마나 짜써요?

＝ 그거 쨴 거.

－ 족 이어야 되니까.

예.

＝ 이어 가지고 한 소쿠리씩 만들어 가지고는, 에헤, 베어 가지고 끈으로 그거 못 쓰는 거 그것을 요렇게 동여매지요 그냥.

＝ 그게 십자로 동여매서 요렇게 쏟아 놓고

＝ 그러면 요렇게 모래로 이제 갖다 요렇게, 요렇게 해 놓고 그것도 열 개를 해 가지고서 그 저기다가 저 이렇게 에 열 개 톱, 이렇게 만드는 거 거기다가 꽂아 가지고.

－ 물레로 자아 가지고 꾸리를 만들, 참 저 가락을 만들어 가지고 하잖아 그것도, 그것도 목화처럼 자아 가지고 그것도 해야 되고 똑같이 그 목화하고 똑같아요.

－ 아, 그런, 그런 식으로 하는 거.

＝ 이제 삼베다 명베다 이렇게 *** 하는 것도 똑같아요.

－ 나는 것까지도 똑같은 거지 이제, 과정이.

네.

－ 베틀에다 올려놓고 짜는 것도 뭐 다 똑같아.

－ 그 이제 꾸리지 그건.

네.

－ 꾸리를 이 만드는 게 이제 북에다 넣고 하는 거 이제 그 그러면 (무)명, 무명 하는 거랑 그 삼베 하는 거랑 똑같고.

＝ 무명도 그렇지.

그러면 같은 베틀에서 하는 거지요?

＝ 예.

－ 예, 같은 베틀에서 똑같은 과정으로 하는 거야.

예전에 하루 베 짜면 어느, 얼마나 짰어요?

= 예저내 잘 짜넌 사라먼뇨, 이르개 스무 자가 함 필, 열따서 짜두 함 필, 서른 자 함 필 이르캐 짜지요.

= 이 스무 자 함 필, 서른 자 함 필 인재 열따서 짜 함 필 젤: 그르캐 만드라 가지구 인재 필루 나와요.

= 그라면 잘 짜넌 사라면 열따서 짜 그거 다 짜넌 사람두 이꾸, 스무 자: 다 짜넌 사람두 이꾸 인재 그래요.

= 근대 인재 그 서른 자: 하, 함 필 짜넌 사라면 바미나 나지나 짜면 서른 자 짠다카드라고요.

– 하루애 모: 짠디야:.

– 어림두 업따능 기여:.

= 아니 바미나 나지나 짜면: 인재 그르캐 짠디야:, 서른 자 함 필 하루 애 저 짠디야:, 그르캐.

= 엔:나래 명 불 써 노코 막 그르캐 짠다 카대:.

= 할부리 형니면 그르캐 짜바따는대.

– 아 그르캐 모짜:.

= 잘: 짜지, 우리 형님 *****.

– 한 사:밀씨근 걸리지, 사밀.

= 인저 그르캐 짠띠야.

여기 모시::두 시먼나요, 모시?

= 모시는 아내바써요.

– 모시 아내요 여긴.

여긴 아내요?

– 한산모시라고 저짜그루 하능 거지.

= 저:: 상주서 마니 하지.

상주요?

= 여 상주 함창이라는 대서 그건 마니해요, 모시는.

= 예전에 잘 짜는 사람은요 이렇게 스무 자가 한 필, 열다섯 자도 한 필, 서른 자 한 필 이렇게 짰지요.

= 스무 자 한 필, 서른 자 한 필 이제 열다섯 자 한 필 제일 그렇게 만들어 가지고 이제 필로 나와요.

= 그러면 잘 짜는 사람은 열다섯 자 그거 다 짜는 사람도 있고, 스무 자 다 짜는 사람도 있고 이제 그래요.

= 그런데 이제 그 서른 자 한 필 짜는 사람은 밤이나 낮이나 짜면 서른 자 짠다고 하더라고요.

− 하루에 못 짠대.

− 어림도 없다는 거야.

= 아니 밤이나 낮이나 짜면 이제 그렇게 짠대, 서른 자 한 필 하루에 짠대, 그렇게.

= 옛날에 그 명 불 켜 놓고 막 그렇게 짠다고 하대.

= 할부리 형님은 그렇게 짜봤다는데.

− 아 그렇게 못 짜.

= 잘 짜지, 우리 형님 *****.

− 한 삼 일씩은 걸리지, 삼 일.

= 이제 그렇게 짰대.

여기 모시도 심었나요, 모시?

= 모시는 안 해 봤어요.

− 모시는 안 해요 여기는.

여긴 안 해요?

− 한산모시라고 저쪽으로 하는 거지.

= 저 상주에서 많이 하지.

상주요?

= 여기 상주 함창이라는 데서 그건 많이 해요, 모시는.

= 지금두 한다카든대요.

그럼 그거 인재 질쌈할 때요.

어떵 거뜨리 이써요, 그 기(구), 기구가, 도구가?

— 도구는 머 어::.

아까 항 거, 저기 미영 씨 빼능 거는?

— 씨아시.

씨아시고.

그 실 이러:캐 감넝 거는?

— 물래.

물래고.

얼, 얼래래능 거뚜 이써요?

= 가라기라구.

가락?

= 예, 가라기 인재 에: 여 명:, 물래애다가 주럴 이르:캐 매 가주구 여기 저::기 마라자면 여 수판 이짜나요?

= 수팡그텅 거럴 네 개짜리두 이꾸, 다서 깨짜리가 이써요.

= 그라면 인재 그거럴 인재 수판거텅 거넌 내빌라두구.

= 인재 여기두 여기 인재 그: 가라기라구 이써요.

= 여기두 삐:쭈카고 이짜개도 삐쭈개요:.

이만, 이마:낭 거지요?

= 그르캔 안 질지요.

쎄 세루 댕 걸 마라능 거?

— 예, 쎄루 댕 거 고만...

= 건 너머 커요.

= 아니 요 정도요, 요 정도 대넌대.

그래요?

= 지금도 한다고 하던데요.

그럼 그거 이제 길쌈할 때요.

어떤 것들이 있어요, 그 기(구), 기구가, 도구가?

- 도구는 뭐 에.

아까 한 거, 저기 목화씨 빼능 것은?

- 씨아.

씨아고.

그 실 이렇게 감는 것은?

- 물레.

물레고.

얼, 얼레라는 것도 있어요?

= 가락이라고.

가락?

= 예, 가락이 이제 에 여 무명, 물레에다가 줄을 이렇게 매 가지고 여기 저기 말하자면 여기 주판 있잖아요?

= 주판 같은 것을 네 개짜리도 있고, 다섯 개짜리가 있어요.

= 그러면 이제 그것을 이제 주판 같은 것은 내버려두고.

= 이재 여기도 여기 인재 그 가락이라고 있어요.

= 여기도 뾰족하고 이쪽에도 뾰족해요.

이만, 이만한 거지요?

= 그렇게는 안 길지요.

쇠, 쇠로 된 것을 말하는 것?

- 예, 쇠로 된 것 고만(한 것).

= 그건 너무 커요.

= 아니 요 정도요, 요 정도 되는대.

그래요?

제가.

= 요 정도 대요.

= 요 정도 되넌대 가문태넌 인재 고기: 다서 깨짜리, 네 개짜리 이써요.

- 줄 그넌 대고.

네네.

= 다서 깨짜리.

똥그랑 거 요로캐?

= 예예, 수판 고 거텅 거.

예

= 고고 인넌대 맨: 우애넌 줌 인재 짤루꾸.

= 여 가락 꼼넌 대 여기 이마낭 거시 요기넌 인재 그: 멀:루 하너냐 하면 엔:날 수숟 쩌:기.

- 수숙.

= 조 이찌요, 조?

= 조, 그거 조, 조때여.

- 저 조 그거.

= 그거: 인재 굴:긍 걸 가따가.

- 근 대공 그거, 그거 하능 기여.

= 인재 자근자근자근자근 요래 요래 눌루문뇨, 고기: 요래 줌 부서 저요.

= 부서저서, 이기 고기 부서저만, 인재 이르캐 그 가라기라능 걸 거기 다 꼬바요.

= 우애꺼넌 짤루꾸 미탠 질거더녀.

= 거 징 걸 고고 인재 이 요만항 거루 가라개다가 꼬바나요, 고 가라 개다 미태다가.

= 꼬바 노코서넌 인재 그래 거기다 물래 돌리고 인재 요 수투, 수판

제가.

= 요 정도 돼요.

= 요 정도 되는데 가운데는 이제 그게 다섯 개짜리, 네 개짜리 있어요.

− 줄 긋는 데고.

네 네.

= 다섯 개짜리.

동그란 것 이렇게?

= 예예, 주판 그 같은 것.

예.

= 그거 있는데 맨 위는 좀 이제 짧고

= 여기 가락 꽂는 데 여기 이만한 것이 요기는 이제 그 무엇으로 하느냐
하면 옛날 수수 저기.

− 조.

− 조 있지요, 조?

= 조 그거 조 대궁이여.

− 저 조 그거.

= 그거 이제 굵은 것을 갖다가.

− 그것은 대궁 그거, 그거으로 하는 거야.

= 이제 자근자근자근자근 요렇게 요렇게 누르면요, 그게 요렇게 좀 부
서져요.

= 부서져서, 이게 그게 부서지면 이제 이렇게 그 가락이라는 걸 거기
에 꽂아요.

= 위에 거는 짧고 밑에는 길거든요.

= 그 긴 것을 고고 이제 이 요만한 것으로 가락에다가 꽂아 놔요 고
가락에다 밑에다가.

= 꽂아 놓고서는 이제 그렇게 거기에다 물레를 돌리고 이제 요 수판,

거튼 대년 인재 주럴 물래애다 다라 매지요, 물래애다.

– 그 인재.

= 다라 매만.

= 인재: 마라자면, 지그무루 마라면 쌀 찐는 방애깐처럼 그기 이캐 피 대가 도라가자나요.

예: .

= 인재 그거 도라가드시 이르캐 돌리먼 도라가거더뇨.

= 그라면 인재 요로캐 그: 사미구, 인재: 명이구 명얼 그거 고추라카거 더녀.

= 그거나 그거나 또까타요.

= 그개: 돌리 가미 자사요.

= 그르캐 해 가주구.

– 그래 씨:리되닝 거여.

= 그리캐 해 가주 자사 농거럴 이거넌, 명:언 그 인재 쌀마, 저:기 갈, 저: 명베 짜넝 거넌 인재 쌀마 가주구 그냥 하지만.

= 이거또 쌀마 가주구.

= 그거 삼베넌녀 츠:매 어트개 하너냐 하면 그르캐 삐끼 가주구 이르 캐 그 이써요, 그 이르캐 삐끼는 톡카리.

= 요거 징 개요.

예예예.

= 고걸루 삐끼 가주구서 인재 요래 그런 대서 고 사마 가주구서 인재 요망콤씩 채:나 머 어디 요런 똥고라난대 강우리나 이 암 부틀 때, 곤:대, 그개 암 부틀 때요.

= 고론대다 해서 다마서 해 가주구 인재 엉가니 항 거대면 쏘다서 인 재 이래 십짜로 무꺼 가주 여 나코서 또 다시 또 하지요 머 인재.

= 그래서 그르캐 가주 하는대 그거 이르캐 토펄 때 그 만드러 가주 그

주판 같은 데는 이제 줄을 물레에다 매달지요, 물레에다.

  - 그 이제.

  = 달아매면.

  = 이제 말하자면, 지금으로 말하자면 쌀 찧는 방앗간처럼 그게 이렇게 피대가 돌아가잖아요.

  예.

  = 이제 그거 돌아가듯이 이렇게 돌리면 돌아가거든요.

  = 그러면 이제 요렇게 그 삼이고, 이제 명주고 명주를 그거 고치라고 하거든요.

  = 그거나 그거나 똑같아요.

  = 그게 돌려 가면서 자아요.

  = 그렇게 해 가지고.

  - 그렇게 실이 되는 거야.

  = 그렇게 해 가지고 자아 놓은 것을 이것은 명주는 그 이제 삶아, 저기 명주 베 짜는 거는 이제 삶아 가지고 그냥 하지만.

  = 이것도 삶아 가지고.

  = 그거 삼베는요, 처음에 어떻게 하느냐 하면 그렇게 벗겨 가지고 이렇게 그 있어요, 그 이렇게 벗기는 톱칼이.

  = 이거 긴 거예요.

  예예예.

  = 그걸로 벗겨 가지고서 이제 요런 그런 데서 삼아 가지고 이제 요만큼씩 체나 뭐 어디 요런 동그란 데 광주리나 이 안 붙을 데, 고운 데, 그게 안 붙을 데요.

  = 그런 데다 해서 담아서 해 가지고 이제 엔간히 한 개 되면 쏟아서 이제 이렇게 십자로 묶어 가지고 여기 놓고서 또 다시 하지요 뭐 이제.

  = 그래서 그렇게 해 가지고 하는데 그것을 이렇게 톺을 때 그 만들어 가지

르캐 사마 가주구 이르캐 그기 맨드라 노코.

= 이기 츠:매넌뇨 그리캐 해서 해, 맨드러 노쿠.

= 또 저기 이써요:.

= 인재 그걸 물래애다 자승 거 이짜나요.

= 그거 인재 그 숟, 어: 조: 그 대공애다가 고거 가라기라고 요망콤 만드러 농 거

= 그라먼 그거럴 어디다 하느냐 하먼 자새가 이써요.

= 자새, 자새라고요, 둥::그러낭 개 이망쿰 커요.

= 막 한 통::그라낭 거시 저::기 주럴 가따가 다러 매노코.

= 하하하.

= 예 그래 인재 이 그 사멀 인재: 이르캐 그걸루 요래 한대.

= 짬맨대를 토부루 이르캐 만드러 가주구 요고 짜갠 대다가 그걸 이르캐 인재 거러 노쿠서넌 그걸 인재 이르캐 여기다 사마서 만들먼 썹짜루 무꺼서 내 노쿠.

= 또 고 체:로 하나 담 또 그라고 그래 맨드라 다 해 가주구 그거럴 인재 꾸리럴 가 이르캐 또 가마서 짜농 거뚜 따루 이꾸.

= 그거 인재 또 사멀 인재 또 가락, 가라그로 맨둥 거럴 열 깨럴 해 놔요

= 이거 쏘이, 만드라짜나요.

예.

= 만드라서 십짜로 해 농거럴 열 깨럴 해 노코서 쿵::거 이래 막 마라자먼 이기 물래나 또까틍 거여.

= 물래넌 그 이르캐 이르캐 해 가주 인재 그거 삼 가락뚜 인재 거그다 이르캐 해 노치만 이기 인재 그거또 이래: 새:가 이써요

= 참새, 개:새.

= 에 이 그 베마냥 그르캐 만드라서 인재 그걸 이르캐 둥구러캐 할 때 애 그거뚜 인재 꼬불 이르캐 둥구러캐 할 때 이쪼그루 하나 하구 또 하고

고 그렇게 삼아 가지고 이렇게 거기 만들어 놓고.

= 이게 처음에는요, 그렇게 해서 해, 만들어 놓고.

= 또 저게 있어요.

= 이제 그걸 물레에다 잔 거 있잖아요.

= 그것 이제 그 순, 에 조 그 대궁에다가 고거 가락이라고 요만큼 만들어 놓은 거.

= 그러면 그것을 어디에다 하느냐 하면 얼레가 있어요.

= 얼레, 얼레라고요, 둥그런 게 이만큼 커요.

= 막 한 동그란 것이, 저기 줄을 갖다가 매달아 놓고.

= 하하하.

= 예, 그렇게 이제 이 그 삼을 이제 이렇게 그걸로 이렇게 한 데.

= 묶은 데를 톱으로 이렇게 만들어 가지고 이거 짼 데에다가 그걸 이렇게 이제 걸어 놓고서는 그걸 이제 이렇게 여기다 삼아서 만들면 십자로 묶어서 내놓고.

= 또 그 채로 하나 다 하면 또 그렇게 하고 그래 만들어 다 해 가지고 그거를 이제 꾸리를 이렇게 또 감아서 짜 놓은 것이 또 따로 있고.

= 그거 이제 또 삼을 이제 또 가락, 가락으로 만든 거를 열 개를 해 놔요.

= 이거 ** 만들었잖아요.

예.

= 만들어서 십자로 해 놓은 것을 열 개를 해 놓고서 큰 거 이렇게 막 말하자면 이게 물레나 똑같은 거야.

= 물레는 그 이렇게 이렇게 해 가지고 이제 그거 삼 가락도 이제 거기에다 이렇게 해 놓지만 이게 이제 그것도 이렇게 새가 있어요.

= 참새, 개새.

= 에 이 그 베처럼 그렇게 만들어서 이제 그걸 이렇게 둥그렇게 할 때에 그것도 이제 꽃을 둥그렇게 할 때 이쪽으로 하나 하고 또 하고 이쪽으

이쪼그루 또 하나 하구 이래요 그걸.

　= 그라면 이거 가라기 그거 열 깨가 다 풀리두룩 거기다가 다: 가마요.

　= 인재 그거또 인재 마라자면 베마냥 열따서 쨰: 스무 자, 서른 자, 머:
이르캐 하두룩 그걸 인재 만드러 가주구 해요, 그거럴, 그기다 이르캐.

　= 그 쿵:: 거 이마낭 거 자새라능 거시 이써요.

　= 거 자새애다가 그르캐 해놔요, 이르캐.

　= 그만 이망:쿰 무꺼저먼 인재 그걸 끌러요.

　= 끌럴 때 요 개:새 참새가 이꺼더녀, 두 가(지) 이르캐 두 가지루 이
르캐 여기가 십짜루 이래이래 한 대가.

　= 그람 고거럴 무꺼야 대요.

　= 그거 다: 쏘다지먼 모타자나요.

　= 요거뚜 무꺼 노코 요거뚜 무꺼 노코 무꺼야 대요, 고로캐.

아.

　= 애.

개새 참새라능 개?

　= 예.

나중애 이개 그 가마쓸 때: 이거 암 풀러지개 할라구 해농 거내요?

　= 예.

　= 그래 가주구 그거럴 인재 그래: 인재 고로캐 만드라요.

　= 그래 만드라서 인재 그르캐 맨드러 농 거 이르캐 해 노만 그걸 가따
가 쩝 인재 저개 이르캐 해 가주구 저: 그거럴 인재 이르캐 또 그걸로 인
재 베럴 나라요, 베처럼 나라요.

　= 인재 이개 다시 그거럴 이르캐 가마 가주구 인재 이르캐 그거럴 인
재 이르캐 가마 가주구서넌 해 노코 저:기다 해 노코 그거뚜 베마냥 똑까
치 만드라요, 이래.

　= 이르캐 해 노코 고걸 이러캐 이키 그걸 나라 가주 이르:캐 나라 가

로 또 하나 하고 이래요 그것을.

= 그러면 이것 가락이 그거 열 개가 다 풀리도록 거기에다가 다 감아요.

= 이제 그것도 이제 말하자면 베처럼 열다섯 자, 스무 자, 서른 자, 뭐 이렇게 하도록 그걸 이제 만들어 가지고 해요, 그것을, 거기에다 이렇게.

= 그 큰 거 이만한 거 자새라는 것이 있어요.

= 그 자새에다가 그렇게 해놔요, 이렇게.

= 그만 이만큼 묶어지면 이제 그걸 풀어요.

= 풀 때 요 개새 참새가 있거든요, 두 가(지) 이렇게 두 가지로 이렇게 여기가 십자로 이렇게 이렇게 한 데가.

= 그러면 고것을 묶어야 돼요.

= 그거 다 쏟아지면 못하잖아요.

= 요것도 묶어 놓고 요것도 묶어 놓고 묶어야 돼요, 고렇게.

아.

= 예.

개새 참새라는 게?

= 예.

나중에 이게 그 감았을 때 이게 안 풀어지게 하려고 해 놓은 거네요?

= 예.

= 그래 가지고 그거를 이제 그래 이제 고렇게 만들어요.

= 그렇게 만들어서 이제 그렇게 만들어 놓은 것을 이렇게 해 놓으면 그걸 갖다가, 이제 저기 이렇게 해 가지고 저 그것을 이제 이렇게 또 그것으로 이제 베를 날아요, 베처럼 날아요.

= 이제 이게 다시 그것을 이렇게 감아 가지고 이제 이렇게 그것을 이제 이렇게 감아 가지고서는 해 놓고 저기다 해 놓고 그것도 베처럼 똑같이 만들어요, 이렇게.

= 이렇게 해 놓고 고걸 이렇게 이렇게 날아 가지고 이렇게 날아 가지

주구서 그 해 가주구 가(마), 그걸 가마 가주구서루 이르캐 해 농걸 이래 거 이: 저: 그 자새라년 대다 해 농 거럴 해 가주구 그래서 그걸 이르캐 저::기짜개다 해서 이르캐 꼬바 가주구 다: 이르캐 가마 가주구서루 새루 이르캐 날지요.

= 고골 또 고대루 요기 베마냥 이르캐 그래 해 주구서니 그 똑까치 베 마냥 짜요, 그거뚜 인재 이캐 매 가주구.

예:.

= 풀 발라 가주구 그르캐 만드라 가주 하드라구유.

이거 아까.

= 근대 나넌 그 삼베는 해바써요, 무명베하구.

= 그거넌 우리 어먼니미 해 가주구 그거넌 인재 와 가주구 한 이삼 년 핸능가 몰라요.

= 그르캐 하구서넌 고만 안 하드라고요.

= 그이 츠비여 다: 나더라고요, 너나 나나 할 꺼 읍씨.

— ** 저녀 암 마꼬.

= 예, 아나드라고요.

— 대번 막.

그래두 그: 총기 조:으시내요.

절:머쓸 때 해보싱 걸 지금 이르캐 자세:하개 말씀하시내요.

= 저넌 열려덜 싸래 여기 와써두 베럴 짠는대요.

그쎄요.

= 예.

그쎄요, 지금:.

= 예.

= 예.

그, 그르구 보면 그거 오심 년 저내 하싱 건대:.

고서 그 해 가지고 감(아), 그걸 감아 가지고서 이렇게 해 놓은 것을 이렇게 그 그 자새라는 데다 해 놓은 거를 해 가지고 그래서 그걸 이렇게 저기 쪽에다 해서 이렇게 꽂아 가지고 다 이렇게 감아 가지고서 새로 이렇게 날지요.

　= 고걸 또 그대로 여기 베처럼 이렇게 그래 해 가지고서는 그 똑같이 베처럼 짜요, 그것도 이제 이렇게 매어 가지고.

예.

　= 풀 발라 가지고 그렇게 만들어 가지고 하더라고요.

이거 아까.

　= 그런데 나는 그 삼베는 해 봤어요, 무명베하고.

　= 그것은 우리 어머님이 해 가지고 그것은 이제 와 가지고 한 이삼 년 했는지 몰라요.

　= 그렇게 하고서는 그만 안 하더라고요.

　= 그 *** 다 나더라고요, 너나 나나 할 것 없이.

　- ** 전혀 안 맞고.

　= 예, 안 하더라고요.

　- 대번 막.

그래도 그 총기 좋으시네요.

젊었을 때 해보신 걸 지금 이렇게 자세하게 말씀하시네요.

　= 저는 열여덟 살에 여기 왔어도 베를 짰는데요.

글쎄요.

　= 예.

글쎄요, 지금.

　= 예.

　= 예.

그 그러고 보면 그거 오십 년 전에 하신 건데.

= 예.

그걸 지금 다: 기어카고 게신대.

= 열려딜 쌀 머거서두 여기 와 가주구서 짠는대요, 지가 이캐.

= 우리 어먼니먼 차라래, 그거이 베 또 디애서 이크 이캐 패 가주구 도토마리 이르캐 감넝 거 그거뚜 제:가 해떠요.

= 해 가주구 인재 그거뚜 이캐 잉:애라구 이르캐 다라노먼 그걸 가따 이래 해 노먼.

= 잉애때가 이써요, 이래 잉애때, 다러(매년) 이르캐 다러 매넝 거.

= 그라면 인재 고 개:새 참새럴 두 군대다 꼬바요, 요래.

= 이 꼬바 노쿠서 인재 그거럴 꼬쟁이가 그 잉애때라구 이써요.

= 잉:애 이캐 잉:애, 이르캐 거넌 잉:애요.

예.

= 고기 어트개 생긴느냐 하면 꼬쟁이가 이르캐 간따난 전지마냥 요고 만:항 기 요만:창 징 기 이써요.

= 요만:창 징 긴대 가쟁이가 버러 가주구 또 요로캐 요만창언 요고요 고 내 집빼머 요고요고 하난: 댈꺼여.

= 요만:창 널룽 기 이써요.

= 그라면 인재 고 꾸리하나 이르캐 인재 여 이 저: 시:리 이써요, 실:, 굴군 실: 인재 그 명우루 자사 가주구 시:를 만들자나요.

= 그라구 옌:나랜 온 꾸매:넌, 오슬 꾸매거드녀.

= 그걸루 해서 그거 인재 그 실:로 가따가 인재 요로캐 이개 하나넌 또 미태로 제끼고 또 하나 여기 잉애 이르캐 걸:구 또 이루 가서 또 하나, 하나 욜루 제끼 노쿠 또 하나 이래 거러 가주 요로캐 해서 또 이르 넨, 내리가먼 하나 요로캐 재껴 노코 또 요골로 거러 요로캐고 똑 하낙썩 재끼 나야 대요.

= 이거럴 마냐개 요 두: 개를 우:로 가던지 저 두 개가 미태루 가던지

= 예.

그걸 지금 다 기억하고 계신데.

= 열여덟 살 먹어서도 여기 와 가지고 짰는데요, 제가 이렇게.

= 우리 어머님은 차라리 그거 베 또 뒤에서 이렇게 이렇게 펴 가지고 도투마리 이렇게 감는 거 그것도 제가 했어요.

= 해 가지고 이제 그것도 이렇게 잉앗대라고 이렇게 달아 놓으면 그걸 갖다 이렇게 해 놓으면.

= 잉앗대가 있어요, 이렇게 잉앗대 이렇게 달아매는 거.

= 그러면 이제 그 개새 참새를 두 군데다 꽂아요, 요렇게.

= 이 꽂아 놓고서 이제 그것을 꼬챙이가 그 잉앗대라고 있어요.

= 잉앗대 이렇게 잉앗대 이렇게 거는 잉앗대요.

예.

= 그게 어떻게 생겼느냐 하면 꼬챙이가 이렇게 간단한 전지마냥 요고만한 게 요만큼 긴 게 있어요.

= 요만큼 긴 건데 가지가 벌어 가지고 또 요렇게 요만큼은 요거 요고 내 뼘으로 요거, 요거 하나는 될 거야.

= 요만큼 넓은 게 있어요.

= 그러면 이제 그 꾸리 하나 이렇게 이제 여 이 저 실이 있어요, 실, 굵은 실 이제 그 명으로 자아 가지고 실을 만들잖아요.

= 그리고 옛날엔 옷 꿰매는, 옷을 꿰매거든요.

= 그것으로 해서 그거 이제 그 실을 갖다가 이제 요렇게 이게 하나는 또 밑으로 젖히고 또 하나 여기 잉앗대 이렇게 걸고 또 이리 가서 또 하나, 하나 이리로 젖혀 놓고 또 하나 이렇게 걸어 가지고 이렇게 해서 또 이리 내, 내려가면 하나 이렇게 젖혀 놓고 또 이걸로 걸어 이렇게 고 꼭 하나씩 젖혀 놓아야 돼요.

= 이것을 만약에 요 두 개가 위로 가든지 저 두 개가 밑으로 가든지.

나중애 이르캐 할라 그래능 거지요, 이르캐?

= 예, 이럭, 예, 이리캐 만드러 가주구.

예 하낙씩?

예.

= 이르캐 가주구서 고기 잉애때라는 대가 그뚜 잘 꼬바야지.

= 그거뚜 하나래두 빠지머뇨 꼭 이: 하나래두 그 잉애::때가 하나래두 빠지면 거기가: 다시 인재 요: 잉애때를 만드라 가주구 거기다 꼬바야 돼요.

= 그래서 고고 정신불명하고 하나.

— **** 드르가먼.

= 하나 띠우구 또 요래 하고 하나두 고고뚜 해야 돼요.

= 고골로 고로캐 재끼 가매 하나 재끼구 또 하나 걸:구 하나 재끼구 또 하나 걸:구 이래 가주군 그 잉애때라카넝 거를 인재 요 베트래다 이르캐 꼽찌요.

= 조:쪼그루 인재 그 발로, 발로 자부땡기구 함 번 이짜그루 느쿠 또 짜구, 이짜그루 노코 탐 발 탕 노쿠 또 짜고 이라거드녀, 그기.

— 조사, 조사저야 대니까.

네.

= 예, 그라기 때미 잉애애다가 인재 이기 저: 디애는 또: 개:새가 올라가고 아패 짜너능 거 인재 또 하나 이써요.

= 그래 거 거기 디루 이래 이래 올리구서 아패 인재 그 바디지비라구 이짜나요.

= 개서 인재 탕 노만 인재 이기 하난 미트루 가 노쿠 우애 이꺼드녀.

= 그람 고기다가 부걸 느:만 바디지부루 딱 짜고 이쪼그루 갈 때넌 바럴 오그리먼 또 이기 새:가 이르캐 대고 글루 노쿠 그래 가주구 그래 가주 짜써요.

= 그거럴 그저내 지가 그래 해바꺼드녀.

나중에 이렇게 하려고 그러는 거지요, 이렇게?

= 예, 이렇게, 예, 이렇게 만들어 가지고.

예, 하나씩?

예

= 이렇게 해가지고서 고기 잉앗대라는 데가 그것도 잘 꽂아야지.

= 그것도 하나라도 빠지면요 이 하나라도 그 잉앗대가 하나라도 빠지면 거기가 다시 이제 요 잉앗대를 만들어 가지고 거기에다 꽂아야 돼요.

= 그래서 그거 정신차리고 하나.

― **** 들어 가면.

= 하나 띄우고 또 요렇게 하고 하나라도 그것도 해야 돼요.

= 고걸로 고렇게 젖혀 가며 하나 젖히고 또 하나 걸로 하나 젖히고 또 하나 걸고 이렇게 해 가지고는 그 잉앗대라고 하는 것을 이제 요 베틀에다 이렇게 꽂지요.

= 저쪽으로 이제 그 발로, 발로 잡아당기고 한 번 이쪽으로 넣고 또 짜고 이쪽으로 놓고 발 탁 놓고 또 짜고 이러거든요, 그게.

― 조여 조여져야 되니까.

네.

= 예, 그러기 때문에 잉앗대다가 이제 이게 저 뒤에는 또 개새가 올라가고 앞에 짜 놓는 거 이제 또 하나 있어요.

= 그래 거 거기 뒤로 이렇게 이렇게 올리고서 앞에 이제 그 바디집이라고 있잖아요.

= 그래서 이제 탁 놓으면 이제 이 하나는 밑으로 가 놓고 위에 있거든요

= 그러면 거기에다가 북을 넣으면 바디집으로 탁 짜고 이쪽으로 갈 때는 발을 오그리면 또 이게 새가 이렇게 되고 그리로 놓고 그래 가지고, 그래 가지고 짰어요.

= 그거를 그전에 제가 그렇게 해봤거든요.

= 지금두: 이르캐 생가캐 보먼 그 베트::래 대해서, 베럴 짜라먼 짤 꺼 가태
요, 제 마:매, 짜 바서루.

그럼뇨, 짤 쑤 이찌요.

= 예.

= 근대 매:능 거뚜 머 어: 그거뚜 이르캐 제가 해봐꺼드녀.

= 그래 가주구, 그래서 인재 그걸 이래 풀 발라 가주 해 가주 이그만
미테 이래 이래 해 가주 말루카 가주구 씨다드머 가주 강꼬 강꼬 그라자
나요.

아까 그 개새하고 참새라 그래짜나요?

= 예.

그개 그 베트래 인능 거지요?

= 예.

베트래?

= 예.

꼽, 꼽 쩌기 작때기?

= 하난 디:루 가구.

예.

= 잉애때 인는 대 하나 이찌요.

예.

= 예, 잉애 여기 바디지비 올라가 가주 요긴 참새.

= 디:애 가능 거 이르캐 이개 미러 가주구 갈 때는 사침때라구 이써요.

= 사침때라구 인녕 거시 에: 요로캐.

— 그 상가켱으로 맹근 거시.

= 쩌 예 삼가켱이루 이써요.

음.

= 삼가켱이루 인녕 거.

= 지금도 이렇게 생각해 보면 그 베틀에 대해서, 베를 짜라면 짤 것 같아요, 제 마음에, 짜 봐서.

그럼요, 짤 수 있지요.

= 예.

= 그런데 매는 것도 뭐 에 그것도 이렇게 제가 해봤거든요.

= 그래 가지고, 그래서 이제 그것을 이렇게 풀 발라 가지고 해 가지고 이것만 밑에 이렇게 이렇게 해 가지고 말려 가지고 쓰다듬어 가지고 감고 감고 그러잖아요.

아까 그 개새하고 참새라고 그랬잖아요?

= 예.

그게 그 베틀에 있는 거지요?

= 예.

베틀에?

= 예.

꽂, 꽂(는) 저기 막대기?

= 하나는 뒤로 가고.

예.

= 잉앗대 있는 데 하나 있지요.

예.

= 예, 잉앗대 여기, 바디집이 올라가 가지고 여기는 참새.

= 뒤에 가는 거 이렇게 이렇게 밀어 가지고 갈 때는 사침대라고 있어요.

= 사침대라고 있는 것이 에 이렇게.

─ 그 삼각형으로 만든 것이.

= 저 예 삼각형으로 있어요.

음.

= 삼각형으로 있는 거.

- 상가럴 이래 떠바치고 인넝 거지.

- 떠바치고 인넝 거럴 새럴 노깨 맹그러.

= 그래 가주 이르캐 떠바치 가주구서넌 이기 인재 항 군대루 그건 내처 올라가지요.

= 거: 인재 뒤애 인재 잉애: 잉애때 뒤애 인능 거시 인재 그.

- 두, 두 개, 두 가다그로 갈라 가주구 쪽: 올라가는대 이누미 요 까지 가따면 *를 **스니까.

= 어 고고시 그닝깨 인재.

부기 와따가.

- 베가 대능 기여, 부기 와따 가따 하면서.

= 예, 그기.

= 예, 그거시 인재 그: 그 잉애때가 인재 올라가밍성 아패 또 인재 고 잉애때 저태 개새가 이써요.

= 개새가 이쓰면 잉애때는 기냥 올라가민 인재 이캐 두, 어, 마라자면 인재 기럴 발키 주고 인재 개새가 인재 하나 인넝찌 쪽: 글루 올리면 아패 인재 짜능 거 이꾸 짝 올리서 거 도투마리 우리 짝 올리 노코서넌 인재 요기 아패 참새가 이꺼더녀, 짜넌대.

고기?

= 잉애가 인재 고골루, 잉애가 바를 자부땡기만 인재 저기 올라가고 탕 노면 인재 그기 내리가고 그라거더녀.

- 하나넌 내려가고.

= 그라면 인재 고기 자부땡길 때 요짜그루 붕 느쿠 탕 노코 하면 이짜 그로 노코 예, 개서 아패 꺼는 자꾸.

- 그기 인재 부개서 시:리 드러가 가주구.

= 그기 인재 씨리 거기: 이캐 꾸리 감넝 거 넌넝 거시 머냐하면 부기 라구 그래요.

- 상가(?)를 이렇게 떠받치고 있는 거지.

- 떠받치고 있는 것을 새를 높게 만들어.

= 그래 가지고 이렇게 떠받치고서는 이게 이제 한 군데로 그건 내처 올라가지요.

= 그 이제 뒤에 이제 잉앗대 뒤에 있는 것이 이제 그.

- 두 두 개 두 가닥으로 갈라 가지고 죽 올라가는데 이놈이 요기까지 갔다면 *를 ***니까.

= 어 고것이 그러니까 이제.

북이 왔다가.

- 베가 되는 거야, 북이 왔다 갔다 하면서.

= 예, 그게.

= 예, 그것이 이제 그 잉앗대가 이제 올라가면서 앞에 또 이제 고 잉 앗대 곁에 개새가 있어요.

= 개새가 있으면 잉앗대는 그냥 올라가면서 이제 이렇게 두, 에, 말하 자면 이제 길을 밝혀 주고 이제 개새가 이제 하나 있는 것이 죽 그리로 올리면 앞에 이제 짜는 거 있고 쫙 올려서 그 도투마리 위로 쫙 올려놓고 서는 이제 요기 앞에 참새가 있거든요, 짜는 데.

고게?

= 잉앗대가 이제 고것으로 잉앗대가 발을 잡아당기면 이제 저기 올라 가고 탁 놓으면 이제 그게 내려가고 그러거든요

- 하나는 내려가고.

= 그러면 이제 고기 잡아당길 때 요쪽으로 북 넣고 탁 놓고 하면 이쪽 으로 넣고 예, 그래서 앞의 거는 자꾸.

- 그게 이제 북에서 실이 들어가 가지고.

= 그게 이제 실이 거기 이렇게 꾸리 감는 것 넣는 것이 뭐냐 하면 북 이라고 그래요.

예.

= 고 부기 인재 드러가따 나가따.

요로캐 생겨서 요개 홈파징 거?

= 예, 고기 꾸릴 고기다 느쿠 인재 꾸리럴 몰 또라댕기개 하넌 대나물 야:깨 까까 가주구 거 부개다가 요로:캐 살짝 꼼능 기 이써요.

= 그기 고와야 저기: 그: 시:리 앙 끄녀저요, 고개.

= 고고시 야깐 북뿌다 야:깐 노파야 돼요, 고기.

= 고래 가주구 고기 반들반들: 해야지 그기 쪼끔 거칠먼 시럴 끄녀 머거요.

= 개서 마:치마깨 고 꼬바 가주구서 그래 그걸루 짜지요.

그럼 아까 그 참새하고 개새가 하는 여카리 머애요?

= 그기 인재: 올라갈 때 짜구 이쪼그루 늘 때 짜구 그라거드녀.

= 개:새라카넝 거는 인재 거 잉애때 디애 인넝 거 인재 길 발키 주녕 거거더녀, 개새가.

예.

─ 두 갈, 두 가다그로 버러점 버러만 논능 기지.

= 예. 예.

아:, 그러면 이개 저기 시 실:, 저기 아까 거기 부기 와따 가따 할 때 시:리 이르캐 나라, 나라 노차나요?

─ 아패 가능 거.

= 예. 예.

근대 하나는 욜루 가고 하나는 욜루 가, 요로캐 요로캐 할 때 그개 쓰나요?

= 예.

= 잉애때라카 잉애, 잉애때가 고 저태 바루 인재 고래 이써요.

─ 잉애때가 인재 올라가따 니리가따 하든지 발루 자부댕기면 함 분 올라가구 함 분 내리가주구 그기 되능 기여.

예.

= 그 북이 이제 들어갔다 나갔다.

이렇게 생겨서 이게 홈이 파진 거?

= 예, 거기다 넣고 이제 꾸리를 못 돌아다니게 하는 대나무를 얇게 깎아 주고 그 북에다가 이렇게 살짝 꽂는 게 있어요.

= 그게 고와야 저기 그 실이 안 끊어져요, 고게.

= 그것이 약간 북보다 약간 높아야 돼요, 고게.

= 그래 가지고 그게 반들반들 해야지 그게 조금 거칠면 실을 끊어 먹어요.

= 그래서 마침맞게 꽂아 가지고서 그래 그걸로 짜지요.

그럼 아까 그 참새하고 개새가 하는 역할이 뭐예요?

= 그게 이제 올라갈 때 짜고 이쪽으로 넣을 때 짜고 그러거든요.

= 개새라고 하는 것은 이제 그 잉앗대 뒤에 있는 거, 이제 길 밝혀 주는 거거든요 개새가.

예.

— 두 가(닥), 두 가닥으로 벌어지면, 벌려만 놓는 거지.

= 예. 예.

아, 그러면 이게 저기 실 실, 저기 아까 거기 북이 왔다 갔다 할 때 실이 이렇게 날아, 날아 놓잖아요?

— 앞에 가는 거.

= 예. 예.

그런데 하나는 요리 가고 하나는 요리 가, 요렇게 요렇게 할 때 그게 쓰나요?

= 예.

= 잉앗대라고 하(는) 잉아, 잉앗대가 고 곁에 바로 이제 그렇게 있어요.

— 잉앗대가 이제 올라갔다 내려갔다 하든지 발로 잡아당기면 한 번 올라가고 한 번 내려 가지고 그게 되는 거야.

예.

그래 잉애때두 이꾸, 활때라능 거뚜 이써요?

— 그 발루 자바댕기능 거.

이르:캐 둥:그러캐.

= 예, 그 밀때라넝 거넌 인재 아패 껄 다 짜먼 도토마릴 미러요, 작때기로.

= 그래 미르먼 인재 미러 노쿠서 이거 아패 다: 짱 걸, 또 이 또 여기 거기 이써요, 저: 저:기 이: 머지, 그기 어:.

— 달때는 달때는 시, 시, 시:래다 이래 다라맬, 발, 바래다 다라맬리가 주 끈두.

= 이기 바디, 바디:, 그거 짜능 건 바디지비구.

= 이거 마능 거시 머지, 마능 거?

말코.

= 말루코.

말코.

= 예, 말코.

= 허허, 더 잘 아시내.

= 이기 말코라카드라고요.

= 그래서 고 말코 거기 다: 짜먼 요기다가 강:꼬 또 인재 그거: 인재 또 바 저기 잘 가라고 기르멀 살짝 빨라요, 바디지배.

= 고거럴 저기 바디애다가 고: 바디짐 말고 바디:는, 바디는 실 낑 거고 바디지번 인재 거기: 거 바디지벌 쌍 기 바디집, 짜넝 거지, 짜넝 거.

그거 할 때 쩌 등애다가 이르캐 끈 매 가주구 이르캐 자버다니자나요, 이개?

= 분-태, 부태.

아, 예.

예.

그래 잉앗대도 있고, 활대라는 것도 있어요?

– 그 발로 잡아당기는 거.

이렇게 둥그렇게.

= 예, 그 밀대라는 것은 이제 앞의 걸 다 짜면 도투마리를 밀어요 막대기로.

= 그래 밀면 이제 밀어 놓고서 이거 앞에 다 짠 것을, 또 이 또 여기 거기 있어요, 저 저기 이 뭐지, 그게 에.

– 달대는 달대는 실 실에다 이렇게 매달, 발, 발에다 매달아 가지고 끈도.

= 이게 바디 바디, 그거 짜는 건 바디집이고

= 이거 마는 것이 뭐지, 마는 거?

말코.

= 말고.

말코.

= 예, 말코.

= 허허, 더 잘 아시네.

= 이게 말코라고 하더라고요.

= 그래서 고 말코 그거 다 짜면 요기다가 감고 또 이제 그거 이제 또 저기 잘 가라고 기름을 살짝 발라요, 바디집에.

= 고것을 저기 바디에다가 그 바디집 말고 바디는 실 꿴 것이고 바디집은 이제 거기 그 바디를 싼 게 바디집, 짜는 거지, 짜는 거.

그거 할 때 저 등에다가 이렇게 끈 매어 가지고 이렇게 잡아당기잖아요, 이게?

= 부티, 부티.

아, 예.

= 예, 이건 부태여.

예.

그리구 미태 발루다가 이르캐 해 가주구 아까 말쓰마싱 거처럼 이르캐 발루자바다녀따 미러따 그런?

= 그거년 인재 저기 그 신:널 거기다 대따고 신때라 구라대요, 또 거년.

신때?

= 예.

= 시늘 고기다 대 가주구서, 그래구 인재 그 신때를 자부댕기구 노쿠.

- 그 나무럴 저 활거치 꾸부렁거 이써야 댄다...

= 그거또 여러 가지요, 그기가 보만뇨.

= 그기 이기 인재 그기 처:매 머냐고 하먼 이기 이캐: 저기 시, 삼가켱으로 만등 기시, 그거시 저거여.

= 아이고 이, 이베 아까 강 뱅뱅 도라요.

= 몰란내요.

= 사침때요.

사침때.

= 예, 거 사침때가 베럴 이르캐 두지버노먼 두지버서 이르캐 세워노먼 사침때가 가서 이르캐 이캐 가서 바치요.

- 두 가다그로 갈라 주능 기여, 이기 두 가다그로.

= 예, 그기 두 가다그로, 두 가다그루 갈라 주능 건 개새가 갈라 주고.

= 개서 인재 그 사침때를 개새가 인재 이르캐 가주구 이르키 이쓰먼 고 개새::루 해 가주구 사침때를 바짝 올리요, 도토마리 저태로.

= 그래 올리먼 인재 고기 개:새가 따라가지요, 고 아패다.

= 그래 노코 인재 짜는 대는 참새가 짜고.

= 그기 그래 마리 그르태요.

= 예, 이건 부티야.

예.

그리고 밑에 발로 이렇게 해 가지고 아까 말씀하신 것처럼 이렇게 발로 잡아 당겼다 밀었다 그런?

= 그거는 이제 저기 그 신을 거기다 대었다고 신추리라고 그러대요 또 그거는.

신추리?

= 예.

= 신을 고기에다 대어 가지고 그리고 이제 그 신추리를 잡아당기고 놓고

- 그 나무를 저 활같이 구부러진 게 있어야 된다....

= 그것도 여러 가지요, 거기가 보면요.

= 이게 그게 이제 그게 처음에 뭐냐고 하면 이게 이렇게 저기 시, 삼각형으로 만든 것이, 그것이 저거야.

= 아이고 이 입에 아까 뱅뱅 돌아요.

= 몰랐네요.

= 사침대요.

사침대.

= 예, 그 사침대가 베를 이렇게 뒤집어 놓으면 뒤집어서 이렇게 세워 놓으면 사침대가 가서 이렇게 이렇게 가서 받쳐요.

- 두 가닥으로 갈라 주는 거야, 이게 두 가닥으로.

= 예, 그게 두 가닥으로, 두 가닥으로 갈라주는 건 개새가 갈라 주고.

= 그래서 이제 그 사침대를 개새가 이제 이렇게 가지고 이렇게 있으면 그 개새로 해 가지고 사침대를 바짝 올려요, 도투마리 곁으로.

= 그렇게 올리면 이제 고기 개새가 따라가지요, 그 앞에다.

= 그래 놓고 이제 짜는 데는 참새가 짜고..

= 그게 그렇게 말이 그렇더라고요.

= 그기, 해해해.

음:.

= 짜넌 대서 인재 인녕 거 개:새 참새가 그래 그르태요, 거기.

모시:는 기리:를 달, 기리를 잴 때는 멀루, 자루 하지요?

- 자로 재지.

자로 하고.

= 예.

= 다 짜먼 자로 재:지요.

= 근대 츠:매부텀 이기 베: 날 때요.

- 베 날 째는 더 질다고.

= 예.

- 지그먼, 어: 삼십쌘치 자가 아니지.

예.

= 베: 날 때넌 베:, 베가 날 때두 이 저:기 거시기, 만들 때, 그기 인재 그: 그르캐 도토마리 가물 때 그기 항 가래 두 가래럴 만들지 그거뚜:.

- 항 가래 두 가래 보먼 이 베 날 때 정해저넝 거여, 베 날 때.

= 그르키 날 때 거기서 정해 가주 가주구서루:, 그거 츠:매 날 때 그기 정해저 가주 하능 거여.

- 땅애서 딱 재 가주구 날 때 고기 이 *** 정해지능 거여.

아까 그 한 필?

- 거 함 필.

한 필 그러면 기리가 정해저 인나요, 아니먼 그개?

- 정, 정해 인능 기여.

= 예.

얼마를 함 피리라 그래요?

- 그릉깨 날 때 정해저 인능 기여.

= 그게, 헤헤헤.

음:.

= 짜는 데서 이제 있는 거 개새 참새가 그렇게 그렇대요., 거기.

모시는 길이를 달, 길이를 잴 때는 뭘로, 자로 하지요?

- 자로 재지.

자로 하고.

= 예.

= 다 짜면 자로 재지요.

= 그런데 처음부터 이게 베 날 때요.

- 베 날 때는 더 길다고.

= 예.

- 지금은, 에 삼십 센티미터 자가 아니지.

예.

= 베 날 때는 베, 베가 날 때도 이 저기 거시기, 만들 때, 그게 이제 그 그렇게 도투마리 감을 때에 그게 한 가래 두 가래를 만들지 그것도.

- 한 가래 두 가래 보면 이 베를 날 때 정해지는 거야, 베를 날 때.

= 그렇게 날 때 거기서 정해 가지고 가지고서, 그게 처음에 날 때 정해져 가지고 하는 거야.

- 땅에서 딱 재어 가지고 날 때 고게 이 *** 정해지는 거야.

아까 그 한 필?

- 그 한 필.

한 필 그러면 길이가 정해져 있나요, 아니면 그게?

- 정해져 있는 거야.

= 예.

얼마를 한 필이라고 그래요?

- 그러니까 날 때 정해져 있는 거야.

= 그기 수무 자, 열따서 짜, 서룬 자.

- 스무 자먼 스무 자럴 땅애서 딱 재 가주구.

= 서룬 자까지 이써요.

- 그기, 그기.

= 서룬 자까지.

- 그기 스무 자를 기준해 가주 나능 거여.

- 그래 에 네: 필짜리가 이꼬, 두 필짜리.

- 세 필짜린 웁찌 아마.

= 개:미가 이써요, 개:미.

= 개미 거 개미라고 하넝 거너뇨, 거기다 꺼먹 치를 해놔요.

= 함 필, 요기만 함 피리다.

- 표시하느라고.

= 표시.

음.

= 요꺼지 짜먼 함 피리다.

= 그기 개미라구 하대요, 또 그거넌.

- 이 *부러저넌 대다 고 치럴 해논넌다 이거여.

아: .

= 그래 가주 인재 고기.

- 그래서 함 피리 대넝 거지.

= 이건 나올 때 여기 인재 저 나라 가주구서 나올 때 인재 다: 나오면 고기 나른 대가 인재 요기 요가 함 피리자너, 요 포럴 해놔요, 요러캐, 쌔카망 걸로.

= 그래 고로캐 해 노트라고요.

그러면 베 짜기 저내 그르잉까 함 피리라구 하능 개 열따서 짜다 이르캐 딱 정해징 개 아니고 이버내는 열따서 짜로 함 필 짜개따, 이버내는 스무 자를 짜

= 그게 스무 자, 열다섯 자, 서른 자.

- 스무 자면 스무 자를 땅에서 딱 재어 가지고.

= 서른 자까지 있어요.

- 그게, 그게.

= 서른 자까지.

- 그게 스무 자를 기준으로 해 가지고 나는 거야.

- 그렇게 에 네 필짜리가 있고, 두 필짜리.

- 세 필짜리는 없지 아마.

= 개미가 있어요, 개미.

= 개미 그 개미라고 하는 거는요, 거기에다 검은 칠을 해 놓아요.

= 한 필, 여기면 한 필이다.

- 표시하느라고.

= 표시.

음.

= 여기까지 짜면 한 필이다.

= 그게 개미라고 하대요, 또 그것은.

- 이 *부러지는 데다 고기 칠을 해 놓는다 이거야.

아.

= 그래 가지고 이제 고기.

- 그래서 한 필이 되는 거지.

= 이건 나올 때 여기 이제 저 날아 가지고서 나올 때 이제 다 나오면 고기 난 데가 이제 요기 요기가 한 필이잖아 요기 표를 해놔요, 요렇게, 새까만 걸로.

= 그래 고렇게 해 놓더라고요.

그러면 베 짜기 전에 그러니까 한 필이라고 하는 게 열다섯 자다 이렇게 딱 정해진 게 아니고 이번에는 열다섯 자로 한 필 짜겠다, 이번에는 스무 자를 짜개따, 이르캐 정하능 거지요?

　= 정하지요, 정해야지요, 예, 이쪼개: 말머걸.

　− 할, 한 말코애넌 정해저 가주 인능 기여.

예: .

아, 한 말코.

　− 어, 한 말코애는 건 열따서 짜 함 필.

예.

　− 수무 자 함 피리면 수무 자 함 필.

예.

　− 이르캐.

음: , 그래잉까 처:매 짜기 저내 수무 자짜리로 짤 껀지 열따서 짜짜리 짤 껀지 이걸 정하고 짜능 거내요?

　− 아이 정해저 이따ㅓ.

　= 정해저 인능 기 인재 저 나라요, 날 때요, 베럴 날 때:.

　− 날 때 정해저 인능 기여, 정해저 인능 기여.

그르니까요, 날 때.

　= 예, 요기 개:새 참새럴 해 노코요.

　= 요기넌 하나요, 말머글 하나 딱 빠가요.

　= 저: 가서 하나만 바가 노코, 여기서넌 개새 참새럴 맨드러 가주구 하나 딱 빠가 논 대가 열따서 짜다, 스무 자다.

　− 딱 정해저 인능 기여.

　= 이캐 정해저 가주 이써요, 고 하나, 말모카나 바가 논대.

예예.

　= 그람 고기다가 인재 치를 해요.

　= 새카망 걸 가따 치를 해드라고요.

　= 그래 가주구선 고꺼지: 인재 하면, 고꺼지 인재 이기 여기서 불라

겠다, 이렇게 정하는 거지요?

　= 정하지요, 정해야지요, 예, 이쪽에 말목을.

　- 한, 한 말코에는 정해져 있는 거야.

예.

아, 한 말코.

　- 어, 한 말코에는 그것은 열다섯 자 한 필.

예.

　- 스무 자 한 필이면 스무 자 한 필.

예.

　- 이렇게.

음, 그러니까 처음에 짜기 전에 스무 자짜리로 짤 건지 열다섯 자짜리로 짤 건지 이걸 정하고 짜는 거네요 ?

　- 아이 정해져 있다고.

　= 정해져 있는 게 이제 저 날아요, 날 때요, 베를 날 때.

　- 날 때 정해져 있는 거야, 정해져 있는 거야.

그러니까요, 날 때.

　= 예, 여기 개새 참새를 해 놓고요.

　= 여기는 하나요, 말목을 하나 딱 박아요.

　= 저기 가서 하나만 박아 놓고 여기서는 개새 참새를 만들어 가지고 하나 딱 박아 놓은 데가 열다섯 자다, 스무 자다.

　- 딱 정해져 있는 거야.

　= 이렇게 정해져 가지고 있어요, 고 하나, 말목 하나 박아 놓은 데.

예예.

　= 그러면 고기에다가 이제 칠을 해요.

　= 새까만 걸 갖다 칠을 하더라고요.

　= 그래 가지고 거기까지 이제 하면 거기까지 이제 이게 여기서 ** 가

가주, 매 가주구 요래 다: 그기 여:꺼지 따라오자나요.

= 따라오먼 도투마리애다 고기 가마 논 도투마리애다가 고기가 함 필 짠 대라능 걸루 포를 하드라고요.

= 고로캐 하더라고요, 그걸.

예: :.

= 에, 저여.

– 그르캐 하드룩 대 인능 기요, 그기.

= 그라먼 인재 요기가 열따서 짜 짜따.

= 그라먼 여 인저 아, 요가 쌔카망 거 나옹 거 봉깨 여기가 스무 자 짜따 이거시 그리 가주 나오드라고.

지고, 매어 가지고 요렇게 다 그게 여기까지 따라 오잖아요.

= 따라오면 도투마리에다 거기 감아 놓은 도투마리에다가 거기가 한 필 짠 데라는 걸로 표를 하더라고요.

= 그렇게 하더라고요, 그것을.

예.

= 예, 저.

– 그렇게 하도록 되어 있는 거요, 그게.

= 그러면 이제 요기가 열다섯 자 짰다.

= 그러면 여 이제 아, 요기가 새까만 거 나온 거 보니까 여기가 스무 자 짰다 이것이 그래 가지고 나오더라고.

3.4. 무명 길쌈

옌나래 저:기 질쌈하자나요?

= 해찌요:.

예.

= 저 와서 해찌요.

주로 머 시머써요?

멀루 해써요:?

= 인재 삼배::더 나보고요, 인재 머 모캐 가주고 그거 해서 인재:.

= 인재: 지캐: 이르캐 명: 자사 가주 그걸루 배두 하꼬구.

모카:는 언재: 어디애 시머써요, 주로?

= 저::기 저 지금 고속또로 나써요, 거기.

= 거:기 저 여:: 아내 저 골짜기 거기가 바티 두때(기), 받-티 두, 여래 두 때기 이써요.

= 그른대 항 군대넌 인재 밀:거틍 거 머 버쭝두 하구, 그렁 거 하고 거기다 항 가라 항 가지넌 저짝 때기럴 명얼 가라떠요.

= 고 명이[44] 잘: 대요, 양지라서.

= 개서 인재 거거 명:: 인재 거기다 해서 따다가 인재 방 뜨신대 말러 가주구, 그 이캐 씨아시라고[45] 이써요.

= 거기다 이르캐 인재 돌리서 인재, 그걸루 인재 이르캐 해 가주구.

= 활, 화리라(구), 화:를 아시능가 몰라.

= 이 대나무 이르::캐 후리 가주구 노끄누로[46] 이르캐.

= 저:: 노끄니라카먼 아신, 아시지?

예예.

= 노끈 그걸루 이르캐 화를 만, 이르캐 만드러 가주구 그걸루 인재 에

옛날에 저기 길쌈하잖아요?

= 했지요.

예.

= 제가 와서 했지요.

주로 뭐 심었어요?

뭘로 했어요?

= 이제 삼베도 놔보고요, 이제 뭐 목화 가지고, 그거 해서 이제.

= 이제 이렇게 무명실 자아 가지고 그걸로 베도 했고.

목화는 언제 어디에 심었어요, 주로?

= 저기 저 지금 고속도로 났어요, 거기.

= 거기 저 여 안에 저 골짜기 거기가 밭이 두 떼기, 밭이 두, 요래 두 떼기 있어요.

= 그런데 한 군데는 이제 밀 같은 것 뭐 *** 하고, 그런 거 하고, 거기다 한 가지, 한 가지는 저쪽 떼기에는 무명을 심었어요.

= 그 목화가 잘 돼요, 양지라서.

= 그래서 이제 그거 무명 이제 거기다 해서 따다가 이제 방 따뜻한 데에서 말려 가지고, 그 이렇게 씨아라고 있어요.

= 거기다 이렇게 이제 돌려서 이제 그걸로 이제 이렇게 해 가지고.

= 활, 활이라, 활을 아시는가 몰라.

= 이 대나무 이렇게 휘어 가지고 노끈으로 이렇게.

= 저 노끈이라고 하면 아시(나), 아시지?

예예.

= 노끈 그걸로 이렇게 활을 만(들어) 이렇게 만들어 가지고 그걸로 이

이런 머::...

= 베::루 항 거 이써요, 베루 요로캐.

= 베 낭 거⁴⁷⁾ 그 뚜꺼웅 걸루 요르캐 지구서로 거 화를 탕, 여기다 매:, 이르캐 씨아루 아사⁴⁸⁾ 가주구, 명 아승 걸 딱 여기다 땅애다 노코 고 활로 이르캐 이거럴 탕, 이걸로 자버땡기머 탕:탕 이르캐 하머뇨, 그기 다:: 타저요.

= 그 아주 보::얀 소:미 대자나요.

예.

= 그걸루 인재 이 저:기 이런 상애나 머 이런 이르캐 찌, 큰 상, 이런 큰 상:애나 이런대 이런 상 이런 대나 노코선 이거, 그, 그 쑤수:때 이짜나요?

= 그 쑤수 안 쓸 때 맹:: 꼭때기, 그 비 매능 거 끄능 거, 거 쪼꼼 굴궁기 이써요.

= 고골루 인재 이르캐 마라요.

= 꼬추라구 해요 그거럴.

= 요망:코마개 마라 가주구서 인재 거 빼요.

= 또 빼고 또 빼개 막, 마::니 이르캐 싸 노코서넌 인재 그걸 해 가주고 그걸:: 그 삼, 삼끈내키로⁴⁹⁾ 요로캐 살짱 무꺼서 해: 노먼뇨.

= 그래두 그거럴 인재 노부더 가주구두 인재 그거럴 망 마:니 하넌 사람더런 노부더 가주구 그걸루 인재 이르캐 두레명이,⁵⁰⁾ 두레명이라 구래요.

= 그 노부더 가주구 그래서 그걸 러서 인재 노부더서 타::고 머 막 꼬추⁵¹⁾ 말구 이르캐 해 가주구두 하구.

두레명이요?

= 예:.

― 두래놉.⁵²⁾

제 에 이런 뭐...

= 베로 한 거 있어요, 베로 이렇게.

= 베 난 거 그 두꺼운 걸로 이렇게 쥐고서 그 활을 탕, 여기다 매고 이렇게 씨아로 앗아 가지고, 무명 앗은 걸 딱 여기에다 땅에다 놓고 그 활로 이렇게 이거를 탕, 이걸로 잡아당기면서 탕탕 이렇게 하면요, 그게 다 타져요.

= 그 아주 뽀얀 솜이 되잖아요.

예.

= 그걸로 이제 이 저기 이런 상에나 뭐 이런 이렇게 기(다란) 큰 상, 이런 큰 상에나 이런 데, 이런 상, 이런 데나 놓고선 이거 그, 그 수숫대 있잖아요?

= 그 수수 안 쓰는 곳 맨 꼭대기, 그 비를 매는 거, 끊은 거, 그 조금 굵은 게 있어요.

= 그걸로 이제 이렇게 말아요.

= 고치라고 해요 그것을.

= 요만큼하게 말아 가지고서 이제 그걸 빼요.

= 또 빼고 또 빼고 몇(개) 많이 이렇게 쌓아 놓고서는 이제 그걸 해 가 지고 그거 그 삼 삼끈으로 요렇게 살짝 묶어서 해 놓으면요.

= 그래도 그거를 이제 놉을 얻어 가지고도 이제 그거를 막 많이 하는 사람들은 놉을 얻어 가지고 그걸로 이제 이렇게 두레명이(라고), 두레명이 라 그래요.

= 그 놉을 얻어 가지고 그래서 그걸 넣어서 이제 놉을 얻어서 타고 뭐 막 고치 말고 이렇게 해 가지고도 하고.

두레무명이요?

= 예.

− 두레놉.

= 여러시 하니깨 두래명이라 그래구.

- 두래놉.

= 예:, 그래:.

두래놉, 두래명.

= 개 두래명:: 노부더 가주구.

- *** 사라멀 마니 모으녕걸 두래.

예.

= 그래 가주 인재 그거 꼬추두 이르캐 무꿍 거 그걸 가따가 인재 또::
명 자:.

= 이르캐 자:, 그거럴 이르캐 그걸 저기 물래라구 고래요, 여 요러캐.

= 물래 아실결료?

**** 똥그랑 거?

= 예, 그걸로 이러캐.

= 인재 이건 갸:라기고.

= 가라기라능 거 이르캐 해 가주 주럴 매: 가주구 거기다 이거 둘루미
이래: 이래 이르캐 빼:자나요.

= 실 가눌::깨 빼넝 거 가주구 아옵 째[53] 배, 여덜 째 배, 단 째 배 이
리카거던뇨.

= 그라면 인재 그기 이 단 째 베가 젤: 나뿐 베구요.

= 인재 여덜 째 베, 아옵 째 베가 젤: 공: 거요.

= 매 여 고::깨 자성 거넌 인재 아홉 째 베, 아홉 째 베라.

- *** 잘 빼야.

그:: 아옵 째 베하구 다섭 뻬, 다서 째 베가 처:으매 함 번 할 때 나오능
거요, 아니면 두 번, 세 번?

- 아니, 게:소캐서, 게:소캐서 조은 시럴 뽀바야 대능 거여.

= 게::소캐 조:시럴 마처야 대요.

= 여럿이 하니까 두레명이라고 그러고.

– 두레놉.

= 예, 그래.

두레놉, 두레명.

= 그래 두레무명 놉을 얻어 가지고.

– *** 사람을 많이 모으는 걸 두레.

예.

= 그래 가지고 이제 그거 고치도 이렇게 묶은 거 그걸 가지고 이제 또 명을 자아.

= 이렇게 가, 그걸 이렇게 그걸 저기 물레라고 그래요, 여 이렇게.

= 물레 아실 걸요?

동그란 거?

= 예, 그걸로 이렇게.

= 이제 이건 가락이고.

= 가락이라는 건 이렇게 해 가지고 줄을 매어 가지고 거기다 이거 두르며 이렇게 이렇게 빼잖아요.

= 실 가늘게 빼는 거 가지고 아홉 새 베, 여덟 새 베, 다섯 새 베 이렇게 하거든요.

= 그러면 이제 그게 이 다섯 새 베가 제일 나쁜 베고요.

= 이제 여덟 새 베, 아홉 새 베가 제일 고운 거예요.

= 매 여 곱게 잔 것은 이제 아홉 새 베, 아홉 새 베라고.

– *** 잘 빼야.

그 아홉 새 베하고 다섯 새 베, 다섯 새 베가 처음에 한번 할 때 나오는 거예요, 아니면 두 번, 세 번?

– 아니, 계속해서, 계속해서 좋은 실을 뽑아야 되는 거야.

= 계속해서 중심을 맞춰야 돼요.

여러 번 해:서?

= 예, 인재 다 쌔 베라넝 거넌 기냥 인재 부르릉 부르릉 부르릉 하먼 인재 구:깨 나와요.

- 쎄:개 하느라고 그라넝 거여.

= 꼬 부릉 그라고 쎄개 나와따 인제 해 가주구 부릉 구랑깨 나와 굴:거요, 고개.

= 그 아매 그걸루 하만 인재 그기 다쌔 베고요.

= 명이:: 인재 안 조웅 거 이써요.

= 명도 씨 찔루 빼거던뇨.

네, 예.

= 그라먼 인재 그: 명이라넝 거럴 인재 그거럴 씨 찔로 빼먼 젤: 나뿡 기 다쌔 베요.

= 그라고 인 맬: 저 젤:: 조운 게 이써요.

= 보::얀 인재 고: 모캐가 뽀:야캐 피넝 기 이꺼던뇨.

= 그르까먼 고 조웅 거:럴 인재 가리고, 나뿡 거 가리구 시: 찔루 가리지요 거기.

= 그라먼 인재: 일곱쌔 베, 아홉쌔 베 인재 그기 젤: 조웅 거요.

예.

= 닫쌔 베가 그기 인지 명이, 명이 나뿡 걸루 부릉: 부릉 자사 가주구 내.

- ** 끄트머릴 하능 기여.

= 예, 그래 가주 그걸루 인재 나뿡 걸루 인재 그걸 빼머 그기 다쌔 베요.

= 제::일 조웅 거넌 인재.

= 하하하.

그러면 그개:.

= 예.

여러 번 해서?

　= 예, 이제 다섯 새 베라는 것은 그냥 이제 부르릉 부르릉 부르릉 하면 이제 굵게 나와요.

　- 빨리 하느라고 그러는 거야.

　= 고 부르릉 그러고 세게 나왔다 이제 해 가지고 부르릉 그러니까 나와서 굵어요, 그게.

　= 그 아마 그걸로 하면 이제 그게 다섯 새 베고요.

　= 무명이 이제 안 좋은 게 있어요.

　= 무명도 세 질(등급)으로 빼거든요.

네 예.

　= 그러면 이제 그 무명이라는 것을 이제 그것을 세 질(등급)으로 빼면 제일 나쁜 게 다섯 새 베요.

　= 그리고 이제 제일 저 제일 좋은 게 있어요.

　= 뽀얀 이제 그 목화가 뽀얗게 피는 게 있거든요.

　= 그렇게 하면 그 좋은 것을 이제 가리고, 나쁜 거 가리고 세 등급으로 가리지요, 거기.

　= 그러면 이제 일곱 새 베, 아홉 새 베 이제 그게 제일 좋은 거예요.

예.

　= 다섯 새 베가 그게 이제 무명이, 무영이 나쁜 걸로 부릉부릉 자아 가지고 이제.

　- ** *끄트머리를 하는 거야*

　= 예, 그래 가지고 그걸로 이제 나쁜 걸로 이제 그걸 빼면 그게 다섯 새 베요

　= 제일 좋은 것은 이제.

　= 하하하.

그러면 그게.

　= 예.

닫째 베::를 나를 때, 그러잉까 여러 번 뽀바서 다 쌔, 저기 아옵 쌔 베가 대능 거요?

아니면 처::매 뽀불 때 귿?

= 처:매 볼:, 보풀 때부텀 뿔떵, 뿔떵::모캐가 나뽕 기 이써요.

— 그건 모꽈 자채가.

= 모카다래가요:.

— 모꽈 자채가 나뽕 걸루 항거다 이거여.

= 명: 나무애, 명: 나무애.

— 인재 시리, 시리 고깨 암 빠저 나온다 이거요.

= 명 나무애 보::야캐 저 작 조웅: 거 이써요, 명이::.

예.

= 고래 핑 개 하::야캐 요래 예 피자나요.

하:양 거

= 그라먼 조웅 거 따루 하구요.

= 고:다매 또 따루 하구.

= 젤:: 나뽕 거 또: 인재 좀 이써요, 그기.

= 그렁 건, 아슥 그거럴 이르캐 타만 기냥 뿔떡, 그기 인재 그기 뿔떡 인재 저: 베라카지요.54)

= 그걸 짜:먼 그건 안 조아요, 베가.

= 그람 이 그걸루 머:럴 하녀냐면 여자덜 소:곧태입꾸요, 인재 남자더런 바지저고리럴 맨들자나요.

예.

= 바지저고릴 맨들먼 인재 그걸루 두루매기 맨들구, 엔:나랜 그래짜나요

= 조웅 건 인재 아홉 쌔 베, 일곱 쌔 베 이걸루 해 가주고 그걸루 남자덜 두루매기 맨들고 바지저고리, 쬐끼, 이렁 걸루 만들자나요.

= 그래 가주구서루 그래 인재 근:, 그르캐 해서 그걸로 하지.

다섯 새 베를 날 때 그러니까 여러 번 뽑아서 다섯 새, 저기 아홉 새 베가 되는 거예요?

아니면 처음에 뽑을 때 그?

= 처음에 뽑을, 뽑을 때부터 뿔떡, 뿔떡 목화가 나쁜 게 있어요.

- 그건 목화 자체가.

= 목화다래가요.

- 목화 자체가 나쁜 걸로 한 거다 이거야.

= 목화 나무에, 목화 나무에.

- 이제 실이, 실이 곱게 안 빠져 나온다 이거요.

= 목화 나무에 뽀얗게 저 작(은) 좋은 게 있어요, 목화가.

예.

= 그렇게 핀 게 하얗게 요렇게 예 피잖아요.

하얀 거.

= 그러면 좋은 거 따로 하고요.

= 그 다음에 또 따로 하고.

= 제일 나쁜 것 또 이제 좀 있어요, 그게.

= 그런 건, 아이 그것을 이렇게 타면 그냥 뿔떡, 그게 이제 뿔떡, 이제 저 베라고 하지요.

= 그걸 짜면 그건 안 좋아요, 베가.

= 그러면 그걸로 뭐를 하느냐 하면 여자들 속옷 해 입고요, 이제 남자들은 바지저고리를 만들잖아요.

예.

= 바지저고리를 만들면 이제 그걸로 두루마기 만들고 옛날엔 그랬잖아요.

= 좋은 건 이제 아홉 새 베, 일곱 새 베 이걸로 해 가지고 그걸로 남자들 두루마기 만들고 바지저고리, 조끼, 이런 걸 만들잖아요.

= 그래 가지고서 그래 이제 그건 그렇게 해서 그걸로 하지.

아, 그러니까 그게 다섯 째 베, 일, 일곱 째 베, 아옵 째 베 하능 개.

모콰::가?

= 예, 모카애서.

조:웅 건지 안 조웅 건지 거기서부터 결쩡대능 거지요?

= 예, 거기서부텀, 인재 요기넌 인재 젤: 조웅 거, 요긴 두:째, 요긴 세:째요.

= 세째가 젤: 나뿡 거지요.

예.

= 예, 그기 명이 안 조아요, 그거넌.

= 젤:: 조웅 거시 인재 보::야캐 명송오리서부텀 고로캐 잘 피요.

= 인재 고건 따루 해 가주구 제:일 고웅 걸루 그러캐 하지.

− 상중하로 가리넝 거여.

예.

그게 인재 처:매 달리면 꼬치 펴따가 지면 이르캐 똥:그라캐 요로:캐 반들반들 하자나요?

= 예:.

= 다래, 다래가 열:지 아나요?

에: 고골.

씨버 머그먼.

− 그양 고대도 얘기햄짜이 물:랠 돌리 가주 이 시럴 뿜는 대도 기수리 드러가.

예.

= 근대 인재 그기 고::웅 거넌뇨.

− 이 가느라야 되니까 조웅 거넌.

그르치요.

= 고고 아옵 째 베 맨들라먼 이 정:성으루 드리야 돼요.

아, 그러니까 그게 다섯 새 베, 일곱 새 베, 아홉 새 베 하는 게.

목화가?

= 예:, 목화에서.

좋은 것인지 안 좋은 것인지 거기서부터 결정되는 거지요?

= 예, 거기서부터 이제 여기는 이제 제일 좋은 거, 여기는 둘째, 여기는 셋째야.

= 셋째가 제일 나쁜 거지요.

예.

= 예, 그게 무명이 안 좋아요, 그것은.

= 제일 좋은 것이 이제 뽀얗게 목화송이에서부터 그렇게 잘 피어요.

= 이제 그건 따로 해 가지고 제일 고운 걸로 그렇게 하지.

― 상중하로 가리는 거야.

예.

그게 이제 처음에 달리면 꽃이 피었다가 지면 이렇게 동그랗게 요렇게 반들반들 하잖아요?

= 예.

= 목화다래, 목화다래가 열지 않아요?

에, 그걸.

씹어 먹으면.

― 그냥 방금도 애기했듯이 물레를 돌려 가지고 이 실을 뽑는 데도 기술이 들어가.

예.

= 그런데 이제 그게 고운 것은요.

― 이게 가늘어야 되니까 좋은 것은.

그렇지요.

= 그거 아홉 새 베 만들려면 이 정성을 들여야 돼요.

= 시:리, 시:리 인재: 쪼::꼬루 나와야 대거더뇨.

예.

= 예 꼬추럴 살고마::창 지 가주구 인재 요래 살::살 둘르민성 요래 고
시를 뽀바요.

= 그래 가주구 인재 고골루 젤: 조옹 개 아옵 쌔 베요.

= 으음.

= 실이, 실이 이제 쪽 고르게 나와야 되거든요.

예.

= 에 고치를 살짝 쥐어 가지고 이제 이렇게 살살 돌리면서 요렇게 그 실을 뽑아요.

= 그래 가지고 이제 그것으로 제일 좋은 게 아홉 새 베요.

= 으음.

3.5. 누에치기

누애두 처짜나요, 누애?

= 뉘애두 처찌요.

- 여기 누애두 처써찌요.

예저내 그거뚜 해보셔써요?

= 저두 함: 번 해바써요.

= 뽕나무가 업써 가주구, 즈더런, 저녀 해볼라 그래떠니 제 욕씨매 그 거럴 인재 해볼라캐써요.

= 해볼라구 핸는대 뽕이 모지래 가주 모타거뜨라고요.

그거뚜 그 크기애 따라서 이르미 다르자나요, 그거?

- 근대 이 삼베도 어: 그 시:럴 뽀불 때 중요항 기여.

- 시를 가늘개 뽀바야지 이, 이 새깔.

오시 곱찌요?

- 어. 메 쌔 메 쌔 하능 기 나오능 거여.

= 맹 조:코 그거또 명하고 또까타요.

- **새니 머냐하먼 아주 잘: 항 기여.

- **오고 머 시건 또까틍 거여.

예:.

= 삼때가 꼬:꼬타고 가쟁이 안 불고.

= 쪼:꼳탕 거넌 그건 그 고운 삼베루 나가요.

- *** 또까꼬.

= 고롱 거넌.

- 뉘꼬치럴 느코 쌀무, 쌀무민성 시:럴 뽑는담 마리여.

예:.

누에도 쳤잖아요, 누에?

= 누에도 쳤지요.

− 여기 누에도 쳤었지요.

예전에 그것도 해보셨어요?

= 저도 한 번 해봤어요.

= 뽕나무가 없어 가지고, 저희들은, 저는 해보려고 그랬더니, 제 욕심
에 그것을 이제 해보려고 했어요.

= 해보려고 했는데 뽕이 모자라 가지고 못 하겠더라고요.

그것도 그 크기에 따라서 이름이 다르잖아요, 그것?

− 그런데 이 삼베도 에 그 실을 뽑을 때 중요한 거야.

− 실을 가늘게 뽑아야지 이, 이 색깔.

옷이 곱지요?

− 어. 몇 새 몇 새 하는 게 나오는 거야.

= 좋고 그것도 명하고 똑같아요.

− **새니 뭐냐 하면 아주 잘 한 거야.

− **오고 뭐 식은 똑같은 거야.

예.

= 삼대가 꼿꼿하고 가지가 안 벌고.

= 꼿꼿한 거는 그건 고운 삼베로 나가요.

− **** 똑같고

= 그런 것은.

− 누에고치를 넣고 삶으, 삶으면서 실을 뽑는다 말이야.

예.

- 고때가 중요항 거여.

= 이 우리 형니먼 머 오래 해서 머 다 드 잘 알지머.

= 노래 머 베틀노래두 이떵고만 워냥 난 아 안 해바서 모태, 베틀노랜.

누구한태 가서, 나중애 가면 누구한태 무러바야 대요?

어디루 가요?

= 인재 지배 게:실란지 안 게실른지 그거를 몰르지요.

아니, 머 나중애 끈나구 그냥 놀기사마 가따가.

- 그쌔, 그 저냐.

= 거시기 가면뇨, 궁촐리 거기:: 그개.

- 저나버노를 알키⁵⁵⁾ 조.

예, 나중애.

= 아니, 그라고 거 경노당애 가면.

예.

= 그:: 우리 형님 또래드리 마:나요.

예:.

= 거: 우리 형님, 또 우리가 형니미 업써두 그 경노당애 가만 아시넌 분더리 이쓸꺼요.

할머니 함짜는 어트개 되는대요?

- 어:, 김○○요, 김○○.

음.

= 아들, 딸 다: 나가구 혼자 살자나, 지금.

예:.

= 근대 마:냐개 아들래 지배나 딸래 지배나 가면 인재 우꼬 고 우리 형님두 경노당애 거가 사라요, 노다지.

예.

- 아니지요, 마:냐개 혼차 차자가개 대면 저나버놀 알면 전화를 열라카

- 그때가 중요한 거야.

= 이 우리 형님은 뭐 오래 해서 뭐 다 더 잘 알지요.

= 노래 뭐 베틀노래도 있더구먼 워낙 난 안, 안 해봐서 못 해, 베틀노래는.

누구한테 가서, 나중에 가면 누구한테 물어봐야 돼요?

어디로 가요?

= 이제 집에 계실는지 안 계실는지 그것을 모르지요.

아니, 뭐 나중에 끝나고 그냥 놀기 삼아 갔다가.

- 글쎄, 그 전화.

= 거기 가면요, 궁촌리 거기 그게.

- 전화번호를 가르쳐 줘.

예, 나중에.

= 아니, 그리고 거기 경로당에 가면.

예.

= 그 우리 형님 또래들이 많아요.

예.

= 거기 우리 형님, 또 우리가 형님이 없어도 그 경로당에 가면 아시는
분들이 있을 거요.

할머니 함자는 어떻게 되는데요?

- 에 김○○요, 김○○.

음.

= 아들, 딸 다 나가고 혼자 살잖아, 지금.

예.

= 그런데 만약에 아들네 집에나 딸네 집에나 가면 이제 없고 그 우리
형님도 경로당에 거기에 가서 살아요, 항상.

예.

- 아니지요, 만약에 혼자 찾아 가게 되면 전화번호를 알면 그 전화를

고 가먼 된다고.

　예예.

　– 낭중애 머 하다두 대지머.

　예.

　파뤌 딸쯔미나 언재 함 번 제가.

　= 마냐개 인재 우리 지배 오시먼 요기서 저나 해보고 가시두 대고.

　예.

　= 인재 우리가 우:꾸 마냐개 거기 가시먼 인재: 그 경노당애 우리 형
님보다 나이가 더 마:는 양반두 이꼬 또 자:근 양반두 이꾸 머 우리 형님
또래더리 또 마:나요,

　= 그리 그기 경노당애 가만 어느 부니던지 인재 아:시넌 부니 이쓸 꺼
요, 우리 헝니미 마냐개 읍떠래도.

　예.

　예저낸 누애 처 가주구:: 그거뚜 오깜 짜자나요?

　= 우리 형님 그거 마:니 해써요.

　= 명주.

　– 젤: 츠넝 거지.

　그 명주?

　= 예, 명주.

　= 명주가 공단 아니요, 고기?

　– 비다니라 카능 건.

　비단, 예.

　= 예:.

　비다니라고두 하구 공다니라구두 하구.

　– 공다니라구두 하고.

　= 예, 근대.

연락하고 가면 된다고.

　예예.

　- 나중에 뭐 해도 되지 뭐.

　예.

　팔월 달쯤이나 언제 한 번 제가.

　= 만약에 이제 우리 집에 오시면 여기서 전화 해보고 가셔도 되고.

　예.

　= 이제 우리가 없고 만약에 거기 가시면 이제 그 경로당에 우리 형님보다 나이가 더 많은 양반도 있고 또 작은 양반도 있고 뭐 우리 형님 또래들이 또 많아요.

　= 그래서 거기 경로당에 가면 어느 분이든지 이제 아시는 분이 있을 거예요, 우리 형님이 만약에 없더라도.

　예.

　예전에는 누에 쳐 가지고 그것도 옷감 짜잖아요?

　= 우리 형님 그거 많이 했어요.

　= 명주.

　- 제일 치는 것이지.

　그 명주?

　= 예, 명주.

　= 명주가 공단 아니에요, 그게?

　- 비단이라고 하는 것은.

　비단, 예.

　= 예.

　비단이라고도 하고 공단이라고도 하고.

　- 공단이라고도 하고.

　= 예, 그런데.

음, 근대 그거 할라먼 인재 뉘, 누애 키우자나요?

씨, 씨 씨라 그래지요?

그 똥고랑 거?

= 씨 읍써요.

= 건: 뫼 뉘럴 크먼.

- 오디, 오디라56) 그라지요, 오디.

아니, 아니, 그거 말:구 뉘애.

뉘애 키울 때?

- 누애 키울 때 나방?

= 뉘애.

맨:처매 째끄망 거애서?

- 아, 그쌔 나방이 ***.

= 날, 예, 나방이 돼 가주구.

= 뇌.

= 눼:가 하:니 차마뇨, 지불 지차나요.

예.

= 지불 지먼 그개 인재 눼오꼬치라카자나요.

= 눼:꼬치애서 나방이 나와요.

= 나방이 나와 가주 그기 뉘가 인재 아를 깔리드라고요, 인지 조마::이 좁쌀거치.

- 거서 뉘애가 나오넝 거.

= 좁쌀처럼.

예.

= 고고럴 인재 요런 종일 요만:하개 까라 노먼 고기 나방이 고기다 아 럴 깔리대요.

= 개서 고기 그걸루 인재 나와요, 벌거지가 아주 빠::나개.

음, 그런데 그거 하려면 이제 누에, 누에 키우잖아요?

씨, 씨 씨라 그러지요?

그 동그랑 거?

= 씨 없어요.

= 그건 누에가 크면.

— 오디 오디라 그러지요, 오디.

아니, 아니 그거 말고 누에.

누에 키울 때?

— 누에 키울 때 나방?

= 누에.

맨 처음에 조그만 거에서?

— 아, 글쎄 나방이 ***

= 날, 예, 나방이 돼 가지고.

= 누에.

= 누에가 (기)한이 차면요, 집을 짓잖아요.

예.

= 집을 지으면 그게 이제 누에고치라고 하잖아요.

= 누에고치에서 나방이 나와요.

= 나방이 나와 가지고 그게 이제 누에의 알을 깔리더라고요, 이제 조그만하게 좁쌀같이.

— 거기서 누에가 나오는 거.

= 좁쌀처럼.

예.

= 고거를 이제 요런 종이를 요만하게 깔아 놓으면 거기 나방이 거기에다 알을 깔리데요.

= 그래서 고기 그것으로 이제 나와요, 벌레가 아주 조그만 하게.

= 그럼 인재 그 뽕얼 종::쫑 쓰러 가주 쌔끼 쩌갠 아주 종::쫑 쓰러 주
더라고요.

= 그래 가주 줌 크구 크구 하면, 자꾸 인재 기냥 다: 그개 막 올라갈
정도대, 다: 크먼 막 기냥 가쟁이채 막 기냥 꺼꺼다가 막 우애다 언저주더
라고요.

= 아, 그렁 거넌 바써요.

— 그기 엔나랜 누애도 마이 치, 길르구 그랜는대, 지금 아내.

예.

— 한 집뚜 아내.

그거 쩌기 클 때마다 이르미 달릉가요?

그거 저기 밥 암 머꾸 하루 자구 막 그르자나요?

= 예.

— 그 네, 슥:짬 자먼 올라가넝가?

= 이럼?

= 세 잠 자먼 올라가넌대.

— 그리니까.

= 즈기:, 마 인재 처짬, 두짬, 세짬이더 그르캐 올러, 그라드라고요.

— 잠 자는 대 뽕얼 암 머거.

예.

— 고갤 치들고.

= 어, 잘 때는 암 머거.

= 츠:매 잘 때두 안:대구 두 번째 자고 세 번째 자먼 그 인재 꼬추럴
만든다카드라고요.

그 그거뚜 인재 크먼 뽕 먹짜나요?

그럼 쭐거리두 생기구 똥두 생기자나요?

그럼 이르키 또 옴겨서 딴 대다가 ***?

= 그러면 이제 그 뽕을 쫑쫑 썰어 가지고 새끼 적엔 아주 쫑쫑 썰어 주더라고요.

　= 그래 가지고 좀 크고, 크고 하면 자꾸 이제 그냥 다 그게 막 올라갈 정도 돼, 다 크면 막 그냥 가지째 막 그냥 꺾어다가 막 위에다 얹어 주더라고요.

　= 아, 그런 거는 봤어요.

　- 그게 옛날에는 누에도 많이 치(고), 기르고 그랬는데 지금(은) 안 해.

예.

　- 한 집도 안 해.

그거 저기 클 때마다 이름이 다른가요?

그거 저기 밥 안 먹고 하루 자고 막 그러잖아요?

　= 예.

　- 그 네, 석 잠 자면 올라가는가?

　= 이름?

　= 세 잠 자면 올라가는데.

　- 그러니까.

　= 저기, 마 이제 첫 잠, 두 잠, 세 잠이다 그렇게 올라, 그러더라고요.

　- 잠 잘 때는 뽕을 안 먹어.

예.

　- 고개를 쳐들고.

　= 어, 잘 때는 안 먹어.

　= 처음에 잘 때도 안 먹고 두 번째 자고 세 번째 자면 그 이제 고치를 만든다고 하더라고요.

그 그것도 이제 크면 뽕 먹잖아요?

그러면 줄거리도 생기고 똥도 생기잖아요?

그러면 이렇게 또 옮겨서 다른데다가 ***?

= 예예, 그러카더라고요.

= 눼럴 막 가따가 이르캐 해 노터라고요.

그거 머 하능 거라 그래요, 그거는?

- 그:.

= 잠바개, 잠박.

- 뉘에 기르는 잠박, 잠바개서 잠바걸 가르능 거지.

= 눼:, 눼: 잠박.

예.

= 눼 이르캐 잠바기라 그라대.

= 그 잠바개다가 해서 칭대루 해 노쿠 거따가 막 뽕얼 주더라고요.

그러구 나서 나중애 인재 이개 다: 크면 좀 누루수룸:해지자나요?

= 예.

집 지끼 저내 그거.

= 그르먼 인재 거기다가 서비라고 해요.

= 서비라구 올리 주지요, 섭.

멀:루 해요, 섭?

= 서벌 인재 저: 속, 속깍 까쟁이나57) 머 좀 이른 그렁 걸루 하는대.

- 옌나랜 ****.

= 지그먼 새루 나옹 거.

- 기개루 대 이찌요, 기개루, 기개루 짱 거.

= 저기 저걸루 하대요.

= 지그먼 푸라스트, 프라시티루 구멍 빠끔빠끄마개 막 이래 해 가주구 그걸루 이르캐 죽: 이르캐 해 놔때요, 거 보니깨.

= 근대 지그, 옌:나래넌 속깝 까쟁이 기냥 가쟁이 젤: 마니 버렁 거 그렁 거뚜 해 노쿠, 지부루두 여꼬 머 그래 해찌마넌.

음.

= 예 그렇게 하더라고요.

= 누에를 막 갖다가 이렇게 해 놓더라고요.

그거 뭐 하는 거라고 그래요, 그거는?

- 그.

= 잠박에, 잠박.

- 누에 기르는 잠박 잠박에서 잠박을 가르는 거지.

= 누에, 누에 잠박.

예.

= 누에 이렇게 잠박이라고 그러대.

= 그 잠박에다가 해서 층대로 해 놓고 거기에다가 막 뽕을 주더라고요.

그러고 나서 나중에 이제 이게 다 크면 누름해지잖아요?

= 예.

집짓기 전에 그거.

= 그러면 이제 거기다가 섶이라고 해요.

= 섶이라고 올려 주지요, 섶.

뭘로 해요, 섶?

= 섶을 이제 저 솔 청솔가지나 뭐, 좀 이런 그런 걸로 하는데.

- 옛날엔 **

= 지금은 새로 나온 거.

- 기계로 돼 있지요, 기계로, 기계로 짠 것.

= 저기 저걸로 하데요.

= 지금은 플라스틱, 플라스틱으로 구멍 빠끔빠끔하게 막 이렇게 해 가지고 그걸로 이렇게 죽 이렇게 해 놨대요, 그거 보니까.

= 그런데 지금, 옛날에는 청솔가지 그냥 가지 제일 많이 번 거 그런 것도 해 놓고 짚으로도 엮고 뭐 그렇게 했지만.

음.

= 옌:나래그치 아나대요, 지그먼.

= 프라시티루 나오고.

그러캐 해서 저 하:야캐 지자나요?

그걸 머라 그래요?

— 니:꼬치라 그러지, 니에꼬치.

= 니꼬치지요.

그거 두 개가 드러강 거뚜 이찌요?

두 마리가?

= 예, 쌍둥이.

— 두 마리 드러강 거뚜 이찌요.

= 예.

그건 머라 그래요?

= 쌍둥, 그거 인재 쌍둥꼬치라카지요 머 그거뚜.

음, 저 그 아내 이르캐 짤라 보면 요마낭 거 꿈틀?

= 번데기.

— 그르치, 번디기.

= 번데기가 두 개 드러찌요.

예:, 고거 쩌:기 머야, 간 해 가주구 살마서 머그먼 마시짜나요?

— 마시찌요:.

= 에헤헤.

= 속, 소금 느쿠 뽀까 가주구.

— 그건 그게 실: 뽀불 때, 실: 뽀불 때 바루 건지내 논능 기 젤: 마시써.

예.

— 그래 퉁퉁항개 드러 가주.

— 퉁퉁하고, 아내, 아내 ****.

= 그거뚜 소설 요래: 거러노차나요?

= 옛날같이 안 하대요, 지금은.

= 플라스틱으로 나오고.

그렇게 해서 저 하얗게 짓잖아요?

그걸 뭐라 그래요?

- 누에고치라 그러지, 누에고치.

= 누에고치지요.

그거 두 개가 들어간 것도 있지요?

두 마리가?

= 예, 쌍둥이.

- 두 마리 들어간 것도 있지요.

= 예.

그건 뭐라 그래요?

= 쌍둥, 그거 이제 쌍고치라고 하지요, 뭐 그것도.

음, 저 그 안에 이렇게 잘라 보면 요만한 거 꿈틀?

= 번데기.

- 그렇지, 번데기.

= 번데기가 두 개 들었지요.

예. 그거 저기, 뭐야, 간 해 가지고 삶아서 먹으면 맛있잖아요?

- 맛있지요.

= 에헤헤.

= 소(금), 소금 넣고 볶아 가지고.

- 그건 그게 실 뽑을 때, 실 뽑을 때 바로 건져내 놓는 게 제일 맛있어.

예.

- 그래 퉁퉁한 게 들어 가지고.

- 퉁퉁하고, 안에, 안에 ***.

= 그것도 솥을 요렇게 걸어놓잖아요?

– 아리 인재 그 참.

= 그리두 물 느, 그 소설 거러노쿠 거기다가 무리 끄르먼 그 네오꼬치를 거기다 느 가주구 그거 저기 그: 머여?

= 그때는: 음:, 지그먼 와리바시라고[58] 하지.

= 그 이짜나요?

= 엔:나랜 그기 업써 가주구.

= 그거 이짜나요, 저기 그거 쑤수파떠캐멍넝 거 그거.

= 그거 인재 재:, 비짜리 매넝 거 그거 쭘 그 콩 거 그거럴, 그걸루 인재 쪼꿈 굴긍 걸루 가따가 그걸루 자:꾸 인지 이르키 둘루먼 이 고추가 막 시:리 마이 따라나오먼 요 고출 자:꾸 이르캐 그걸루 막 일루 저꾸 일루 저꾸 막 이라드라고요, 가모미서.

= 요마:난 소슬 하나 거러 노코.

아:, 그거.

= 나도 하넝 건 바써요.

그개, 그르캐 손-태다가 그 삼능 거지요, 그거?

= 예:, 소설 거러 노코 요 부럴 때서 쌀마요.

= 그람 무리 끄러, 끌차나요?

= 끄러먼 인재 물래루 인재 이르캐 돌리먼 시:리 한태 엉키 가주구 여기서 막 쌂는대서 엉키서 나와요.

= 그람 인재 이기 자:꾸 이거럴 이르캐 돌리민성 막, 이걸 그냥 나두먼 막 두루루해서 막 이 시:리 엄첨 구:깨 나오거더녀.

= 그랑깨 자:꾸 그걸루 쑤꾸, 쑤꾸때기[59] 그 쑤꾸때기자나요?

예.

= 걸로 자꾸 그 저버무루 그걸 막 이르캐 자꾸 제끼더라고요, 소태다 노코 막 그건 둘루민서 자:꾸 이래, 이래 이래 제끼더라고요.

= 그람 이기 한태 막 엉기 가주구 이걸 빨리 아나먼 시:리 구:깨 뽀피

- 알이 이제 그 참.

= 그래도 물을 넣(고), 그 솥을 걸어 놓고 거기다가 물이 끓으면 그 누에고치를 거기다 넣어 가지고 그거 저기 그게 뭐야?

= 그때는 음, 지금은 나무젓가락이라고 하지.

= 그 있잖아요?

= 옛날에 그게 없어 가지고.

= 그거 있잖아요, 저기 그거 수수팥떡 해 먹는 거 그거.

= 그거 이제 제, 빗자루 매는 거 그것 좀 큰 거 그것을, 그것으로 이제 조금 굵은 것을 가져다가 그걸로 자꾸 이제 이렇게 돌리면 이 고치가 막 실이 많이 따라 나오면 이 고치를 자꾸 이렇게 그걸로 막 이리 젓고 이리로 젓고 막 이러더라고요, 감으면서.

= 요만한 솥을 하나 걸어 놓고.

아, 그거.

= 나도 하는 건 봤어요.

그게 그렇게 솥에다가 그 삶는 거지요, 그거?

= 예, 솥을 걸어 놓고 요기에 불을 때서 삶아요.

= 그러면 물이 끓어, 끓잖아요?

= 끓으면 이제 물레로 이제 이렇게 돌리면 실이 한데 엉겨 가지고 여기서 막 삶는 데서 엉겨서 나와요.

= 그러면 이제 이게 자꾸 이것을 이렇게 돌리면서 막, 이걸 그냥 놔두면 막 두루루해서 막 이 실이 엄청 굵게 나오거든요.

= 그러니까 자꾸 그걸로, 수수 수숫대, 그 수숫대잖아요?

예.

= 그걸로 자꾸 젓가락으로 그걸 막 이렇게 자꾸 젓더라고요, 솥에다 넣고 막 그건 돌리면서 자꾸 이렇게, 이렇게, 이렇게 젖히더라고요.

= 그러면 이게 한데 막 엉겨 가지고 이걸 빨리 안 하면 실이 굵게 뽑히

드라고요.

예: .

= 거 하능 건 바써요.

음.

= 에, 나도 함 번: 함 번 해보고 안 해바써요.

- 그개 실 뽐능 개 기수리라고.

그거 그르닝까 무래다가 사, 쌀마 가주구 해야지.

= 뽕나무가 업써 가주구.

그기 시리 뽀피능가 보내요?

- 아, 그리치.

= 예, 예, 소설 요래 요마:낭 냄비럴, 냄비 하나 거러나요.

= 쫑 쿵 거 요마:낭 거.

예: , 저는 그 시:를 어트개 뽐는지: 그냥 이르캐 다 지불 지어노먼 하야차나요?

= 예.

그거 실 뽀부먼 잘 암 뽀피등 거 가튼대: 그 어트개 뽐나 그래뜨니 아, 그개 무래다가 쌀머 가주구 이르캐.

= 예.

= 물래:, 물래 아시자나?

예, 예.

= 인재 물래 그거 인재 거뚜 명 잔는 물래 그걸루 이르캐 해 가주구.

- 그 뉘애가 마리여.

= 거 시:럴료.

- 똥꾸녀개서 이거 시:럴 뽀바서 이래 맹그러 농 거란 마리여 그기.

예.

- 니꼬치가.

예예.

더라고요.

　예.

　= 그 하는 건 봤어요.

　음.

　= 에, 나도 한 번 한 번 해보고 안 해봤어요.

　－ 그게 실 뽑는 게 기술이라고.

그거 그러니까 물에다가 삶(아), 삶아가지고 해야지.

　= 뽕나무가 없어 가지고.

그게 실이 뽑히는가 보네요?

　－ 아, 그렇지.

　= 예, 예 솥을 요렇게 요만한 냄비를 냄비 하나 걸어 놔요.

　= 좀 큰 거 요만한 거.

예, 저는 그 실을 어떻게 뽑는지 그냥 이게 다 집을 지어 놓으면 하얗잖아요?

　= 예.

그게 실 뽑으면 잘 안 뽑혔던 거 같던데 그 어떻게 뽑나 그랬더니 아, 그게
물에다가 삶아가지고 이렇게.

　= 예.

　= 물레, 물레 아시잖아?

예 예.

　= 이제 물레 그거 이제 그것도 무명 잣는 물레 그것으로 이렇게 해 가지고

　= 그 누에가 말이야

　= 그 실을요.

　－ 똥구멍에서 이거 실을 뽑아서 이렇게 만들어 놓은 거란 말이야 그게.

예.

　－ 누에고치가.

예예.

- 그리차너?

= 인재 물래애서.

- 근데 그개 고대로: 쌀무먼, 고대로 고 하나.

꺼꿀로 하능 거지요?

- 아, 꺼꿀로 그걸 다시 뽀바내넝 거요.

뽀바 내는.

얘가, 얘가 가머농 걸 다 푸능 거지요?

- 고걸 푸넝 거여.

= 근대 이르캐 물래애다가 이만:창 가마지자나요.

= 이개 자꾸 이러카먼 고걸 또 인저 시 저:, 네 군대루 짬매 놔야 대요, 고고럴.

그르치요, 나중애 암 뭉치지요.

= 예예.

- 고래 맹그러⁶⁰⁾ 농 걸 다시 뽀바 내넝 거여.

= 고 고래 해가(주), 그래 가주 그걸 또 이르캐 꾸리럴 감짜나요.

= 꾸리럴 가마 가주 그거뚜 열 깨를 해 노코 거기다가 또 그 베 나능 거하고 또:까치 고로캐 해 가주구 그래서 그거럴 짜 가주구 그래.

그러캐 해 가주구 이르캐 시, 시:를 이러캐 푸러내능 걸 머 한다 그래요, 그걸?

= 그거요?

예.

= 그거넌 머 저기: 뇌꼬치.

- 멍, 명주실 뽐는다 구라지 머.

= 예, 뇌꼬치 실 뽐는다 고라지요.

- 명주실 뽐는다 구라지요.

예:.

= 명주시:리지 내내 그개.

- 그렇잖아?

= 이제 물레에서.

- 그런데 그게 그대로 삶으면 그대로 그 하나.

거꾸로 하는 거지요?

- 아, 거꾸로 그걸 다시 뽑아내는 거요.

뽑아내는.

얘가, 얘가 감아 놓은 걸 다 푸는 거지요?

- 그걸 푸는 거야.

= 그런데 이렇게 물레에다가 이만큼 감아지잖아요.

= 이게 자꾸 이렇게 하면 그걸 또 이제 저 네 군데로 동여매 놔야 돼요, 그것을.

그렇지요, 나중에 안 뭉치지요.

= 예예.

- 고렇게 만들어 놓은 걸 다시 뽑아내는 거야.

= 그래 해서 그래 가지고 그걸 또 이렇게 꾸리를 감잖아요.

= 꾸리를 감아 가지고 그것도 열 개를 해 놓고 거기다가 또 그 베 나는 거하고 똑같이 그렇게 해 가지고 그래서 그거를 짜 가지고 그래.

그렇게 해 가지고 이렇게 실, 실을 풀어내는 걸 뭐 한다 그래요, 그걸?

= 그거요?

예.

= 그거는 뭐 저기 누에고치.

- 명, 명주실 뽑는다 그러지 뭐.

= 예, 누에고치 실 뽑는다 그러지요.

- 명주실 뽑는다 그러지요.

예.

= 명주실이지 내내 그게.

그르캐 해서 뽀분 다으매 그걸 가주구 인재 또 아까가치 쭝:: 나라서.

─ 과정은 베 맹그능 거랑 또까튼 방버부로.

또 인재 또까튼 방버부로 하능 거지요?

= 예, 예.

= 예, 베하고 삼베하고 또:까타요.

─ 또까튼 방버부로.

= 하는 방버번.

─ 또까튼 방버부로 하능 거.

예.

─ 옌:나래.

= 그거뚜 삼두 그쌔 이마:난 물래라고 큰: 물래라구 해 노코 거 개새 참 새럴 해 노코 그거뚜 그래 짜, 해 가주구넌 그거뚜 꾸리루 감짜나요, 점부 다.

= 그래 가마 가주구서 그거뚜 나라 가주 그거 또까타요.

= 베:나 삼베나 명주나 하닝 거넌 또까타요.

= 좀 인재 베 이러미 틀리서 그르치.

그거뚜 가튼 베틀루 짜나요?

= 예.

─ 그르치요.

그러면 그거넌 저기 바디가 다르지요, 그거는?

= 암, 안 달라요.

바디두 가타요?

= 예.

─ 바디는 가찌.

─ 그른대 인재 요기 글쌔 세미라개 더 마, 아주 자자:하개 대이찌, 그 바두가.

= 아홉째 베: 짜, 저 짜넝 거 하고 삼베도 곱:깨 짜넝 거 하고 이써요, 바디가요, 바디 시기.

그렇게 해서 뽑은 다음에 그걸 가지고 이제 또 아까같이 죽 날아서.

− 과정은 베 만드는 거랑 똑같은 방법으로.

또 이제 똑같은 방법으로 하는 거지요?

= 예.

= 예, 베하고 삼베하고 똑같아요.

− 똑같은 방법으로.

= 하는 방법은.

− 똑같은 방법으로 하는 거.

예.

− 옛날에.

= 그것도 삼도 글쎄 이만한 물레라고 큰 물레라고 해 놓고 그 개새 참새를 해 놓고 그것도 그렇게 해 가지고는 그것도 꾸리로 감잖아요, 전부 다.

= 그렇게 감아 가지고서 그것도 날아 가지고 그거 똑같아요.

= 베나 삼베나 명주나 하는 것은 똑같아요.

= 좀 이제 베 이름이 달라서 그렇지.

그것도 같은 베틀로 짜나요?

= 예.

− 그렇지요.

그러면 그것은 저기 바디가 다르지요, 그것은?

= 안, 안 달라요.

바디도 같아요?

= 예.

− 바디는 같지.

− 그런데 이제 요기 글쎄 세밀하게 더 아주 자세하게 돼 있지, 그 바디가.

= 아홉 새 베 짜, 저 짜는 거 하고, 삼베도 곱게 짜는 거 하고 있어요, 바디가요, 바디 식이.

= 끼능 거넌 그기 저 바디구요.

= 인재 바디애 다: 낑: 거 거기다가 인재 이르캐 생기쓰면 인재 고 실:, 실: 낑 거럴 이르캐 꼬바요, 아래 우애.

= 그라고 꼬삐, 여 꼬쟁이가 이짜나요.

= 한짜개는 이르캐 매키구 한짜개는 하나만 빼면 이르캐 들리자나요.

= 고기다 요르캐 해 노코 머 이르캐 마차 가주구서 꼬쟁이 꼬바 노쿠, 그라먼 인재 이기 그기 안: 나가자나요, 빠지나가다, 그거 고건 바디지비라 구래요.

= 그래서 인재 고고 바디지번 인재 부기 드르가따가 나오먼 그 이르캐 탁 때리먼 고 짜:지자나요.

= 또:까타요, 바디, 저: 명주나 머나.

= 근대 그 바디지비라카능 기, 저 바디라카능 기, 저: 명주 짜는 바딘 참: 고아요, 아주.

= 구먹또 자자::라고, 그뚜 고꼬.

= 또 그거뚜 뽈떡:.

– 그건 실, 어, 보롬 쌔 바지니 머 이라능 기여.

= 어, 고기 보롬.

보롬 쌔 바지요?

= 예.

– 아주 아주 가능 거 보롬 쌔.

= 어허허허.

고 쫌 굴궁 거는뇨?

– 인재 굴궁 거넌 머 한 열한 새나 열 머 십쌈 새니 머 이라고 이라는 거지.

= 닫쌔 베, 열쌔 베 그리치:.

– 아이 쩌 그건 명주고, 명주럴 마라능 기지 명주.

= 닫쌔가 젤: 라(증), 나증 거고.

= 꿰는 것은 그게 저 바디고요.

= 이제 바디에 다 꿴 것 거기다가 이제 이렇게 생겼으면 이제 그 실, 실 꿴 것을 이렇게 꽂아요, 아래 위에.

= 그리고 ** 여기 꼬챙이가 있잖아요.

= 한쪽에는 이렇게 막히고 한쪽에는 하나만 빼면 이렇게 들리잖아요.

= 거기다 이렇게 해 놓고 뭐 이렇게 맞춰 가지고 꼬챙이 꽂아 놓고, 그러면 이제 이게 그게 안 나가잖아요, 빠져나가다, 그거 고건 바디집이라고 해요.

= 그래서 이제 고고 바디집은 이제 북이 들어갔다가 나오면 그 이렇게 탁 때리면 그게 짜지잖아요.

= 똑같아요, 바디, 저 명주나 뭐나.

= 그런데 그 바디집이라고 하는 게 저 바디라고 하는 게 저 명주 짜는 바디는 참 고와요, 아주.

= 구멍도 자잘하고 그것도 곱고.

= 또 그것도 뿔떡.

– 그건 실, 어, 보름 새 바지니 뭐 이러는 거야.

= 어, 고게 보름.

보름 새 바지요?

= 예.

– 아주 아주 가는 것은 보름 새.

= 어허허허.

그 좀 굵은 거는요?

– 이제 굵은 거는 뭐 한 열한 새나 열 뭐 십삼 새니 뭐 이러는 거지.

= 닷새 베, 엿새 베 그렇지.

– 아이 저 그건 명주고, 명주를 말하는 거지 명주.

= 닷새가 제일 낮은, 낮은 것이고.

아: .

- 명주넌 인재 그르캐 간다 이기여.

아, 보롬 쌔 그러먼 열따서 쌔라는 뜨시내요?

여란 새, 열 쌔.

- 이 무명, 이르캐 모콰로 맹그넝 거는 아홉 쌔 열 쌔까지도 안 간다고 열 쌔까지 몸 뭉는다고, 아홉 쌔, 아홉 쌔가 젤: 에.

예, 아까 아홉 쌔.

= 아니여, 아홉 쌔가 최고 조웅 건.

이거는 보롬 쌔가.

- 트기항 기고.

- 인재 명주넌 보롬 쌔, 보롬 쌔 너머가능 거뚜 이따카지, 아매.

= 보롬 쌔가 젤: 조웅 기여.

- 보롬 쌔가 최공 거 아니여?

- 그래, 보롬 쌔까진 치드라고.

예:, 아이고, 오늘 그 그동안 잘 모뜨러뜽 거 마니 드런내요.

= 아하하하.

- 우리도 아:능 거.

자세하개를 잘 몯 말씀 잘 모타시드라구 이저버려따구.

- 아는 대까지만 얘기하능 기여.

근대 총기가 조으시니까: 그걸 자세하개 말씀해 주시내요.

= 근대 저두 그걸 해바끼 때매 알지 아내바씀 저두 몰라요.

- 그저내 하:도 그저낸 이름까지두 자:세하개 아라썬는대 여 나이 먹꼬 이라니깨 그기 자꾸 이럼 거텅 건 이럼 거틍 건 이저버리진다고.

안: 쓰자나요?

- 어?

안 써.

아.

— 명주는 이제 그렇게 간다 이거야.

아, 보름 새 그러면 열다섯 새라는 뜻이네요?

열한 새 열 새.

— 이 무명, 이렇게 목화로 만드는 것은 아홉 새 열 새까지도 안 간다고 열 새까지 못 묶는다고, 아홉 새, 아홉 새가 제일.

예, 아까 아홉 새.

= 아니야, 아홉 새가 최고 좋은 건.

이거는 보름 새.

— 특이한 것이고.

— 이제 명주는 보름 새, 보름 새 넘어 가는 것도 있다고 하지, 아마.

= 보름 새가 제일 좋은 거야.

— 보름 새가 최고인 거 아냐?

— 그래, 보름 새까지는 치더라고.

예, 아이고, 오늘 그 그동안 잘 못 들었던 것 많이 들었네요.

= 아하하.

— 우리도 아는 거.

자세하게 잘 못 말씀 잘 안 못 하시더라고 잊어버렸다고.

— 아는 데까지만 얘기하는 거야.

근데 총기가 좋으시니까 그걸 자세하게 말씀해 주시네요.

= 그런데 저도 그걸 해봤기 때문에 알지 안 해 봤으면 저도 몰라요.

— 그전에 하도 그전에는 이름까지도 자세하게 알았는데 나이 먹고 이러니까 그 자꾸 이름 같은 거 이럼 같은 건 잊어버린다고.

안 쓰잖아요?

— 어?

안 써.

- 안 쓰니깨:.

예.

- 안: 쓰니깨 자꾸 이저버리저 가주구 깅가[61] 밍가두[62] 시꾸 이르트라구.

예:.

- 생가캐 보먼.

= 아이고, 우리 선생니미 이개 오시 가주구 이르캐 수고두 하시구.

아유, 얘기를 해 주시니까 그르치요.

= 아하하하.

- 안 쓰니까.

예.

- 안 쓰니까 자꾸 잊어버려 가지고 긴가 민가도 싶고 이렇더라고.

예.

- 생각해 보면.

= 아이고, 우리 선생님이 이렇게 오셔 가지고 이렇게 수고도 하시고.

아유, 얘기를 해 주시니까 그렇지요.

= 아하하하.

3.6. 옷 만들기

= 게 그걸루 인재 두루마기, 바지저고리 머 인재 남자덜 해 주구.

= 인재 그 두 번째두 인재 또 바지저고리, 두루매기 그렁 거 만드는 사람두 이꾸.

= 젤: 나뻥 거넌 여자들 소:곤.

= 으ㅎㅎㅎ.

= 여자덜 소:곰 만드러 입짜나요, 옌:나래넌.

= 지그먼 팬트라카자나요?

= 옌:내랜 그걸루 팬트 맨들구.

= 고, 고쟁이라구 이써요, 여꺼지 지다낭 거, 그렁 거.

여 미태까지 내려오능 거지요?

= 예:, *** 고쟁이.

= 이 그두 그 여자 오시 세 가지요.

= 여자 오뚜, 여자더런 세 가진.

= 남자넌 팬트하구 바지저고리 이부먼 되는대, 여자, 아주, ** 예:저내 넌 게 두: 가지, 세 가지럴 이버요, 여자는뇨.

세 가지요?

= 예, 네: 가지꺼지 입찌요.

어떠캐서?

= 예.

그 이르미 다: 다를 꺼 아니요?

= 예:.

그럼?

= 팬트, 팬트:: 이꾸서 인재 이 또 고쟁이라구 이써요, 그거, 그거 이꾸.

= 그래 그걸로 이제 두루마기, 바지저고리 뭐 이제 남자들 해 주고.

= 이제 그 두 번째도 이제 또 바지저고리, 두루마기 그런 거 만드는 사람도 있고.

= 제일 나쁜 것은 여자들 속옷.

= 으흐흐흐.

= 여자들 속옷 만들어 입잖아요, 옛날에는?

= 지금은 팬티라고 하잖아요?

= 옛날에는 그걸로 팬티 만들고.

= 고, 고쟁이라고 있어요, 여기까지 기다란 거, 그런 거.

여기 밑에까지 내려오는 거지요?

= 예, *** 고쟁이.

= 이 그것도 그 여자 옷이 세 가지예요.

= 여자 옷도, 여자들은 세 가지는.

= 남자는 팬티하고 바지저고리 입으면 되는데, 여자(는), 아주 ** 예전에는 그 두 가지, 세 가지를 입어요, 여자는요.

세 가지요?

= 예, 네 가지까지 입지요.

어떻게 해서?

= 예.

그 이름이 다 다를 거 아니에요?

= 예.

그럼?

= 팬티, 팬티 입고서 이제 이 또 고쟁이라고 있어요, 그거, 그거 입고.

= 또: 인재 또 저기: 기냥 이르캐 바지처럼 만드러 가주 그냥 인재 이르
캐 가래, 가래꼬장이라구 이써요, 가래꼬쟁이,[63] 그래 그거하구 세 가지 이꾸.

= 이, 그 소:꼬시라넝 거넌뇨, 소:꼬시라넝 거넌 바지가 지그무로 마라
먼 여자덜 합빠지 막.

통 큰거?

= 예:, 쿵: 거 이래 막 그럼 인재 그렁 거: 해 가주구 그걸루 또 해 소:
꼬시라구 이버요.

소꼬시 고쟁이 바까태 이버요, 아내 이버요?

= 젤: 배까태 임넝 거시 소:꼬시요.

소꼳?

= 예.

단소꼬슨 머요?

= 그기 단:소꼬시여.

그개 단:소꼬시예요?

= 예, 예, 그기 단:소꼬시요.

= 젤: 나중애 인재... 제일 나중(임는 거).

= 거테:, 치마: 미태, 그래 저: 바로 치마 미태 임넝 기 단:소꼬시요.

예:.

= 예, 그라고도 또 치마 이꾸 압치마 입짜나요, 또?

예.

= 근대 여자덜두 허리띠라구 이써요, 허리띠.

예.

= 그뚜 허리띠럴 만드러 가주구 허리띠라고 또 짬매자나요.

그 저.

= 여자들 옌나래 여자드리 엄청 마:니 이버요, 오설:.

= 지그먼 여자드리 쪼꿈 이꾸: 남자드리 마:니 입짜나요, 지그먼.

= 또 이제 저기 그냥 이렇게 바지처럼 만들어 가지고 그냥 이제 이렇게 가래, 가랫고쟁이라구 있어요, 가랫고쟁이, 그래 그거하고 세 가지 입고

= 이, 그 속곳이라는 거는요, 속곳이라는 거는 바지가 지금으로 말하면 여자들 핫바지 막.

통 큰 거?

= 예, 큰 거 이렇게 막, 그러면 이제 그런 거 해 가지고 그걸로 또 해 (서) 속곳이라고 입어요.

속곳이 고쟁이 바깥에 입어요, 안에 입어요?

= 제일 바깥에 입는 것이 속곳이요.

속곳?

= 예.

단속곳은 뭐에요?

= 그게 단속곳이야.

그게 단속곳이에요?

= 예 예, 그게 단속곳이요.

= 제일 나중에 이제... 제일 나중(에 입는 것).

= 겉에, 치마 밑에, 그래 저 바로 치마 밑에 입는 게 단속곳이에요.

예.

= 예, 그러고도 또 치마 입고 앞치마 입잖아요, 또?

예.

= 그런데 여자들도 허리띠라고 있어요, 허리띠.

예.

= 그것도 허리띠를 만들어 가지고 허리띠라고 또 동여매잖아요.

그 저.

= 여자들 옛날에 여자들이 엄청 많이 입어요, 옷을.

= 지금은 여자들이 조금 입고 남자들이 많이 입잖아요, 지금은.

= 예, 예저내년 남자더런 머: 인재 기냥 팬트 이꼬 바지저고리 그냥 이부만 댄는대 여자드른 우애도 인재 저기 속:쩍쌈 이꼬 허리띠 하:고 또 조고리 입짜나요.

적쌈하고 저고리하고 어트개 달라요?

= 적싸면 인재 여러매 임넘 개 적싸미요.

여르매?

= 예:.

= 적싸면 여러매 임넝 개 적싸미고.

= 배기접쩌고리라카능⁶⁴⁾ 거 인재 트래다 바거 가주구 인재 *** 배기 접쩌고리리야.

= 저고리를 또 트래 바거 가주 해 이버요, 니비서.

= 그거시 인재 배기접쩌고리라 고라지.

배기접쩌고리는 그럼 하양걸로 겨부로, 저브로 맨드러요?

= 바가 가주구요.

예.

= 예, 기냥 이캐 두 처버로 해 가주, 두 처부루 바가서 해 이버요.

그말두 지금 처:음 드러보는 마리예요.

= 예.

흐.

= 배기조고리요?

= 바금저고리.

예, 배기접쩌고리래능 거 첨: 드러 보는 마리요.

= 예, 예.

= 바거, 배기접쩌고리라 그리요, 바가서 임녕 거요.

예.

= 바검접쩌고리지요, 인재 그개.

= 예, 예전에는 남자들은 뭐 이제 그냥 팬티 입고 바지저고리 그냥 입으면 됐는데 여자들은 위에도 이제 저기 속적삼 입고, 허리띠 하고, 또 저고리 입잖아요.

적삼하고 저고리하고 어떻게 달라요?

= 적삼은 이제 여름에 입는 게 적삼이에요.

여름에?

= 예.

= 적삼은 여름에 입는 게 적삼이고.

= 배기겹저고리라고 하는 것은 이제 재봉틀에다 박아 가지고 이제 *** 배기겹저고리래.

= 저고리를 또 재봉틀에 박아 가지고 해 입어요, 누벼서.

= 그것을 이제 배기겹저고리라고 그러지.

배기겹저고리는 그럼 하얀 걸로 겹으로, 겹으로 만들어요?

= 박아 가지고요.

예.

= 예, 그냥 이렇게 두 겹으로 해 가지고 두 겹으로 박아서 해 입어요.

그 말도 지금 처음 들어보는 말이에요.

= 예.

흐.

= 배기저고리요?

= 박음저고리.

예, 배기겹저고리라는 거 처음 들어 보는 말이에요.

= 예, 예.

= 배기겹저고리라고 그래요, 박아서 입는 거요.

예.

= 박음겹저고리지요, 이제 그게.

네.

= 예.

그러면 인재 아까 그: 다래, 다래: 그냥 다래라고 해요, 모콰따래라 그래요?

= 모콴따래, 모콴따랜대 그르캐 아주: 사라무루 마라먼 이뿐 사람, 중간 싸람 아이구 왜 저러캐 미워, 이르차나요?

= 그거 마창가지지요, 그기:.

= 아주 그 보::얀 아주 송오리 때부텀 그리캐 아주 명 쏭오리가 조아요: 이뿌구:.

예.

= 보::이얀 한.

— 그냥 맨: 처매 ***.

= 그래서 인재 고고럴 따루 모아 나요.

— 아:, *******.

= 고걸 따로 막 푸대애다가 인재 막 말뢔야 대요.

— 낭중애 여능 건.

= 그거뚜 또오, 그거뚜 막 이르캐 인재 베태다가 말루먼.[65]

— 뿔떡 **.

= 인재 그걸 고:온 베, 중 그 중간찔루 이르캐 세깔 세 가지루 그래 빼가주구서 고걸 말뢔 가주구서 그래 씨아시 아사 가주 구라자나요 그기.

대:개 인재 그렁 거 가주구 온:-슬 해 입짜나요?

= 예.

그걸루?

= 예.

그 오태 이불라며는 그 함 필 가지며는 어느 정도 해 이버요, 어른 오슬 ?

= 어: 함 필 가주구넌 그르캐는 안 해 보고요.

= 그냥 함 필로넌 연 대:개 보먼 인재 자쑤로넌 어 여자덜, 여자더런

네.

= 예.

그러면 이제 아까 그 다래, 다래 그냥 다래라고 해요, 목화다래라 그래요?

= 목화다래, 목화다래인데 그렇게 아주 사람으로 말하자면 예쁜 사람, 중간 사람 아이고 왜 저렇게 미워, 이렇잖아요?

= 그거와 마찬가지지요, 그게.

= 아주 그 뽀얀, 아주 송이 때부터 그렇게 아주 목화송이가 좋아요 예쁘고.

예.

= 뽀얀.

— 그냥 맨 처음에 ***.

= 그래서 이제 그거를 따로 모아 놔요.

— 아, *****

= 그걸 따로 막 부대에다가 이제 막 말려야 돼요.

— 나중에 여는 건.

= 그것도 또, 그것도 막 이렇게 이제 볕에다가 말리면.

— 뿔떡 **.

= 이제 그걸 고은 베, 중 중간 등급으로 이렇게 세 가(지), 세 가지로 빼 가지고서 그걸 말려 가지고 그렇게 씨아에 앗아 가지고 그러잖아요, 그게.

대개 이제 그런 거 가지고 옷을 해 입잖아요?

= 예.

그걸로?

= 예.

그 옷 해 입으려면 그 한 필 가지면 어느 정도 해 입어요, 어른 옷을?

= 에 한 필 가지고는 그렇게는 안 해 보고요.

= 그냥 한 필로는 여긴 대개 보면 이제 자수로는 에 여자들 여자들은

인재 요기 저기 저: 한 자 모타개 해야 대요, 지리기가, 여자더른.

= 근대 남자더런 이 한 자 지리기루 기리기 오설 만들더라고요.

= 그라닝깨 인재 고기 오설 만들구 여기 소매넌, 소매두 인재 요기 한 자로 해 가주구 점넌대 요기하구.

= 키 큰 사라먼 요기다가 끄똥얼 달더라고요.

= 이르키 다라 가주구 예, 그래 가주구 인재 여지, 남자덜 오선 기리기가 한 자 해야 대요.

예: .

= 여자더런 인재 이기: 그르니깨 한 자를 모:태야 대요, 이 한 자 지리가 너머 지르니깨.

= 그래 한: 옌:나래넌 저, 여자덜 저고리가 엄:청 짤루깨 이버써요:.

= 짤루깨 이끼 때매 여기 겨드랑이 나오니까 그기 이기 허리띠를 해찌요

= 인재 지그먼 또 이맘쿰 이 아주 또 줌 짤루깨뚜 지그먼 또 이르캐 질:개 나오대요, 고개.

예: .

= 근대 고기 여자더런 고기서 반 자 찌리기로 여자덜 오설 해 이버써요, 여서.

그때 그러면 저 베트래서 오깜 짤 때 머 노래: 부루구 그르진 아나써요?

= 헤헤.

베틀노래 이짜너요?

= 체.

= 베틀노래가 인넌대 저넌 그런 노랜 아내바써요.

= 허허허.

= 베틀노래두 그냥 으냥 이상하드라고요.

− 베틀노랜 자근 누니미 자리야 허허.

음: .

이제 여기 저기 저 한 자 못 되게 해야 돼요, 길이가, 여자들은.

= 그런데 남자들은 이 한 자 길이로 길이 옷을 만들더라고요.

= 그러니까 이제 거기 옷을 만들고 여기 소매는, 소매도 이제 여기 한 자로 해 가지고 접는데 여기 하고.

= 키 큰 사람은 여기다 끝동을 달더라고요.

= 이렇게 달아 가지고 예, 그래 가지고 이제 여자, 남자들 옷은 길이가 한 자 해야 돼요.

예.

= 여자들은 이제 이게 그러니까 한 자를 못 해야 돼요, 이 한 자 길이가 너무 기니까.

= 그래 한 옛날에는 저, 여자들 저고리가 엄청 짧게 입었어요.

= 짧게 입기 때문에 여기 겨드랑이가 나오니까 그게 그래서 허리띠를 했지요.

= 이제 지금은 또 이만큼 아주 또 좀 짧게도 지금은 또 이렇게 길게 나오데요, 고게.

예.

= 그런데 거기 여자들은 거기서 반 자 길이로 여자들 옷을 해 입었어요, 여기서.

그때 그러면 저 베틀에서 옷감 짤 때 뭐 노래 부르고 그러지는 않았어요?

= 헤헤.

베틀노래 있잖아요?

= 체.

= 베틀노래가 있는데 저는 그런 노래는 안 해봤어요.

= 허허허.

= 베틀 노래도 그냥, 그냥 이상하더라고요.

- 베틀노래는 작은 누님이 잘해 허허.

음.

= 잘 하지요, 그 형니미.

지금두 기어카시나요?

= 우리 형니미 청애가 엄청 조아요.

‒ 하지, 엄청 자라지.

음:.

= 옌:나래 항 거 다: 알지요.

= 지금 팔씹 두링가?

‒ 팔씹 스:이.

= 스잉가?

‒ 나보다 세 살 더 잡쒀써.

= 팔씹쌩가?

고기 청산 사시나요?

= 할고리라고 카는대.

예?

= 할골, 청산 할골.

‒ 궁촐리요, 궁촐리.

= 어, 청산 할골 궁, 궁철리.

‒ 궁촐리요.

‒ 청상, 청송, 청사니 아니고 청성.

= 청성?

= 청산, 청사니 안 청성이여?

‒ 청사니 아니고 거가 청성이여.

‒ 청성 궁촐리, 청성면 궁촐리.

= 아이구 아이구.

나중애 이거 다: 끈나고 거기 가서 이거 저 베틀노래 함 번 해 보시라고 해야 갠내요.

＝ 잘 하지요, 그 형님이.

지금도 기억하시나요?

＝ 우리 형님이 청이 엄청 좋아요.

― 하지, 엄청 잘 하지.

음.

＝ 옛날에 한 거 다 알지요.

＝ 지금 팔십둘인가?

― 팔십셋.

＝ 셋인가?

― 나보다 세 살 더 잡쉈어.

＝ 팔십세인가?

거기 청성 사시나요?

＝ 할골이라고 하는 데.

예?

＝ 할골, 청성 할골.

― 궁촌리요 궁촌리.

＝ 어, 청성 할골 궁촌리.

― 궁촌리요.

― 청성, 청성, 청산이 아니고 청성.

＝ 청성?

＝ 청산, 청산이 아니고 청성이야?

― 청산이 아니고 거기가 청성이야.

― 청성 궁촌리, 청성면 궁촌리.

＝ 아이고 아이고.

나중에 이거 다 끝나고 거기 가서 이거 저 베틀노래 한 번 해 보시라고 해 야겠네요.

= 하하하, 할 꺼요.

아니, 제가 무러 보니까 하시는 부니 거::이 업써요.

쪼:꼼, 아패 쪼꼼 하다 이저버렫따고 그러시는대.

- 근대 저 우리 자근 누니먼 이 무명베고 삼베고 아주 화통한 이여.

네:, 그러개요.

- 베도 잘: 짜고, 모타능 기 읍써, 나녕 거나 머 모둥 걸 아주.

= 하하하, 할 거요.

아니, 제가 물어 보니까 하시는 분이 거의 없어요.

조금, 앞에 조금 하다 잊어버렸다고 그러시는데.

‒ 그런데 저 우리 작은누님은 이 무명베고 삼베고 아주 화통한 이야.

네, 그러게요.

‒ 베도 잘 짜고 못 하는 게 없어, 나는 거나 뭐 모든 걸 아주.

3.7. 이부자리 만들기

그 다매 또 머리애 이르캐 베:능 거뚜 이짜나요?

- 비:개?

예, 그건 어트개 해요?

- 베개야 머 여러 가지로 맹그를 쑤 인능 깅깨 옌나래도 마창가지요.

- 머 거기 에::, 곡씨걸 는넌 사람도 이꼬, 앙 그라먼 머 좀 어: 몰개,[66] 몰개두 아내는 느코.

- 그라고 인재 머 그 베:개 맹그넝 건 이 수:럴 노치요~:.

- 그 어 수: 아시지요?

여패?

- 으, 여패 하는대 그건 인재 수루 해 가주구 막 아주 보기 조캐 맹그 능 건 머, 근 솜씨대루 가능 거죠.

곡씨근 멀:러써요 주로?

- 곡씨건 그거 메물, 메물 껍띠기두 너코 곡썩 껍띠기.

- 인재 곡씨건 머 그 알:맹인 먹끼 위해서 그 하고 머.

- 여러: 가질 늡띠다::, 곡썩[67] 껍띠기도.

저는 어릴 때 보니까 저 저 왱겨.

- 아, 왱겨는 흐니 마:이 는능 기고.

그거 그르캐.

- 어, 왕겨는 머 벼 왕겨는 머 거 흐니 마이 능 거.

- 근대 메:물 껍띠기 이렁 거뚜 느코 머 메밀.

음.

- 여러 가지 느코 하더라고.

몰개도 너써요?

그 다음에 또 머리에 이렇게 베는 것도 있잖아요?

― 베개?

예, 그건 어떻게 해요?

― 베개야 뭐 여러 가지로 만들 수 있는 것이니까 옛날에도 마찬가지요.

― 뭐 거기 에, 곡식을 넣는 사람도 있고. 안 그러면 뭐 좀 에 모래, 모래도 안에는 넣고.

― 그리고 이제 뭐 베개 만드는 건 이 수를 놓지요.

― 그 에, 수 아시지요?

옆에?

― 으, 옆에 하는데 그건 이제 수로 해 가지고 막 아주 보기 좋게 만드는 것은 뭐 그건 솜씨대로 가는 거지요.

곡식은 뭘 넣었어요, 주로?

― 곡씩은 그거 메밀, 메밀 껍데기도 넣고 곡식 껍데기.

― 이제 곡식은 뭐 그 알맹이는 먹기 위해서 그거 하고 뭐.

― 여러 가지를 넣습디다, 곡식 껍데기도.

저는 어릴 때 보니까 저 저 왕겨.

― 아, 왕겨는 흔히 많이 넣는 거고.

그거 그렇게.

― 어, 왕겨는 뭐 벼 왕겨는 뭐 그거 흔히 많이 넣은 거.

― 그런데 메밀 껍데기 이런 것도 넣고 뭐 메밀.

음.

― 여러 가지를 넣고 하더라고.

모래도 넣었어요?

- 어?

몰개두 너써요?

- 몰:개두 느치요.

- 그 인재 무굽찌, 몰개 느먼.

무굽짜나요?

- 무구워요, 쪼마내도.

어:.

- 지금 머 황토, 황토 저: 비:개 이렁 거 무굽짜나.

예.

- 딱따카개 맹글기도 하고 머 그런 시건 머 비스태요, 그거 맹기넝 건.

그 여패 수 논대 거기 양쪼개 똥그라차나요, 이르캐?

- 그르쵸.

고, 고거 이르미 머 따로 이써요?

- 아이고, 이러미 그 따루 인넌대, 그 여자더리 자랄지.

- 난 잘 모르건는대.

- 허허.

- 이르먼 따루 이찌요.

- 그.

그 껍떼기는 머라 그래요?

- 비:개?

비:개.

- 베개.

예, 그거뚜 껍띠기두 빨자나요?

껍때기만 주로 잘 자주 빠라서 갈, 가라서?

- 그, 그르쵸.

- 그 비(개) 베:개 껍띠기라 그랄껄 아마.

― 예?

모래도 넣었어요?

― 모래도 넣지요.

― 그 이제 무겁지, 모래 넣으면.

무겁잖아요?

― 무거워요, 조그만해도.

여.

― 지금 뭐 황토, 황토 저 베개 이런 것 무겁잖아.

예.

― 딱딱하게 만들기도 하고 뭐 그런 식은 뭐 비슷해요, 그거 만드는 것은.

그 옆에 수놓은 데 거기 양쪽이 동그랗잖아요, 이렇게?

― 그렇지요.

그, 그거 이름이 뭐 따로 있어요?

― 아이고, 이름이 그 따로 있는데 그 여자들이 잘 알지.

― 난 잘 모르겠는데.

― 허허.

― 이름은 따로 있지요.

― 그.

그 껍데기는 뭐라고 해요?

― 베개?

베개.

― 베개.

예, 그것도 껍데기도 빨잖아요?

껍데기만 주로 잘 자주 빨아서 갈(아), 갈아서?

― 그, 그렇지요.

― 베, 베개 껍데기라 그럴 걸 아마.

- 베:개 껍띠기라 그라지 시픈대.

예.

이르캐 깔고 안능 거뚜 맨들고?

- 그 매빵서기라카지.68)

매빵서기요?

그거 멀루 만드러요?

- 으?

매빵서근 멀루 만드러요?

- 매빵서근 내내 소금 느코 그래 맹그라요, 옌나래도.

소고미요?

- 솜: 느코 솜.

아, 솜.

- 솜 느코.

음.

- 옌나랜 솜 느코 주로 맹글지.

- 혹껼론 아납띠다.

예::.

- 혹껼론 아나고.

그걸 매빵서기라 그래요?

- 글쌔 매빵서기라 그라지 아매.

- 흐흐.

그 저거는 머라 그래요?

저, 집 지푸루 여끙 거 이르캐 뚱그러캐 댄 거?

- 아, 집 지부로 영궁 거 그 저 매: 매: 노코 하넝 거.

- 어 그뚜 매빵서기라카는대.69)

- 이근 깔방, 깔빵서기라카등가, 깔빵석?70)

－ 베개 껍데기라고 그러지 싶은데.

예.

이렇게 깔고 앉는 것도 만들고?

－ 그거 맷방석이라고 하지.

맷방석이요?

그거 뭘로 만들어요?

－ 으?

맷방석은 뭘로 만들어요?

－ 맷방석은 내내 소금 넣고 그렇게 만들어요, 옛날에도.

소금이요?

－ 솜 넣고 솜.

아, 솜.

－ 솜 넣고.

음.

－ 옛날엔 솜 넣고 주로 만들지.

－ 홑 것으로는 안 합디다.

예.

－ 홑 것으로는 안 하고.

그걸 맷방석이라 그래요?

－ 글쎄 맷방석이라 그러지 아마.

－ 흐흐.

그 저거는 뭐라 그래요?

저 짚 짚으로 엮은 거 이렇게, 그렇게 된 거?

－ 아, 짚 짚으로 엮은 거 그 저 매, 매 놓고 하는 거.

－ 에 그것도 맷방석이라 하는데.

－ 이건 깔방(석), 깔방석이라고 하던가, 깔방석?

- 깔빵서깅가?

예.

- 깔방서길 끼여.

- 이근 깔방서기라칼 끼여 아매.

예: .

- 이근 그냥 깔구 안녕 거닝깨.

- 그걸 매빵서기라캬.

- 그건 참 매빵서기여.

- 이 매에두.71)

예.

- 이 저 돌:로 맹긍 거 이래 돌러넝 거.72)

예.

- 그거 매빵서기여.

- 깔방석인가?

예.

- 깔방석일 거야.

- 이건 깔방석이라고 할 거야, 아마.

예.

- 이건 그냥 깔고 앉는 거니까.

- 그걸 맷방석이라고 해.

- 그건 참 맷방석이야.

- 이 매에도.

예.

- 이 저 돌로 만든 거 이렇게 돌리는 것.

예.

- 그게 맷방석이야.

■ 주석

1) '싱과'는 중앙어 '심다'에 대응하는 충청도 방언형 '심구다'의 활용형 '심과'의 음성 형이다. '심구다'는 '심구고, 심구지, 심과, 심과서'와 같이 활용한다.

2) '씨아시'는 '씨앗이'의 음성형으로 보인다. '씨앗이'는 '씨앗다'의 어간 '씨앗-'에 접미 사 '-이'가 결합되어 이루어진 파생어로 보인다. '씨앗-'은 다시 '씨+앗-'으로 분석할 수 있다. '앗-'은 '앗다'의 어간으로 '껍질을 벗기고 씨를 빼다'의 뜻으로 쓰이는 말이 다. '-이'는 동사 어간에 붙어 도구를 나타내는 명사로 만드는 접미사다. 따라서 '씨앗 이'는 목화의 씨를 앗는 기구라는 뜻의 중앙어 '씨아'에 대응하는 충청도 방언형이다.

3) '바르넝'은 중앙어 '바르다'에 대응하는 충청도 방언형 '바르다'의 활용형 '바르는'의 역행 동화형이다. '바르다'는 '바른다, 바르고, 바르지, 바르넌, 발라'와 같이 활용한 다. 중앙어에서는 '바르다'가 '껍질을 벗기어 속에 들어 있는 알맹이를 집어내다'의 뜻으로 쓰이는데 충청도 방언에서는 목화와 같이 껍질이 따로 없는 경우에도 씨를 발라내는 것을 모두 '바른다'고 한다.

4) '널:린대다'는 중앙어 '너르다'에 대응하는 충청도 방언형 '널리다'의 활용형이다. 충 청도 방언형 '널리다'는 '널리고, 널리지, 널린데, 널리서'와 같이 활용한다. 충청도 방언에서 '널리다' 외에 '널르다'도 쓰인다. '널르다'는 '널르고, 널르지, 널러서'와 같 이 활용한다.

5) '널비만칭'은 중앙어 '너비만큼'에 대응하는 충청도 방언형이다. '널비'는 평면이나 넓은 물체의 가로로 건너지른 길이를 뜻하는 중앙어 '너비'에 대응하는 충청도 방언 형이다. '-만칭'은 체언이나 조사의 바로 뒤에 붙어 앞말과 비슷한 정도나 한도임을 나타내는 중앙어 보조사 '-만큼' 또는 '-만치'에 대응하는 충청도 방언형이다.

6) '짜부러전'은 '물체가 눌리거나 하여 납작하게 되다'의 뜻으로 쓰이는 충청도 방언형 이다. '이불이 무거운 것에 눌려 납작하게 짜부러졌다'나 '자동차 바퀴의 바람이 빠 져서 짜부러졌다'와 같이 쓰인다. 어떤 물체를 눌러서 납작하게 하다는 뜻으로는 '짜 불티리다'나 '찌불티리다'가 쓰인다. '찌불티리다'는 충청도 방언 '찌부러지다'의 사 동형이다. 중앙어에서는 '물체가 무엇에 부딪혀 우그러지다'는 뜻과 '물체가 눌려서 납작하게 되다'의 뜻을 포괄하는 의미로 '찌부러지다'가 쓰이는데 충청도 방언에서는 '납작하게 되다'의 뜻으로만 쓰인다. '물체가 우그러지다'는 뜻으로 쓰이는 충청도 방 언형은 '찌그러지다'가 쓰이는데 중앙어에서도 '찌그러지다'가 쓰인다. 충청도 방언 에서 '찌그러지다'와 비슷한 말로 '쭈그러지다'가 쓰이는데 '찌그러지다'가 물체의 일 부가 우그러지는 것을 나타내는 말인데 비해 '쭈그러지다'는 물체의 전체가 우그러 지는 것을 나타낸다는 점에서 다르다. '찌그러지다'의 사동형으로는 '찌글티리다'가 쓰이고 '쭈그러지다'의 사동형으로는 '쭈글티리다'가 쓰인다. 그리고 '우그러지다'의

사동형으로는 '우글티리다'가 쓰인다.

7) '날다'는 '명주나 베, 무명 따위를 길게 늘여서 실을 만들다'의 의미로도 쓰이고 '베나 돗자리, 가마니 따위를 짜려고 베틀에 날을 걸다'의 뜻으로도 쓰이는 말인데 여기에서는 첫 번째의 뜻으로 쓰였다. 즉 베를 짜기 위해 '목화를 가늘게 꼬아 늘여서 실을 만들다'의 뜻으로 '베 날다'가 쓰였다.

8) '고대'는 중앙어 '아까' 정도에 대응하는 충청도 방언형이다. '조금 전에' 정도의 뜻으로 '고대 왔다, 고대 갔다'와 같이 쓰인다. 요즈음에는 잘 쓰이지 않고 고령층의 화자들에게서 주로 들을 수 있다.

9) '거시기'는 이름이 얼른 생각이 나지 않거나 바로 말하기가 곤란한 사람이나 사물을 가리킬 때 또는 하려는 말이 얼른 생각나지 않거나 바로 말하기가 거북할 때 쓰는 군소리로 쓰인다. 이 '거시기'와 함께 쓰이는 충청도 방언형으로 '거시끼'와 '거시키'가 있다. '거시기'와 비슷한 충청도 방언으로 '머시기'가 있다. '머시기'는 '머시끼', '머시키'와 함께 사람이나 사물의 이름이 얼른 생각나지 않을 때나 하려는 말이 얼른 생각나지 않거나 바로 말하기가 거북할 때 쓰는 말이다.

10) '띠:'는 중앙어 '떼다'에 대응하는 충청도 방언형 '띠다'의 활용형이다. '띠다'는 '띠다가, 띠고, 띠지, 띠닝깨, 띠서, 띠, 띴다'와 같이 활용한다. '띠다'의 어간 '띠-'는 장모음 '떼:-'가 고모음화한 것이다.

11) 여기에서의 '조 껍디기'는 다 자란 조의 대궁을 감싸고 있는, 잎이 달려 있는 껍질을 가리킨다. 그리고 곡식 알갱이인 '조'를 방아 찧었을 때 나오는 껍질을 가리키는 말로도 쓰인다.

12) '뽈떡뻬'는 '뽈떡베'의 음성형이다. '뽈떡베'는 무명실을 날 때 실의 굵기가 굵어 베를 짰을 때 천이 거친 베를 가리키는 말이다. 실이 가늘면 곱고 좋은 베가 되고 실이 굵으면 거친 베가 되는데 '뽈떡베'는 실이 굵어 천이 거친, 품질이 낮은 베를 가리킨다.

13) '쑤수깽이'는 수숫대의 잎을 벗긴 줄기를 가리킨다. 충청도 방언형으로 '쑤수깽이' 외에 '쑤수깨이'도 쓰이고 '수수깽이, 수수땡이, 수수때이, 수수깡'도 쓰인다.

14) '대공'은 초본식물의 줄기를 뜻하는 충청도 방언형이다. 충청도 방언형으로 '대공' 외에 '대궁'도 쓰인다.

15) '모르지' 이 지역 방언에서는 중앙어 '모르다'에 대응하는 방언형으로 '모르다'와 '몰르다'가 다 쓰인다. '모르다'형은 '모르고, 모르지, 몰라'와 같이 활용하고, '몰르다'형은 '몰르고, 몰르지, 몰라서'와 같이 활용한다. '모르다'형에서 '몰르다'형으로 변화하는 과정으로 보인다.

16) '뽈떡뻬'는 '뽈떡베'의 음성형이다. '뽈떡베'는 좋지 않은 목화송이 또는 덜 핀 목화송이를 손질하여 명주실을 잣고 그것으로 베를 짠 것을 말한다. 예문에서는 목화가 필 때 제일 나중에 피어서 품질이 안 좋은 목화송이를 가리키는 말로 쓰였는데 본

래는 그런 목화송이로 베를 짜서 품질이 떨어지는 베를 뿔떡베라고 한다.

17) '산적찌비'는 '산직집-이'를 잘못 발음한 것이다. '산직집'은 남의 산이나 묘를 맡아서 돌보는 사람이 사는 집을 가리키는 말이다.

18) '산직집'은 '산지기집'의 준말이다. '산직집'은 남의 산을 지켜주는 산지기나 남의 산에 있는 묘를 관리하고 돌봐주면서 사람이 사는 집을 말한다. 주로 산 주인이나 문중에서 산지기에게 집을 지어주고 산과 묘의 관리를 맡긴다.

19) '마루니라'는 '마름이라'의 오류다. 제보자가 '마름'을 '마룬'이라고 한 것이다. '마름'은 지주를 대리하여 소작지를 관리하는 사람을 가리키는 말이다. 지주의 땅을 여러 사람이 소작하는 경우 그 소작자와 소작지를 관리하는 사람이 마름이다.

20) '장'은 '언제나 늘'의 뜻으로 쓰이는 부사다.

21) '명송이'는 목화 다래가 익어서 핀 목화송이를 따다가 씨아에 앗아서 씨를 뺀 것을 가리키는 말이다. 씨를 뺀 목화송이다. '목화'라고 하면 식물을 가리키는 뜻으로도 쓰이고 아직 따지 않은 하얗게 핀 식물의 열매를 가리키는 말로도 쓰이고 하얗게 핀 것을 따 놓은 것을 가리키는 말로도 쓰인다. 하얗게 핀 목화송이에서 씨를 뺀 것을 '명송이'라고 한다. 씨를 뺀 명송이를 활로 탄 것을 솜이라고 한다. 그런데 아래에서는 씨를 빼지 않은 것을 명송이라고 하고 씨를 빼서 활로 탄 것을 솜이라고 한다고 설명하고 있다. 제보자들이 명송이를 정확히 정의하지 못하고 있는 것으로 보이나 목화가 하얗게 핀 것과 이것을 따서 놓은 것을 명송이라고 하고 명송이에서 씨를 뺀 것과 이것을 활로 탄 것을 솜이라고 하는 것이 타당해 보인다. 씨를 뺀 목화송이는 이미 송이가 아니고 다른 목화송이와 섞여 덩어리를 이루기 때문이다.

22) '토미고'는 '소미고(솜이고)'라고 해야 할 것을 잘못 말한 것이다.

23) '끼머'는 '벌어진 사이나 구멍에 무엇을 박거나 넣다'의 뜻으로 쓰이는 충청도 방언 '낌다'의 활용형이다. 중앙어에서는 '낌다'에 대응하는 말로 '끼우다'가 쓰이는데 '벌어진 사이에 무엇을 넣고 죄어서 빠지지 않게 하다'의 뜻(≪표준국어대사전≫)으로 쓰여 충청도 방언과 약간의 의미 차이가 있다. '낌다'는 '낌구, 낌지, 낌어, 낌었다'와 같이 활용한다.

24) '개새'는 베틀에서, 두 개의 사침대 가운데 바디 쪽에 있는 것을 가리킨다.

25) '참새'는 베틀에서, 두 개의 사침대 가운데 도투마리 쪽에 있는 것을 가리킨다.

26) '욜루'는 중앙어 '요리로'에 대응하는 충청도 방언형이다. '욜루'는 '요리로'에 대응하는 '요리루'의 준말로 이해된다. 그런데 중앙어에서는 '요리'와 '요리로'가 구별되어 쓰이지만 이 지역에서는 '욜루'가 '요리'와 '요리루'에 대응하는 말로 쓰이기도 한다. 그러나 '요리루'는 중앙어 '요리로'에만 대응하여 쓰인다. 중앙어 '요리, 조리, 그리, 고리'에 대응하는 충청도 방언형으로는 각각 '욜루, 졸루, 글루, 골루'가 쓰인다.

27) '끼머요'는 중앙어 '끼우다'의 활용형 '끼워요'에 대응하는 충청도 방언형 '낌다'의 활용형이다. 충청도 방언에서 '낌다'는 '낌다([낌따]), 낌지([낌찌]), 낌구([낌꾸/낑꾸]),

낌어([끼머])'와 같이 활용한다. 충청도 방언에서 '끼우다'의 뜻으로 '낌다' 외에 '낑구다'와 이의 구개음화형 '찡구다'가 함께 쓰인다.

28) '요동'은 흔들리거나 움직이는 것을 이르는 말이다.

29) '끄싱개'는 중앙어 '끌개'에 대응하는 이 지역 방언형이다. '끌개'는 베틀에 옷감을 짜기 위해 바디에 꿰어 날아놓은 날실에 풀을 먹이고 고르게 다듬어 도투마리에 말아 감을 때 실을 팽팽하게 당기기 위해 실을 걸어 놓는 Y자 모양의 도구다. 바디에 꿴 여러 가닥의 날실을 감으면 날실이 끄싱개 기둥에 감겨 있어 끄싱개가 끌려 오면서 실이 팽팽하게 된다. 이 '끄싱개'를 농사짓는데 쓰면 중앙어 '끙게'와 같은 농기구가 된다. 농기구로 쓸 때의 '끄싱개'는 보리나 밀의 씨를 뿌린 다음 흙덩이를 부숴 흙을 고르게 펴서 덮는 데 쓴다. Y자 모양으로 가지가 벋은 지름 15cm 정도 굵기의 나무를 땅에 눕혀 놓고 지름 10cm 정도 굵기의 통나무를 가로 걸쳐 엮어 만든다(「방언학」 15집 "새로 발굴한 방언" 참조).

30) '미기'는 중앙어 '먹이다'의 활용형 '먹여'에 대응하는 이 지역 방언형이다. 영동, 옥천, 보은, 괴산, 제천, 단양 지역 가운데 경상도와 인접한 지역에서는 용언의 어간 말음이 모음 'ㅣ'로 끝날 경우 어미 '-아/어'가 연결될 때 중앙어와 같이 어간말 모음과 어미가 결합하여 이중모음으로 실현되지 않고 예에서와 같이 어미가 생략되는 특징이 있다. 이에 따라 '잡히-다, 깎이-다, 웃기-다, 굶기-다, 이기-다, 끼-다(꿰다)' 등의 어간에 어미 '-어'가 연결되면 모두 '잡히(잡혀), 깎이(깎여), 웃기(웃겨), 굶기(굶겨), 이기(이겨), 끼(끼여/껴)' 등으로 실현된다. 젊은층 화자들은 중앙어와 같이 '잡혀, 깎여, 웃겨, 굶겨, 이겨, 껴' 등으로 실현된다.

31) '말르먼'은 중앙어 '말다'의 활용형 '말면'에 대응하는 이 지역 방언이다. 중앙어에서 '말다'는 '말다, 말고, 말지, 말면, 말아서'와 같이 활용하는 용언인데 이 지역에서는 '말르다, 말르구, 말르지, 말르먼, 말러서'와 같이 활용한다.

32) '조'는 중앙어 '저기'에 대응하는 충청도 방언형이다. 중앙어에서 장소를 가리키는 대명사로 '저기' 외에 '여기, 거기, 고기'가 쓰이는데 각각에 대응하는 충청도 방언형은 '요, 거, 고'가 된다. 충청도 방언에서 장소를 나타내는 대명사로 쓰이는 '요, 거, 고, 조' 외에 각각에 대응하는 '요기, 거기, 고기, 조기'도 쓰인다. '요, 거, 고, 조'는 장소를 나타내는 대명사 외에 체언을 수식하는 관형사로도 쓰인다.

33) '하시씀'은 중앙어 '하셨을'에 대응하는 영동 지역 방언형이다. 충북의 영동이나 제천, 단양 등 경상도와 인접한 지역에서는 어간의 말음이 모음 'ㅣ'로 끝나는 경우 예에서와 같이 과거시제를 나타내는 선어말 어미 '-었-'이 이형태인 '-ㅆ-'으로 실현되는 특징이 있다. 따라서 '하시-었-'은 '하싰지, 하싰구, 하싰다, 하싰으니께' 등과 같이 '하싰-'으로 나타난다. 중앙어 '먹이다, 이기다' 등도 각각 '미싰-, 이싰-' 등으로 나타난다.

34) '도라무통'은 중앙어 '드럼통'에 대응한다. '드럼통'은 외래어 '드럼(drum)'과 한자어 '통(桶)'이 결합되어 이루어진 말이다. 영동지역에서 쓰이는 방언형 '도라무통'은 '도

라무+통'으로 분석할 수 있는데 '도라무'는 '드럼(drum)'의 일본어식 발음이다.

35) '벙:하니'는 '벙하다'의 활용형이다. '벙하다'는 솜이나 거품 따위가 탐스럽게 부풀어 오른 모습을 나타내는 말이다. 충청도 방언에서 '벙하다'와 비슷한 뜻으로 쓰이는 말로 '벙그렇다'가 쓰인다.

36) '그르치'는 중앙어 '그렇다'에 대응하는 충청도 방언형 '그릏다'의 활용형이다. 충청도 방언형 '그릏다'는 '그릏고, 그릏지, 그려, 그르닝께/그르잉께'와 같이 활용한다.

37) '까지끈'은 '할 수 있는데까지 최대한으로' 정도의 뜻으로 쓰이는 충청도 방언형이다. 충청도 방언형으로 '까지끈' 외에 '가지끈'도 쓰인다.

38) '쟁긴다'는 중앙어 '쟁이다'에 대응하는 충청도 방언형 '쟁기다'의 활용형이다. '쟁기다'는 '쟁기구, 쟁기지, 쟁기지, 쟁겨/쟁기' 등과 같이 활용한다. 충청도 방언에서 '쟁기다' 외에 '쟁이다' 형도 쓰인다. '쟁기다'나 '쟁이다'는 '차곡차곡 포개어 쌓아 두다'의 뜻으로 쓰이는 말이다.

39) '찡궈'는 중앙어 '끼우다'에 대응하는 충청도 방언형 '찡구다'의 활용형이다. 충청도 방언에서 '찡구다'는 '찡구구, 찡구지, 찡구니깨, 찡군다, 찡궈' 등과 같이 활용한다. 충청도 방언에서 '찡구다' 외에 '낑구다', '찌우다', '끼우다, 낌다, 찜다' 등도 쓰인다.

40) '거시기'는 하려는 말이 얼른 생각나지 않거나 바로 말하기가 거북할 때 쓰는 군소리로 쓰이는 말이다. 이 '거시기'와 함께 쓰이는 충청도 방언형으로 '거시끼'와 '거시키'가 있다. '거시기'와 비슷한 충청도 방언으로 '머시기'가 있다. '머시기'는 '머시끼', '머시키'와 함께 사람이나 사물의 이름이 얼른 생각나지 않을 때나 하려는 말이 얼른 생각나지 않거나 바로 말하기가 거북할 때 쓰는 말이다. 충청도 방언에서 '머시기'와 '머시끼', '머시키'는 사람이나 사물의 이름이 얼른 생각나지 않을 때나 하려는 말이 얼른 생각나지 않거나 바로 말하기가 거북할 때 쓰는 말이다. 중앙어의 '거시기'와 거의 비슷하지만 얼마간의 차이가 있다. '머시기'류는 사람이나 사물의 이름이 얼른 생각이 나지 않아 상대방에게 물어 해결하려는 의미도 내포하고 있다는 점에서 단순히 이름이 얼른 생각나지 않거나 바로 말하기 곤란한 사람이나 사물을 가리키는 중앙어의 '거시기'와는 얼마간의 차이가 있다. 충청도 방언에는 '머시끼'류와 비슷하게 쓰이지만 얼마간의 차이를 보이는 말로 '거시끼'가 쓰인다. '머시기'류가 의문의 기능을 얼마간 가지고 있다면 '거시끼'는 지시적인 기능이 있다는 점에서 다르다. 예컨대 '가 이름이 머시기드랴?'나 '가 이름이 머시기지?' 하면 그 아이 이름이 무엇인지 알려 달라는 의미 기능이 있어 '그 아이 이름이 무엇이더라?'나 '그 아이 이름이 무엇이지?'로 바꾸어 쓸 수 있지만 '가 이름이 거시끼지?' 하면 그 아이 이름이 지금 바로 생각나지는 않지만 청자인 상대방도 아는 어떤 사람이지 않느냐고 확인하는 의미 기능이 있다는 점에서 차이가 있다. '머시기'와 '거시기'류는 충청도뿐만 아니라 전라도 직역에서도 폭넓게 쓰이는 방언이다.

41) '말룬다'는 중앙어 '말리다'에 대응하는 충청도 방언형 '말루다'의 활용형이다. 충청도 방언형 '말루다'는 '말룬다, 말루구, 말루지, 말려' 등과 같이 활용한다. 충청도

방언에서 '말루다' 외에 '말리다' 형도 쓰인다.

42) '껍띠기'는 중앙어 '껍질'에 대응하는 충청도 방언형이다. 충북 영동 방언에서는 중앙어의 '껍질'과 '껍데기'에 대응하는 방언형으로 '껍띠기'가 쓰인다. 충청도 방언에서 '껍띠기' 외에 '껍데기' 형도 쓰인다. '껍디기 빗긴다/베낀다'와 같이 쓰인다.

43) '맹그넝'은 중앙어 '만드는'에 대응하는 충청도 방언형이다. 중앙어 '만들다'에 대응하는 충청도 방언형으로 '맹글다'와 '맨들다'가 쓰인다. 현대 충청도 방언형으로는 표준어형 '만들다' 외에 '맨들다', '맹글다', '맹길다' 등이 관찰된다. 이 방언형들은 크게 보아 '만들다'형과 '맹글다'형으로 나눌 수 있다. '만들다'에 대응하는 충청도 방언형 '맹글다'나 '맹길다'가 '맨들다'와 '만들다'보다 고어형으로 보인다. '맹글다'나 '맹길다'는 15세기 국어 '밍굴다'의 후대형으로 볼 수 있고 '맨들다'는 16세기 이후에 나타난 '민둘다'의 후대형으로 볼 수 있기 때문이다. 충청도 방언의 노년층 화자들은 '맹글다'와 '맨들다'를 가장 널리 쓰고 '맹길다'도 자주 쓰는 편이다. 그러나 젊은층으로 갈수록 '맨들다'와 '만들다'를 쓴다. '만들다'는 표준어의 영향으로 특히 청소년과 장년층에서 많이 쓰이는 어형이고 '맨들다'는 표준어 '만들다'의 후광으로 중년층 이상에서 주로 쓰이는 어형으로 보인다. '맨들다'에 대응하는 15세기 어형은 '밍굴다'였다. 이것이 16세기 문헌에는 '밍글다'도 나타나고, '몬둘다'와 '민둘다'로도 나타난다. <소학언해>에 나타나는 '밍둘다'는(<1586소학언,4,30b>) '밍굴다'와 '몬들다'의 완전한 혼효형(混淆形)인데 17세기 문헌인 <마경언해>에 자주 보인다. 또한 17세기 문헌에는 '민글다'도 보인다. 15세기 어형 '밍굴다'와 현대국어 '만들다'의 선대형으로 보이는 '몬둘다'의 형태상 중요한 차이는 어중자음 'ㄱ'(연구개음)과 'ㄷ'(치조음)이다. 이들 자음 앞에 각각 선행하는 비음(鼻音)은 'ㅇ'(연구개음)과 'ㄴ'(치조음)인데 후행 자음과 각각 조음위치가 같다는 점이 주목된다. 어중자음 'ㄷ'형은 16세기의 서울에서 또는 이보다 조금 앞서 서울과 그리 멀지 않은 곳에서 발생하여 16세기에 서울말에 들어 왔고 근대에 와서 마침내 어중자음 'ㄱ'형을 물리쳤으며, 나아가 주변 방언으로 널리 퍼진 것이라는 견해(이기문)가 있다.(한민족 언어정보화 국어 어휘의 역사 참조.)

44) 예문의 '명'은 '목화'의 의미로 쓰였다. '명'은 '미영'의 준말로 본래 '무명실로 짠 피륙'을 뜻하는 말이지만 예문에서는 무명의 재료가 되는 식물로서의 목화를 가리키는 말로 쓰였다. 이 지역 방언에서는 '명'이 식물로서의 '목화'를 뜻하는 말로 쓰일 뿐만 아니라 '무명실' 또는 '무명베'의 뜻으로도 쓰인다.

45) '씨아시'는 '씨앗이'의 음성형이다. '씨앗이'는 목화의 씨를 빼는 기구를 가리키는 중앙어 '씨아'의 충청도 방언형이다. '씨앗이'는 토막나무에 두 개의 기둥을 박고 그 사이에 둥근 나무 두 개를 끼워 손잡이를 돌리면 톱니처럼 마주 돌아가면서 목화의 씨가 빠지게 만든 도구다. '씨앗이'는 '씨+앗이'로 분석할 수 있다. '앗이'는 '앗다'의 어간 '앗-'에 도구를 나타내는 접미사 '-이'가 붙어 이루어진 말이다. '씨앗이'가 씨를 앗는 도구 또는 기구라는 뜻임을 알 수 있다.

46) '노끈'은 충청도 지역에서는 주로 삼 껍질로 꼬아서 만든 끈을 가리킨다. 삼 외에 닥나무 껍질로도 꼬아 만든다. 삼 껍질로 꼰 노끈보다 닥나무 껍질로 꼰 노끈을 더 고급으로 친다. 중앙어에서는 '노끈'이 실이나 삼, 질긴 종이 따위로 가늘게 비비거 나 꼰 줄로 만든 끈을 모두 가리키는 말로 쓰인다.

47) '낭 거'는 '난 것'의 음성형이다. '난'은 '날다'의 활용형이다. 충청도 지역에서는 '날 다'가 '명주, 베, 무명 따위를 짜기 위해서 길게 늘여서 실을 만들다'의 뜻과 '명주, 베, 무명 따위의 피륙을 짜다'의 뜻으로도 쓰이고 '베, 돗자리, 가마니 따위를 짜려 고 베틀에 날을 걸다'의 뜻으로도 쓰인다. '무명을 날다', '베 날다'와 같이 쓰인다.

48) '아사'는 '앗다'의 활용형 '앗아'의 음성형이다. '앗다'는 중앙어에서 수수나 팥 따위 의 껍질을 벗기고 씨를 빼다의 의미로 쓰인다. 예문에서는 씨아로 목화에서 목화씨 를 빼다의 뜻으로 쓰였다.

49) '삼끈내키'는 삼의 껍질을 벗겨서 삼 껍질로 꼰 끈을 가리키는 충청도 방언형이다. 충청도 방언에서 물건을 매거나 꿰거나 하는 데 쓰는 가늘고 긴 물건을 뜻하는 '끈' 은 표준어형 '끈' 외에 '끄내끼, 끈내키' 등이 함께 쓰인다. '삼'은 뽕나뭇과에 속하 는 긴 섬유가 채취되는 식물을 통틀어 이르는 말인데 흔히 '대마'를 가리키는 말로 쓰인다. '마'의 종류에는 대마, 아마, 마닐라삼 따위가 있다. '삼'은 뽕나뭇과의 한해 살이풀로 높이는 온대에서 3미터, 열대에서는 6미터 정도 자라며, 잎은 손 모양이 다. 7~8월에 꽃이 피고 공 모양의 수과(瘦果)를 맺는다. 종자는 식용 약용하거나 사 료로 쓰고 줄기의 껍질은 섬유의 원료로 쓴다. 중앙아시아가 원산지이며, 아시아 유 럽의 온대 열대에 분포한다(≪표준국어대사전 '삼' 항 참조≫.

50) '두레명'은 '두레+명'으로 분석할 수 있다. '두레'는 주로 농민들이 농번기에 농사 일을 공동으로 하기 위하여 부락이나 마을 단위로 만든 조직을 가리키는 말로 쓰이 나 여기에서는 무명 일을 함께 하기 위해 품을 산 여러 사람을 뜻하는 말로 쓰였다. 두레로 무명 일을 하는 여러 일꾼이라고 할 수 있다.

51) '꼬추'는 물레를 돌려 실을 뽑으려고 만들어 놓은 솜방망이를 가리키는 중앙어 '고 치'에 대응하는 충청도 방언형이다. 충청도에서는 실을 뽑아 감기 위해 수숫대의 순 을 적당한 길이로 잘라 만들어 썼다고 한다.

52) '두레놉'은 '두레+놉'으로 분석할 수 있다. '두레'는 주로 농민들이 농번기에 농사 일을 공동으로 하기 위하여 부락이나 마을 단위로 만든 조직을 가리키는 중앙어 '두레'에 대응하는 말인데 여기에서는 '여러 사람' 정도의 의미로 쓰였다. '놉'은 하 루하루 품삯과 음식을 제공 받고 일을 하는 품팔이 일꾼을 가리킨다. '두레놉'은 하 루의 품삯과 음식을 제공 받고 일하기 위해 모인 여러 사람의 품팔이 일꾼의 뜻하 는 말이라고 할 수 있다.

53) '쌔'는 '새'의 음성형이다. '새'는 베나 무명, 비단 등을 짤 때 피륙의 날을 세는 단 위로 한 새는 날실 여든 올이다. '열덟 새 베'라고 하면 날실이 640올이므로 다섯 새 배의 날실 400올에 비해 많다. 올이 많다는 것은 그만큼 피륙이 곱다는 뜻이다.

54) '뽈떡베'는 베 가운데 질이 가장 안 좋은 베를 가리키는 말이다. 덜 익은 목화나 흠이 있는 목화로 실을 굵게 뽑아 거칠게 짠, 질이 낮은 베를 '뽈떡베'라고 한다.

55) '알키'는 중앙어 '가르치다'에 대응하는 충청도 방언형 '알키다'의 활용형이다. 충청도 방언형 '알키다'는 '알키구, 알키지, 알키/알켜' 등과 같이 활용한다. 충청도 방언에서 '가르치다'의 뜻으로 '알키다' 외에 '갈치다'도 쓰인다. 중앙어 '가리키다'에 대응하는 충청도 방언형은 '갈치다'와 '갈키다' 형이 쓰인다. 따라서 충청도 방언형 '갈치다'는 화자에 따라 중앙어 '가르치다'의 뜻으로도 쓰이고 '가리키다'의 뜻으로도 쓰인다.

56) 충청도 방언에서 뽕나무의 열매로 '오디' 외에 '오동아', '오동개', '오돌개' 등의 방언형이 더 쓰이고 있다. '오디'는 표준어형으로 일종의 중앙어 차용어라고 할 수 있다.

57) '속깍 까쟁이'는 중앙어 '청솔가지'에 대응하는 충청도 방언형이다. 중앙어에서는 '청솔+가지'와 같이 합성어로 쓰이나 충청도 방언에서는 '속깍 까쟁이'와 같이 두 개의 어휘로 쓰인다. 충청도 방언에서 '속깍' 외에 '솔깝'형도 쓰인다. '솔깝'은 소나무의 푸른 잎이 붙어 있는 가지를 가리키는 말이다. 소나무 잎이 말라 낙엽이 된 것은 '갈비'라고 한다. '갈비'는 중앙어의 '솔가리'에 대응하는 충청도 방언형이다.

58) '와리바시'는 순화한 우리말 '나무젓가락'에 대응하는 일본어 わりばし의 우리말 표기다.

59) '수꾸때기'는 중앙어 '수숫대'에 대응하는 충청도 방언형이다. 중앙어 '수수'에 대응하는 충청도 방언형로 '수꾸', '쑤수'와 '수수'가 쓰인다. 충청도 방언에서 '수꾸때기' 외에 '수수깽이', '수수깨이', '수수깡', '수꾸때이' 등도 쓰인다.

60) '맹그러'는 중앙어 '만들다'에 대응하는 충청도 방언형 '맹글다'의 활용형 '맹글어'의 음성형이다. '맹글다'는 '맹글구, 맹글지, 맹글먼, 맹근, 맹글어서'와 같이 활용한다. '맹글다'에 대응하는 15세기 어형은 '밍굴다'였다. 이것이 16세기 문헌에는 '밍글다'도 나타나고, '믄돌다'와 '민돌다'로도 나타난다. <소학언해>에 나타나는 '밍돌다'는(<1586소학언,4,30b>) '밍굴다'와 '믄들다'의 완전한 혼효형(混淆形)인데 17세기 문헌인 <마경언해>에는 자주 보인다. 또한 17세기 문헌에는 '민글다'도 보인다. 15세기 어형 '밍굴다'와 현대국어 '만들다'의 선대형으로 보이는 '믄돌다'의 형태상 중요한 차이는 어중자음 'ㄱ'(연구개음)과 'ㄷ'(치조음)이다. 이들 자음 앞에 각각 선행하는 비음(鼻音)은 'ㅇ'(연구개음)과 'ㄴ'(치조음)인데 후행 자음과 각각 조음 위치가 같다는 점이 주목된다. 어중자음 'ㄷ'형은 16세기의 서울에서 또는 이보다 조금 앞서 서울과 그리 멀지 않은 곳에서 발생하여 16세기에 서울말에 들어 왔고 근대에 와서 마침내 어중자음 'ㄱ'형을 물리쳤으며, 나아가 주변 방언으로 널리 퍼진 것이라는 견해(이기문)가 있다(한민족 언어정보화 국어 어휘의 역사 참조).

현대 충청도 방언형으로는 표준어형 '만들다' 외에 '맨들다', '맹글다', '맹길다' 등이 관찰된다. 이 방언형들은 크게 보아 '만들다'형과 '맹글다'형으로 나눌 수 있다. '만들다'에 대응하는 충청도 방언형 '맹글다'나 '맹길다'가 '맨들다'와 '만들다'

보다 고어형으로 보인다. '맹글다'나 '맹길다'는 15세기 국어 '밍골다'의 후대형으로 볼 수 있고 '맨들다'는 16세기 이후에 나타난 '민들다'의 후대형으로 볼 수 있기 때문이다. 충청도 방언의 노년층 화자들은 '맹글다'와 '맨들다'를 가장 널리 쓰고 '맹길다'도 자주 쓰는 편이다. 그러나 젊은층으로 갈수록 '맨들다'와 '만들다'를 쓴다. '만들다'는 표준어의 영향으로 특히 청소년과 장년층에서 많이 쓰이는 어형이고 '맨들다'는 표준어 '만들다'의 후광으로 중년층 이상에서 주로 쓰이는 어형으로 보인다.

61) '깅가'는 중앙어 '그런가'에 대응하는 충청도 방언형이다. '깅가'는 '기다'의 어간 '기-'에 의문을 나타내는 어미 '-ㄴ가'가 결합된 '긴가'의 음성형이다. 충청도 방언에서 '기다'는 '기다, 기구, 기지, 기니, 기닝깨' 등과 같이 활용한다. '그런가'나 '그러한가'의 뜻으로 쓰이는 '긴가'는 주로 이 말과 대립되는 뜻을 가진 '민가'와 짝을 이루어 쓰이는 경우가 많다.

62) '밍가'는 중앙어 '아닌가'에 대응하는 충청도 방언형 '민가'의 음성형이다. '민가'는 '기다'와 마찬가지로 어간 '미-'에 의문을 나타내는 어미 '-ㄴ가'가 결합된 형태로 파악된다. 충청도 방언에서 '민가'는 활용이 제한되어 쓰여 활용형 '미다, 미구, 미지, 미니깨' 등은 관찰되지 않고 '긴가'와 함께 '민가' 형만 쓰이는 특징이 있다. '민가'는 '아닌가'나 '아니한가' 정도의 뜻으로 쓰이고 주로 '긴가'와 짝을 이루어 '긴가 민가'의 꼴로 쓰인다. '긴가'는 '기다'의 어간에 '-ㄴ가'가 결합되어 의문이나 추측을 나타내는데 비해 '민가'는 '미다'의 꼴로는 쓰이지 않는다. 충청도에서 '기다'는 '맞다'나 '그렇다'의 뜻으로 쓰인다. '기다'와 '미다'가 짝을 이루어 쓰이면 '긴가 민가'의 꼴로만 쓰이고 '기다'가 '아니다'와 짝을 이루어 쓰이면 '기여 아니여?(그려 아니여?/맞아 아니여?)', '기여 안 기여?(그래 안 그래?)'의 꼴로 쓰인다.

63) '가래꼬쟁이'는 한복에 입는 여자 속옷의 하나로 속속곳 위, 단속곳 밑에 입는 아래 속곳으로, 통이 넓지만 발목 부분으로 내려가면서 좁아지고 밑을 여미도록 되어 있다. 여름에 많이 입으며 무명, 베, 모시 따위를 홑겹으로 박아 짓는다. 가랑이가 터지도록 만든 옷이다. 충청도에서 지역에 따라 '고쟁이, 꼬쟁이, 고재이'라고도 하고 '꼬장중우'라고도 한다.

64) '배기접저고리'는 중앙어의 '배접 저고리'와 비슷한 말로 보인다. 중앙어에서 '배접 저고리'가 여러 겹의 헝겊을 포개어 지은 저고리인데 예문의 '배기접저고리'는 저고리의 헝겊을 두 겹으로 박아서 해 입는 것을 말한다. 재봉틀로 박아서 만든 겹저고리여서 '박음 겹저고리'라고도 한다.

65) '말루먼'은 중앙어 '말리다'에 대응하는 이 지역 방언형 '말루다'의 활용형이다. '말루다'는 '말루구, 말루지, 말루먼, 말뢔, 말롸서'와 같이 활용한다.

66) '몰개'는 중앙어 '모래'에 대응하는 이 지역 방언형이다. 국어사 자료에서 '모래'가 소급하는 최초의 형태는 15세기의 '몰애'이다. 17세기에 나타나는 '모래'는 16세기 후반기에 '몰애'의 'ㄹㅇ'에서 'ㅇ'이 탈락한 것이다. 16세기와 17세기에 나타나는 '몰래'는 'ㄹㅇ'의 'ㅇ'이 탈락하면서 그 흔적으로 'ㄹㄹ'로 발음되었던 것을 표기한

것이 아닌가 한다. 방언에 나타나는 '몰개'는 15세기 국어의 '몰애'와 관련이 있어 보인다. 15세기에는 '믈과>믈와'에서와 같이 'ㄹ'말음 뒤에 오는 'ㄱ'이 탈락했는데 방언에서는 이 탈락한 'ㄱ'이 흔적으로 남아 있는 것으로 보인다.

67) '곡썩'은 중앙어 '곡식'에 대응하는 충청도 방언형 '곡석'의 음성형이다. 충청도 방언형으로 '곡석' 외에 '곡식'도 쓰인다. '곡석'은 주로 노년층에서 쓰고 '곡식'은 젊은층에서 주로 쓰인다. '곡석'이 고형이고 '곡식'이 신형이라고 할 수 있다.

68) '매빵석'은 '맷방석'의 음성형이다. 제보자가 정확한 이름을 몰라서 한 말로 보인다. 뒤에는 '깔방석'이라고 정정하고 있기 때문이다.

69) 여기에서의 '맷방석'은 매통이나 맷돌질을 할 때 밑에 까는, 짚으로 만든 둥근 방석으로 명석보다 작고 전이 있는 것을 가리킨다. 제보자는 이것도 '맷방석'이라고 하고 솜을 넣어 자리에 깔고 앉는 것도 '맷방석'이라고 하였으나 자리에 까는 것은 잘못 알고 말한 것으로 보인다.

70) '깔방석'은 '깔+방석'으로 분석할 수 있는 말이다. '깔'은 '깔다'의 어간에서 온 말이고 '방석'은 앉을 때 밑에 까는 작은 깔개를 뜻하는 말이다. 따라서 '깔방석'은 앉을 때 밑에 까는 작은 방석이라는 뜻으로 쓰였고 '깔'은 의미의 중복을 나타내는 것이라고 할 수 있다.

71) '매'는 중앙어 '맷돌'이나 '매통'을 의미하는 이 지역 방언형이다. '맷돌'은 콩이나 팥 따위의 곡식을 가는 데 쓰는 기구로 둥글넓적한 돌 두 짝을 포개고 윗돌 아가리에 곡식을 넣으면서 손잡이를 돌리면서 간다. '매통'은 벼의 겉껍질을 벗기는 농기구다. 굵은 통나무를 잘라 만든 두 개의 마구리에 요철(凹凸)로 이가 생기게 파고, 위짝의 윗마구리는 우긋하게 파서 가운데에 구멍을 뚫어 벼를 담고 위짝 양쪽에 자루를 가로 박아서 그것을 손잡이로 하여 이리저리 돌려 벼의 겉껍질을 벗기는 데 쓴다

72) '돌러넝거'는 '돌리능거'를 잘못 말한 것으로 보인다.

04 생업 활동

4.1. 논농사

= 그저낸: 그르캐 사느라고 가덜 갈치고 이랄 때넌 막 담배 농사:: 해 짜나요.

= 담배 농사럴 한...

= 그르캐 담배 농사 해 가주구 우리 아:덜 갈치구.

= 그때 당시는 또 이르캐 사내끼를 꽈 가주구서 지부루 이르캐, 이르캐 여꺼써요, 담배럴.

하나씩 다: 끼워짜나요?

= 다: 끼 가주고요::,

= 그래 여꺼 가주구서 그걸 해 가주구.

= 막창이라고 이써요.

= 여 야지::¹⁾ 다라 나오자나요?

= 인재 달때애다가²⁾ 우애서부(터) 야지 야지³⁾ 다라 나와 가주구 그거 뚜 으디 저기 머 하: 한 줄 빼기두 또 아니구 그기 마::나요.

= 아주 기냥 그래 가주 그 건:조시리라는 대 꽉:: 차 가주구서 막창이라는⁴⁾ 디럴 라오면 사라미 망 무래 탁: 빠징 거 거터요.

= 막창깨 나와서.

= 맨: 끄파내 인재 하구 이르캐 나올 때는.

= 인재 그 달때라능 개 인는대 그걸 바:꼬서 그러캐 하는대 그건 이르캐 얼마나 그기 힘드러요::.

= 산내끼루 꽈 가주구 하능 기 그르캐 핸는대.

= 그라다 봉깨 우리는 그거럴 인재: 하다가 인재 아:덜두 크구 이라구 아내써요.

= 인재 그냥 기냥 애:덜두 이르캐 저기 하구 한다 그래먼.

= 그전에는 그렇게 사느라고 걔들 가르치고 이럴 때는 막 담배 농사 했잖아요?

= 담배 농사를 한...

= 그렇게 담배 농사를 해 가지고 우리 아이들 가르치고.

= 그때 당시는 또 이렇게 새끼를 꼬아 가지고서 짚으로 이렇게, 이렇게 엮었어요, 담배를.

하나씩 다 끼웠잖아요?

= 다 끼워 가지고요.

= 그래 엮어 가지고서 그걸 해 가지고.

= 막창이라고 있어요.

= 여기 차례로 달아 나오잖아요?

= 이제 달대에다가 위에서부터 차례차례 나와 가지고 그것도 어디 저기 뭐 한, 한 줄 빼기도 또 아니고 그게 많아요.

= 아주 그냥 그래 가지고 그 건조실이라는 데 꽉 차 가지고 막창이라는 데를 나오면 사람이 막 물에 탁 빠진 거 같아요.

= 막창께 나와서.

= 맨 끝판에 이제 하고 이렇게 나올 때는.

= 이제 그 달대라는 게 있는데 그걸 밟고서 그렇게 하는데 그건 이렇게 얼마나 그게 힘들어요.

= 새끼로 꽈 가지고 하는 게 그렇게 했는데.

= 그러다 보니까 우리는 그거를 이제 하다가 이제 아이들도 크고 이러고 이제 안 했어요.

= 이제 그냥, 그냥 애들도 이렇게 저기 하고 한다고 그러면.

= 나중애 하는 사람덜 보니깨 엄청 시워요.

= 그냥 인재 막 다발채 이르캐 따다가요.

= 다발로 어:: 이랜 저그 저기가 이때요, 저 철짱으로 이르캐 해 농 기.

= 한 다, 한 다발썩 기냥 가따 그걸 탁 풀러 가주구서 짝 까라 노쿠서 넌 우애다가 인재.

= 그거뚜 철짱 여:, 여 널비가 요고만, 요마넌 하지요.

= 근대 그걸루 탁 까따 노쿠서 인재 이르키 그: 기기 저기 이캐 거기 짱구넝 개 이때요.

= 가따 꽝 눌러 노먼 짝 양짜개 다 땡기거드뇨.

= 그람 가따 그걸루 기냥 하니깨 그르캐 십때요:, 오냥.5)

= 아이구:: 우리는 그:르캐 힘들개 해 가주 사라써요.

= 그저내 기냥 산내끼 꽁 골루 점:부 끼 가주구 예:, 그래서 그르캐 해 가주구 인재 애:더럴 갈치 가주 이르캐 사란는대 인재 바번 머꼬 사라요, 즈더리 인재 기냥 모두.

예:.

= 가서 사니까, 허허.

손두 마:니 가자나요, 그 담배농사가:?

= 말:도 모태요::.

= 그때넌 꼭찌 지짜나요::?

- 지그문, 지그문 시워요.

- 조릴6) 아내요.

- 조릴 아나고 그냥 다발채로 가따 바치는대.

그렇지요.

= 예:.

- 그땐 조릴 일리리 해 가주 매드벌 지야 디야.

= 새걸 다:: 가리써요.

= 나중에 하는 사람들 보니까 엄청 쉬워요.

= 그냥 이제 막 다발채로 이렇게 따다가요.

= 다발로 에 이런 저기, 저기가 있대요, 저 철장으로 이렇게 해 놓은 게.

= 한 다(발) 한 다발씩 그냥 갖다 그걸 탁 풀러 가지고 쫙 깔아 놓고서는 위에다가 이제.

= 그것도 철장 요, 요 너비가 요고만 요만은 하지요.

= 그런데 그걸로 탁 갖다 놓고서 이제 이렇게 그, 그게 저기 이렇게 거기 잠그는 게 있더라고요.

= 갖다 꽉 눌러 놓으면 쫙 양쪽이 다 당기거든요.

= 그러면 갖다 그걸로 그냥 하니까 그렇게 쉽대요, 원래.

= 아이고, 우리는 그렇게 힘들게 해 가지고 살았어요.

= 그전에 그냥 새끼 꼰 걸로 전부 끼워 가지고, 예, 그래서 그렇게 해 가지고 이제 애들을 가르쳐 가지고 이렇게 살았는데 이제 밥은 먹고 살아요, 자기들이 이제 그냥 모두.

예.

= 가서 사니까, 허허.

손도 많이 가잖아요, 그 담배농사가?

= 말도 못 해요.

= 그때는 꼭지 짓잖아요?

− 지금은, 지금은 쉬워요.

− 조리를 안 해요.

− 조리를 안 하고 그냥 다발채로 갖다 바치는데.

그렇지요.

= 예.

− 그땐 조리를 일일이 해 가지고 매듭을 지어야 돼.

= 색을 다 가렸어요.

= 종 거는 종 거대루, 노:랑 건 노랑 거때루, 뿔궁 건 뿔궁 거, 새카망 건 새카망 거대루, 젤:: 새카망 건 또 젤: 새카망 거대로 막 이르캐 해 가 주구서넌 그걸 또 하꾸라구[7] 바가써요, 하꾸.

= 하꾸라고 이러는 인재 저:기: 그: 나무루 짱:기 이써요.

= 고래 거기다가 꽉꽉 느 가주구 인재 발바 가주구서루 그거 인재 빼: 가주구 무꺼짜나요.

= 그거 저르캐 해 가주구, 그르캐 무꺼 가주구서는 이래 해 가주 가따 바치서 그걸 인재 돈: 그래 해서 그걸루 아:더럴 모두 이래 갈치고 그르캐 사라찌요.

= 지그면 담배 농살 진능 건, 지그면 또 아나는 사라문 아나자나요.

= 하는 사람 하드라고요.

= 또 그린대 우리::가 안 하니 안 하고 한 이: 녀닝가 삼녀닝가 댄:는대 아이 그르캐 수워라개 농살 지뜨라구요.

= 아이구 우린 그:르캐 애럴 머꾸 나 농살 지:써요, 고냥 애:덜 갈칠 때.

그거 불 때는 거뚜 또 이리자나요, 그거?

보일러 아낄라구.

= 예::.

= 그래 가주구 그걸 또 부럴 때요:.

– 그개 기수리라고.

= 거기 이르캐 해 가주 미태서: 부럴 때먼 그거 쓰느라고 바매 잠두 모짜자나요 또.

= 밤짜물 모짜고 머 그냥 그르캐 해 가주 그거럴 일리리 그걸 또 꼭찌 럴 지차나요.

= 노랑 거 다 꼭찌 지치.

= 또 그 다:매 꺼, 다:매 꺼 인재 메찔루 이르캐 해 가주구 꼭찌를 지:

= 좋은 거는 좋은 거대로, 노랑 거는 노랑 것대로, 붉은 건 붉은 거, 새까만 건 새까만 것대로, 제일 새까만 건 또 제일 새까만 것대로 막 이렇게 해 가지고서는 그걸 또 상자라고 박았어요, 상자.

= 상자라고 이러는 이제 저기 그 나무로 짠 게 있어요.

= 그래 거기다가 꽉꽉 넣어 가지고 이제 밟아 가지고서 그걸 이제 빼 가지고 묶었잖아요.

= 그거 저렇게 해 가지고 그렇게 묶어 가지고서는 이렇게 해 가지고 갖다 바쳐서 그걸 이제 돈 그래 해서 그걸로 아이들을 모두 이렇게 가르치고 그렇게 살았지요.

= 지금은 담배농사를 짓는 건 지금은 또 안 하는 사람은 안 하잖아요.

= 하는 사람은 하더라고요.

= 또 그런데 우리가 안 하니 안 하고 한 이 년인가 삼 년인가 됐는데 아이 그렇게 수월하게 농사를 짓더라고요.

= 아이고 우린 그렇게 애를 먹고 내가 농사를 지었어요, 그냥 아이들 가르칠 때.

그거 불 때는 것도 또 일이잖아요, 그거?

보일러 아끼려고.

= 예.

= 그래 가지고 그걸 또 불을 때요.

─ 그게 기술이라고.

= 거기 이렇게 해 가지고 밑에서 불을 때면 그거 찌느라고 밤에 잠도 못 자잖아요 또.

= 밤잠을 못 자고 뭐 그냥 그렇게 해 가지고 그거를 일일이 그걸 또 꼭지를 짓잖아요.

= 노랑 거 꼭지 짓지.

= 또 그 다음에 거, 다음에 거 이제 몇 등급으로 이렇게 해 가지고 꼭

서 하꼴 박찌요.

= 기냥이나 해요?

= 지그먼 다발루 막 이르캐 해 가주 하니까 얼마나 시워요.

= 다:: 꼭찌를 지 가주구 그래 해 가주구 해써.

= 아유:: 참 그때 옌날 재래르능 거 생가글 하구 살먼 일리리 마.럴 모태요. 그거 옌나래 건조시래서 꺼내먼 비오는 나리든, 날 조온 나리든 아주머니들 또 어, 처마 미태 안자 가주 그거 싹 이래.

= 그럼뇨::, 노벌 으더 가주 하지요.

= 예:.

= 담배 조리꾸널 인재 머 열 멩이고 인재 머 얼매, 얼매고 인재 이르 캐 으더 가주 그거를 머 열탄 열땐 명 어떤지 어짜던지 해 가주구서 그거 뚜 인재 졸:, 노벌 으더야 대요:.

= 고건 그래 노부더가주 인재 글 점::부 새까리 가주구 꼭찌를 매 가 주구서 그래 가주구서 하꼬 바가서 가따 바치자나요.

그 꼭찌 매능 거 그거 하능 걸 조리, 조리 한다 그러능 거요?

= 예, 에 꼭찌 진능 거럴 인재 조리라 구라지요, 꼭찌를(진능 거럴). 예.

= 예, 조리를 한다.

= 아이구, 그 담배조리:-라구 하지요.

= 인재 그르캐 수부카만, 엄청 힘들개 우리들 상: 거넌 얘기 모태요:.

= 허허허.

저:: 저: 학꾜다닐 때두 저히 어머니 그렁 거 하셔꺼든뇨.

= 예:.

우리는 농사는 인재 그 안 핸는대 남, 남들 그 담배쪼리 한다 그러먼 가셔 서 그렁 거 하시구 그렁 건 제가 바써요.

= 그르치유.

지를 지어서 상자를 박지요.

= 그냥이나 해요?

= 지금은 다발로 막 이렇게 해 가지고 하니까 얼마나 쉬워요.

= 다 꼭지를 지어 가지고 그렇게 해 가지고 했어.

= 아유 참 그 때 옛날 조리하는 거 생각을 하고 살면 일일이 말을 못 해요. 그거 옛날에 건조실에서 꺼내면 비 오는 날이든, 날 좋은 날이든 아주머니들 또 어, 처마 밑에 앉아 가지고 그거 싹 이렇게.

= 그럼요, 놉을 얻어 가지고 하지요.

= 예.

= 담배 조리꾼을 이제 뭐 열 명이고 이제 뭐 얼마, 얼마고 이제 이렇게 얻어 가지고 그거를 뭐 열 댓, 열 댓 명 얻든지 어쩌든지 해 가지고서 그것도 이제 조리, 놉을 얻어야 돼요.

= 그건 그래 놉을 얻어 가지고 이제 그걸 전부 색깔을 가지고 꼭지를 매어 가지고서 그래가지고 상자 박아서 갖다 바치잖아요.

그 꼭지 매는 거 그거 하는 걸 조리, 조리 한다 그러는 거예요?

= 예, 꼭지 짓는 거를 이제 조리라 그러지요, 꼭지를(짓는 것을).

예.

= 예, 조리를 한다.

= 아이고, 그 담배조리라고 하지요.

= 이제 그렇게 수북하면, 엄청 힘들게 우리들 산 것은 얘기 못 해요.

= 허허허.

저, 저 학교 다닐 때도 저희 어머니 그런 거 하셨거든요.

= 예.

우리는 농사는 이제 그 안 했는데 남, 남들 그 담배조리 한다 그러면 가셔서 그런 거 하시고 그런 건 제가 봤어요.

= 그렇지요.

4.2. 밭농사

그리구 인잴 농사 지싱 거요, 그럼?

― 그르치오:.

― 농사럴 참 여:러 가지 해씀니다, 농사도.

― 근대 이 농사를 지따 보니까 고 땅이 만:치 안초:.

― 여기 땅이 먀:는대가 아님미다.

― 야:주 살:기가 어려운 어:: 지여기여써요.

― 그래서, 이 그라고 옌나래, 지금:-도 마창가지지만 이 농사질 땅이 여::기 저기 이래 부터이씀니다.

― 그라먼 이 지개로 어: 거러멀 저다가 아:, 버: 가주고 그 누멀 가주고 인재 에: 퇴비 하 해: 가주고 농살 지키타 보먼8) 보::통 고여기 아니지요::.

― 그리고 요 땅이 존9) 지여기 아니애요.

― 토오카질10) 안씀미다, 요개.

― 저 잘 안 대지요, 곡씨기.

― 그래두 이: 농사:꺼리는 머 만:치도 앙코 이래서 여::러 가지 농살지11) 바찌오~::.

― 어: 바태는 담::배도 싱가12) 보고, 인삼도 해 보고, 머 이 채:소 장물도 해보고 별 걸 다 해바써.

― 근대 팔로가 조칠 안치요, 여긴 또.

― 그릉 건 옌:나래 음, 에:: 인재 옌:나랜 경웅기 이렁 개 나와 가주 인재 경웅기로도 가따 팔고, 그: 아주 옌나래넌 소나 이렁 걸로 씨:르다가13) 팔든지 지개루 저다 파라야 대요.

― 그리고 인재 여기 장:이 여기도 장:언 슴미다.

― 그걸 인재 여:러 군대 갈라먼 여기 세: 군대 장언 갈 쑤가 이써요.

그리고 이제 농사 지으신 거예요, 그럼?

— 그렇지요.

— 농사를 참 여러 가지 했습니다, 농사도.

— 그런데 이 농사를 짓다 보니까 그 땅이 많지 않지요.

— 여기 땅이 많은 데가 아닙니다.

— 아주 살기가 어려운 에, 지역이었어요.

— 그래서, 이 그리고 옛날에는, 지금도 마찬가지지만 이 농사지을 땅이 여기 저기 이렇게 붙어있습니다.

— 그러면 이 지게로 에 거름을 져다가 부어 가지고 그 놈을 가지고 이제 에 퇴비를 해 가지고 농사를 짓다 보면 보통 고역이 아니지요.

— 그리고 여기 땅이 좋은 지역이 아니에요.

— 토옥하질 않습니다, 여기(가).

— 잘 안 되지요, 곡식이.

— 그래도 이 농사거리는 뭐 많지도 않고 이래서 여러 가지 농사를 지어 봤지요.

— 밭에는 담배도 심어보고, 인삼도 해보고, 뭐 이 채소 작물도 해보고 별 걸 다 해봤어.

— 그런데 판로가 좋질 않지요, 여긴 또.

— 그런 건 옛날에 음, 에 이제 옛날에, 경운기 이런 게 나와 가지고 이제 경운기로도 가져다 팔고 그 아주 옛날에는 소나 이런 걸로 실어다가 팔든지 지게로 져다 팔아야 돼요.

— 그러면 이제 여기 장이, 여기도 장은 섭니다.

— 그걸 이제 여러 군데를 가려면 여기 세 군데 장은 갈 수가 있어요,

세: 군대.

　－ 영동 장, 영동 장이 젤: 크지요~:.

　－ 항간 장.

　－ 청산 장.

　－ 인재 여기: 장이 스니깨 여기 장 보고, 그렁 걸 맹그러[14] 노면 그르캐 도라댕기민[15] 파라야 대요.

　－ 그으, 그 수아기 별로요:, 일려내.

　－ 사라온 내여걸 얘기해 보머뇨.

농토는 얼마나 대션는대요?

　－ 농토는, 어 약 한 전채애서 한 이천 평 정도 부처 보고:.

　－ 그래 아:드리 여러시니까 자꾸 학삐애 파라머거야 대요.

　－ 그래 자꾸 줄과찌요[16] 머.

　－ 그: 학삐럴 점부 내:고 학, 공부시켜씁니다.

　－ 한 사람도 헤:택뽄 니리 업써요.

　－ 수업뇨 다: 내야 대고, 어: 기성해비 다 내야 대고 머 일리리 다: 내가민성[17] 공부 시키찌요.

　－ 그래 대학교 한 사람배깨 모: 시키써요.

　－ 그라고 어: 점부 고동학꾜, 중학꾜애 끈마, 끈마치기도 하고.

그::런 곡씨::글 시물 때 제일 그래도 수하기 마능 개 어떵 거여써요? 도우미 마:니 댕 거?

　－ 수하기 마:이 댕 거넌 그래두 잘: 지면 인사미 젤: 나찌요~ 머.

　－ 그라고 인재 담:배가 땅 거보담[18] 수하기 좀 나:닝까, 이 건조::시래,[19] 옌:날 건조시런 이 흐그로 싸: 올린 흑뺵, 거기 그렁 기 건조시럽니다:..

　－ 지그면 인재 다: 이 기개 건조시리지요:.

　－ 그른대 에:: 그 두 개까지도 가지구 담:배 농사두 해: 바써요.

　－ 근대 인:삼 농사넌 그 한 심년 해써요, 인삼 농사럴.

세 군데.

　－ 영동 장, 영동 장이 제일 크지요.

　－ 황간 장.

　－ 청산 장.

　－ 이제 여기 장이 서니까 여기 장 보고 그런 걸 만들어 놓으면 그렇게 돌아다니면서 팔아야 돼요.

　－ 그, 그 수확이 별로요, 일 년에.

　－ 살아온 내역을 얘기해 보면요.

농토는 얼마나 되셨는데요?

　－ 농토는, 약 한 전체에서 한 이천 평 정도 부쳐 보고.

　－ 그래 아들이 여럿이니까 자꾸 학비에 팔아먹어야 돼요.

　－ 그래서 자꾸 줄였지요 뭐.

　－ 그 학비를 내고 학, 공부시켰습니다.

　－ 한 사람도 혜택을 본 일이 없어요.

　－ 수업료 다 내야 되고, 기성회비 다 내야 되고 뭐 일일이 다 내 가면서 공부를 시켰지요.

　－ 그래 대학교 한 사람밖에 못 시켰어요.

　－ 그리고 에 전부 고등학교, 중학교 끝마(치고), 끝마치기도 하고.

그런 곡식을 심을 때 제일 그래도 수확이 많은 게 어떤 거였어요?

도움이 많이 된 거?

　－ 수확이 많이 되는 것은 그래도 잘 지으면 인삼이 제일 낫지요.

　－ 그리고 이제 담배가 다른 것보다 수확이 좀 나니까, 이 건조실에, 옛날 건조실은 흙으로 쌓아 올린 흙벽, 거기 그런 게 건조실입니다.

　－ 지금은 이제 다 이 기계 건조실이지요.

　－ 그런데 에 그 두 개까지도 가지고 담배 농사도 해봤어.

　－ 그런데 인삼 농사는 한 십 년 했어요, 인삼 농사를.

- 인삼 농산 참 그거는 어렵씀니다, 인삼 농사.
- 이: 땅얼 일런 간 무커야[20] 대요, 거 인삼 거르멀 할라먼, 아주 그개 옌나랜.
- 그라고 옌나래 한 어:: 시보: 년 저내 인삼 농살 해써요.
- 그때만 해도 지금 인삼 농사하고 다름니다, 지그먼.
- 그때넌 푸럴 해:다가 바태다 까라 가주구, 소로 가라 가주 디지버 가주구, 그걸 써쿰니다,[21] 그 저 가랑닙꺼틍 걸, 이렁 걸.
- 인삼: 농사진능 건 보시쓸 끼여, 더러, 교순님도.
- 그르캐 하며넌 그 심 년쭈건[22] 해야지 그래도 그 수하걸 재대로 볼 쑤가 이써요, 그 짜료럴 안 내뿌릴라만.
음.
- 그래 가주구 이기 씨럴 일런 키와야지요.[23]
- 그래 또 사:년, 지금 여긴 융년근 농사 여가내 안 진, 몰 찜니다, 여기는.
- 어 융년그니야 거 홍삼-이죠~:.
- 근대 인재 여기는 백싸무루 다 파라야 댐니다.
- 그라먼 그기: 에 얼매[24] 걸리나먼 융 년 걸림니다, 융 년.
- 융 년 걸리고 함 번 딱카먼 전부 소:냄니다.
- 한 번만 암:만 자래따캐도[25] 소내여, 자료 드러강 기개.
- 근대 이걸 오래하고 수이벌 좀 더 볼라먼 게소캐서 연자걸 해야 대 넝 거여, 게소캐서.
- 근대 그거뚜 또 여 여유치 아눕띠다.
- 그래서 한 심 년 간 따카고 마라찌요.

- 인삼 농사는 참 그것은 어렵습니다, 인삼 농사.
- 이 땅을 일년 동안 묵혀야 돼요, 인삼 거름을 하려면, 아주 그게 옛날에는.
- 그리고 옛날에 한 에 십오 년 전에 인삼 농사를 했어요.
- 그때만 해도 지금 인삼 농사하고 다릅니다, 지금은.
- 그때는 풀을 해다가 밭에다 깔아주고 소로 갈아 가지고 뒤집어 가지고, 그걸 썩힙니다, 그 저 가랑잎 같은 걸, 이런 걸.
- 인삼 농사짓는 건 보셨을 거야, 더러, 교수님도.
- 그렇게 하면 그 십 년쯤은 해야지 그래도 그 수확을 제대로 볼 수가 있어요, 그 재료를 안 내버리려면.

음.

- 그래 가지고 이게 씨를 일 년 키워야지요.
- 그래서 또 사 년, 지금 여긴 육년 근 농사 여간해서 안 짓, 못 짓습니다, 여기는.
- 육 년 근이야 홍삼이지요.
- 그런데 이제 여기는 백삼으로 다 팔아야 됩니다.
- 그럼 그게 얼마나 걸리느냐 하면 육 년 걸립니다, 육 년.
- 육 년 걸리고 한 번 딱 하면 전부 손해입니다.
- 한 번만 아무리 잘 했다고 해도 손해야, 재료 들어 간 게.
- 그런데 이걸 오래하고 수입을 좀 더 보려면 계속해서 연작을 해야 되는 거야, 계속해서.
- 그런데 그것도 또 여의치 않습니다.
- 그래서 한 십 년 간 딱 하고 말았지요.

■ 주석

1) '야지'는 빠뜨리지 않고 모조리의 뜻으로 쓰이는 말이다. 충청도에서 같은 뜻으로 '야지' 외에 '야지리'도 쓰인다.

2) '달때'는 '달대'의 음성형이다. '달대'는 양쪽 끝에 줄을 매어 천장에 매달아 놓는 긴 막대기를 뜻하는 말이다. 담배 건조실에 달대를 나란히 매 달아 놓고 담배 잎을 끼운 새끼줄을 양쪽 달대에 길게 걸어 말린다.

3) '야지야지'는 '야지'가 중첩된 말로 '빠뜨리지 않고 차례차례 모조리'의 뜻으로 쓰이는 말이다.

4) '막창'은 담배 건조실에 담배를 매달 때 안쪽에서부터 차례로 달고 맨 마지막으로 나오는 입구 쪽을 가리키는 말이다.

5) '오냥'은 '본디부터 원래'의 뜻으로 쓰이는 충청도 방언형이다. '오냥'은 사물이나 현상이 생겨난 처음부터라는 뜻의 중앙어 '워낙'에 대응하는 말이다. '오냥' 외에 '워냥' 또는 '워낙', '워낙에' 등도 쓰인다.

6) '조리'는 흔히 '담배 조리'라고 한다. '담배 조리'는 건조실에 말린 담배를 색깔과 모양에 따라 등급을 나누어 몇 잎씩 꼭지를 져서 묶는 것을 이르는 말이다. 조리를 하여 꼭지를 지은 것을 단으로 묶어 담배인삼조합에 내다 판다.

7) '하꾸'는 '①상자 ②궤짝 ③함'을 뜻하는 일본말 はこ의 한국어 발음의 변이음이라고 할 수 있다. 충청도 지역에서 보통은 '하꼬'라고 발음한다.

8) '지키타 보먼'은 '짓다 보먼'이라고 해야 할 것을 잘못 발음한 것으로 보인다.

9) '존'은 중앙어 '좋다'의 활용형 '좋은'에 대응하는 이 지역 방언형이다. '존'은 '좋은'의 준말이다.

10) '토오카질'은 '토옥하지를'의 준말 '토옥하질'의 음성형이다. '토옥하다'는 '땅이 기름지다'는 뜻의 '토옥(土沃)'에 접미사 '하다'가 결합되어 만들어진 형용사로 분석된다.

11) '지'는 중앙어 '짓다'에 대응하는 이 지역 방언형 '짓다'의 활용형이다. 이 지역에서 '짓다'는 '짓고[지꼬], 짓지[지찌], 지:니깨, 지:서, 지:라'와 같이 활용한다. 충청도 방언에서 경상도와 인접한 지역에서는 모음 'ㅣ'로 끝나는 어간에 어미 '-어', '-어서'가 연결되면 어간 모음이 장모음화하고 어미의 '-어'가 탈락한다. 예를 들면, '기-어, 기어서'나 '비-어, 비었다' 등이 각각 '기:, 기:서'와 '비:, 볐:다'와 같이 실현된다.

12) '싱가'는 중앙어 '심다'의 활용형 '심어'에 대응하는 이 지역 방언형 '심가'의 음성형이다. '심가'는 현대국어 '심-(植)'에 대응하는 중세국어 '심ㄱ-'과 관련이 있다. 중세국어의 '심ㄱ-'은 대부분의 충청북도 방언에서 '심구-'로 나타난다. '심가'는 어간 '심ㄱ-'에 어미 '-아'가 결합된 것으로 파악된다. 이런 현상은 일부 방언, 예컨대 삼

척 방언에서 '있-'에 어미 '-아'가 결합하여 '있아'로 실현되는 것과 비교된다.

13) '씨:르다가'는 '실어다가'를 잘못 말한 것으로 보인다.

14) '맹그러'는 중앙어 '만들다'에 대응하는 이 지역 방언형 '맹글다'의 활용형이다. '맹글다'는 '맹글다, 맹글구, 맹글지, 맹글어'와 같이 활용한다. 충청도 방언형으로 '맹글다' 외에 '맨들다'와 '맹길다'가 쓰이고 표준어형 '만들다'도 쓰인다. '맹글다'에 대응하는 15세기 어형은 '밍글다'였다. 충청도 방언의 노년층 화자들은 '맹글다'와 '맨들다'를 많이 쓰고 '맹길다'도 자주 쓰는 편이다. 그러나 젊은층으로 갈수록 '맨들다'와 '만들다'를 쓴다. '만들다'는 표준어의 영향으로 특히 청소년과 장년층에서 많이 쓰이는 어형이고 '맨들다'는 표준어 '만들다'의 후광으로 중년층 이상에서 주로 쓰이는 어형으로 보인다. 15세기 어형 '밍글다'가 16세기 문헌에는 '밍글다'로도 나타나고, '믄둘다'와 '민둘다'로도 나타난다. <소학언해>에 나타나는 '밍글다'는 (<1586소학언,4,30b>) '밍글다'와 '믄들다'의 완전한 혼효형(混淆形)인데 17세기 문헌인 <마경언해>에 자주 보인다. 또한 17세기 문헌에는 '민글다'도 보인다. 15세기 어형 '밍글다'와 현대국어 '만들다'의 선대형으로 보이는 '믄둘다'의 형태상 중요한 차이는 어중자음 'ㄱ'(연구개음)과 'ㄷ'(치조음)이다. 이들 자음 앞에 각각 선행하는 비음(鼻音)은 'ㅇ'(연구개음)과 'ㄴ'(치조음)인데 후행 자음과 각각 조음위치가 같다는 점이 주목된다. 어중자음 'ㄷ'형은 16세기의 서울에서 또는 이보다 조금 앞서 서울과 그리 멀지 않은 곳에서 발생하여 16세기에 서울말에 들어 왔고 근대에 와서 마침내 어중자음 'ㄱ'형을 물리쳤으며, 나아가 주변 방언으로 널리 퍼진 것이라는 견해(이기문)가 있다.(한민족 언어정보화 국어 어휘의 역사 참조.)

15) '도라댕기민'은 중앙어 '돌아다니면서'에 대응하는 이 지역 방언형이다. '도라댕기민'은 '돌아+댕기민'으로 분석할 수 있다. '댕기민'은 다시 '댕기-+-민'으로 분석할 수 있다. '댕기-'는 중앙어 '다니다'에 대응하는 충청도 방언형 '댕기다'의 어간이고 '-민'은 중앙어에서 두 가지 이상의 움직임이나 사태가 서로 맞서는 관계에 있음을 나타내는 연결 어미 '-면서'에 대응하는 충청도 방언형이다. 충청도 방언형으로 '-민' 외에 '-민서'도 쓰인다.

16) '줄과찌요'는 중앙어 '줄이다'에 대응하는 충청도 방언형 '줄구다'의 과거형이다. '줄구다'는 '줄구구, 줄구지, 줄과/줄궈, 줄과라/줄궈라, 줄괐다/줄궜다'와 같이 활용한다. 충청도 지역에서 '줄구다'와 같은 활용 양상을 보이는 방언형으로 '돋구다, 끼구다, 심구다, 떨구다, 정구다, 농구다' 등이 있다. '돋구다, 끼구다, 심구다, 떨구다, 정구다, 농구다'는 각각 중앙어의 '돋우다, 끼우다, 심다, 떨어뜨리다, 담그다, 나누다'에 대응하는 말이다.

17) '가민성'은 '가-+-민성'으로 분석할 수 있다. '-민성'은 두 가지 이상의 움직임이나 사태 따위가 동시에 겸하여 있음을 나타내는 중앙어의 연결 어미 '-면서'에 대응하는 충청도 방언형이다. 충청도에서는 '-민성' 외에 '-민서'와 '-민', '-면서', '-면'도 같은 의미로 쓰인다.

18) '땅 거'는 중앙어 '딴 것'에 대응하는 충청도 방언형 '딴 거'의 음성형이다. '딴'은 '딴 사람, 딴 데, 딴 거'와 같이 관형사형으로만 쓰인다. '딴'은 본래 '다르다'의 뜻을 가진 '따다'의 어간 '따-'에 관형사형 어미 '-ㄴ'이 결합된 것이다. 중앙어와 충청도 방언에서는 '따다'가 온전히 활용하지 않고 관형사형 '딴'으로 화석화한 것으로 보인다. 중국의 연변 지역에서는 '따다'가 '다르다'의 뜻으로 쓰이고 '따고, 다지, 따니까, 딴' 등으로 활용하는 형용사로 쓰인다.

19) '건조실'은 여름에 수확한 담배를 말리기 위해 불을 때서 온도를 높일 수 있도록 특별한 장치를 한 공간을 가리킨다. 마당가에 별도의 건물을 높이 짓는다. 요즈음에는 고추나 벼 등 다른 곡식을 말리는 별도의 작은 공간을 가리키는 말로 쓰이지만, 예전에는 담배를 말리는 용도로 쓰는 별도의 건물을 일컫는 말로 쓰였다.

20) '무커야'는 중앙어 '묵히다'에 대응하는 충청도 방언형 '묵후다'의 활용형이다. '묵후다'는 '묵후구[무쿠구], 묵후지[무쿠지], 묵후니께[무쿠니께], 묵허야[무커야], 묵허라[무커라]'와 같이 활용한다. 충청도 방언에서 '묵후다' 외에 '묵히다'도 쓰인다. 충청도 방언형 '묵후다'와 같은 활용 양상을 보이는 것으로 '썩후다'가 있다. '썩후다'는 '썩후구[써쿠구], 썩후지[써쿠지], 썩후니께[써쿠니께], 썩휘야[써쿼야], 썩휘라[써쿼라]'와 같이 활용하는 충청도 방언형으로 중앙어 '썩히다'에 대응한다.

21) '썩쿰니다'는 중앙어 '썩히다'에 대응하는 충청도 방언형 '썩후다'의 활용형이다. '썩후다'는 '썩후구[써쿠구], 썩후지[써쿠지], 썩후니께[써쿠니께], 썩휘야[써쿼야], 썩휘라[써쿼라]'와 같이 활용한다. '썩후다'와 같은 활용 양상을 보이는 충청도 방언형으로 '묵후다', '삭후다' 등이 있다.

22) '쭈건'은 중앙어 '쫌은'에 대응하는 충청도 방언형 '쫌언'이라고 해야 할 것을 잘못 말한 것으로 보인다.

23) '키와야지'는 중앙어 '키워야지'에 대응하는 충청도 방언형이다.

24) '얼매'는 중앙어 '얼마'에 대응하는 충청도 방언형이다. 충청도 방언형으로 '얼매' 외에 '울매', '울마', '움마' 도 쓰인다.

25) '자래따캐도'는 중앙어 '잘했다고해도'에 대응하는 이 지역 방언형 '잘했닥해도'의 음성형이다. '잘했닥해도'는 '잘했다고해도'의 축약형이다.

05 식생활

5.1. 보릿고개

= 샤:는대 그르캐 예저내: 이르캐 멍넝 기 그쌔 그러는재: 버리, 그렁 버리꼬개라구 이써 가주구서 인재 그:: 버리가 엉가::니[1] 인재 이르캐 이 그먼 고거럴 뜨더다가 인재 쪼꿈 살살 보까요, 소태다가.

= 소태다가 인재 보꾸만 그게 인재 점 요러캐 어느 정도 저기 말를 정도가 대지요.

= 그라문 고거럴 도구통애다[2] 쾅쾅 안 찌쿠 살짝 살짝 살짝 찌어요.

= 그라문 꺼푸리 쪼꼼 버꺼저만 그걸로 인재 이르캐 밥또 해 머꼬.

= 인재 걸 또 매:찌[3] 가주고서루 버리떠기라구 또 인재 그거럴, 그 찌:먼 차지자나요?

= 그래서 그걸 버리떠기라고 그거뚜 해 머꼬.

= 밀:도 인재 이르캐 그거뚜 밀도 인재 또 마:니 이경 거 아나고 어지가::니 이긍 거럴 인재 뜨더다가 인재 그거뚜 버리처럼 그르캐 인재 살살 살 보꺼 가주구선 인재 그래 그걸루 이르캐 이 찌:먼 그게 인재 그개: 밀:떠기 대지요, 인재 그래 가주구 인재 그걸루 그래 머꼬.

= 그 피라내 와 가주 그르캐 살라구 하니깨 그키 마:니 힘들더라고요, 아:주 기냥.

머 아무 거뚜 엄는대 그개 얼마나 힘들개써요?

= 예::, 머 다: 타 가주구유, 아무 거뚜 웅꾸[4] 그캐 힘들더라가요.

= 그 힘드르개 사란는대, 그기 인재: 그 쑥또 인재 이르캐 뜨더다가:: 인재: 가루하고 찌 가주구서 콩얼 인재 당과서 인재 그걸 끄리개 인재 매이다[5] 타요.

= 이르캐: 그 맫또리 이짜나요?

= 거기다가 인재 그걸 가러다가 인재 거기다 콩, 주걸 끄리먼 밀까루

= 사는데 그렇게 예전에 이렇게 먹는 게 글쎄 그러는지 보리, 그런 보릿고개라고 있어 가지고 이제 그 보리가 엔간히 이제 이렇게 익으면 그거를 뜯어다가 이제 조금 살살 볶아요, 솥에다가.

= 솥에다가 이제 볶으면 그게 이제 좀 이렇게 어느 정도 저기 마를 정도가 되지요.

= 그러면 그것을 절구에다 쾅쾅 안 찧고 살짝 살짝 살짝 찧어요.

= 그러면 껍질이 조금 벗겨지면 그걸로 이제 이렇게 밥도 해 먹고.

= 이제 그걸 또 매찧어 가지고서 보리떡이라고 또 이제 그것을, 그 찧으면 차지잖아요?

= 그래서 그걸 보리떡이라고 그것도 해 먹고.

= 밀도 이제 이렇게 그것도 밀도 이제 또 많이 익은 거 안 하고 어지간히 익은 것을 이제 뜯어다가 이제 그것도 보리처럼 그렇게 이제 살살 볶아가지고는 이제 그래 그걸로 이렇게 찧으면 그게 이제 그게 밀떡이 되지요, 이제 그래 가지고 이제 그걸로 그래 먹고.

= 그 피란을 해 와 가지고 그렇게 살려고 하니까 그렇게 많이 힘들더라고요, 아주 그냥.

뭐 아무것도 없는데 그게 얼마나 힘들겠어요?

= 예, 뭐 다 타 가지고요. 아무 것도 없고 그렇게 힘들더라고요.

= 그렇게 힘들게 살았는데 그게 이제 그 쑥도 이제 이렇게 뜯어다가 이제 가루하고 찧어 가지고서 콩을 이제 담가서 이제 그걸 끓이게 이제 맷돌에다가 타요.

= 이렇게 그 맷돌이 있잖아요?

= 거기다가 이제 그걸 갈아다가 이제 거기다 콩, 죽을 끓이면 밀가루

하:고 인재 쑤카고 찌: 가주구서 그래 요래 요래 수지비럴 인재 콩주개다 가 인재 그래 느:요.

= 그래 가주구 그거럴 인재 쌀 쪼:꿈 느쿠 그래 해 가주구 그걸 인재 수제비, 콩죽수제비라구[6] 그래 해 가주구 그래두 머꾸.

= 인재 그라다가 살:다 보닝깨 인재 이런 가:미 나자나요, 또 가:미.

= 이런 감나무애 가미 나만 가:문 인재 이르캐 새파랄 때는 몸: 머꾸 어지가::니 이그만.

= 그 버리농사럴 지 가주구서 인재 저: 방애까내 가서 인재 그거럴 찌:먼 인재 엉가::니 씨쿠 인재: 고기: 낼: 쩡도가 대:먼 그 인재 가루가 나와요.

= 고거 엉가:니 낼 쩡도 댈 때 그래 인재 버리까루럴 으:- 그 :버리쌀 가루럴 그거럴 내 가주구 가:멍가니 이긍 거하구 어: 인재 이르캐 가:멀 찌: 가주구서 그 또 인재 가루럴 쪼꿈 인재 써꺼 가주구 그래 인재 그거 하구 인재 이래 주구.

= 밀까루두 인재 그 밀까루럴 인재 또 좀 고웅 거:넌 인재 또 따루 해 노코 이재 또 좀 이르캐 세 셀 세:찔로 빼요.

= 밀까루를 멘지 농사징거럴 빼먼 그람 세낄로 하만 그때두: 인재 예: 저내넌 그리트라고요.

= 인재 이르캐 남자더른: 좀 인재 쪼꿈 인재 종: 걸루 주고 우리 여자 더런 인재 좀 그: 인재 훔물까루[7] 이렁 걸루 또 국쑤 해 가주구 그래서도 머꼬 그 샤:능 개 그르캐 예:저낸 그르캐 사라써요.

= 그라고 꼬추 농사두 어디 지금거치 그르캐 마:능가요, 어디?

= 그람 꼬추 농사 그르캐 만:치 아느만 인재 쪼꿈 인재 꼬추 거틍 거 이르캐 인재 농사지서 인재 하먼 꼬치장두 두 가지로 다마 가주구서 인재 그래.

= 인재 좀 손니미나 오고 인재 이르캐 좀 남자덜 오쭘 이르캐 줌 두

하고 이제 쑥하고 찧어 가지고서 그렇게 요렇게, 요렇게 수제비를 이제 콩죽에다가 이제 그렇게 넣어요.

= 그래 가지고 그거를 이제 쌀 조금 넣고 그렇게 해 가지고 그걸 이제 수제비 콩죽수제비라고 그렇게 해가지고 그렇게도 먹고

= 이제 그러다가 살다가 보니까 이제 이런 감이 나잖아요.

= 또 감이 이런 감나무에 감이 나면 감은 이제 이렇게 새파랄 때는 못 먹고 어지간히 익으면

= 그 보리농사를 지어 가지고서 이제 저 방앗간에 가서 이제 그거를 찧으면 이제 어지간히 이제 씻고 이제 그게 낼 정도가 되면 그 이제 가루가 나와요.

= 그거 어지간히 낼 정도 될 때 그래 이제 보릿가루를 음 그 보리쌀 가루를 그거를 내어 가지고 감 어지간히 익은 거하고 에 이제 이렇게 감을 찧어 가지고서 그 또 이제 가루를 조금 이제 섞어 가지고 그래 이제 그거하고 이제 이렇게 주고.

= 밀가루도 이제 그 밀가루를 이제 또 좀 고운 것은 이제 또 따로 해 놓고 이제 또 좀 이렇게 세 세 세 질(質)로 빼요.

= 밀가루를 먼저 농사지은 것을 빼면, 그러면 세 질로 하면, 그때도 이제 예전에는 그렇더라고요.

= 이제 이렇게 남자들이게는 좀 이제 조금 이제 좋은 걸로 주고 우리 여자들은 이제 좀 그 이제 홋물가루 이런 걸로 또 국수 해 가지고 그래서도 먹고 그 사는 게 그렇게 예전에 그렇게 살았어요.

= 그리고 고추 농사도 어디 지금같이 그렇게 많은가요, 어디?

= 그러면 고추농사 그렇게 많지 않으면 이제 조금 이제 고추 같은 거 이렇게 이제 농사지어서 이제 하면 고추장도 두 가지로 담가 가지고 이제 그래.

= 이제 좀 손님이나 오고 이제 이렇게 좀 남자들 좀 이렇게 좀 두 가

가지루 다마 가주구 인재.

= 헤헤헤.

= 그래 가주구 인재 남자드라고 손니몰 땐 조웅 걸루 노쿠, 인재 우리드른 그냥 이르캐 머꼬 그 예지[8] 그르캐 사라찌요, 그저내는.

아까 저 후물까루라 하능개, 밀까루::를 찌어서:?

가루가, 가루를 조은 고운 가루를 빼구 뒤애 나오는 거 그걸 후물까루라 그러능거애요?

= 예: 디애 꺼요.

= 거기는 밀찌우리라구 또 이써요.

뻘:겅 거.

= 예: 그 잴:: 훔:물, 세 가지거덩요.

= 인재 처매:: 빼먼 좀 이개 그: 밀 껍띠기가 나오기 때매 좀 뿔궁 개 나오거덩뇨.

= 그럼 뿔구르망 그거넌 인재 이르캐 또 막 그: 왜 밀 그르캐 이르캐 밀 빼수넝 개 이짜너요?

= 그람 거 가서 인재 밀:개가 이써요.

= 그라면 그걸루 끌거내요, 얼렁.

= 슬쩍 빼스러질 때 그걸 끌거내고 그 인재 빼스먼 그른대 그기: 조:웅 가루가 나와요, 뽀:양 개.

= 고고 인재 따루 하고 또 인재 또, 또 쪼꿈 인재 더 빼수먼 인재 고:두멀까루가[9] 좀 뿔궁 개 나오지오.

= 인재 뿌 뿔구루망 그거 인재 또 따루 하고.

= 그 밀:찌우리라고 이써요.

= 건대 밀찌우리라고 인는대 그건 밀찌 그 인재 찌끄리넌[10] 밀찌우린대 그거럴 인재 저: 가:멀 저런 감: 뿔그루말 때 고고럴 그렁 거 인재 따든지 줌 이르캐 떠러징 걸 줌뻔지 해 가주구 밀찌우래다가 인재 고 가:멀

지로 담가 가지고 이제.

= 헤헤헤.

= 그래 가지고 이제 남들하고 손님 올 때는 좋은 걸로 놓고 이제 우리들은 그냥 이렇게 먹고 그 예전에 그렇게 살았지요, 그전에는.

아까 저 훗물가루라 하는 게 밀가루를 찧어서?

가루가, 가루를 좋은 고운 가루를 빼고 뒤에 나오는 거 그걸 후물가루라고 그러는 거예요?

= 예 뒤에 (나오는)거요.

= 거기는 밀기울이라고 또 있어요?

붉은 거.

= 예, 제일 훗물, 세 가지거든요.

= 이제 처음에 빼면 좀 이게 그 밀 껍데기가 나오기 때문에 좀 붉은 게 나오거든요.

= 그러면 붉으스름한 그거는 이제 이렇게 또 막 그 왜 밀 그렇게 이렇게 밀 빻는 게 있잖아요?

= 그러면 거기 가서 이제 고무래가 있어요.

= 그러면 그걸로 긁어내요, 얼른.

= 슬쩍 빻아질 때 그걸 긁어내고 그 이제 빻으면 그런데 그게 좋은 가루가 나와요, 뽀얀 게.

= 고고 이제 따로 하고 또 이제 또, 또 조금 이제 더 빻으면 이제 그 두물가루가 좀 붉은 게 나오지요.

= 이제 붉, 붉으스름한 그것은 이제 또 따로 하고.

= 그 밀기울이라고 있어요.

= 그런데 밀기울이라고 있는데 그건 밀기(울) 그 이제 찌꺼기는 밀기울인데 그거를 이제 저 감을 저런 감 붉으스름할 때 고것을 그런 거 이제 따든지 줍(든지) 이렇게 떨어진 것을 줍든지 해 가지고 밀기울에다가 이제

콕콕 찌 가주구서 그래 인재 이르캐 해 가주구 애:덜 주구.

그거 이르미 따로 이써요 그거?

= 그기: 인재: 거시기 저 인재 감::, 감떠기라 구러지, 감떡.[11]

= 허허.

= 감떠기라구 해 가주구 그르캐 해 머거떠요.

예:.

= 예:, 그: 그르캐: 여러 가지럴 해서:: 먹따 보닝깨 그르캐 머깨 대더라
고요.

여기가 가:미 마:니 나오는 대니까 인재 그르캐?

= 예: 예.

그러면 그, 그 감 떠 떠 뜰붕 건 업써저요?

= 예, 쯔:먼 업써저요.

= 왜 예:저내 삭까루[12] 이짜나요?

예.

= 삭까루럴 인재: 무래다 타 가주구 쪼꿈 써꺼 가주 버무리지요, 인재,
그 밀찌우래다가.

= 그래서 써꺼 가주구서 그래서 쩌먼 인재 그거를 이르캐 뭉치 가주구
애:덜 주먼 그 잘 머거요, 애:더리.

= 떠기라고, 허허.

= 예, 그르캐 머꾸.

= 인재 그기:: 이르캐 해 가주 사:능 거넌 그기 일리리 다 말 모태요,
예저내 그르키 산 생가글 해 보먼.

이거 머 제 제처래 머끼 어려우니까 그냥 미리두 줌 이끼두 저내 뜨더다 머
꾸 머 이러자나요?

= 그럼뇨, 예:.

아까 저: 저:기 머야?

그 감을 콕콕 찔어 가지고서 그렇게 이제 이렇게 해 가지고 애들 주고.

그거 이름이 따로 있어요, 그거?

= 그게 이제 거시기 저 이제 감, 감떡이라 그러지, 감떡.

= 허허.

= 감떡이라 해 가지고 그렇게 해 먹었어요.

예.

= 예, 그 그렇게 여러 가지를 해서 먹다가 보니까 그렇게 먹게 되더라고요.

여기가 감이 많이 나오는 데니까 이제 그렇게?

= 예 예.

그러면 그 그 감 떫, 떫 떫은 건 없어져요?

= 예, 찌면 없어져요.

= 왜 예전에 사카린 있잖아요?

예.

= 사카린을 이제 물에다 타 가지고 조금 섞어 가지고 버무리지요 이제, 그 밀기울에다가.

= 그래서 섞어 가지고 그래서 찌면 이제 그거를 이렇게 뭉쳐 가지고 애들 주면 그렇게 잘 먹어요, 애들이.

= 떡이라고, 허허.

= 예, 그렇게 먹고.

= 이제 그게 이렇게 해 가지고 사는 것은 그것은 일일이 다 말 못해요, 예전에 그렇게 산 생각을 해 보면.

이거 뭐 제철에 먹기 어려우니까 그냥 미리도 좀 익기도 전에 뜯어다 먹고 뭐 이러잖아요?

= 그럼요, 예.

아까 저, 저기 뭐야?

수, 수수:, 쑤수때 그거?

= 쑤쑤때, 예.

그걸?

= 부지러 가주구.

부지러 가주구 이르캐 저기 훌틍 거뚜 걸구근?

= 그건 나라그루 인재.

예.

= 예, 쌀라락 쌀라오는 나라글 그걸루 훌터 가주구 인재 방애애다 찌서 얼렁 얼렁 머걸라구 인재 그릭, 그리캐.

머라구요?

ㅡ 초련 멍는다 그래, 초련.13)

= 예, 초련.

초련:?

= 예:.

ㅡ 초련.

저 그말두 지금 첨: 드러보능 건대요.

= 예.

= 초려는 인재:: 초, 초려내:.

ㅡ 잴: 츠:매 할찌개.

= 초려내 멍넌:: 거럴 인재: 업씨 살다 보니까.

네.

= 초련 멍는 방애럴 인재 그르캐 가주 찌서 먹찌요, 방애까내 가서.

ㅡ 초려니라 고란다고, 츠:매 그래 훌터 가주구 해문.

= 예.

예:, 그걸 초련 멍는다 그래요?

= 예.

수, 수수:, 수수깡 그거?

= 수수깡, 예.

그거?

= 부러뜨려 가지고.

부러뜨려 가지고 이렇게 저기 훑은 것도 결국은?

= 그런 나락으로 이제.

예.

= 예, 쌀 나락, 쌀 나오는 나락을 그걸로 훑어 가지고 이제 방아에다 찧어서 얼른 얼른 먹으려고 이제 그렇(게) 그렇게.

뭐라고요?

− 초련 먹는다고 그래, 초련.

= 예, 초련.

초련?

= 예.

− 초련.

저 그 말도 지금 처음 들어보는 건데요?

= 예.

= 초련은 이제 초련에.

− 제일 처음에 할 적에.

= 초련해 먹는 거를 이제 없이 살다가 보니까.

네.

= 초련 먹는 방아를 이제 그렇게 해 가지고 찧어서 먹지요, 방앗간에 가서.

− 초련이라고 그런다고 처음에 그렇게 훑어 가지고 하면.

= 예.

예. 그걸 초련 먹는다 그래요?

= 예.

= 예, 초련 머걸 때 그리캐 해 가주 먹지요.

= 그거 얼렁 머 얼렁 익찔: 모타자나요.

= 배가 고푸고 하니깨, 그걸 인재 훑터다가 이거 홀찌깨라구[14] 그래요. 예.

= 예, 그 홀찌깨 인재 쑤수때로 맨드룽 기 그기 홀찌깨요.

예, **홀찌깨.**

= 예:, 훑트, 훑른다고 홀찌깨라구 구라대요.

예 예.

= 예, 이르캐 하고 인재 그:: 방애두 인재 찌:먼 그거 인재 그거두 버리쌀 다: 나올 때 그거 나옹 거 인재 그 버리쌀 내고: 이랄 때 나오능 거 그걸루 인재 애:덜 사까루 느: 가주구 이래 또 그걸루 또 이르캐 개:떠글 또 만드러 가주구 그래두 주구: 그르캐 사라써요.

= 사:능 기.

= 흐흐흐.

= 그라다가 애덜두 크구::, 인재 모두 인재 공부두 이래 갈치구 하니깨 즈:더리 다: 나가서 살구 인재 이래 사:니깨 애:더리 돈 조 가주 인잰 이르캐 사라요.

= 허허허.

할머니 절머쓸 때 고생하셔쓰니.

= 예:.

인잰 머:: 노녀내는 쪼:꼼 그래두 맘: 펴나개 이쓰셔야지.

= 예:.

= 아이, 피라내 머 장녀내:: 인재 사...

= 저기: 피라 머: 다 타뻐리고 아::무 거뚜 움넌대 오니깨 글쌔 그냥 흐그루 지벌 만드러 가주 흑짱지불 지코: 요: 아내만 요래 발라 가주 살더라고요.

= 예, 초련 먹을 때 그렇게 해 가지고 먹지요.

= 그거 얼른 뭐 얼른 익지를 못하잖아요?

= 배가 고프고 하니까 그걸 이제 훑어다가 이것을 벼훑이라고 그래요. 예.

= 예, 그 벼훑이는 이제 수수깡으로 만든 게 그게 벼훑이요.

예, 벼훑이.

= 예, 훑는다고 벼훑이라고 그러대요.

예 예.

= 예, 이렇게 하고 이제 그 방아도 이제 찧으면 그거 인제 그것도 보리쌀 다 나올 때 그거 나온 거 이제 그 보리쌀 내고 이럴 때 나오는 거 그걸로 이제 애들 사카린 넣어 가지고 이제 또 그걸로 또 이렇게 개떡을 또 만들어 가지고 그래도 주고 그렇게 살았어요.

= 사는 게.

= 흐흐흐.

= 그러다가 애들도 크고 이제 모두 이제 공부도 이렇게 가르치고 하니까 저희들이 다 나가서 살고 이제 이렇게 사니까 애들이 돈 줘 가지고 이제 이렇게 살아요.

= 허허허.

할머니 젊었을 때 고생하셨으니.

= 예.

이제 뭐 노년에는 조금 그래도 마음 편하게 있으셔야지.

= 예.

= 아이, 피란에 뭐 장년에 이제 사...

= 저기 피란 뭐 다 타버리고 아무 것도 없는데 오니까 글쎄 그냥 흙으로 집을 만들어 가지고 흙벽돌집을 짓고 요 안에만 이렇게 발라 가지고 살더라고요.

= 요래 아내만, 아내만 인재 발라 가주 그래 살구.

= 우리 인재 아번니면 그르캐 펜차느시 가주구 인재 게시는대 머:: 우리 사춘 시아즈바이가 야꾸걸 하는대 그 야글 암만 지:다 써도 안 드시고 그래 들떨[15) 아나드라고요.

= 그래 가주구서 인재 저 온 두: 달마내 도러가시써.

워나개 머: 그: 예전 어르신드리 드시능 거뚜:: 만 마니 모뜨시지:: 고생은 고생대로 하시지.

= 예:.

그런대다가 머 치료::나 제대로 되깨써요?

그르니깐.

= 사머 그전 저뿌니 아니라 제 또래나 저 우칭이나 이래 그 머: 다: 그르캐 고생하고 사라짜나요.

= 지금 우리 미태 칭::서부터먼 인재 가마니 보먼 그런: 경허멀 안 재끼찌요.

= 우리 우칭하구 저하구넌 그런 경허멀 지끼찌마는 우리 미태 칭더런 그렁 걸 몰루구 사라찌요.

= 고 미태서부텀 차차차차 지끔까지 인재 그랭 개 업찌요.

조아저찌요.

= 예:.

= 이렇게 안에만, 안에만 이제 발라 가지고 그렇게 살고.

= 우리 이제 아버님은 그렇게 편찮으셔 가지고 이제 계시는데 뭐 우리 사촌 시아주버니가 약국을 하는데 그 약을 아무리 지어다 써도 안 듣고 그래 (약이) 듣지를 않더라고요.

= 그래 가지고서 이제 저 (시집)온지 두 달만에 돌아가셨어

워낙에 그 예전 어르신들이 드시는 것도 많, 많이 못 드시지, 고생은 고생 대로 하시지.

= 예.

그런데다가 뭐 치료나 제대로 되었겠어요?

그러니깐.

= 사뭇 그전(에는) 저뿐만 아니라 제 또래나 제 위 층(또래)나 이렇게 그 뭐 다 그렇게 고생하고 살았잖아요.

= 지금 우리 밑에 층(또래)서부터는 이제 가만히 보면 그런 경험을 안 겪었지요.

= 우리 위층하고 저하고는 그런 경험을 겪었지만은 우리 밑에 층들은 그런 걸 모르고 살았지요.

= 그 밑에서부터 차차차차 지금까지 이제 그런 게 없지요.

좋아졌지요.

= 예.

5.2. 산나물

= 아이구::, 옌:나래넌:: 아주 고생한 사람덜 저기 드러보면... 머 이캐 참 항 거 생가카먼.

- 이 쩌기 쑥뚜 하::두 뜨더다 머거 싸16) 가주구 쑥 뿌링이꺼지 캐다가.

= 그그를 기냥 찌 가주구서 막: 이르캐 해서 머꼬 막 그래 사라짜나요.

= 우리보다 더 고생한 사람더런 그래써요, 또 그르캐 사라써요, 쑥 뿌링이꺼지 다: 캐다가.

머 드래 머글 꺼뚜 업써짜나요?

지그미니까 그거뚜.

= 업써요, 예:.

뜨드면 다: 나무린대두 안 뜨찌만 옌나래는 머.

= 그러묘:, 예:.

= 하::두 서루 뜨더다 머거 싸두 쑥뚜 우꾸:: 나물두 별루 웁써요.

= 막 저런 큰:: 사느루 가야 이꾸 그르치, 근대 지그먼 머: 나무리구 머구 흔해 빠지자나요.

= 다:: 머 그래쓰니깨.

사내 나물뜨르, 뜨드루 다녀 보셔써요?

= 인재 사내 나물 뜨드루두 메 뻔 가써요.

= 저는 마닌 안 가써요.

= 팔람매를 키울라카닝깨 맨:날 머 그: 지배서: 어: 머 인재 이끼도, 지배서 일:하기도 저기 하고 나물두 제대로 난 뜨더다 먹뚜 모태서요.

나물 이르물 몰라서 저는 며깨빠깨 몰라요.

= 하하하하하.

취:나물 머 이렁 거 며깨바깨 모르고 근대.

= 아이고, 옛날에는 아주 고생한 사람들 저기 들어보면…, 뭐 이렇게 참 한 거 생각하면.

− 이 저기 쑥도 하도 뜯어다가 먹어 대서 쑥 뿌리까지 캐다가.

= 그것을 그냥 찧어 가지고 막 이렇게 해서 먹고 막 그렇게 살았잖아요.

= 우리보다 더 고생한 사람들은 그랬어요 또 그렇게 살았어요, 쑥 뿌리까지 다 캐다가.

뭐 들에 먹을 것도 없었잖아요?

지금이니까 그것도.

= 없어요, 예.

뜯으면 다 나물인데도 안 뜯지만 옛날에는 뭐.

= 그럼요, 예.

= 하도 서로 뜯어다 먹어 대서 쑥도 없고 나물도 별로 없어요.

= 막 저런 큰 산으로 가야 있고 그렇지, 근데 지금은 뭐 나물이고 뭐고 흔해 빠지잖아요.

= 다 뭐 그랬으니까.

산에 나물 뜯으(러) 뜯으려도 다녀 보셨어요?

= 이제 산에 나물 뜯으려도 몇 번 갔어요.

= 저는 많이는 안 갔어요.

= 팔 남매를 키우려하니까 매일 뭐 그 집에서 에 뭐 이제 있기도, 집에서 이러기도 저기 하고 나물도 제대로 난 뜯어다 먹지도 못 했어요.

나물 이름을 몰라서 저는 몇 개밖에 몰라요.

= 하하하하하.

취나물 뭐 이런 거 몇 개밖에 모르고 그런데..

= 예;, 그르치요:.

으:르신들 얘기 드러보니까 나물 종뉴두 갱:장이 만트라구요.

= 예: 예:.

= 저넌 나물 뜨드루 메 뻔 가보도 모태쌔요, 나무른 뜨드루.

= 나물 뜨드러 갈 새도 업떠라고요, 사:느라고.

= 어트개 살:다보닝깨, 헤헤.

= 그래서 기냥 이 저기 여기 저:기 지그먼 잘 사라요, 그 사람더리.

= 에: 나경이 어머이라고 인넌대 그 사라미 가주 오먼 저는 마:니 사 머거써요, 저는 갈 쌔는 우꾸.

예: .

= 예, 개:서 그래 그 지배 지금 잘 사라요, 그런 사람드리.

= 예, 지금 잘 살구 이써요, 그 집.

= 예, 그렇지요.

어르신들 얘기 들어 보니까 나물 종류도 굉장히 많더라고요.

= 예 예.

= 저는 나물 뜯으러 몇 번 가보지도 못 했어요, 나물을 뜯으러.

= 나물 뜯으러 갈 새도 없더라고요, 사느라고.

= 어떻게 살다보니까, 헤헤.

= 그래서 그냥 저기 여기 저기 지금은 잘 살아요, 그 사람들이.

= 에, 나경이 엄마라고 있는데 그 사람이 가지고 오면 저는 많이 사 먹었어요, 저는 갈 새는 없고.

예.

= 예 그래서 그래 그 집은 지금 잘 살아요, 그런 사람들이

= 에, 지금 잘 살고 있어요, 그 집.

1) '엉가니'는 중앙어 '엔간히'에 대응하는 충청도 방언형 '언간히'의 음성형이다. '언간히'는 '언간하다'에서 파생된 부사다. '언간하다'는 '언간해야, 언간하지, 언간하고, 언간해' 등과 같이 활용한다. '언간하다'는 '수준이나 형편이나 정도가 보통에 가깝거나 그보다 약간 더하다' 정도의 의미로 쓰인다. 충청도 방언으로 '언간히' 외에 '엉가이', '엥가이', '엔간히' 등도 쓰인다.

2) '도구통'은 중앙어의 '절구통' 또는 '절구'에 대응하는 이 지역 방언형이다. 충청북도 중부나 북부 지역에서는 '절구통'이라는 말을 많이 쓴다. '도구통'은 주로 나무로 판 '절구통'을 가리키는 말로 쓰였으나 요즈음은 돌로 만든 것에도 '도구통'이라고 한다.

3) '매찌'는 '매찧다'의 활용형이다. '매찧다'는 '아주 심하게 찧다' 또는 '아주 곱게 찧다' 정도의 뜻으로 쓰이는 충청도 방언형이다. '매찧다'는 '매찧고, 매찧지, 매찌서'와 같이 활용한다.

4) '웅꾸'는 중앙어 '없다'에 대응하는 충청도 방언형 '읎다'의 활용 음성형이다. 충청도 방언형 '읎다'는 '읎지[움찌], 읎구[웅꾸/움꾸], 읎어[움써]'와 같이 활용한다. 충청도 방언에서 '읎다' 외에 '읎다', '없다', '없다' 등도 중앙어 '없다'에 대응하는 충청도 방언형으로 쓰인다.

5) '매'는 중앙어 '맷돌'에 대응하는 이 지역 방언형이다. '매'는 '방아'와 결합하여 '매방아'의 꼴로도 쓰인다. '매방아'는 맷돌처럼 생긴 크고 둥근 돌로 만든 방아를 가리킨다.

6) '콩죽수제비'는 불린 콩을 맷돌에 갈아서 쌀과 함께 끓인 죽에 쑥을 찧어 밀가루와 반죽한 것을 수제비로 넣어 끓인 음식을 말한다. 즉 콩죽에 수제비를 넣어 끓인 음식이다. 예전에는 먹을 것이 귀해 먹을 수 있는 것을 최대한 많이 섞어 넣어 양을 늘리려고 해서 이런 음식이 생겨났다고 한다.

7) '훗물가루'는 밀로 밀가루를 빻을 때 나중에 뺀 가루를 처음에 뺀 가루를 상대하여 이르는 말로 '나중에 빼는 좋지 않은 가루'를 뜻한다.

8) '예지'는 '예전에'라고 해야 할 것을 잘못 말한 것이다.

9) '두멀까루'는 '두물 가루'의 잘못이다. '두물 가루'는 '두물'과 '가루'로 분석할 수 있다. '두물'은 밀가루를 빻을 때 맨 처음 나오는 만물 가루에 상대하여 두 번째로 나오는 가루를 일컫는 말이다. 참고로 푸성귀, 과일, 곡식, 해산물 따위에서 그해 들어 제일 먼저 거두어들이는 것을 '만물'이라고 하고 두 번째 거두어들이는 것을 '두물'이라고 한다. 예를 들면 고추를 심고 처음 딴 붉은 고추를 '만물 고추'라고 한다. '만물'은 지역에 따라 '첫물'이라고도 한다. 만물을 따고 두 번째 따는 고추는 두물 고추

라고 한다. 그리고 마지막으로 거두어들이는 것을 '끝물'이라고 한다. '맏물'이나 '첫물', '두물', '끝물'은 모든 곡식에 다 쓰일 수 있다.

10) '찌끄리'는 쓸 만하거나 값어치가 있는 것을 골라낸 나머지를 뜻하는 중앙어 '찌꺼기'에 대응하는 충청도 방언형이다. 충청도 방언에서 '찌끄리'는 주로 쓸 만하거나 괜찮은 것을 골라낸 나머지를 뜻하는 말로 쓰이고 '찌꺼기'는 액체가 다 빠진 뒤에 바닥에 남은 물건을 뜻하는 말로 쓰인다는 점에서 차이가 있다. 충청도 방언에서 '찌끄리' 외에 '찌끄리기', '찌끄레기' 등도 쓰인다.

11) 여기에서의 '감떡'은 감이 덜 익어 붉으스름할 때 따거나 떨어진 것을 주워서 밀기울에 사카린을 조금 넣고 감과 함께 찧어 쪄 낸 떡을 이르는 말이다. 쌀가루에 말린 감을 섞어 넣어 찐 떡도 '감떡'이라고 한다.

12) '삭까루'는 톨루엔을 원료로 하여 만든 무색 반투명 결정의 인공 감미료로 중앙어 '사카린'에 대응하는 말이다.

13) '초련'은 일찍 익은 곡식이나 여물기 전에 훑은 곡식으로 가을걷이 때까지 양식을 대어 먹는 일을 뜻한다. 흔히 '먹는다'와 공기하여 '초련 먹는다'와 같이 쓰인다.

14) '훑찌깨'는 두 나뭇가지의 한끝을 동여매어 집게처럼 만들고 그 틈에 벼 이삭을 넣고 벼의 이삭을 훑어 알을 떨어내는 농구를 뜻하는 중앙어 '벼훑이'에 대응하는 충청도 방언 '훑집게'의 음성형이다. '훑집게'는 동사 '훑다'의 어간 '훑-'에 물건을 집는 데 쓰는, 끝이 두 가닥으로 갈라진 도구를 뜻하는 '집게'가 합성된 말이다. '훑집게'에는 '훑다'의 뜻과 '집게'의 뜻이 포함되어 있다. 주로 수수깡을 30cm 내외로 잘라 중간을 접어 꺾어서 두 가닥으로 갈라진 곳에 벼이삭을 넣고 잡아당겨 훑으면 벼이삭에서 벼의 낱알이 떨어진다. 수수깡으로 만든 것은 임시로 쓰고 버린다. 나뭇가지를 한 뼘 좀도 길이로 다듬어 한쪽 끝을 동여매서 집게처럼 만든 것은 두었다가 여러 번 쓸 수 있다.

15) '들떨'은 중앙어 '든다'에 대응하는 이 지역 방언 '들다'의 활용형 '들덜'을 잘못 발음한 것으로 보인다.

16) '싸'는 동작을 나타내는 일부 동사의 어간에 부사형 어미 '-아/어'가 연결된 활용형 뒤에 쓰여 '그런 상태가 잇따라 계속됨'의 뜻을 더하고 동사를 만드는 충청도 방언형 '쌓다'의 활용형이다. '쌓다'는 '싸서, 싸니, 싸닝깨, 쌓고[싸코], 쌓더니[싸터니]' 등과 같이 활용한다. '너무 먹어 싸서', '하도 잔소리를 해 싸닝깨' 등과 같이 쓰인다.

06 주거생활

집짓와 가옥 492

6.1. 집짓기와 가옥

맨: 처매 겨론 하셔 가주구 시논 살리말 때: 여:기 하라버지 말쓰무로는 이
집: 쩌:기 여기, 여기, 여기요?

= 예, 예, 예.

= 여기서 여기 오닝깨 기냥 피라내 지분 초가찌배:요.

= 흑짱[1] 바가.

= 이재 초가찌비 여 아내만 발르(구), 배까태서 발르지두 앙쿠 그래는
대 진재 제가 와 가주구서 여 이는 발루구 나는 흑 떠 버주고 이래 가주
발러써요.

= 그래 가주구 살다가 인재 또 머: 새루 인재: 초가지벌 자꾸 이구:: 이
르캐 살다가 나중애는 이재 이기 에: 모새로[2] 인재:: 저: 세며나고 이래: 저::
여기 또랑까애 거기서루 인재 개와라구[3] 박, 개와 박떠라고요, 모새럴 퍼다가.

= 그걸루 인재 또 이 지벙얼 또 뜨더내구서 그걸루 새로 또 함: 번 이:
썬써요.

= 그걸루 이:다가 인재 그걸 이 인재 새루 여기서 인재 쩌 보조해준
다::, 지벌 지먼:.

= 그리 해 가주구서 인재 그래 그저 한 팔뱅마눤 바더 가주구서 이거
징 거예요.

= 그래 가주 지:써요.

= 지 가주 인재 지금 애:덜두 저래 살구, 기냥 이리캐 사:닝깨 이기 만
조기지요 머.

= 허허허.

예:.

= 예:

맨 처음에 결혼 하셔 가지고 신혼 살림할 때 여기 할아버지 말씀으로는 이 집 저기 여기, 여기 여기에요?

　= 예 예 예.

　= 여기 오니까 그냥 피란에 지은 초가집이에요.

　= 흙벽돌 박아서.

　= 초가집이 여기 안에만 바르고, 바깥에서는 바르지도 않고 그랬는데 이제 제가 와 가지고 이 이는 바르고 나는 흙 떠 부어주고 이렇게 해 가 지고 발랐어요.

　= 그래 가지고 살다가 이제 또 뭐 새로 이제 초가집을 자꾸 이고 이렇 게 살다가 나중에는 이제 이게 모래로 이제 저 시멘트하고 이래 저 여기 도랑가에 거기서 이제 기와라고 박, 기와 박더라고요, 모래를 퍼다가.

　= 그걸로 이제 또 이 지붕을 또 뜯어내고 그걸로 새로 또 한 번 이었 었어요.

　= 그걸로 이다가 이제 그걸 이 이제 새로 여기서 이제 저 보조해준다, 집을 지으면.

　= 그렇게 해 가지고 이제 그렇게 한 팔백만원 받아 가지고 이거 지은 거예요.

　= 그래 가지고 지었어요.

　= 지어 가지고 이제 지금 애들도 저렇게 살고, 그냥 이렇게 사니까 이 게 만족이지요 뭐.

　= 허허허.

　예.

　= 예.

1) '흑짱'은 '흙장'의 음성형으로 흙과 짚 썬 것을 고루 섞고 물로 반죽하여 이긴 다음 직육면체의 나무틀에 넣어 찍어낸 일종의 흙벽돌을 가리킨다. 이것을 그늘에 말려 굳으면 벽을 쌓거나 담을 쌓는 데 쓴다.

2) '모새'는 중앙어 '모래'에 대응하는 이 지역 방언형이다.

3) '개와'는 중앙어 '기와'에 대응하는 이 지역 방언형이다.

■ 참고문헌

강영봉·곽충구·박경래(2007a), <문학작품 속의 방언(2)>, ≪방언학≫6집, 한국방언학회.

곽충구·강영봉·이상규·박경래(2007), <문학작품 속의 방언(1)>, ≪방언학≫5집, 한국방언학회.

국립국어원 편(1999), ≪표준국어대사전≫, 두산동아.

국립국어원(2007), <국어 어휘의 역사 검색 프로그램>, ≪21세기 세종계획 2007 한민족 언어 정보화≫, 문화관광부·국립국어원.

금성출판사 편(1996), ≪국어대사전≫, 금성출판사.

민충환(1995), ≪'임꺽정' 우리말 용례 사전≫, 집문당.

민충환(2001), ≪이문구 소설어 사전≫, 고려대학교 민족문화연구원.

박경래(2003), <충청북도 방언의 연구와 특징>, ≪한국어학≫21, 한국어학회, 17-63.

박경래(2007), ≪충북 제천 지역의 언어와 생활≫, 국립국어원 지역어 구술자료 총서 3-1, 태학사.

박경래(2009), ≪충북 청원 지역의 언어와 생활≫, 국립국어원 지역어 구술자료 총서 3-2, 태학사.

박경래(2010), ≪문학 속의 충청 방언≫, 글누림.

박경래(2011), ≪충북 충주 지역의 언어와 생활≫, 국립국어원 지역어 구술자료 총서 3-3, 태학사.

박경래(2016), ≪충북 옥천 지역의 언어와 생활≫, 도서출판 역락.

박경래(2017), ≪충북 영동 지역의 언어와 생활≫, 도서출판 역락.

이근술·최기호(2001), ≪토박이말 쓰임 사전≫, 동광출판사.

이기갑(2013), ≪전라도의 말과 문화≫, 도서출판 지식과 교양.

이기문(2005), ≪신정판 국어사개설≫, 태학사.

이상규·신승용(2010), ≪문학 속의 경상 방언≫, 글누림.

이태영(2010), ≪문학 속의 전라 방언≫, 글누림.

이희승(1961/1981), ≪국어대사전≫, 민중서림.

이희승·안병희·한재영(2010), ≪증보 한글맞춤법 강의≫, 신구문화사.

정승철(2013), ≪한국의 방언과 방언학≫, 태학사.

한국민속사전 편찬위원회(1994), ≪한국민속대사전≫, 한국사전연구사.

한글학회 편(1957, 1992), ≪우리말큰사전≫, 한글학회.

한성우(2015), ≪강화도 토박이말 연구≫, 인천학연구총서 13권, 인천대학교 인천학연구원.

한성우(2016), ≪우리 음식의 언어≫, 어크로스.

한정희(1998), ≪불교용어사전≫, 경인문화사.

홍윤표(2009), ≪살아있는 우리말의 역사≫, 태학사.

https://opendict.korean.go.kr/main≪우리말샘≫, 국립국어원.

http://stdweb2.korean.go.kr/search/View.jsp-≪표준국어대사전≫, 국립국어원.

■ 찾아보기

훑다

힘들다